이론과 대상별

알기 쉬운 집단상담

정원철 · 이명희 · 박선희 · 전예숙 · 고영희 · 김하영

박소현 · 이혜영 · 곽연희 · 하나연 · 전미숙 공저

학지사

머리말

집단상담은 심리상담에서 아주 오랜 역사를 지니고 있으며, 단순히 비용 대비 효과성이 높은 상담방식이라는 위상을 넘어 그 자체로 개인상담 못지않은 독특한 효과를 지닌다. 인간의 심리 문제에 있어서 주된 원인이 대인관계임을 볼 때, 집단 내의 대인관계를 다루고 이를 소재로 하는 집단상담은 아주 과학적이고 합리적인 상담방식이라 할 수 있다.

국내에도 오래전부터 집단상담학회가 결성되어 각 상담학회별로 집단상담이론을 개발하고 효과성을 검증하는 데 매우 많은 열의를 투자하고 있으며, 매년 엄청난 양의 집단상담 관련 연구가 쏟아져 나오고 있다. 관련 대학의 학부와 대학원에서도 집단상담과목이 개설되어 교육되고, 전국 방방곡곡에서 집단상담을 소재로 하는 연수와 세미나가 열리고 있다. 이러한 양상은 집단상담의 미래가 매우 밝을 것이라는 기대를 가지게 한다.

그럼에도 집단상담을 다룬 서적은 아직 매우 부족한 것이 우리의 현실이다. 특히 다양한 이론과 실제를 한눈에 볼 수 있도록 기획된 집단상담 도서는 더더욱 드물다. 이러한 배경에서 이 책을 기획하게 되었다. 이 책의 장점은 상담의 주요 이론별로 집단상담의 이론과 실제를 알기 쉽게 풀어 설명하려 했다는 점이다. 아울러 생애주기별로 집단상담을 소개하면서 아동, 청소년, 대학생, 노인을 대상으로 집단상담의 방안을 소상히 다루려고 한 점에서 다른 서적과 구별된다고 할 수 있다.

　이 책은 집단상담을 배우고자 하는 초보자뿐만 아니라 집단상담을 실천하고 있는 상담자에게도 유익하도록 가급적 적절한 예시를 제시하면서 집단상담의 절차와 과정을 상세히 다루었다. 이러한 연유에서 책의 제목 역시 '알기 쉬운 집단상담'으로 정하였다.

　집필에 참여한 저자들은 상담을 전공하고 임상에서 상담을 맹렬하게 실천하고 있으나 첫술에 배부르지는 않을 것이다. 이 책에서 발견되는 오류는 전적으로 저자들의 한계이다. 향후 여러분의 충고에 귀 기울이고 지속적인 공부를 통해 이 책이 거듭나기를 기원한다.

　마지막으로, 책이 나오도록 물심양면으로 지원을 아끼지 않은 학지사의 김진환 사장님을 비롯하여 편집부 직원 여러분께도 진심 어린 감사를 전하는 바이다.

낙동강이 내려다보이는 백양산 자락에서
대표 저자 정원철
2019년 7월

차례

제1부 집단상담의 개관

제1장

집단상담의 이해

 개인의 생존은 개인의 능력으로만 결정되지 않는다. 인간은 스스로 생존을 결정할 수 없고 주변과의 상호작용을 통해 생존 가능성을 확장시켜야 하는 존재이다. 인류가 출현한 이래 심리정서적 문제는 항상 존재해 왔으며, 지금도 현대인들은 '스트레스' '힐링'이라는 단어를 입에 달고 산다고 해도 과언이 아니다.

 지적인 사고 능력을 지닌 인류는 심리적 고통과 불행으로부터 벗어나고자 다양한 방법을 탐색했을 것이다. 이러한 시도는 대체로 두 가지의 방향으로 진행되어 왔다고 볼 수 있다. 첫 번째는 외향적인 접근으로서 인간에게 닥친 고통과 불행의 원인을 가혹한 기후나 부족한 식량, 제도나 통치 방식의 모순으로 보고 이를 바로잡으려는 시도를 하는 것이었다. 또 다른 시도는 내향적인 접근으로서 고통과 불행의 원인을 제거하는 방법으로 마음과 삶의 방식에 초점을 두고 심신수양, 명상, 종교, 철학 등을 발전시키는 것이다.

1. 집단의 이해

인간은 자가발전이 불가능하다. 따라서 인간에게는 주변과 상호작용을 하면서 개체를 보존하고 발전시켜야 하는 과제가 주어진다. 인간을 흔히 '집단지향적 존재(group oriented being)'라고 한다. 유아는 태어나면서 부모에게 거의 전적으로 의존한 채 시간을 보낸다. 초등학교에 들어간 학생은 교사나 또래와 상호작용을 하면서 학생으로서의 정체성을 형성하고, 개인의 성장과 사회적 발달을 이루어 간다. 성인이 되어서는 직장과 조직에 속해 자아를 실현하며, 가정에서는 가족이라는 집단을 형성한다. 집단은 인간이 유기체를 보존하고 인간성을 형성하며 사회성을 개발하고 자아를 실현하도록 돕는 데 매우 중요하다.

집단은 개인의 성장과 학습, 가치관, 행동양식, 대처양식, 직업적 잠재력 그리고 기술의 적응과 개발, 문화예술적 역량을 개발하는 데 중요한 영향을 미친다(강진령, 2019). 이처럼 집단은 개인의 발전과 성장에 지대한 기여를 하지만 역으로 개인의 일탈과 억압, 비행을 조장하는 부정적 영향도 함께 지니고 있다. 많은 연구에서 집단의 유익함과 집단의 부정성을 함께 보고하고 있다. 집단상담은 집단이 지닌 성장과 발전의 속성을 의도된 집단에서 발휘되도록 하여 개인의 성장과 발전을 도모하고자 하는 상담의 일환이다.

1) 집단의 정의

집단이란 무엇인가? 몇 명이 모여야 집단이라고 할 수 있는가? 집단에 대해서는 다음과 같이 정의할 수 있다.

집단은 상호 관련되어 있는 사람들의 집합으로서 단순히 개인의 집합이 아니라 소속된 집단원 간의 관계가 목적을 지니고 구조화되고 유형화되어 있는 조직된 체계이다.

집단은 대략 다음의 속성을 요구한다.

첫째, 최소 2인 이상을 전제로 한다. 대체로 2인 이상부터 많게는 20인 정도의 집단원을 가진 집단을 말하지만 그 상한선을 명확히 규정하기는 어렵고, 그 이상의 규모라고 할지라도 집단원 상호 간에 직접적으로 상호작용할 수 있으면 소집단으로 본다.

둘째, 집단에 대한 집단원의 소속감과 정서적 결속이 존재한다. 이는 건강한 집단의 중요한 조건이며 집단이 목적을 이루는 데 매우 중요하다. 소속감과 결속력은 집단이 가진 목적을 이루는 동력이 되며 집단과제를 효과적으로 해결하는 동기로 작용한다.

셋째, 집단의 공통된 목적이 존재한다. 집단원들은 특수한 목적을 공유하며 집합적 성공을 위하여 서로의 임무 수행을 이해하며 상호공유한다.

넷째, 심리적 유의성(psychological significance)이 존재한다. 심리적 유의성이란 집단원 개개인이 집단 내에서 의미 있게 작용해야 함을 의미한다. 여기에는 지능, 규범 준수, 리더십, 위생관리, 상호존중 등의 역량이 포함된다.

다섯째, 생산적 상호의존이 존재해야 한다. 상호의존이란 집단참여를 통해 의사결정 문제해결, 잠재력 개발, 변화와 성장 같은 산물 또는 성과가 있어야 함을 의미한다.

여섯째, 역동적 상호관계가 형성되어야 한다. 역동적 상호관계란 집단원 사이에 힘과 에너지가 교류하고 서로에게 영향을 주고받는 상태를 의미한다.

이처럼 집단의 기본적 속성은 다양하게 정의되고 있다. 집단의 목적을 잘 이루기 위해서는 진술한 조건이 집단 내에서 잘 드러나고 유지되도록 해야 한다. 집단상담을 제대로 이해하기 위해서는 먼저 집단의 유형(강진령, 2019)을 파악하는 것이 필요하다.

2) 집단의 유형

집단상담이나 치료의 경험이 있는 사람은 집단을 쉽게 떠올릴 수 있다. 집단경험이 없다고 하더라도 집단활동을 텔레비전이나 영화에서 보았을 수도 있다. 이 책을 읽는 사람이라면 대부분 지금까지 살아오면서 여러 가지 집단 속에서 다양한 경험을 했을 것이다. 집단은 목표와 집단원의 관심사, 운영방식과 상담자의 속성에 따라 여러 가지로 나눌 수 있다. 집단의 목적에 따라 집단의 운영방안과 과정이 달라지기 때문에 집단의 유형을 잘 설정하는 것이 바람직하다. 게다가 집단을 운영하려는 상담자는 집단운영에 필요한 기본적인 교육과 훈련을 받아야 하며, 집단운영에서 발생하는 어려움을 지도감독자 등에게 수시로 자문을 구해야 한다. 이 절에서는 정신건강과 인간성장을 도모하는 집단유형으로 주로 거론되는 다음의 일곱 가지 유형을 중심으로 살펴보고자 한다.

(1) 치료집단

치료집단(therapy group)은 제2차 세계대전의 트라우마를 경험한 병사의 치료에 있어서 개인 심리치료자가 부족하여 생겨난 집단이다. 치료집단은 흔히 '집단치료'라고 불리는 심리치료방식으로 구현되는데, 치료집단의 리더를 집단치료자라고 부른다. 집단치료자는 주로 의학모형에 기초하며 스스로 남을 돕거나 문제를 해결하는 데 어려움이 있는 개인을 위주로 집단을 형성하여 이들에게 일정한 집단경험을 제공하고 심리정서적인 문제를 해결하려고 시도한다.

집단에 참여하는 개인이 지닌 문제는 여타의 집단에 비해 정신적 문제가 많은 것으로 간주되는데, 이러한 문제에는 알코올중독, 우울증, 분노조절, 심인성질환, 성장애, 섭식 문제, 외상후 스트레스장애, 공황장애 등이 해당한다. 대체로 치료집단은 여타의 집단에 비해 수개월에서 수년에 걸쳐 장기간 진행되며, 집단리더 역시 상당 기간의 훈련과 교육을 요구받는다.

집단원들이 개인의 관심사를 나누고 타 집단원의 관심사를 경청하며, 지금-여기의 경험을 통해 정서를 탐색하여 보다 나은 정서와 행동을 학습할 기회를 배운다는 점에서 상담집단과 유사하다. 특히 치료집단이 여타의 집단과 비교되는 부분이 있다면 무의식과 과거사, 성격의 재구성, 정화, 퇴행을 통한 재경험, 외상상황 재경험, 무의식적 역동을 강조한다는 점이다.

(2) 상담집단

치료집단과 유사하지만 약간의 차이를 보이는 집단이 바로 상담집단(counseling

group)이다. 상담집단은 집단의 크기나 운영방식 면에서 치료집단과 유사해 보이지만 집단원의 문제가 비교적 가볍고 일상적이며, 문제해결의 학습과 개인의 성장을 목표로 한다는 점에서 차이가 난다. 게다가 상담집단은 의식적인 문제를 다루는 데 성격의 변화를 덜 강조하고 단기간의 특정 문제에 대한 해결책을 다루며, 아주 심각한 문제가 아니라 일반적인 적응과 관점, 일상의 사건, 경향을 다룬다. 치료 목적의 치료집단에 비해 예방적·교육적·문제해결적·적응적 목적을 지닌다.

이 집단의 특징은 적절한 발달을 방해하는 장애를 건설적으로 다루고 개인강점의 내부적 원천을 발견하여 성장지향으로 나아가도록 하는 데 초점을 둔다. 집단상담자는 집단원이 자기를 탐색하도록 지지와 도전을 제공하며, 집단역동이 일어나도록 분위기를 조성하고 집단원 간의 상호작용을 촉진시키며, 집단에서 획득한 통찰이 구체적인 행동으로 이어지도록 격려하는 데 주안점을 둔다.

상담집단에서 특히 강조되는 것이 바로 지금-여기(here and now)이다. 집단원들은 지금-여기에서 벌어지는 상황에 집중하면서 내면의 정서와 사고에 집중하고서 타인의 언어와 행동표현에 대한 자신의 반응을 탐색하도록 요구받는다. 이는 지금-여기에서 일어나는 반응이 여타의 상황에서도 동일하게 일어난다는 가정에 기초한다. 집단원은 서로 공통적인 문제를 지니고 있으면서 또한 각자의 세계가 다양하므로 집단이 진행되는 과정에서 집단원 간 피드백을 통해 자신을 이해하고 다른 사람들의 해결 방법을 배우게 된다.

상담집단에서 다루는 문제들은 다음과 같다.

- 성 문제, 결혼과 이혼
- 대인관계
- 자녀양육
- 부모역할
- 여가 문제
- 삶과 죽음의 문제

(3) 교육집단

교육집단(educational group)은 가장 최근에 등장한 집단이라고 할 수 있다. 교육집단은 치료적인 측면보다 유사한 문제에 부딪힌 개인들에게 인지적·정보적 측면의 정신건강교육이나 부모로서의 양육방안, 유사한 내용의 스트레스 관리, 대인관계기술 등과 관련한 정보를 제공함으로써 문제해결에 대한 유능성을 제고하는 데 1차적인 목적을 둔다.

상담집단이나 치료집단과 가장 구분되는 본질적인 차이는 상담집단은 집단원 간의 집단적인 상호작용관계를 중시하는 반면, 교육집단은 문제해결에 필요한 정보제공에 초점을 둔다는 것이다. 또한 교육집단은 상담집단보다 일상적인 정보제공을 강조하기 때문에 훈시적인 경향이 강하다.

교육집단의 리더는 집단의 효과를 극대화하기 위하여 촉진자와 교사의 역할을 동시에 수행한다. 리더는 정보의 제공과 함께 집단원의 상호작용을 통해 집단에서 다루어진 정보가 개인의 성장과 자기효능감 개발로 적극 이어지도록 해야 한다. 따라서 집단리더는 집단에서 다루어야 할 주제, 집단원의 지식 수준, 집단원의 지식에 관한 연구, 상호작용 촉진 수준 등을 균형 있게 조정해야 한다.

통상적으로 교육집단은 구조화된 집단운영 메뉴얼을 구비하여 운영되는 경우가 많고, 집단원은 최대 20명까지 허용된다. 교육집단마다 차이가 날 수 있지만 교육집단의 전형적 운영방식은 먼저 집단리더가 교육을 제공하고 난 후 집단원들로 하여금 집단내용을 질문하도록 하고 관련 내용에 대한 소감을 나누도록 한다.

교육집단에서 다루는 내용들은 다음과 같다.

- 정신분열병 부모교육
- 자폐증자녀를 자진 어머니교실
- 고3 수험생 부모교육
- 청소년흡연예방교실
- 발표 능력 향상
- 결혼을 앞둔 개인

(4) 성장집단

성장집단(educational group)은 집단활동을 통해 자신의 잠재력을 개발하고 보강하여 더 나은 성장과 적응을 도모하는 집단의 형태이다. 성장집단은 그 용어에서 잘 드러나듯이 집단원들은 문제를 지녔다기보다는 집단경험을 통해 자신의 잠재력과 성장 가능성을 극대화하는 데 주안점을 둔다는 점이 가장 큰 차이점이다.

집단리더는 성장과 발달을 촉진하기 위하여 집단원의 상호작용을 촉진할 수 있는 있는 집중적 체험을 제공하는 데 주력한다. 성장집단에서는 발달상의 문제, 성장과정의 관심사와 갈등이 다루어지며, 세상을 바꾸기보다는 타인통제나 환경통제가 아니라 자신을 바꾸는 자기통제를 강조한다는 점은 이 집단의 주요한 특징이라고 할 수 있다. 성장집단의 예로 다음의 구조나 목표를 고려해 볼 수 있다.

- 집단원이 보다 나은 긍정적 태도와 대인관계 기술의 발전
- 집단과정을 통한 성격 변화 촉진
- 새롭게 습득한 기술과 행동을 일상에 적용하기
- 자신과 타인, 세상에 대한 조망의 변화와 긍정성 강화

(5) 자조집단

자조집단(self-help group)은 용어에서 드러나듯이 스스로 돕는 집단을 표방한다. 자조집단은 기존의 심리건강전문가가 주도하는 일방적 교육이나 체험에서 탈피하여 문제해결이나 성장을 필요로 하는 당사자가 정기적으로 계획된 집단모임을 통해 공동목표를 성취하기 위해 함께 활동하는 사람들의 소집단을 말한다(Jerston, 1975).

자조집단은 특정 문제를 이미 겪었거나 겪고 있는 사람들로 구성되며, 참가한 당사자에게 비슷한 책임과 권위가 주어진다는 점은 여타의 집단과 구별되는 점이다. 당사자 간 결합된 집단이므로 상대적으로 응집력과 자발성은 높다. 게다가 유사한 처지에 놓인 집단원끼리의 정보교환과 상호작용은 집단에서의 자기표현을 유도하고 희망을 고취시키는 데 도움이 된다.

자조집단의 장점은 참가비용이 매우 적고, 참여에 따른 저항이 낮으며, 유사한 문

제를 지닌 개인들의 모임이라는 점에서 당사자주의를 실현한다는 것이다. 대표적인 자조집단은 다음과 같다.

- 알코올 중독자 집단(AA)
- 알코올 중독자 가족 및 친지의 모임(Al-Anon)
- 신장이식환자들의 모임
- 정신장애인 보호자 모임
- 자녀를 잃은 부모집단
- 체중조절 집단

(6) 참만남 집단

참만남 집단은 인카운트그룹(encounter group)이라고도 한다. 애초에 참만남 집단은 로저스(Rogers)와 동료들이 상담훈련 장면에 집중적인 집단경험을 도입한 것이 시발점이 되었다. 참만남 집단은 로저스가 강조한 바와 같이 집단에서 무조건 존중과 진실성, 공감적 이해를 경험하면 개인의 성장이 촉진될 것이라는 가정에 기초한다.

집단원은 환자로 불리지 않으며, 이를 심리치료라고도 명하지 않는다. 통상 면대면의 상호작용이 가능한 6~20명으로 구성된 소집단활동이 주가 된다. 또한 이 집단모형은 '지금-여기'의 상황에 초점을 맞추고, 개방성과 솔직성, 대인적 직면, 자기노출 그리고 직접적이고 강한 정서적 표현을 격려한다(상담학사전, 2016).

집단의 리더는 상담자나 치료자의 기능보다는 집단원들이 인간적인 교류와 친밀감을 드러내도록 촉진자의 역할에 치중한다. 참만남 집단에서는 지금-여기의 상황에 초점이 주어지며, 개방성과 솔직성, 대인직면, 자기노출 그리고 직접적이고 강한 정서적 표현이 격려된다.

(7) 마라톤집단

마라톤집단(marathon group)은 42.195킬로미터를 달리는 경주에 비견될 만큼 장시간 집단경험을 나누는 집단의 일환이다. 하루 종일 이루어지기도 하고 며칠에 걸쳐 이루어지기도 한다. 장시간 집단체험을 제공함으로써 친밀감이 증대되고 집단에 대한 저항이 감소되어 진실한 집단체험을 가능하게 한다는 점이 장점으로 지적된다.

3) 집단의 효율성

심리적 문제를 해결하는 데 있어서 집단의 이점이 무엇인지에 대해서는 여러 가지 주장이 제기된다. 집단상담은 다양한 심리적 문제를 지닌 개인을 치료하는 데 효과를 지니고 있으며, 적어도 개인 정신치료에 필적할 만큼 효과적이다(박민철, 1996).

개인 심리치료와 집단치료 간의 치료효과를 비교하고자 32개의 연구를 분석한 바에 따르면 24개의 비교 연구에서는 두 치료 간에는 유의한 차이가 없었다. 나머지 8개의 연구에서는 집단치료가 개인치료보다 더 효과적인 것으로 드러났다.

집단상담이 개인상담에 비해 가지는 장점은 자원의 효율성 측면과 함께 고려해 볼 수 있다. 애초에 집단상담은 부족한 정신건강전문가의 수적 열세를 극복하고자 등장하였다. 말 그대로 집단상담은 집단의 역동과 상호작용을 토대로 한 공간에서 다수의 개인에게 문제해결과 성장의 가능성을 제공한다는 점에서 이점을 지닌다. 일부의 연구에서도 집단상담이 개인상담에 비해 비용효과성 면에서 매우 우월하다는 것을 입증하고 있다. 이러한 배경에서 일부의 집단상담자는 임상가들이 집단상담 대신 개인 심리상담을 선택할 때 이에 대한 타당성을 합리적으로 제시해야 할 때가 올 것이라고 예측하기도 한다.

2. 집단의 변화촉진 요인

집단상담은 집단이 지닌 특수한 변화촉진 요인을 이용하여 집단원의 성장과 변화를 도모하고자 하는 접근이다. 집단상담자는 이러한 변화촉진 요인을 집단과정에서 정확하게 적용하는 능력을 지니고 있어야 하며, 집단상담자의 유능성이란 집단의 변화촉진 요인을 얼마나 효율적으로 적용하는가에 달려 있다고 해도 과언이 아니다.

집단의 변화촉진 요인을 연구한 학자는 다수가 있으며, 그들의 주장은 독특성도 있지만 상당 부분 유사하다. 그 중에서도 얄롬(Yalom)은 이 분야에서 가장 독보적인 업적을 남긴 학자로 언급된다. 얄롬은 초기에는 집단치료가 치유를 이끌어 낼 수 있다고 믿었는데, 추후에는 이를 수정하여 치유가 아니라 변화 혹은 성장을 심리치료의 목표로 수정하였다. 얄롬은 집단의 치료적 요인 열한 가지를 소개하였으며, 이는 오늘날 전 세계적으로 가장 많이 인용되어 활용되고 있다.

아울러 코틀러(Kottler, 2001)는 집단의 치료적 인자에 관해 열두 가지를 소개하였는데, 이러한 열두 가지는 얄롬의 주장과 겹치기도 한다. 따라서 이 장에서는 집단의 변화촉진 요인을 얄롬이 제기한 열한 가지와 코틀러가 제시한 열두 가지를 토대로 중복되는 부분을 제외하고 총 열다섯 가지를 소개하고자 한다.

1) 희망의 고취

희망은 인간이 힘든 현실을 이기고 개선을 기대하는 정도를 일컫는다. 많은 연구에서 희망은 건강한 사람의 주요 덕목으로 다루어졌다. 게다가 희망은 참여 동기를 높이고 적극성을 유발하는 요인이다.

집단상담자는 집단원이 집단이 종료되었을 때 호전될 자신의 모습을 기대하도록 집단의 효과성에 관한 다양한 정보를 제공해야 한다. 집단을 통해 변화된 사례를 소개하고 변화될 사례의 주인공이 바로 이 집단에 참여한 여러분이라는 것을 알리도록 한다. 특히 예비집단단계에서 집단원이 집단참여에 대한 긍정적인 기대를 갖도록 집단에 대한 부정적인 선입견을 없애고 집단의 치료적 효과를 상세히 설명하도록 한다.

2) 보편성

보편성이란 자신이 가진 문제를 다른 사람도 비슷하게 가지고 있음을 인식하는 것을 일컫는다. 보편성은 개인 심리상담에서는 획득되기 어려운 집단상담의 강점으로 꼽힌다. 자신의 특성이 타인과 유사하다고 느끼는 것은 일체감을 주고 소속감과 안정감을 제공하는 데 기여한다.

집단과정에서 처음에는 낯설고 이질적인 느낌을 갖다가도 응집력이 생기고 친밀감이 생기면서 다른 집단원의 처지나 입장과 실상이 자신과 비슷하다는 것을 경험하는 것은 집단의 매우 큰 매력이다. 보편성은 집단의 안정성을 높여 응집력을 키우는 데도 기여한다.

집단상담자는 집단원이 보편성을 느낄 수 있는 주제에 초점을 맞추어 개인이 보편성을 극대할 수 있도록 집단을 운영해야 한다. "지금 A씨가 말한 경험을 다른 분들도 했을 텐데 유사한 경험이 있으면 이야기해 주기 바랍니다."라는 말은 전형적인 보편성 관련 언급이다.

3) 정보제공

집단은 다양한 문제와 경험을 가진 개인들로 구성된다. '2명만 모여도 스승이 있다'는 옛말처럼 집단원 간의 상호작용에는 다양한 정보가 담겨 있다. 유사한 문제를 경험한 집단원의 문제해결 경험을 경청하는 것은 자신의 문제해결에도 매우 유익한 정보가 될 수 있다.

집단상담자는 문제해결에 필요한 유익한 정보를 상담자가 직접 언급하기도 하지만 유사한 문제해결에 유익한 경험을 가진 집단원이 다른 집단원에게 자신의 경험을 말하도록 유도함으로써 정보제공에 박차를 가할 수 있다.

4) 이타주의

집단상담에서는 집단원이 다른 집단원을 배려하고 문제를 해결하는 데 필요한 도움을 제공하고 바람직한 적응에 도움이 되는 다양한 자극을 서로 주고받도록 격려된다. 이타주의는 남을 도우려는 심리 상태이다.

대개 자신이 지닌 문제로 인해 집단에 참여지만 집단참여를 통해 문제를 가진 다른 집단원을 돕는 경험을 통해 자존감이 향상되고 보람을 느낄 수 있다. 개인상담에서 내담자가 상담자를 도우려고 하는 것을 거의 찾아볼 수 없다는 점에서 이타주의는 집단상담이 가진 매우 강력한 변화촉진 요인이라 할 수 있다.

5) 수용

수용이란 다른 사람과 자신을 있는 그대로 받아들이고 인정하는 것을 말한다(강진령, 2014). 수용은 타인의 사고와 감정 표현의 권리를 인정하고 깊은 수준의 공감적 이해(empathic understanding)를 가능하게 한다. 과거 경험으로 견고하게 형성된 방어벽을 집단상담 초기에 조건 없는 수용의 힘으로 허물어뜨릴 수 있다(Brammer, Shostrom, & Abrego, 1989). 이러한 상황에서 거부와 수용의 양극을 오가는 경험은 놀라우면서도 부담스러울 수 있다.

집단원은 집단 내의 안전한 분위기 속에서 자기탐색을 통해 심리적 고통의 원인을 발견하고 치유의 발판을 마련하게 된다. 불인정과 거부의 주체가 자기 자신이라는 점을 인식하면서 비로소 변화와 성장을 이루게 된다.

6) 자기개방

자기개방이란 개인적인 문제와 관심, 경험 등에 대해 언어적 또는 비언어적 표현을 통해 이루어진다. 자기개방은 집단원이나 집단상담자 모두에게 의미 있는 치료적 요소가 있다. '자기노출' '자기공개' '자기폭로'라고도 불리는데, 이는 집단상담 및 치료과정의 필수요소로 집단원이 자기 자신에 대해 충분히 개방하지 않으면 집단상담이나 치료 장면에서 도움을 받기 어렵다(Yalom & Leszcz, 2005).

자기개방은 개인적인 관심사를 공개하는 것뿐만 아니라 지속적으로 반응하는 대인관계 행위에 속한다. 관계 맥락 속에서 개인의 비밀스러운 정보를 노출시킴으로써 마음의 짐을 벗어 놓고 더 깊은 상호작용을 하며 다양한 관계를 형성하게 된다. 집단원의 자기개방 내용은 삶의 맥락 속에서 이해되어야 한다. 자기개방의 토대로 이루어지는 집단의 상호작용은 개인의 사고, 행동 변화와 통찰을 촉진시킨다.

7) 피드백

　피드백이란 타인의 행동, 사고, 감정, 경험에 대한 반응이며 개인의 솔직한 생각과 감정을 되돌려 주는 것을 의미한다(강진령, 2019). 솔직하고 구체적인 피드백은 집단원의 행동이 다른 집단원에 영향을 주게 되고 대인관계에 어떤 변화가 필요한가를 자각하게 한다. 피드백은 집단학습이 일어나는 중요한 수단으로, 집단의 안전한 분위기 속에서 우호적 · 비우호적 피드백을 교환해 보는 것은 중요한 학습 기회가 된다.

　집단 장면에서 피드백은 개인상담에 비해 더 강력한 힘이 발휘된다. 자기 자신을 비현실적으로 인식하는 집단원은 다른 집단원들의 피드백을 통해 자기이해의 폭을 넓히는 동시에 자신을 다른 각도에서 조망해 볼 수 있다. 이런 측면에서 한 집단원에게 다른 집단원이 거울 역할을 하며 다양한 경험학습의 장을 마련한다고 볼 수 있다.

8) 유머

　유머는 집단상담에서 자칫 경직되고 어색해질 수 있는 집단의 분위기를 부드럽고 안전하게 환기시키는 힘이 있다. 집단상담이 진지하고 심각한 개인의 문제를 다루는 장면이라 하더라도 웃음을 통해 자기 자신을 새로운 관점에서 조망해 볼 수 있다.

　유머는 비극처럼 여겨지는 고통이 승화되는 치료효과를 가져온다(Corey, 2008). 다만 상대방에 대한 존중과 애정이 전제되어야 하며 인격모독, 비하, 약점공격의 수단으로 사용되지 않도록 각별히 주의해야 한다.

9) 정화

　정화란 개인 내면에 쌓였던 감정을 표출함으로써 감정이 해소되는 과정을 말한다. 억압된 감정의 표출만으로도 치료효과가 있으며 신체적 · 정신적 해방감을 경험한다. 왜냐하면 위협적인 감정으로 속박하고 있는 굴레에서 벗어날 수 있기 때문이다

(강진령, 2019). 자신의 감정을 인식하고 표현하는 것은 정신건강의 필수 요건이다. 내재된 감정의 표출은 집단원과의 신뢰감 형성을 돕고 결속력을 강화시킨다.

집단원은 자신이 직면하기 어려운 감정을 다른 사람을 통해 간접적으로 해소하는 효과를 체험한다. 정서의 개방적 표현은 집단과정에서 필수적이며 정서표현이 없다면 건조한 학술경연으로 전락할 수도 있다. 감정정화 자체가 궁극적인 목표는 아니므로 인지적 학습과 구조화가 필요하다(Yalom & Leszcz, 2005).

10) 모방

집단원은 상호작용을 통해 관찰하고 학습하는 과정을 가진다. 다른 집단원의 문제해결 방식과 과정을 지켜봄으로써 대리학습 효과를 습득한다. 집단원은 흔히 집단상담자 또는 자신과 유사한 문제를 가진 집단원을 관찰하게 되고 마치 자신과 동일시하게 된다.

새롭게 학습된 행동을 실험함으로써 현재 자기 모습을 바람직한 방향으로 나아갈 수 있다. 집단상담자는 집단 내에서 모방학습이 일어날 수 있음을 염두에 두고 극대화시킬 수 있는 전략을 모색해야 한다.

11) 집단 응집력

집단 응집력이란 우리라는 의식과 소속감을 가지고 집단 내에서 함께하려는 적절한 수준을 의미한다. 응집력은 집단의 기본 속성으로 혼자가 아니라는 공동체 의식을 바탕으로 한다. 집단참여의 결속과 동기를 부여하는 집단발달의 촉매 역할을 한다.

응집력이 높은 집단은 중도이탈자가 적고 자기개방과 수용성이 높아 집단갈등을 건설적인 방법으로 해결하려 한다(Yalom & Leszcz, 2005). 또한 지금-여기에 초점을 맞추어 활기차고 자유스러운 분위기 속에서 자기탐색에 집중한다. 집단 응집력이 발생하면서 '과제지향성'보다 '관계지향성'이 강해진다(정성란 외, 2017). 즉, 친밀감과 신뢰감, 유희와 같은 관계를 추구하는 경향성이 치료, 문제해결, 학습 및 성장과 같은 과제 추구 경향성보다 증가한다는 것이다. 반면, 응집력이 낮은 집단은 변화를 위한 모험보다는 안주하려는 경향을 보이며 신뢰감 부족으로 피상적인 상호작용만을 교환하려는 경향이 있다(강진령, 2019).

12) 책임감

책임감이란 자신의 선택을 스스로 수용하려는 것을 의미한다. 건강한 사람은 외부의 조건에 자신을 희생양으로 인식하지 않고, 자신의 행동에 대한 결과를 기꺼이 받아들이는 특징을 보인다. 책임감이 결여된 사람은 문제에 대한 원인을 외부에서 찾기 때문에 마음의 상처를 받고 근본적인 문제해결이 어렵다.

집단상담자는 집단원의 합리적이고 발전적인 선택을 위해 자신이 처한 상황이 자신의 선택에 의해 발생한 결과임을 인식하도록 도와야 한다. 자율적인 결단은 집단의 적극적인 참여를 높이는 동기가 되고, 개인의 변화와 성장 가능성도 높인다. 변화와 성장을 위해 구체적인 계획과 실천은 책임을 지려는 적극적인 행위로 연결된다.

13) 1차 집단의 교정적 반복

1차 집단의 교정적 반복이란 원가족원 중 어떤 사람이 집단 내에 있는 것처럼 느끼고 그 경험을 통해 학습되는 과정을 의미한다. 많은 집단원은 원가족에게 아주 불만족스러운 경험을 가지고 집단을 대한다. 중요한 점은 초년기 가족과 상호작용했던 패턴으로 과거 갈등상황을 재현하고 그것들을 교정적으로 반복한다는 것이다(정성란 외, 2017).

집단원은 집단에서 자신의 경직되고 완곡한 역할에 끊임없이 도전하고 새로운 행동을 시도함으로써 과거에 미해결된 문제의 해결점을 찾아야 한다. 한편, 집단상담자는 고정된 역할이 무엇인지 알아내서 도전할 수 있도록 내담자를 지속적으로 격려해야 한다.

14) 실존적 요소

집단상담에서 집단원은 자신이 다른 집단원으로부터 받을 수 있는 지지와 도움의 한계를 인식하게 된다. 집단의 자율성과 삶의 책임이 궁극적으로 자신에게 있음을 깨닫게 된다(박민철, 1996). 삶에 대한 통찰로 그 책임을 수용하는 단계에 이른다.

죽음, 고립, 이별 등의 실존적 요인에 대한 재경험과 재인식이 집단활동에 발생함으로써 생기는 것이다. 실존치료사로서 얄롬이 언급한 것으로 일반적인 내용은 아니다.

15) 사회화 기술발달

집단원은 자신의 적응적인 사회행동의 정보를 획득할 수 있다. 집단상담과정에서 대인관계의 긴장과 왜곡으로 손상된 관계회복을 위한 시도가 나타나기 시작한다. 집단은 대인관계의 상호작용에 대한 탐색과 교정적 감정경험을 체험하는 사회가 된다(박민철, 1996). 특히 친밀한 교류가 부족한 집단원의 인간관계에 대한 피드백을 접할 수 있는 좋은 기회가 될 수 있다(정성란 외, 2017).

안전한 상호지향적 집단원은 과거 경험을 이야기하고 현재 사회적 습성도 자각할 수 있게 된다. 자연스럽게 상호작용하는 각 집단원은 사회화 기술을 익히고 발전한다.

참고문헌

강진령(2019). **집단상담의 실제**(3판). 서울: 학지사.

박민철(1996). **간추린 집단정신치료**. 서울: 하나의학사.

정성란, 고기홍, 김정희, 권경인, 이윤주, 이지연, 천성문(2017). **집단상담**. 서울: 학지사.

Brammer, L. M., Shostrom, E. L., & Abrego, P. J. (1989). *Therapeutic Psychology: Fundamentals of counseling and psychotherapy* (5th ed.). Englewood Cliffs, NJ:

Prentice-Hall.

Corey, G. (2008). *The theory and practice of group counselling* (7th ed.). Pacific Grove, CA: Brooks/Cole.

Jerston, J. M. (1975). Self-help group. *Social Work, 20,* 144-145.

Kottler, J. A. (2001). *Learning group leadership: An experiential approach.* Boston, MA: Allyn and Bacon.

Yalom, I., & Leszcz, M. (2005). *The theory and practice of group psychotherapy* (5th ed.). New York: Basic Bocks.

제**2**장

집단상담자의 지도력

집단상담자 혹은 집단지도자는 집단상담에 대해 대학교(대학원)에서 전문적인 교육과 훈련을 성공적으로 이수하고 수련감독자의 감독 아래 실습을 마친 전문가이다. 집단활동을 효과적으로 촉진하기 위해서는 계획에서부터 준비 · 운영 · 평가에 이르는 제반 절차에 능통해야 한다. 유능한 집단상담자는 상담에 관한 해박한 지식과 임상경험 및 기술, 문제행동을 보이는 집단원을 다루는 요령 등과 같은 전문적 능력이 요구되기 때문에 지속적으로 다양한 집단을 통한 훈련과정과 슈퍼비전 등을 거쳐 보다 자신을 전문화시킬 수 있어야 한다.

이 장에서는 효과적인 집단상담을 이끌기 위해 필요한 집단상담자의 역할, 자질, 윤리적 자질 및 초보 집단상담자가 당면하는 문제에 대해 살펴보고, 마지막으로 집단상담자의 교육과 훈련에 대해 살펴보고자 한다.

1. 집단상담자의 역할

집단상담에서 상담자의 역할은 중요하다. 로저스(Rogers, 1961, 1970)는 집단상담자의 역할로서 집단원의 성장을 촉진하는 치료적 분위기를 조성하는 것을 가장 중요하게 강조하면서, 상담자가 자신의 감정과 태도를 긍정적이든 부정적이든 솔직하게 표현할 수 있는 일치성과 집단원의 사고, 감정, 행동을 평가하거나 판단하지 않고 있는 그대로 받아들이는 무조건적인 존중과 공감이라고 정의하였다.

또한 집단상담자는 집단원의 반응을 관찰하는 동시에 집단원을 공감하고 집단원에게 반응할 수 있어야 하고(George & Cristiani, 1981), 자기개방을 통해 시범을 보이고 한계를 설정하며 규칙과 시간을 관리하는 역할을 한다(이형득, 1995). 이 외에도 집단원 간의 갈등상황에 대해서 적절하게 개입하는 역할 및 집단의 분위기와 각 개개인의 성격을 파악하여 그 특성에 맞게 반응할 수 있는 역할이 필요하다.

집단상담자가 갖추어야 할 기본적인 역할은 다음과 같다.

1) 집단의 목표 및 세부계획 수립

집단상담자는 집단역동성 및 집단지도력에 대한 지식과 기술을 바탕으로 집단을 이끌어 갈 책임이 있다. 집단상담의 초기단계에 그 집단이 나아갈 방향을 제시하고 오리엔테이션을 실시하며 집단상담의 목적과 목표 및 세부계획을 수립하는 등 집단상담의 전 과정에 대해 철저한 이해를 바탕으로 집단을 효과적으로 이끌어 나가야 한다.

또한 집단상담자는 상담의 이론을 배경으로 프로그램을 진행하되 참신하고 신선한 방법으로 프로그램을 진행할 수 있어야 하며, 집단원의 흥미를 유발할 수 있는 활동을 하거나 시청각자료를 이용하여 분위기를 전환시키는 것도 하나의 방법이다.

이처럼 집단상담자는 끊임없이 프로그램에 대해 연구해야 하며, 집단원이 자발적으로 프로그램에 적극 참여할 수 있도록 지원해야 한다.

2) 집단규범 결정

집단규범은 집단원이 집단원 자격으로서 기대되는 행동을 하려고 할 때 준거(準據)가 되는 행동기준이나 의식(意識)을 의미하며 이는 한 집단에서 그 집단원들이 집단규범을 공유(共有)함으로써 집단원 간의 의사소통이 원활해지고 다른 동료 집단원의 행동을 예측할 수 있게 한다. 집단상담자는 집단의 목표를 실행하기 위해서 집단규칙, 집단한계, 시간관리 기법 등 집단의 규율을 제안한다.

이러한 집단규범은 집단 초기에 형성되고, 일단 형성되면 변경되기 어렵다는 특징이 있다. 따라서 집단상담자는 모범을 보임으로써 규범 형성을 주도해 나가야 한다.

3) 집단 구조화

집단상담자는 집단을 구조화함으로써 집단의 목표와 과정, 내용, 절차 등을 체계적으로 구성하고 집단을 주도적으로 이끌어 간다. 또한 집단상담자는 구조화된 프로그램으로 집단을 진행시키며(정성란 외, 2013), 언제 어떤 작업으로 집단을 종료할 것인지의 문제를 조절해 나가게 된다. 여기서는 집단원들에게 어떤 활동이나 실험을 제시해야 하는지, 언제 어떤 결정을 내려야 하는지 등의 과제도 포함된다(이현림, 김순미, 천미숙 2015).

이처럼 구조화 작업은 집단상담을 촉진시키고 집단의 목적에 맞게 프로그램을 계획하고 진행시키는 것이라고 할 수 있다.

4) 집단 분위기 조성

집단원은 집단을 진행하는 동안 침묵으로 일관하거나 비자발적인 태도, 혹은 자신의 이야기만 독점하려고 하거나 부정적인 피드백으로 집단의 분위기를 어렵게 하는 경우가 있다. 집단상담자는 집단원들을 대할 때, 자신의 생각, 느낌 그리고 행동에 주의를 기울여야 한다. 먼저 적극적으로 경청하고 적절하게 자기개방을 하며, 신뢰할 수 있는 분위기를 유도하는 태도와 행위, 비언어적 행위의 이해, 공감, 진실성, 존중, 주의집중 등으로 집단원들에게 모범을 보여야 한다.

이와 같이 상호신뢰와 상호지지적 분위기를 조성하기 위해 집단상담자는 적극적으로 개입하여 집단의 분위기를 부드럽게 하거나 허용적인 분위기로 집단원들에게 심리적인 안정감을 줄 수 있는 환경을 조성해 주어야 한다.

5) 집단원의 모델역할

집단상담자는 집단원이 새로운 행동 변화를 시도해 나갈 수 있는 환경적 분위기를 만들어 주기 위해 상담자 자신이 집단과정에서의 모델이 된다. 집단원들은 상담자가 말하고 행동하는 것들을 무비판적으로 수용하고 행동을 따라 함으로써 바람직한 집단 분위기의 형성을 촉진할 수 있으며, 집단원들을 집단에 포함시키는 경우도 있다. 즉, 자신과 비슷한 조건의 집단원이 모범이 되는 행동을 하고 긍정적인 피드백을 받는 것을 보고, 나머지 집단원들이 자신도 그렇게 되기를 희망하거나, 그렇게 할 수 있는 용기를 가지며 변화를 시도할 수 있다.

이와 같이 상담자는 집단원의 자기노출을 유도하되 집단원이 가지고 있는 현재의 욕구 수준을 감안하면서 집단의 발달단계에 부합되는 행동을 보여야 한다. 따라서 상담자가 개입해야 할 시기와 방법에 유의하면서 동시에 집단원에게 모범이 될 수 있는 반응을 하는 것이 중요하다.

6) 집단원 보호

집단상담에 참여한 집단원의 주요한 목적은 자신의 문제를 예방하고 변화와 성숙 및 문제해결이다. 그러나 집단상담을 진행하다 보면 집단원 간의 상호작용에 의한 갈등이나 예기치 못한 문제들이 발생한다. 집단상담자는 갈등상황이나 문제상황이 발생하였을 때 즉각적으로 집단원이 보호받고 있다는 느낌 속에서 자신을 개방할 수 있도록 집단원을 보호하는 역할을 수행해야 한다(장성화 외, 2013). 또한 집단원들이 집단상담에 참여하여 얻고자 하는 것을 달성하도록 조력하는 것은 물론, 다른 집단원들의 부적절한 반응에 의해 피해를 받지 않도록 집단원들을 보호해야 할 중요한 책임을 가진다(노안영, 2017).

이처럼 집단원들이 겪는 불안요소를 안전하게 치유하고 해결할 수 있을 때 집단상담은 성공적인 결과를 가져올 수 있다.

7) 집단원 수용

집단상담자는 집단원에게 애정 어린 감정을 표현하면서도 행동에 있어서 인정과 지지, 수용과 격려를 표현해 주어야 한다. 집단원 중에는 이해나 인정을 받아 본 경험이 없어서 혹은 제대로 된 사랑이나 신뢰를 받아 본 경험이 없어서 자신감이 부족하거나, 타인은 물론 자신조차 사랑할 줄 모르는 사람이 많다. 그들은 집단을 진행하는 동안 소극적이거나 거부, 경계, 방어하는 등의 태도로 집단에 참여하기 때문에(김행수, 배미화, 유동수, 2009), 집단을 성공적으로 이끌기 위해서 집단상담자는 기본적으로 인간적인 따뜻함을 가지고 집단원을 있는 그대로 수용하고 인간에 대한 진지한 관심을 갖추어야 한다.

이와 같이 집단상담자는 집단원을 만날 때 더욱더 수용과 공감의 자세를 가질 필요가 있다. 집단원들이 집단상담자로부터 인정과 지지를 받으면 자신감을 되찾고 자신을 인정하고 신뢰할 수 있는 힘을 기를 수 있기 때문이다.

8) 의사소통 및 상호작용 촉진

집단상담의 최대 장점은 효과적인 의사소통 체제의 확립과 집단원 간의 상호작용이다. 집단원들은 상대방에게 메시지를 전달하는 과정이 아니라 상대방과의 상호작용을 통해 메시지를 다루는 과정이다. 따라서 성공적인 의사소통을 위해서는 내가 가진 정보를 상대방이 이해하기 쉽게 표현하는 것도 중요하지만, 상대방이 어떻게 받아들일 것인가에 대한 고려가 바탕이 되어야 한다. 집단상담에서 집단원 간 의사소통 및 상호작용은 집단원 간에 서로가 느끼고 지각한 것을 교류하는 것에 있다. 이 때 집단상담자는 집단으로 하여금 의사소통을 방해하는 요인을 찾아 해결하고 원활한 상호관계를 발달시키도록 도와주며, 집단에서 언어적이거나 행동적으로 표현된 것에 진솔하게 반응한다.

이처럼 집단상담에서 의사소통과 상호작용으로 인해 다른 집단원들과 관계하는 방식의 이해를 도우며, 자신과 타인을 깊이 이해하고 자신과 그들에 대한 표상이 변화하고 치유하는 체험을 한다.

2. 집단상담자의 자질

집단을 지도하는 집단상담자에게는 상담이론과 인간에 대한 전문적인 지식이 필요하다. 유능한 집단상담자는 자신의 성격에 대해서 깊은 이해를 갖고 있어야 하며, 이러한 이해에는 자신의 능력, 약점, 갈등, 동기, 욕구 등이 포함된다. 또한 집단상담자는 자신에 대한 이해와 수용의 자세가 필요하며 집단원의 말을 경청하고 공감적 이해를 지녀야 한다. 집단상담자는 이러한 자질을 갖추기 위해 스스로 수행과정은 물론 인간에 대한 바람직한 태도와 철학을 지녀야 한다.

여기서는 성공적인 집단을 이끌기 위해 집단상담자의 자질을 인간적 자질과 전문적 자질, 윤리적 자질로 구분하여 살펴보고자 한다.

1) 인간적 자질

상담에 대한 개념과 영역이 점점 확장되어 가는 오늘의 현실에서 상담자들은 종전에 비해 한층 다양한 역할을 담당해야 한다. 상담을 하는 사람들도 이제는 좀 더 전문적인 위치에서 상담을 해야 할 필요성이 크게 증가하고 있는 실정이며 그에 따른 역할이 강조되고 있다.

이처럼 다양화된 역할을 감당하기 위하여 상담자의 자질은 매우 중요하다. 집단원이 상담자를 만나 상담을 시작할 때 마음이 편안하고 상담자에 대한 인간적 신뢰감이 생기면 마음의 문을 열고 대화를 계속 나누고 싶어진다. 이러한 경우 집단원의 문제가 해결되고 성장을 가져오면 일단 성공적이다.

그러나 상담에 관한 이론적 지식과 실제적 기술만 지녔다고 하여 상담자의 자질을 모두 갖춘 것은 아니다. 효과적인 상담관계의 발전에는 상담자의 사람됨이 크게 작용하기 때문에 상담자들은 바람직한 인간적 자질을 갖추어야 한다. 먼저 강진령(2005)은 유능한 집단상담의 인간적 자질로 아홉 가지를 제안하였다. 자기수용, 개방적 태도, 타인의 복지에 대한 관심, 유머감각, 자발적인 모험, 공감적 이해 능력, 심리적 에너지, 새로운 경험의 추구, 창의성이다.

Belkin(1988)은 상담자의 인간적 자질을 자기이해, 타인이해 및 타인과의 관계발전의 세 가지 범주로 나누면서, 다음과 같은 요소를 각각의 하위 내용으로 들었다.

- 자기이해: 안전감, 신뢰성, 용기
- 타인이해: 너그러움, 비판단적 태도, 민감성, 공감력, 객관성
- 타인과의 관계발전: 진실성, 비지배성, 경청력, 무조건적, 긍정적 관심

또한 Kottler(2001)는 유능한 집단상담자의 인간적 자질로 신뢰성, 자기수용, 카리스마, 유머감각, 융통성, 정직성, 열정, 현실감각을 들었다.

이처럼 집단상담자의 인간적 자질에 대해서는 여러 학자의 임상적 경험을 통해 다양한 견해가 제시되어 왔다. 따라서 학자들의 인간적 자질에 대한 내용과 저자의 경험 및 지식을 근거로 정리한 정말 필요한 집단상담자의 인간적 자질 아홉 가지에 대해 살펴보고자 한다.

(1) 자기수용

상담자가 자신의 문제를 스스로 해결할 수 있는 능력을 가지고 있다고 믿지 못하면 집단원을 도울 수가 없다. 자기수용은 자기를 있는 그대로 받아들이며 인정하는 것을 의미한다. 집단상담자는 자신의 강점뿐만 아니라 약점까지도 자신의 중요한 일

부로 기꺼이 인정하고 받아들인다. 또한 자기수용을 통해 집단원과 상호작용을 하고 스스로 완벽하지 않은 존재라는 사실을 인정하며 집단과정을 촉진한다. 하지만 자기수용을 위해서는 내면에 대한 깊이 있는 반성과 성찰이 선행되어야 한다.

(2) 개방적 소양

집단상담자가 집단원이 호소하는 다양한 문제에 보다 쉽게 효과적으로 접근하기 위해서는 발달과정에 있는 가치관이나 사고, 상이한 환경이나 문화에 대해 개방적이고 허용적이어야 한다. 집단원 간의 차이를 존중하고 공감과 수용적인 태도만으로도 집단원의 신뢰를 얻고 고민을 해소해 줄 수 있기 때문이다. 이것은 집단원의 자기개방에 동기를 부여하고, 피드백에 긍정적이든 부정적이든 영향을 미치며, 감정과 신념을 솔직하게 개방하는 촉매 역할을 하여 집단과정에 활력을 불어넣는다.

(3) 타인의 복지에 대한 관심

인간의 본성에 대한 긍정적 관점과 집단원을 비롯한 주변 사람의 안녕과 행복한 삶을 영위할 수 있도록 배려하는 마음을 기꺼이 보살피는 행동으로 나타내는 것을 뜻한다. 이는 집난상담자가 자신의 이익을 위해 집단을 이용하지 않는다는 의미이기도 하다. 집단상담자는 사람을 존경하고 신뢰하며, 나름으로의 가치를 인정해 줄 수 있어야 한다. 집단원 중에는 존경하거나 신뢰하기 힘들 것 같아 보이는 사람도 적지 않다. 그러나 최소한 그들에게 적절한 관심을 기울여 줌으로써 그들과 정서적 관계를 발전시키지 않으면 안 된다. 심하게 상심하고 있거나, 절망 상태에 빠진 집단원일수록 집단상담자의 온정과 관심을 필요로 하기 때문이다.

(4) 유머 활용

유머를 효과적으로 활용할 수 있어야 한다. 자신을 향하여 웃을 수 있고, 자신의 인간적인 약점을 유머스럽게 받아들일 수 있는 능력은 집단상담자의 필수적 자원이다. 상담은 엄숙하고 힘든 경험이기도 하지만, 다른 한편으로 유머적 차원을 필요로 한다. 집단상담자는 상담관계에서 단순히 고조된 긴장을 해소하기 위해서 가끔 웃음과 유머를 활용해야 하며, 치료적 측면에서도 집단원에게 웃음을 안겨 줄 수 있는 말이나 행동을 할 수 있어야 한다. 이처럼 집단상담자의 유머감각은 웃음을 통해 집단원의 문제를 새로운 각도에서 조망해 볼 수 있으며, 효과적으로 유머를 집단과정에 적절히 활용하는 능력도 길러야 한다.

(5) 자발적 모범

집단원의 행동 변화를 위해 바람직한 행동의 모델 역할을 담당하는 것이다. 즉, 집단상담자가 개방적 태도, 수용적 자세, 적극적 경청, 자기개방, 타인에 대한 존중과 배려, 즉각적인 긍정적 피드백 등을 몸소 실천함으로써 집단원에게 대리학습의 기회를 마련해 준다. 상호관계에 관한 효과적인 기술을 가르치는 최상의 방법은 직접 모범을 보이는 것이다. 또한 집단상담자는 집단원끼리 서로 상대편에게 모범을 보이게끔 가르칠 수도 있다.

(6) 공감적 이해 능력

공감의 핵심은 상담자가 자신의 독립성을 유지한 상태에서 집단원의 주관적 세계를 민감하게 파악하는 능력이다. 효과적으로 공감하기 위해서는 집단상담자가 집단원을 배려해야 한다. 김행수, 배미화, 유동수(2009)는 집단상담자가 경청과 공감 능력을 갖추고 집단원의 입장에서 생각하여 그들의 감정을 받아들이기 때문에 집단원의 경험을 간접적으로 체험할 수 있게 된다고 하였다. 이러한 공감 능력을 갖춘 집단상담자는 집단원의 표면적인 감정뿐만 아니라 내면적 감정에 대해서도 정확하게 반응하기에 집단의 목표 달성을 위한 방향으로 집단원이 자연스럽게 나아갈 수 있도록 도울 수 있다.

(7) 심리적 에너지

어떤 일에 정신적으로 집중·몰입하기 위해서는 에너지가 공급되어야 하는데, 이를 심리적 에너지(Psychic energy)라고 할 수 있다. 집단상담에서는 집단원 개개인을 이해하고 그들의 욕구를 충족시키기 위해 활용되는 역동적 자원을 말한다. 이러한 자원은 집단효과에 대한 신뢰에 기인하며, 전문가로서의 카리스마로 이어지기도 한다. 심리적 에너지가 충만한 집단상담자는 자신을 솔직하게 표현하고, 실천중심적인 행동을 통해 생동감 넘치는 리더십을 발휘한다.

(8) 용기

효율적인 상담자의 가장 중요한 특성 중의 하나는 용기이다. 집단상담자는 실수나 실패의 가능성에도 불구하고 새로운 행동을 모험적으로 시도해 보는 용기 있는 사람이어야 하며, 때로는 옳은지 그른지 확실치 않은 일이라도 신념과 육감대로 감행해 볼 수 있어야 한다. 이와 같은 모험적 태도는 특정 조직체나 지역사회 전체를 대상으로 그 풍토를 쇄신할 뿐 아니라 부당한 취급을 당하는 사람들을 옹호하는 역할도 감당해야 하기 때문이다. 그러므로 집단상담자는 자기격려를 통해 끊임없이 자신에게 용기를 불어넣으면서 자연스럽게 타인을 격려할 수 있는 습관을 형성하는 것이 필요하다.

(9) 창의성

존재하지 않았던 어떤 새로운 것을 만들어 내는 것뿐만 아니라, 기존의 것이라도 새로운 방향으로 생각해 보거나 만드는 능력이다. 집단상담자는 끊임없이 새롭고 효과적인 방법을 고안하기 위해 기존 방법에 의문을 제기하고, 가능한 한 새로운 경험을 개방적으로 받아들이도록 힘써야 한다. 그리고 방어적인 행동반응을 탈피하고, 상담관계에서도 주도적인 위치를 견지해야 한다. 또한 집단원의 부정적인 반응에 지나치게 민감하거나 쉽사리 위협을 받지 않음은 물론, 어떠한 반응에도 한 차원 높은 입장에서 수용한 후 생산적으로 이끌 수 있는 능력을 길러야 한다.

2) 전문적 자질

상담은 조력 전문직이며, 전문직에는 고도의 지식과 기술이 요구된다. 때문에 집단상담자는 상담에 관한 교육을 받은 후, 전문가로서 자격을 갖추어야 한다. 그러나 지금까지 우리나라에서는 주로 이론적인 면에 강조점을 두어 왔기 때문에 우리들 주변에는 상담의 실제에 자신감을 갖지 못하는 집단상담자가 많다.

이처럼 상담에 관한 아무런 기반도 없이 상담에 임하는 집단상담자가 있다면 그는 전문가일 수 없으며, 오히려 집단원에게 상처를 입히는 결과를 초래할 수 있다. 그러므로 집단상담자의 전문적 자질은 그가 실제로 상담 장면에서 자신감을 가지고 능률적으로 집단원을 도울 수 있을 때 인정된다. 집단상담자가 전문가로서의 자부심을 지닐 수 있기 위해서는 유능한 전문가의 지도와 조언 아래 장기적이고 다양한 훈련의 기회를 가짐으로써 실제적인 능력을 터득하지 않으면 안 된다. 또한 전문가로서의 자격을 갖춘 이후에도 집단상담자는 자신의 능력 향상을 위한 꾸준한 노력을 해야 한다. 이러한 전문가가 되기 위한 방법이나 절차에 관해서는 학자에 따라 약간씩 견해를 달리하고 있으나 이들의 생각을 종합해 보면 다음과 같다.

(1) 개인상담 경험

집단상담자가 되고자 하는 사람은 다른 사람들을 위한 상담자가 되기에 앞서 내담자로서 개인상담을 받아 볼 필요가 있다. 왜냐하면 개인상담을 통해 자기를 이해하고, 상담자가 되고자 하는 동기탐색과 내담자로서 자신의 강점과 단점 등 자신의 문제로부터 자유로워지며, 상담의 필요성과 그 효과를 몸소 체험해 볼 수 있기 때문이다(강진령, 2011).

이러한 과정을 통해 예비상담자는 내담자에 대한 선입견이나 왜곡된 인식을 초래하는 미결사안, 내담자에게 잘못 주입시킬 수 있는 삶의 철학이나 인생관, 미확인된 잠재된 욕구, 상담과정을 촉진 혹은 방해할 수 있는 욕구와 갈등, 용기, 노력, 성실, 정직, 보살핌과 같은 성격적 특성들이 내담자들에게 미치는 영향 등을 스스로 관찰하고 깨달을 수 있다.

개인상담의 상담자 경험은 새로운 사람을 만나 치료적인 대화를 나누는 일에 자신감을 심어 준다. 그리고 이러한 자신감은 장차 집단원들의 치료적인 의사소통과 인간관계 형성ㆍ유지 기술로 전이되어 집단운영의 촉매가 될 수 있다. 또한 상담자로서 개인상담 경험은 다양한 집단원의 이해 및 집단상담자로 성장하는 밑거름이 된다.

(2) 집단의 경험

집단상담자가 되기 위해서는 집단원으로서 집단경험을 직접 해 보는 것이 필요하다. 집단경험을 통해 겪을 모든 경험, 즉 집단원으로부터 신뢰, 지지, 격려, 자신의 약점 노출, 성취감과 친밀감 경험, 자신의 문제에 대한 직면 등은 예비 집단상담자에게 중요한 학습경험이 된다(이현림, 김순미, 천미숙, 2015).

이처럼 집단에 참여하는 그 자체만으로도 예비 집단상담자에게는 중요한 경험이 될 수 있다. 왜냐하면 적어도 집단원의 입장을 이해해 볼 수 있는 기회를 가질 수 있기 때문이다. 또한 집단에서의 경험은 집단원의 입장에서 집단상담자의 리더십 관찰을 통해 리더십 증진을 위한 대리학습의 기회로 삼을 수 있으며 자기탐색과 자기이해를 높이는 데 도움을 주기 때문이다.

교육지도 실습 집단의 경우 수련감독자의 지도하에 집단상담자의 역할을 연습해 볼 수 있다는 점에서 집단상담자 훈련에서 빼놓을 수 없는 과정이며 이러한 일련의 수련과정을 거쳐 집단상담자로 집단을 실행하는 경험을 얻게 된다. 이러한 과정을 통해 집단원들과의 효과적인 의사소통은 무엇인지, 자신이 사용하는 기법과 기술은 적합한지, 집단상담과정에 발생하는 역동은 효과적으로 잘 다루고 있는지를 객관적으로 평가하고 점검하는 데 도움이 되기 때문이다. 이와 같이 다양한 집단경험은 집단상담자가 되기 위해 훈련시키고 단련시키는 기회가 되기 때문에 매우 중요한 과정이다.

(3) 집단계획 및 지도 능력

집단상담자는 성공적으로 집단을 이끌기 위해서 집단의 목적부터 평가에 이르기까지 구체적이고 체계적인 계획을 수립하고 전체 일정을 조직할 수 있는 역량이 필요하다. 집단의 공동 목표는 집단상담자에 의하여 결정되는 것이 아니라 집단원들의 호소유형과 행동에 대한 조직 및 공통된 의사에 따라 결정된다.

또한 집단상담자는 집단의 상호작용을 관찰하여 집단의 규칙과 규범을 정하고 구조화하여 집단을 이끌도록 한다. 집단원이 필요로 하는 것은 무엇이며, 어떤 주제에 초점을 맞추어 토론해야 하는지, 총 회기 수, 집단모임 시간과 장소, 주제, 준비물, 논의사항, 평가 절차 등 각 회기별 또는 전체 회기에 대해 집단상담의 총체적인 내용에 대한 계획을 세우고 이끌 수 있는 능력, 그리고 개개인의 참여를 자발적으로 이끌 수 있는 지도력이 있어야 한다.

(4) 상담이론에 관한 지식

상담이론은 집단원들이 겪는 복잡한 심리과정을 이해하고 그들의 문제해결을 위한 전문가가 사용할 수 있는 도구이다. 그러므로 상담이론에 관하여 해박한 지식을 갖는다는 것은 단순히 각 이론적 접근에 관한 내용을 암기하고 있는 것으로 그치는 것이 아니라 상담과정에 적절하게 적용할 수 있어야 한다.

다양한 상담이론은 잠재된 집단원들과 그들의 관심사, 집단원이 겪을 수 있는 갖가지 복잡한 심리적인 문제를 이해하고 조력하는 데 필수적이고 실용적인 도구이자 열쇠이다. 그러므로 상담이론에 대한 지식을 갖추는 것은 집단상담자의 필수적인 자질일 뿐만 아니라 전문가의 책무라고 할 수 있다.

(5) 인간에 관한 폭넓은 식견

집단상담은 성장과 예방적인 차원에서 개인의 문제해결을 목표로 실행하기 때문에 집단원의 발달과정에 따른 과업을 신체적 · 인지적 · 심리사회적 · 성격적 · 문화적 · 도덕적 측면에서 조망할 수 있는 지식과 경험이 요구된다.

이러한 지식과 경험을 토대로 집단상담자는 집단원의 행동과 사고의 변화, 자율적인 의사결정 촉진, 문제해결 능력 향상을 위하여 사회의 다양한 쟁점과 문제점에 대해서도 깊은 관심과 안목을 갖는다. 집단상담자의 이러한 능력은 다시 집단원이 자기 자신을 탐색하고, 자기이해를 도모할 수 있는 의지를 심어 주며, 나아가 문제해결을 위한 촉매제로 활용된다는 점에서 그 의미가 있다.

3) 윤리적 자질

집단상담자가 되기 위해서는 집단원의 욕구, 자신의 가치관과 상담 능력이 집단원들에게 미칠 수 있는 영향에 대해서 민감해야 한다. 장혁표(1999)는 상담자는 자신이 갖추고 있는 자격에 맞는 상담만을 진행해야 하며, 집단상담자가 집단상담을 수행할 능력이 없음에도 불구하고 집단상담을 고집하는 일은 비윤리적인 일이라고 말하고 있다. 상담 및 사회복지 관련 대학원 프로그램에서는 법과 윤리적 규정 안에서 상담에 대한 요구가 증가하고 있다.

집단상담자의 윤리적 자질에는 집단에서 발생하는 상담의 내용을 특수한 경우를 제외하고는 비밀을 지켜야 하는 의무가 포함된다. 이는 집단상담자뿐만 아니라 집단원 모두에게도 주의시켜야 하는 내용이다.

또한 집단상담자는 집단의 효과를 높이기 위하여 집단회기 내용을 녹음하거나 녹화하는 경우도 있는데, 이런 경우에는 집단이 시작되기 전에 집단원들에게 사전 동의를 구하고 외부로 유출되지 않도록 주의해야 한다(Corey, 2015).

그 밖에도 집단상담자는 상담관계를 이용하여, 특히 문제가 되는 성적인 다중관계를 피하는 것이 좋다. 한국 상담학회에서는 성적인 관계는 상담 종결 후 2년 이후에 가능하다고 규정하고 있다(장성화 외, 2011). 일반적으로 집단상담에서 윤리적 자질은 사회적이거나 개인적인 관계와 전문적인 관계를 혼동하지 말 것을 주의시키고, 적당한 경계를 유지하는 것이 중요하다고 강조한다.

이처럼 집단상담자의 자질에 대하여 살펴보았다. 상담에 있어서 집단상담자의 자질은 매우 중요한 위치를 차지하며 상담의 성공과 실패에 큰 영향을 줄 수 있다. 그러므로 바람직한 집단상담자가 되기를 바라는 사람은 이를 위하여 전문적 능력과 인간적 자질 및 윤리적 자질을 준비하여야 할 것이다. 현대는 상담이 매우 필요한 시기이며 그 영역은 더욱 확장되어 가고 있다. 이러한 시대에 발맞추어 상담의 사역을 원하는 학습자들은 집단상담자의 자질을 연구 및 계발하여 보다 나은 사회를 만들어 나가도록 노력해야 할 것이다.

3. 초보 집단상담자가 마주하는 문제

초보 집단상담자는 전문상담자가 되기 위해 수련 중인 상담자를 말한다. 이들은 전문상담자로 발전해 가는 과정에서 다양한 어려움에 봉착한다. 구체적으로 초보 집단상담자는 불안과 긴장을 경험하며, 집단원의 문제와 자신의 문제를 구분 짓지 못하는 어려움을 가질 것으로 보인다. 또한 초보 집단상담자는 집단 내 역동을 파악하고, 상황에 따라 목표를 설정하거나 적절한 개입을 하지 못할 가능성이 큼을 짐작할 수 있다.

이는 초보 집단상담자들이 세부적인 반응기술을 알고 있다고 하더라도 이 기법들이 어떤 맥락에서 어떠한 절차를 거쳐서 사용되어야 하는지를 잘 모르기 때문에 초보 집단상담자들이 상담을 진행해 나갈 때 어려움을 겪는다(고기홍, 1994).

초보 집단상담자의 경우 상담 장면에서도 집단원을 대면할 때 긴장하거나 미처 집단원에 대한 이해가 부족하여 생기는 문제들로 인하여 당황스러울 때가 많이 있다. 그러므로 여기서는 초보 집단상담자가 집단원과 상담 진행 시 겪게 되는 문제점에 대하여 살펴보고자 한다.

1) 초기 불안감

첫 집단을 시작하기 전에 집단상담자는 집단을 잘 운영해야 한다는 생각 때문에 매우 불안할 것이다. 일반적으로 처음 집단상담을 진행하는 상담자는 다음과 같은 질문을 스스로에게 던질 것이다.

- 나는 한 집단을 이끌 만큼의 충분한 지식을 습득했는가?
- 집단원들이 나에게 실제로 기대하는 것은 무엇인가?
- 집단을 어떻게 진행해 갈 수 있을까?
- 회기가 끝나기 전에 이야깃거리가 바닥날 것인가? 아니면 이야깃거리가 남아 있을까?

- 능동적인 역할을 할 것인가? 집단원들이 이야기할 때까지 기다릴 것인가?
- 집단원들이 이야기할 수 있도록 화젯거리를 제공할 것인가? 이야기하고 싶은 것을 스스로 결정하게 할 것인가?
- 집단 초기에는 어떤 기법을 사용해야 할까?
- 아무도 참가를 원하지 않는다면? 너무 많은 인원이 참가를 원한다면? 참여하려는 집단원들을 내가 잘 도와줄 수 있을까?
- 집단원들이 다음 회기에 오고 싶어 할까?

초보 상담자들은 자신에 대한 의심과 염려가 자연스러운 일이라는 사실을 받아들이는 것이 바람직하다. 어느 정도의 불안이 있어야만 자신에 대한 솔직한 평가를 할 수 있기 때문이다. 하지만 불안감이 너무 커지면 활동이 둔화된다.

그러므로 초보 집단상담자들이 자신의 마음속에 생기는 질문과 염려를 말로 표현하고 훈련집단에서 탐색해 보는 것도 도움이 된다. 또한 자신이 가진 염려에 대해 같은 생각, 걱정, 불안을 가지고 있는 수련동료 및 슈퍼바이저와 함께 탐색하고 지지를 받음으로써 초보 상담자들은 현실적인 불안과 비현실적인 불안을 구별하고, 그 결과로 비효율적이고 불필요한 불안을 줄일 수 있을 것이다.

2) 자기개방

집단상담자가 사적인 정보를 노출하는 것은 집단에 지대한 영향을 끼친다. 자기개방에 관한 기술은 무엇을, 언제, 어떻게 개방하고, 얼마만큼의 개방을 할 것인가이다. 집단상담자가 적절한 수준에서 자신에 대한 정보를 공유하면 그것의 효과는 긍정적이다(Corey, 2015).

하지만 집단원들이 자기개방에 있어서 개인적인 문제를 노출하도록 압력을 받거나 무언가를 억지로 하게 되지는 않을까 등에 대해 두려워할 수 있다. 그러나 자기개방은 변화와 성장을 위해서 꼭 필요한 부분이다. 초보 집단상담자의 경우 성장을 위해서 위험을 감수해야 하는 부분도 있을 수 있지만 어떠한 부분에 대하여 얼마나 자신을 개방할지에 대해서는 스스로가 선택하고 결정해야 하는데, 이때 지나치게 많은 정보를 개방하거나 극단적으로 너무 적게 개방하는 경우 실수를 저지르는 경우가 있으므로 주의가 필요하다.

(1) 부족한 자기개방

집단상담과정에서 초보 집단상담자는 개인의 사적인 내용의 노출을 최소화하려는 경향을 가지고 있다. 이는 비전문적으로 비추어지거나 집단원의 존경을 잃을까 두려워하는 것도 될 수 있으며 또는 거리를 두어서 집단상담자와 집단원의 관계를 유지하려는 필요성으로 볼 수 있다.

집단상담자의 부족한 자기개방은 집단원에게도 영향을 주게 되어 자기개방을 가로막을 수 있으며 집단원들의 자기개방 수준에 직·간접적으로 영향을 미친다. 이때 고려할 점은 언제, 얼마나 개방할 것인가이다. 집단상담자가 시의적절하게 자신을 개방하는 것은 집단역동을 촉진시킬 수 있기 때문이다(Trotzer, 2006). 이처럼 자기개방이 너무 부족하면 피드백을 통한 현실검증의 기회가 제한되고, 깊은 관계를 맺지 못하며, 다른 집단원들로부터 진실된 수용을 받을 기회가 없으므로 자존감이 올라가는 경험을 거의 할 수가 없다.

이와 같이 부족한 자기개방은 집단원의 관점, 사고방식, 행동에 부정적인 영향을 준다는 사실을 알고 집단상담자가 개방적인 태도를 취하는 것은 집단상담에 효과적인 영향을 미칠 것이다.

(2) 과도한 자기개방

초보 집단상담자는 집단원에게 인정받고 수용되고자 하는 강한 욕구를 지닌다. 집단상담자는 자신이 집단원처럼 한 인간일 뿐이라는 사실을 증명하기라도 하듯 아주 사적인 사실을 공유함으로써 집단의 일원으로 해야 할 의무에 과하게 열중하는 실수를 범하기 쉽다. 이러한 집단상담자는 자기개방을 많이 할수록 바람직하다는 신념으로 자신을 알리는 일에 열중한다.

그러나 자기개방을 할 때는 집단상담자가 자기개방을 하는 이유, 집단원들의 준비성, 친밀한 공유관계가 집단원에게 미칠 영향, 집단의 '지금-여기' 과정상에서 적당한 노출 정도 등을 판단하고 해야 함에도 불구하고 모든 것을 내보이는 것은 바람직하지 않다.

또한 이들은 때때로 일상생활의 세세한 부분까지도 털어놓으면서 자신의 문제를 해결하기 위해 집단을 이용하기도 한다. 이러한 태도는 집단상담자로서 보다는 집단의 일원으로 기능하는 듯이 보인다. 그러면서 집단상담자는 자신이 먼저 개방하면 집단원들도 따라서 자기개방을 할 것이라고 믿는다.

집단상담자는 적절한 때에 자기 자신에 대한 정보를 개방하는 기술을 활용할 줄 알아야 한다. 상담자는 자기개방을 통해 집단원에게 유사성과 친근감을 전달할 수 있고, 상담자와 집단원 간에 보다 깊은 이해를 발달시킬 수 있으며, 집단원에게 깊이 있는 자기탐색의 모범을 보여 주게 된다. 이때 집단상담자는 집단원의 흥미와 관심에 적절한 사적인 생각, 경험 및 느낌을 솔직하게 노출시킴으로써 개성을 가진 하나의 인간 존재로 집단 앞에 드러나게 된다. 때로 자기개방을 하는 과정에서 자신의 단점이나 부끄러울 수 있는 내용도 노출될 수 있으므로 솔직한 자기개방을 위해서는 적절한 모험과 용기가 필요하다.

3) 지나치게 집단에 개입하는 경우

집단상담이 효과적으로 성공에 이르는 방법은 집단원들의 적극적인 참여와 집단 내에서의 상호작용이 촉진되었을 때이다. 그러나 집단상담이 진행되는 동안 상호작용이 원활하게만 유지되지는 않으며 혼란이나 갈등상황이 더욱 빈번하게 발생하기도 한다.

이러한 갈등상황이 발생하면 집단상담자는 집단원들보다 더 많은 경험 및 지식을 가진 자신이 상황을 해결해 줘야 한다는 생각에 사로잡히는 경우가 많다. 하지만 집단상담자의 지나친 개입은 집단상담과정의 발달을 저해하는 역효과를 나타낼 수 있으며(김행수, 배미화, 유동수, 2009), 집단원의 인격을 손상시키거나 상처를 입히는 경우를 가져올 수 있다. 집단원은 충분한 시간과 자신을 탐색함으로써 문제를 해결할 수 있는 힘을 가지고 있기 때문에 초심 집단상담자는 집단원들이 말할 때마다 반응을 보이려는 유혹을 극복해야 한다.

집단상담자는 집단원들이 자연스럽게 자기표현을 할 수 있도록 분위기를 조성하고, 일일이 반응을 보이기보다는 다른 집단원들이 반응을 보일 때까지 잠시 기다려 주거나 집단기술을 통해 집단원들의 참여를 독려할 수 있다.

4) 집단원의 저항에 대한 자신의 반응 다루기

인간은 누구나 바람직한 방향으로 자신을 변화시킬 수 있는 자질을 가지고 있다. 지혜로운 집단상담자는 삶에 대한 긍정적 태도를 가진다(노안영, 2011). 이는 집단원이 문제를 가진 행위의 행동을 하면 집단상담자는 자신이 이를 강하게 느끼는 경향이 있음을 인지한다. 예를 들어, 집단상담자는 집단을 지배하고 통제하려는 집단원으로부터 위협감을 느낄 수도 있고, 또는 저항적인 행동을 보이는 집단원에게 화가 날 때도 있으며, 집단 진행 속도가 느리거나 생산적이지 못할 때 특정 집단원이나 집단 전체를 비난할 수도 있으며, 집단에 대해 개인적으로 저항감을 느끼기도 할 것이다.

이때, 집단상담자의 생각과 감정은 집단원들의 저항적인 행동 및 변화에 중요한 요인으로 작용한다. 집단원들의 저항적인 행동을 다루기 위해 슈퍼비전을 통해 문제를 해결해 나가야 하며 더불어 전문가에게 기꺼이 조언을 구하는 것이 중요하다. 때로는 동료 상담자가 객관적인 눈으로 유익한 충고를 해 주어서 자신이 미처 보지 못한 점들을 인식할 수 있게 된다.

이와 같이 초보 집단상담자들은 불안과 긴장 속에서 집단을 진행하며, 언제 어떻게 이론을 적용하여 개입을 해야 할지, 자기개방을 어느 정도로 해야 하는지 등의 망설임 속에 있다. 혹은 과도하게 개입과 개방을 할 수 있고, 이러한 분산된 상황 속에서 집단역동을 잘 파악하기 어렵다(김현령, 김창대, 2013).

이처럼 초보 집단상담자들이 집단운영에서 유연성 부족, 집단과정에 대한 지식과 기술의 부족, 집단역동 다루기의 문제를 경험하지만 집단상담 전문가에게 자문할 수 있는 접근성이 낮고 집단상담 슈퍼비전 기회가 적어 더 많은 문제를 겪고 있음을 알 수 있다(김은수, 2016).

4. 집단상담자 교육과 훈련

집단상담을 진행함에 있어 상담자의 역할은 매우 중요하다. 이는 개개인의 심리적 역동을 다루는 과정이기 때문에 직접 집단원으로서 참여도 하고, 집단상담자로서의 역할도 수행해 보고, 슈퍼바이저로부터 피드백을 받았을 때 전문 집단상담자가 될 수 있다. 그러나 집단상담자가 되면 다양한 성향과 가치관을 갖고 있는 집단원을 만나기 때문에 집단상담자는 서로 다른 문화의 의식구조를 고려하여 진행할 수 있도록 일정한 프로그램 및 교육과 훈련이 필수적으로 요구된다.

1) 집단상담자의 교육 및 훈련

집단상담은 지속적인 교육과 훈련을 받아야 하는 전문직으로서 한 사람의 집단상담자가 양성되는 데에는 체계적인 교육이 필요하며 집단상담자 교육에는 이론교육, 상담 실습, 슈퍼비전이 필수적이다(심흥섭, 1997). 이러한 이론교육, 상담 실습의 경험을 통해 실습생들은 집단원의 피드백에 대한 자신의 반응, 경쟁심, 인정 욕구, 질투심, 불안, 타인에 대한 감정, 공동리더나 집단원들과의 힘겨루기 등과 같은 집단운영의 다양한 쟁점에 관하여 배우게 된다.

실제 상담과정에서 긍정적 변화를 경험한 상담자들은 자신감, 능숙함, 만족감, 성공감, 편안함을 느끼며, 상담과정에서도 성취감과 만족감으로 유능한 상담자로서 성장을 기대할 수 있다. 한편, 부정적인 변화를 경험한 상담자들은 좌절감, 무력감, 불만족, 실패감, 회의감 등으로 인해 상담을 시작할 때마다 오는 불안이나 공포 등으로 원활한 상담을 진행하는 데 어려움을 겪게 될 것이다(유난영, 2005).

집단상담자는 전문직으로서 활동을 하려면 발달과정에 따라 교육과 훈련 방법에 필요한 네 가지 단계를 거쳐야 한다.

첫째, 적응단계에서의 교육과 훈련은 이론적 지식의 기반, 집단원 경험, 꾸준한 평가, 관찰의 경험이다.

둘째, 발전단계에서의 교육과 훈련은 인간적 자질의 훈련, 전문가로서의 지속적인 슈퍼비전, 숙련된 집단상담자의 상담 관찰, 이론 적용, 구조화된 활동과 기법 사용 등이다.

셋째, 확립단계에서의 교육과 훈련은 진정한 자기성찰을 위한 집단경험 및 동료와 피드백 주고받기이다.

넷째, 숙련단계에서의 교육과 훈련은 수련감독자로서의 역량강화, 자신만의 이론 정립, 가치관 확립이다.

이러한 집단상담자 교육은 전문지식 위주의 공부도 중요하지만 실제로 경험한 상담과정이나 슈퍼비전을 통해 얻은 지식 등 상담자 스스로의 노력에 의해 얻어지는 것이다. 집단상담자들은 유능한 상담자로 활동할 수 있도록 수련감독자의 지도하에 집단상담자 역할을 연습해 봄으로써 집단상담자의 집단과정에 대한 통찰력과 이해력을 기를 수 있을 것이다.

2) 예비 집단상담자의 집단 훈련

(1) 교수학습

집단상담자는 지적 능력과 기술을 갖고 논리적 사고를 할 수 있어야 하며, 폭넓은 제반 지식과 다양한 집단상담 기술이나 기법을 능숙하게 활용할 수 있어야 한다. 또한 집단상담에 관한 이론적인 지식에 대한 강의와 집단 연습을 중심으로 이루어지는 과정을 통해 예비 집단상담자들은 집단과 집단상담에 관한 기본 지식을 습득하고, 구조화된 활동을 통해 자기이해를 꾀하며, 집단운영에 관한 기본적인 감각을 익힌다.

이러한 교육을 통해 예비 집단상담자가 장차 자신의 집단원들에게 영향을 미칠 수 있는 교육요소 네 가지를 제시하고자 한다.

첫째, 집단이 운영되는 방식을 이론적으로 다룬다.

둘째, 다양한 경우와 개입에 대한 자신의 반응에 통찰을 진작시킨다.

셋째, 이론과 연구결과를 바탕으로 자신의 경험을 분석하여 이해를 도모한다.

넷째, 추후 학습에 필요한 자원을 확대 또는 증대시켜 나간다.

이와 같이 전문적인 집단상담자가 되기 위해서는 폭넓은 독서를 바탕으로 모든 측면을 이해할 수 있는 능력과 전문적 지식을 바탕으로 적절한 질문과 훌륭한 판단력을 갖는 것이 중요하다. 또한 집단상담자는 이론적인 교육뿐만 아니라 새로운 상담 기법과 기술을 배우고 익혀 상담자 스스로 전문가로 거듭 발전해 나가야 한다.

(2) 경험학습

집단에 참여하는 것은 그 자체만으로도 예비 집단상담자들에게는 중요한 경험이 될 수 있다. 왜냐하면 적어도 집단원들의 입장을 이해할 수 있는 기회를 가질 수 있으며, 집단원의 입장에서 집단상담자의 리더십 관찰을 통해 리더십 증진을 위한 대리학습의 기회로도 삼을 수 있기 때문이다.

또한 직접 체험을 통하여 집단원들의 상호작용에 방해가 되는 요소들을 체험할 수 있고 집단원들로부터 신뢰, 지지, 격려를 받는 느낌을 경험하면 집단의 정서적 교감이 집단원들에게 어떠한 영향을 미치는지 이해하는 데 도움이 된다. 이는 집단원의 입장에서 집단상담자로 문제가 될 수 있는 사안을 찾아내고 변화를 주는 과정을 반복하는 경험을 통해 예전에 미처 깨닫지 못한 미해결 과제나 문제를 탐색하고 그 해결방안을 모색해 볼 수 있다.

이러한 집단상담 실습을 통해 예비 집단상담자는 집단운영에 필요한 다양하고 유용한 실무를 익히는 한편, 집단상담자로서의 기술과 능력을 체득·발전시키게 된다. 또한 집단상담에 관한 전문적 기술 습득과 능력 개발은 결국 전문가로서의 유용성과 자신감을 높여 줌과 동시에 양질의 서비스 제공으로 이어질 수 있다. 초심 상담자에게 집단 실습 경험은 비록 노련한 전문가만큼 세련된 기법을 구사하지는 못하더라도 갖가지 시행착오를 통해 더욱 많은 것을 배울 수 있는 귀중한 기회가 된다.

(3) 관찰학습

실습 중인 상담자는 경험이 많은 집단상담자의 상담 장면을 관찰하는 데서 많은 것을 배운다. 이러한 관찰학습을 거쳐 집단상담 관련 지식을 습득하고 실제 집단에 참여한 경험과 함께 관찰학습은 집단상담을 실제로 운영하기 위한 기초 기술이다.

먼저 관찰학습 방법에 대해 살펴보면 다음과 같다.

첫째, 실습조에 대한 직접 관찰은 집단상담자의 교육지도와 훈련을 목적으로 슈퍼바이저가 함께 참여함으로써 집단과정에 대한 정보를 제공받을 수 있다. 강진령(2011)은 집단상담에서 실습조와 관찰조로 나누어 한 조는 집단연습 장면을, 다른 한 조는 관찰하는 방식으로 진행한다. 이 방법은 집단연습이 끝나자마자 바로 관찰 결과에 대한 피드백과 의견을 교환할 수 있고, 집단상담의 내용을 토대로 기본적 원리를 토론하고 학습할 수 있는 기회를 제공할 수 있다.

둘째, 일방경(one-way mirror)을 통한 관찰은 실제로 진행되고 있는 집단 장면을 직접 관찰할 수 있다. 이 방법은 수련감독자가 집단상담자에게 이어폰을 통해 집단운영에 관한 지시를 함으로써, 집단역동에 변화를 주게 되는 장면을 직접 목격할 수 있어 매우 생동감이 있다. 또한 집단상담자의 행동을 관찰하여 필요한 것은 자신의 것으로 취함으로써 예비 집단상담자를 훈련하게 하는 이점이 있다.

셋째, 집단상담 동영상 시청은 숙련된 집단상담 장면을 비디오테이프나 온라인상의 사이버매체를 활용하여 학습하는 과정을 말한다. 이 방법은 다양한 집단상담자의 집단운영 방식을 관찰함으로써 그들의 효과적인 전략과 세련된 기술을 모방할 수 있다. 이 방법은 직접 체험할 수 없다는 단점은 있지만 반복해서 관찰함으로써 예비 집단상담자를 훈련하게 하는 장점이 있다.

3) 전문상담자의 훈련: 슈퍼비전

상담자는 지속적인 훈련을 통해 자신의 전문성을 확보하고 새로운 상담기술을 배울 수 있는 것이다(Worthen & McNeill, 1996). 이러한 상담자의 훈련과정 중에 가장 중요한 것은 바로 슈퍼비전이라고 할 수 있다(김계현, 1992). 슈퍼비전의 궁극적인 목적은 상담자의 역량을 키우는 데 있기 때문에 상담자 발달과정에서 슈퍼비전은 필수적이다(Holloway, 1992). 즉, 상담에 갓 입문한 수련생을 전문가 수준으로 끌어올리기 위해서는 체계적이고 상담자의 성장에 도움이 될 수 있는 교육내용을 담고 있어야 한다는 것이다.

슈퍼비전 과정은 상담자 교육에서 중심적인 역할을 차지하고 있으며(김계현, 1992), 초보 집단상담자가 집단을 운영하면서 다양한 어려움을 만나게 될 때 도움을 구할 수 있는 가장 주요한 창구가 된다. 집단을 운영하면서 다양한 문제에 직면하고 때로는 집단원들과 대립관계를 가지며 집단 응집력 형성에 위기를 맞기도 한다. 이 때에 초기 몇 회기 동안 초심자는 스스로 해결할 수 없는 문제들에 직면하게 되는데 이를 위해 슈퍼비전은 반드시 필요한 과정이다.

이는 집단상담자의 상담기술을 향상하고 성장을 도와주며, 상담과정에서 당면하는 어려움과 윤리적인 문제들의 해결을 도와준다. 또한 집단상담자를 보호해 주고 성장하도록 하므로 그 효과가 집단원에게 환원된다(Loganbill, Hardy, & Delworth, 1982).

따라서 슈퍼비전은 유능한 상담자가 지녀야 할 능력들을 개발하기 위한 필수 훈련과정이며(Altfeld & Bernard, 1997; Bernard & Goodyear, 2004; Kline, 2003), 특히 집단상담에서 초심 집단상담자의 학습에 집단원 경험과 함께 가장 도움이 되는 것으로 확인되었다(Granello, 2010).

이 외에도 전문가적인 집단상담자가 되기 위해서는 집단상담과 관련된 책을 읽거나 다양한 워크숍에 참석함으로써 자신의 집단운영 능력을 발전시켜 나가는 데 도움이 된다. 또한 집단상담에 관한 사례 연구집, 학술지, 학술논문 등은 새로운 집단상담 기술, 기법 그리고 전략을 스스로 터득할 수 있는 중요한 통로이기도 하다. 이처럼 집단상담자는 장기적이고 다양한 훈련의 기회를 가짐으로써 실제적 능력을 발달시키지 않으면 안 된다.

참고문헌

강진령(2005). 집단상담의 실제. 서울: 학지사.

강진령(2011). 집단상담의 실제(2판). 서울: 학지사.

강진령(2019). 집단상담의 실제(3판). 서울: 학지사.

고기홍(1994). 상담면접과정에 대한 상담준전문가 교육프로그램 개발. 계명대학교 대학원 석사학위논문.

김계현(1992). 상담교육방법으로서의 개인 수퍼비전 모델에 관한 복지사 연구. 한국심리학회지: 상담과 심리치료, 4, 19-53.

김은수(2016). 구조화 집단상담에서 초심 집단상담자의 어려움에 대한 탐색적 연구. 광운대학교 대학원 석사학위논문.

김행수, 배미화, 유동수(2009). 한알 집단상담. 서울: 학지사.

김현령, 김창대(2013). 집단상담자 경력에 따른 자기대화 차이분석: 집단원의 대화독점 문제상황을 중심으로. 상담학연구, 14(4), 2125-2141.

김형태(2008). 집단상담의 이론과 실제. 서울: 동문사.

노안영(2011). 집단상담이론과 실제. 서울: 학지사.

심흥섭(1997). 상담자 발달수준 평가에 관한 연구. 숙명여자대학교 대학원 박사학위논문.

유난영(2005). 자기보고식 성장상담자 집단의 특성에 관한 연구. 덕성여자대학교 대학원 석사학위논문.

이현림, 김순미, 천미숙(2015). 집단상담 이론과 실제(개정판). 경기: 양서원.

이형득(1995). 집단상담의 실제. 서울: 중앙적성출판사.

장성화, 김기복, 구승신, 이주연, 김민숙, 김소린, 김지현, 박미숙, 박지현, 유소영, 윤진아, 황윤미(2013). 집단상담. 서울: 동문사.

장성화, 김순자, 윤향숙, 박지원, 황윤미(2011). 상담이론과 실제. 경기: 정민사.

장성화, 김순자, 윤향숙, 박지원, 황윤미(2013). 상담이론과 실제(2판). 경기: 정민사.

장혁표(1999). 상담에서의 윤리적 문제-상담자 자질, 비밀보장, 이중역할관계를 중심으로. 교사육성연구, 38, 1-15.

정성란, 고기홍, 김정희, 권경인, 이윤주, 이지연, 천성문(2013). 집단상담. 서울: 학지사.

Altfeld, D., & Bernard, H. (1997). an experiential group psychotherapy supervision. In C. E. Watkin, Jr. (Ed.), *Handbook of psychotherapy Supervision* (pp. 38–399). New York: John Wiley & Sons.

Belkin, G. S. (1988). *Introduction to counseling* (3rd ed.). Dubuque: Wm, C. Brown.

Bernard, J., & Goodyear, R. (2004). *Fundamental of clinical supervision* (3rd ed.). Boston: Peason, Allyn & Bacon.

Corey, G. (2015). 집단상담의 이론과 실제. (김명권 외 공역). 서울: 학지사.

Corey, N. S., Corey, G., & Corey, C. (2010). *Groups: Process and practice* (8th ed.). Belmont, CA: Thomson Brooks/Cole.

George, R. L., & Cristiani, T. S. (1981). *Theory, Methods, and Processes of Counseling and Psychotherapy*. Englewood Cliffs, N. J. : Prentice–Hall.

Granello, D. H. (2010). Cognitive complexity among practicing counselors: How thinking with experience. *Journal of Counseling and Development, 88*(1), 92–101.

Holloway, E. L., Broun, S. D., & Leat, R. W. (1992). *Supervision: a Way of teaching and learning. In: Handbook of Counseling Psychology* (2nd ed., pp. 177–214). Naw York: Wiley.

Kline, W. (2003). *Interactive Group Counseling and Therapy*. Upper Saddle River, NJ: Merrill/Prentice Hall.

Kottler, J. A. (2001). *Leaming group leadership: An experiential approach*. Boston, MA: Allyn and Bacon.

Loganbill, C., Hardy, E., & Delworth, U. (1982). Supervision: A conceptual model. *Journal of Counseling and Development, 10.* 3–42.

Rogers, C. (1961). *On becoming a person*. Boston: Houghton Mifflin.

Rogers, C. (1970). *Carl Rogers on encounter*. New York: Harper & Pow.

Trotzer, J. (2006). *The counselor and the group: Integrating theory, training and practice* (4th ed.). Philadelphia: Taylor & frances.

Worthen, V. & McNeill, B. W. (1996). A phenomenological investigation of "good" supervision events. *Journal of Counseling Psychology, 43*, 25–34.

제 **3** 장

집단상담의 기술

집단상담의 기술은 집단상담과정에서 집단원 간에 상호작용을 하여 서로의 사고, 행동, 생활양식 등을 자유롭게 탐색해 나가면서 자신의 문제를 들여다볼 수 있는 인간적 성장의 기틀을 마련하는 데 도움이 된다. 또한 자기만이 문제를 가지고 있는 것이 아니라는 인식을 하면서 자신이나 타인을 이해하고 수용하는 마음을 가지게 되는 계기가 되기도 한다. 집단상담 기술은 집단원들이 가지고 있는 문제에 대하여 복잡한 심리과정을 이해하고 해결하기 위한 전문가가 사용하는 집단상담의 도구이다.

한편, 집단상담자가 세미나나 워크숍 등에 참여하여 자신에게 맞는 기술을 습득하여 활용할 줄 알아야 한다(장성화 외, 2013). 또 집단상담자는 집단상담과정에서 집단원들에게 시기적절하고 융통성 있게 기술을 활용하여야 한다. 그러나 세미나 등 참여를 통해 기술 습득이 가능하다는 생각을 해서는 안 된다. 집단상담자가 상담에 대한 경험을 많이 해 봄으로 자신의 경험에 대한 피드백을 받아 자신을 이해하게 되고 수용되는 경험을 할 때 성장하게 되며 기술 습득이 체득화된다.

이 장에서는 집단상담 기술의 필요성, 집단상담 기술의 활용, 집단상담 기술의 유형에 대해 살펴보고자 한다.

1. 집단상담 기술의 필요성

집단상담에서 집단상담자와 집단원과의 상호작용을 통해 그들의 문제에 보다 효율적으로 대처하고 자신의 삶에 희망과 용기를 불러일으키게 해야 한다. 집단상담자들은 집단상담 장면에서 온화, 공감, 사랑, 따뜻함을 바탕으로 한 개방적인 대화로 집단상담을 진행하면 된다고 착각하는 경우가 있다. 이러한 기술은 집단상담을 진행하는 데 기본적 기술이기는 하나 집단상담을 효과적으로 진행하기에는 한계가 있다. 집단상담에 참여하는 집단원들은 자신의 행동적 습관이 무엇을 뜻하는지 잘 인식하지 못할 뿐 아니라 자신에게 인식된 정보들이 어떻게 드러나는지에 대해 익숙하지 않다.

따라서 집단상담자는 집단원들에게 다루어지지 않았던 정서적 · 행동적 · 인지적 정보들을 구체적으로 확보하여 집단상담의 목표를 이루기 위해 집단상담 장면에서 여러 가지 기술을 활용할 수 있는 유능하고 전문적인 능력을 갖추어야 한다.

집단상담 기술들은 집단상황을 진행하는 데 있어서 긍정적 효과를 나타내기 위해 중요한 역할을 하고 집단상담자에게 올바른 행동지침을 제공할 수 있다. 집단상담자는 자신이 학습한 집단상담 이론만을 가지고는 효과적인 집단상담을 이끌어 갈 수 없다. 그러므로 집단상담자는 집단상담을 보다 효과적으로 진행하기 위해 기본적 기술을 배양해야 할 뿐만 아니라 집단상담의 기술을 능숙하게 활용할 수 있어야 할 것이다.

집단상담자는 집단상담 기술을 효율적으로 활용하기 위해서 집단의 행동지침에 대한 기초개념을 명확히 파악하고 집단의 흐름과 집단원 간의 역동에 대헤 면밀하게 깨닫고 있어야 한다.

2. 집단상담 기술의 활용

집단상담 운영을 효과적으로 하기 위해서는 기본적인 기술을 적절한 시기에 유연하고 익숙하게 활용할 수 있어야 한다. Corey 등(1992)은 집단상담 기술이 집단원의 자기이해와 자기인식을 증진시키기 위해 활용되어야 하며 집단원에게 도움이 되어야 한다고 한다. 다시 말해서 집단상담 기술은 집단원의 변화를 촉진시키고 발달시키기 위해서 활용되고 집단원에게 긍정적인 영향을 미치도록 해야 한다.

또한 집단상담 기술을 활용함에 있어 집단원을 세밀히 관찰하지 않고 집단원에 대한 정보를 부적절하게 활용하는 것을 주의해야 한다. 집단상담의 잘못된 활용으로 집단원에게 정서적인 손상을 줄 수 있고 집단역동에 해를 끼칠 수 있으며 집단발달에도 부정적인 영향을 끼칠 수 있다. 즉, 집단상담자는 자신의 집단상담 기술을 자신의 능력과 창의성을 충분히 발휘하여 집단활동에서 자연스럽게 진행시켜 집단발달을 도모해야 한다. 이러한 집단상담 기술을 활용하기 위해 유의점을 살펴보면 다음과 같다(이현림, 김순미, 천미숙, 2015).

첫째, 집단원의 감정을 심화시킬 수 있도록 활용해야 한다.
둘째, 적절한 시기에 활용해야 한다.
셋째, 집단의 발전단계를 고려하여 도입해야 한다.
넷째, 집단유형에 따라 그에 맞는 집단상담 기술이 활용되어야 한다.
다섯째, 집단을 효과적으로 진행하는 수단으로 사용해야 한다.
여섯째, 비언어적 의사소통을 지양해야 한다.
일곱째, 집단원에게 선입견과 가정을 내리지 않아야 한다.
여덟째, 문화적 다양성을 고려하여 집단원의 요구에 맞는 기술을 활용해야 한다.

3. 집단상담 기술의 유형

집단상담의 목표달성을 위해 집단상담자는 집단원이 원하는 변화에 대해 유연성을 갖고 적절한 집단상담 기술을 상황에 맞게 사용해야 한다. 집단상담은 많은 집단원으로 구성되어 진행하므로 집단상담자의 역할이 매우 중요하다. 집단상담자가 상담을 진행하는 과정 중 모든 활동은 무엇이든 기술로 간주할 수 있다. 이러한 기술은 집단상담자가 집단이 나아가야 할 방향을 잡는 데 도움을 주는 절차라고 할 수 있다. 여기서는 대부분이 집단상담에 적용되는 기술 유형으로 변화촉진 기술, 문제해결을 돕는 기술, 집단과정 기술에 대해 살펴보고자 한다.

1) 변화촉진 기술

변화촉진 기술은 집단원의 변화를 위하여 보다 활동적이고 집단활동을 통해 긍정적이고 생산적으로 변화하도록 촉진시키는 환경적 요소이다(강진령, 2011). 집단상담 운영은 적극적 경청을 통한 공간적 이해가 바탕이 되어 집단 내에 편안한 분위기를 조성하고 집단원들의 변화를 촉진시켜야 한다. 이러한 변화촉진 기술은 집단원들을 변화시키는 기술로 적극적 경청, 공감적 이해, 관심 기울이기, 초점 맞추기, 모델링, 적극적 참여 유도의 방법들을 살펴보고자 한다.

(1) 적극적 경청

집단상담 장면에서 집단원의 변화촉진을 위한 첫 번째 기술은 적극적 경청(Active Listening)이다. 적극적 경청은 효과적인 의사소통의 수단으로 집단원의 변화를 촉진하는 데 가장 기초적이고 중요한 도구이다. 집단상담자가 집단원의 언어 및 비언어적 행동에 대해 민감하게 반응하여 집단상담자 자신이 이해한 내용을 자신의 말과 행동으로 되돌려 주는 것으로 변화 등에 주의하며 숨겨진 의미를 감지해 낼 수 있어야 한다(김종운, 2015). 적극적 경청은 집단원이 하는 말을 건성으로 듣는 것이 아니라 그 사람이 말하는 깊은 뜻을 주의 깊게 정성 들여 듣고 그의 현재 감정과 생각을 이해할 수 있다.

다시 말해서, 적극적 경청은 집단원이 하는 이야기의 내용을 파악하는 것은 물론이고 그의 몸짓과 표정 그리고 음성 등에서 나타나는 미묘한 변화까지 알아차려야 하며, 더 나아가서는 그 사람이 말하지 못한 부분에 대해서도 심층적인 분석을 하여 표현하는 과정을 말한다(천성문 외, 2015). 그러므로 경청을 잘하기 위해서는 말하는 사람의 소리를 잘 들어야 하고 그의 말에 대하여 이해와 해석이 정확하여야 하기 때문에 단순히 듣는 것만이 경청이라고 할 수는 없다. 적극적 경청을 잘하기 위해서는 좋은 습관을 들이는 것이 좋은데, 이를 위해 다음과 같은 사항을 유의해야 한다(이형득 외, 2007).

첫째, 집단원의 말을 평가하지 말고 들어 주어야 한다.
둘째, 집단원의 말을 짐작하여 듣지 않아야 한다.
셋째, 집단원이 말할 때 다른 행동을 하지 않아야 한다.
넷째, 듣는 둥 마는 둥이 아닌 진심으로 듣는 모습을 보여야 한다.
다섯째, 집단원이 말하고 있을 때 말을 끊고 중간에 끼어들지 않아야 한다.
여섯째, 집단원의 말과 내용에 감정을 싣지 않고 다른 생각을 하지 않아야 한다.

집단상담에서 경청과정은 중요한 요소이므로 집단원들로 하여금 집단상담자가 그들의 말을 잘 듣고 있다는 것을 느끼게 해야 한다. 개인상담에서는 한 사람에게만 집중하면 되지만 집단상담은 다수의 집단원의 행동을 세심하게 관찰하고 기억해서 대응해야 하는 경우가 있을 수 있다. 또 계속 이야기하거나 반대로 이야기를 거의 하지 않는 집단원의 상황까지도 관찰하고 대응하여야 한다.

따라서 집단상담자는 모든 상황에서 집단원의 말을 경청할 수 있는 능력과 태도를 갖추어야 한다. 또한 집단상담을 진행하는 동안 집단상담자는 한 사람의 집단원과 대화할 때도 다른 집단원 간에 주고받는 말이나 비언어적 행동에 대해서도 주시해야 한다. 집단상담자는 자기 자신의 감정과 집단의 역동을 빨리 파악하여 어떠한 상황에서도 적절한 대응을 할 수 있도록 해야 한다. 즉, 집단상담은 진정성 있는 적극적 경청이 필요하다는 것을 알 수 있다.

(2) 공감적 이해

공감은 집단상담에 있어 집단원들의 변화촉진을 위한 집단상담자의 자세이자 기술이다. 즉, 공감적 이해란 집단상담자가 집단원들의 행동, 감정, 사고에 대해 마치 자신의 것처럼 이해하고 집단원의 감정에 초점을 두어 이해한 것을 정확하게 전달한다는 의미이다. 집단상담자가 집단원의 입장이 되어 그 집단원이 보는 대로 보고, 느끼는 대로 느끼며 생각하는 대로 생각하는 주관적인 것이다. 그러기 위해서는 집단원을 아끼고 존중하는 마음을 가지며 그들의 말에 적극적인 경청을 통해 언어적 또는 비언어적 메시지와 느낌으로 정확하게 파악하여야 한다.

이러한 공감적 이해를 효과적으로 하기 위해서는 역지사지, 즉 집단원들의 내면 감정을 가슴으로 느끼고 그들의 입장을 온전히 이해해야 한다(강진령, 2011). 공감적으로 이해하는 집단상담자는 집단원의 주관적인 세계를 파악할 수 있어야 하고 무엇보다도 집단원 개개인에 대한 보살핌과 개방성이 필요하다.

그러나 공감적 이해를 잘못하게 되면 집단상담자가 집단원과 동일시하는 경우가 발생하기도 한다. 효과적으로 공감적 이해를 하기 위한 방법은 다음과 같다(이현림, 김순미, 천미숙, 2015). 첫째, 집단상담자는 집단원의 생각과 느낌을 파악하기 위하여 집단원의 입장에서 생각하고 느낄 수 있어야 한다. 둘째, 집단상담자는 집단원의 생각과 느낌을 가장 잘 나타낼 수 있는 단어를 표현할 수 있어야 한다. 집단상담자가 그 집단원을 이해하고 있다는 사실을 구체적인 단어로 직접 말해 주어야 한다. 이때 집단원이 '그래요, 맞습니다.'라는 반응을 보여야 공감적 이해가 이루어졌다고 할 수 있다.

(3) 관심 기울이기

집단상담은 집단원들이 집단 내에서 어떤 이야기라도 마음 편하게 털어놓고 말할 수 있는 분위기가 조성되어야 한다. 이를 위해 집단상담자는 집단원이 전달하고자 하는 메시지를 잘 경청하여 관심 기울이기를 해야 한다. 관심 기울이기는 집단원의 이야기를 충분히 받아들인다는 것을 보여 주는 것이다. 사람들은 자신의 이야기에 관심을 보이는 사람 앞에서 계속 이야기할 의욕을 느끼고, 자신에 대해 스스로 자연스럽고 편안하게 이야기할 수 있다. 그러므로 집단상담자의 관심 기울이기는 집단원들의 집단 내 참여를 촉진시킬 수 있다. 관심 기울이기는 집단원들을 대하는 집단상담자의 비언어적 태도를 가리키며 시선, 표정, 목소리, 자세, 몸짓을 통해 나타난다.

이건(Egan, 1994)은 관심을 기울일 때 사용할 수 있는 기술을 **SOLER**로 제안하였으며 이는 다음과 같다.

① "S"-Squarely

집단상담자는 집단원을 바라본다. 즉, 집단상담자는 집단원에게 관여하고 있다는 자세를 취하고 '나는 당신과 함께할 것이며 도움이 되고 싶습니다.'라는 뜻을 표현한다.

② "O"-Open

집단상담자는 개방적인 태도로 대해야 한다. 집단상담자의 자세는 집단원으로 하여금 마음의 문을 여는 데 중요한 역할을 한다. 집단상담자의 자세는 항상 집단원들을 도울 준비가 되어 있는 모습으로 메시지를 전달할 수 있다.

③ "L"-Learning

집단상담자는 집단원을 향해 몸을 기울인 자세를 취해야 한다. 사람은 누군가와 대화할 때 관심 있는 사람의 쪽으로 몸이 기울어지게 마련이다. 마찬가지로 집단상담자가 집단원을 향하여 몸을 기울여서 그의 말에 관심을 기울이고 있는 자세를 취해야 한다.

④ "E"-Eye Contact

집단상담자의 따뜻하고 온화한 시선이 중요하다. 집단상담자는 집단원과 좋은 시선으로 '당신과 함께하고 있으며 당신에게 관심을 갖고 도움이 되고 싶다.'라는 메시지를 전달해 줄 수 있다.

⑤ "R"-Relaxed

집단상담자는 편안하고 이완된 자세를 취해야 한다. 집단상담자의 편안한 마음과 자연스럽게 이완된 여유로운 모습을 유지하는 것을 의미한다.

(4) 초점 맞추기

초점 맞추기는 대화에 초점을 맞추는 작업과정이다. 집단상담에서 초점은 주제나 소주제라 할 수 있다. 집단상담의 장면에서 어느 한 집단원의 관심사에 관하여 모든 집단원이 같이 생각하고 주제에 관련된 자료를 중심으로 이야기하도록 하는 것이다. 집단 내에서 집단의 초점을 설정하는 것은 집단을 이끌어 가는 데에 중요한 과업이다. 집단상담에서는 집단원들이 의미 있는 주제에 관하여 생각하고 말하도록 유도하면서, 집단상담 장면에서 직접적인 상담 주제와 관련되지 않은 이야기가 나오면 주제의 흐름을 바꿀 필요가 있다. 또한 집단원들이 다른 집단원의 관심사에 초점을 맞춘 반응을 하는 경향이 있기 때문에 집단상담자의 개입이 필요하다. 집단상담자가 개입하지 않을 경우 집단상담 자체의 초점이 희미해지고 만다. 집단상담 중에 집단원의 의견이 분분하고 초점 없는 대화가 오고갈 때는 집단상담자가 개입하여 집단상담의 초점이 흐려지지 않도록 유도해야 한다.

(5) 모델링

집단에서 모델링은 중요한 치료적 요소이다(Bandura, 1977; Corey, 2008; Kottler, 2001; Yalom & Leszcz, 2005). 집단상담에 참여해 본 적이 없는 집단원은 집단 내에서 자신이 어떤 주제와 방식으로 대화를 나누어야 하는지, 집단상담자의 질문에 어떻게 대답을 해야 하는지 궁금할 것이며 모르는 사람들과는 어떻게 대화를 해야 하는지 등을 고민하게 된다. 이러한 상황에 집단원은 당황하고 불안과 걱정을 가진 채 집단상담에 참여하기도 한다. 집단상담자는 어떤 일을 할 때 보고 따라 할 수 있는 모델로서 집단상담 장면에서 집단원을 자연스럽게 이끌이 줄 수 있다. 그러므로 집단상담자는 안정감을 가지고 부드럽고 자연스럽게 집단 내의 촉진제 역할을 해야 한다.

따라서 집단상담을 이끌어 나가기 위하여 집단원들의 신뢰를 얻어 모두가 편안한 마음으로 상담에 임하는 것이 중요하다. 집단상담자는 집단원들이 집단 내에서 각자 자신의 역할을 인식하고 높은 참여도를 유도한 뒤에 점차적으로 모델 역할을 줄여 나가야 한다.

(6) 적극적 참여 유도

적극적 참여 유도는 집단상담에서 집단원들이 변화촉진하는 중요한 부분이다. 집단의 변화촉진을 위해서는 집단원의 적극적 참여도를 높이는 분위기 조성이 집단상담자의 필수 과업이다. 집단상담에서 집단원들을 적극적으로 참여시키기 위해서는 다음과 같은 두 가지 방법이 있다(장성화 외, 2013). 첫째, 집단상담자가 정하는 방향으로 순서대로 돌아가며 모두가 한 번씩 발표하는 방법이다. 이 방법은 집단원 모두가 참여하여 발표하고 피드백을 받을 수 있는 장점이 있다. 둘째, 손을 들어 발표하는 방법이다. 이 방법은 다소 적극성을 보이는 집단에서 사용하기 적절하다. 자기개방을 하고 싶은 사람만 손을 들고 발표하기 때문에 시간 조절이 용이하며 자기개방이 꺼려지는 집단원은 원하는 질문에만 손을 들어 발표하기에 안정되고 편안하게 참여할 수 있다.

2) 문제해결을 돕는 기술

집단상담에서 집단원들 사이에 주로 부딪치는 문제상황에 대해 능숙하게 해결해 나갈 수 있게 숙련되어 있어야 한다. 능숙한 집단상담자는 끊임없이 연습하고 경험하여 집단원의 성장과 발전을 위해 전문가로서 이바지할 수 있어야 한다. 여기서는 집단원들의 문제해결을 돕는 기술로 명료화, 재진술, 반영하기, 요약하기, 직면하기, 해석하기, 정보제공, 자기개방, 질문하기를 살펴보고자 한다.

(1) 명료화

명료화는 집단원의 모호한 내용이 말 속에 내포되어 있어 스스로 혼돈스럽고 자각하지 못하고 있는 의미 및 관계를 분명하게 해 주는 것이다. 집단원은 자신의 고민과 문제에 몰입한 나머지 문제에 대한 이야기 내용의 일부를 빠뜨리거나 왜곡, 또는 지나치게 일반화하여 이야기의 내용이 불분명할 수 있다(Comier & Comier, 1998).

이때 집단원의 이야기 내용에서 공백을 메우거나 이야기 내용에 의미를 부여하기 위해 집단상담자가 사용하는 언어적 도구가 명료화의 기술이다. 명료화는 집단상담자가 집단원에게 비판하고 있다는 인상을 주어서는 안 되며 집단원 내면에 있는 욕구, 갈등, 태도 등과 같은 감정을 통해 판단되는 것을 말해 주어야 한다. 명료화의 요령으로는 집단상담자가 파악한 내용을 '~은(는) ~라는 뜻입니까' 또는 '~은(는) ~라는 말씀인가요'와 같은 형태로 맞추어 질문을 던지는 것이다.

명료화의 사용 목적은 집단원이 보다 구체적으로 말할 수 있도록 돕고 집단상담자가 집단원의 이야기 내용을 정확하게 들었는지를 확인하기 위함이며, 모호하거나 혼란스러운 이야기 내용들을 명확하게 하기 위함이다.

(2) 재진술

재진술은 집단상담자가 집단원이 말한 상황, 사건, 사람 등을 듣고 집단원에게 다른 동일한 말로 바꾸어 말해 주는 기술을 말한다. 집단원의 정보를 함축하여 되돌려 주기 위해 집단상담자는 집단원의 핵심적인 이야기 내용을 주의깊게 파악하여야 한다. 재진술은 집단상담자가 집단원을 이해하고 있다는 것을 전달하고 좀 더 간결한 방식으로 집단원의 진술 내용을 요약하여 이해하고 있는지 확인하는 목적으로 사용한다.

다음은 재진술의 예이다.

집단원: 저는 영국으로 유학 가고 싶습니다. 그런데 3년 동안 엄마와 떨어져 있으면 여러 가지로 힘들 것 같습니다.
집단상담자: 당신은 영국에 유학을 가고 싶기도 하지만 동시에 엄마와 떨어져 지내기 싫다는 말이군요.

(3) 반영하기

집단상담자가 집단원이 이야기한 내용 및 표현된 감정을 파악하고 그 감정을 다시 집단원에게 그가 이해할 수 있도록 다시 전달하는 것이 반영하기(Reflecting)이다. 반영하기는 집단원이 표현한 내용과 내재된 감정, 태도를 집단상담자가 거울이 되어 집단원이 정확히 볼 수 있도록 비추어 준다. 이때 집단원이 직접 언급하지 않은 감정 까지도 재빨리 파악하여 반영하면서 몸의 자세에서 느껴지는 인상을 통해 집단원의 감정을 파악할 수 있다. 그러므로 반영은 집단원에게 자신의 내면에 관심을 갖고 감 정 표현을 하도록 격려함으로써 자신의 감정을 수용하고 효과적으로 관리할 수 있게 되어 자기이해를 촉진시킬 수 있는 기술이다.

다음은 반영하기의 예이다.

집단원의 경험에 대한 감정을 반영해 주고 그가 원하는 것을 진술해 준다.

집단원: 시험 기간 동안 엄마가 저를 위해 너무 많이 고생하셨어요. 엄마는 제가 시험에서 꼭 백점 받기를 원하시는데 아무래도 영어 문제에서 실수를 한 것 같아요. 저희 엄마는 실수를 하면 무척 화를 내세요. 그래서 아직 엄마에게 사실대로 이야기하지 못하고 있어요.

집단상담자: 이번 시험에서 실수로 한 개 틀린 것 때문에 엄마에게 혼날까 봐 많이 걱정이 되나 보네요. 엄마에게 그 사실을 어떻게 알려야 될지 걱정도 많이 되는 것 같네요.

---

(4) 요약하기

요약은 모든 집단상담자의 필수적인 기술에 속한다(Corey, 2006). 집단상담과정에서 집단원이 표현했던 주요한 주제를 집단상담자가 요약해서 집단원에게 전달하는 반응이다. 요약의 기술은 집단 내의 흐름이 막다른 길에 이른 것처럼 지나치게 산만하거나 분산될 경우 유용하게 활용될 수 있으며 집단 분위기 전환에도 유용하다.

집단상담에서 요약을 하는 목적은 집단원이 언어적 표현의 핵심이 되는 부분들을 서로 엮어 공통 주제나 유형을 파악하고 두서없이 이야기하는 것을 차단하며 집단상담의 진행 상태를 알 수 있게 하기 위함이다(강진령, 2011). 집단상담자의 요약하기는 집단원이 미처 의식하지 못한 부분을 학습시키고 문제해결과정을 제공하여 자신의 생각과 느낌을 탐색하도록 돕는다(노안영, 2018). 요약하기는 집단상담의 매 회기가 끝날 무렵에 하는 것이 좋지만 상황에 따라서 회기 중에 사용하기도 한다.

다음은 요약하기의 예이다.

> **집단상담자:** 여러분, 오늘 우리는 약 60분에 걸쳐 세 번째 회기를 했습니다.
> 이제 오늘의 회기를 마무리할 시간이 되었네요. 오늘 경험한 느낌에 대해
> 잠시 이야기 나누도록 하겠습니다.

(5) 직면하기

집단상담자가 집단원의 사고, 행동, 감정에 있는 모순점이나 말과 행동의 불일치를 발견했을 때 이런 모순이나 불일치점을 집단상담자가 지적해 주는 반응이 직면하기(Confronting)이다. 직면을 통해 집단원들은 자기 자신의 행동이 타인에게 어떤 영향을 주는지 깨달을 수 있다.

이와 같은 점에서 직면은 집단원의 통찰을 유도하고 변화의 물꼬를 트는 데 필요한 기술이다(강진령, 2011). 간혹 집단상담자에 따라 직면의 사용이 집단원에게 부담감이나 상처를 주거나 혹은 집단원을 잃을지 모른다는 막연한 두려움과 불안감 때문에 직면하기 기술에 대한 활용을 꺼리기도 한다.

가장 효과적인 직면하기는 진솔한 돌봄의 관계에서 활용되어야 한다. 왜냐하면 직면을 통해 자칫 집단원에게 공격적인 메시지로 인식이 되어 집단원이 저항하거나 반감을 불러일으킬 수 있기 때문이다. 직면은 집단원의 행동 측면이나 불일치에 대한 집단상담자의 지적이다. 집단상담자는 직면하기를 사용하기 위해 적절한 상황을 아는 것이 중요하다.

다음은 직면하기를 사용해야 할 상황의 예이다(노안영, 2018).

- 걱정이 되는 기본적인 문제들을 집단원이 피하고 있다.
- 자기 자신에게 해악이 되는 행동을 집단원이 모르고 있다.
- 집단원이 그의 행동이 초래할 심각한 결과를 모르고 있다.

- 집단원이 현실과 동떨어져 있다.
- 집단원이 자기모순적인 말들을 하고 있다.
- 집단원이 지나치게 과거나 미래에 얽매여 있어 현실에 초점을 맞출 수가 없다.
- 집단원이 고장난 레코드처럼 같은 이야기를 여러 번 반복한다.
- 집단원의 언행이 일치하지 않는다.
- 집단원과 집단상담자 간에 일어나고 있는 상황에 주의가 요구된다.

다음은 직면하기의 예이다.

> 집단원: (손을 꼬집고 비틀며) 아무렇지도 않아요. 정말 괜찮습니다.
> 집단상담자: 당신은 아무렇지도 않다고 말하면서 손을 꼬집고 비틀고 있군요.

(6) 해석하기

해석은 집단원의 행동과 언행 속에서 감정과 사건들의 의미를 명확하게 인식하지 못할 때 집단상담자가 집단의 흐름과정을 설명하거나 제시하는 것이다. 해석은 표면적으로 보기에는 따로 분리되어 있는 행동이나 사건들을 연결지어 설명해 주는 형태로 이루어질 수 있다. 또한 집단원과 집단상담자 간의 전이, 방어, 감정, 저항을 해석할 수도 있고 집단원의 행동이나 사고 간의 인과관계를 설명할 수도 있다.

적절한 해석 방법은 집단원들이 이해할 수 있는 수준, 분량, 내용 등을 집단원이 수용할 수 있는 시점에 해석이 되어야 한다. 집단원들이 집단상담자의 해석을 받아들이지 못하면 해석은 아무런 가치가 없다. 해석을 통해 집단상담자는 집단원의 무의식 동기를 의식화하도록 도울 수 있다. 효과적인 해석이 되려면 집단원이 집단상담을 통해 자기의 문제를 스스로 해석하여 통찰하는 것이 바람직하다. 집단상담에서 해석의 기술을 사용하는 목적을 힐(Hill, 1985)의 유형으로 살펴보고자 한다.

첫째, 서로 분리된 진술, 문제, 사건 간의 연결을 하는 해석이다.
둘째, 집단원의 행동, 감정, 사고에 있는 주제를 지적하는 해석이다.

셋째, 방어, 저항, 전이의 해석이다.

넷째, 현재의 사건이나 경험 등의 느낌과 감정을 과거의 느낌과 감정과 관련짓는 해석이다.

다섯째, 감정, 행동, 문제를 새롭게 인식하도록 제공하는 해석이다.

(7) 정보제공

정보제공은 집단상담자가 집단원들에게 집단상담과정, 집단상담자의 행동, 집단상담 절차 등의 여러 가지 유용한 정보를 제공해 주어야 한다. 정보제공의 목적은 집단원이 문제해결을 하거나 의사결정을 하고자 할 때 대안 모색을 하거나 평가를 해 봄으로써 자신의 상황을 다른 시각에서 볼 수 있도록 잘못된 신념이나 행동이 변화하도록 유도하기 위해서이다. 정보제공은 그동안 집단원들이 회피해 왔던 문제들을 다시 생각해 볼 수 있는 기회를 제공하는 기능이 있다. 정보제공은 집단상담자가 집단상담 초기에 한 번만 해 주면 된다고 하는 경향이 있으나 실제로는 집단상담 중 수시로 정보제공을 해 줄 필요가 있다.

다음은 정보제공의 예이다.

> 집단상담자: 은하 씨는 지난 여름방학 동안 남자친구와 입을 맞춘 것 때문에 임신이 되었을까 봐 걱정하고 있다고 했는데 은하 씨가 알고 있는 것과 달리 임신은…….

(8) 자기개방

자기개방은 상담기술 중에서도 중요한 요인이다. 집단상담자가 집단상담 중에 자신의 생각, 느낌, 가치, 감정 등 여러 가지 정보를 집단원에게 노출시키는 것을 자기개방이라고 한다. 집단상담자가 집단을 운영하면서 중간중간 집단원들에게 자신의 감정이나 지난 과거의 경험을 개방하면 집단상담자와 집단원 간의 라포 형성을 도모할 수 있고 집단은 본인과 유사한 경험을 가진 집단상담자에게 친근감을 가질 수 있어 집단상담자와 집단원 간의 이해를 발전시킬 수 있다. 집단상담자가 자신의 경험과 감정을 진솔하게 이야기함으로써 집단원들과의 유대관계가 좋아질 수 있다. 집단상담자가 자신의 단점과 실수에 대한 이야기를 솔직하게 노출하는 것은 쉬운 일이 아니지만 집단원들에게 솔직한 자기개방을 하는 것에는 모험심과 용기가 필요하다.

자기개방을 통해 집단상담자와 집단원 간의 소통하는 경험을 느끼고 집단상담자가 경험한 느낌, 정보, 감정, 생각 등 유사한 부분에 대해 집단원들은 동질감을 느끼며 동료의식까지 느끼게 되는 것이다. 이런 감정이 잘 이루어져 친근함이 느껴지면 집단원에게는 문제해결의 도움이 된다. 집단원은 유사한 경험을 가진 집단상담자에게 친근감과 신뢰감이 쌓여 집단상담이 원활하게 이루어지게 된다.

다음은 자기개방의 예이다.

집단원: 저는 꼭 겨울만 되면 헤어진 남자친구가 생각나서 힘들어요. 벌써 몇 년이 지났는데도 유난히 겨울만 되면 그래요.

집단상담자: 누구나 특정 시간에 대한 기억이나 추억은 있어요. 저도 겨울만 되면 힘든 기억이 떠올라요. 결혼을 약속한 사람이 있었는데 부모님의 반대로 결국 헤어졌어요.

집단원: 그러셨군요. 그런데 어떻게 이별의 아픔을 이겨냈어요?

---

(9) 질문하기

질문은 집단원에 대한 정보나 자료 수집을 통하여 집단원들의 생각과 감정을 탐색하기 위한 기술로 질문을 통해 탐색의 의미가 있다. 하지만 집단상담자의 과도한 질문은 집단원들에게 부정적인 영향을 미칠 수 있으므로 주의해야 한다.

집단상담자가 질문을 사용하는 목적은 다음과 같다(노안영, 2018).

첫째, 집단원이 자기개방을 하도록 격려하기 위함이다.
둘째, 집단원들이 섬세하고 구체적이 되도록 돕기 위함이다.

셋째, 집단원의 상황을 명확하게 이해하기 위함이다.

집단상담에서 질문하기는 필수적인 요소는 아니지만 질문을 통해서 집단상담자는 집단원의 말에 적극적 경청을 하게 된다. 질문하기에 대한 지침은 다음과 같다(Brammer & MacDonald, 1999).

첫째, 가능하면 '예'나 '아니요'로 대답하는 폐쇄형 질문을 사용하지 말고 개방형 질문을 사용하라.
둘째, 집단원의 자기탐색을 이끄는 질문을 사용하라.
셋째, 집단원에게 너무 많은 양의 질문은 하지 말라.

집단원에게 질문을 잘못하게 되면 집단원의 기분을 상하게 하여 집단상담 전체를 해칠 수 있다는 점을 유념하여야 한다. 질문의 방법은 다음과 같이 세 가지가 있다(강진령, 2011).

첫째, 개방질문은 육하원칙으로 누가, 언제, 어디서, 무엇을, 어떻게, 왜의 형태로 집단원과 소통을 원활하게 할 때 사용한다.
둘째, 폐쇄질문은 예, 아니요의 단답형 질문이다. 폐쇄질문은 구체적인 정보를 얻기 위해서 사용하는 데 용이하지만 주제의 범위를 좁히고 한정시키는 기능도 있다.
셋째, 직접적 질문은 직설적인 느낌으로 단도직입적 질문이고 간접적 질문은 부드럽고 편안한 느낌을 주는 질문이다.

따라서 집단원으로부터 정보를 구할 때를 제외하고는 개방형 질문이 상담 장면에서 유용하다.

3) 집단과정 기술

집단상담의 전체적인 진행이나 흐름, 그리고 상호작용 촉진을 통해 집단이 발달하기 위해 집단상담은 순조롭게 진행되어야 한다. 이러한 집단과정이 자연스럽게 이루어질 수 있는 기술을 알아보기 위해 침묵처리, 지금-여기 상호작용 촉진, 보편화, 피드백, 지지와 격려, 연결하기, 차단하기, 구조화, 종결을 살펴보고자 한다.

(1) 침묵처리

집단상담에서 침묵을 처리하는 것은 중요한 기술이다. 침묵은 집단상담자나 집단원 모두에게 어려운 감정을 초래할 수 있다. 침묵이 너무 길면 집단상담은 성공하지 못하며 또한 거절이나 불만의 신호로 사용될 수 있고 반드시 그렇지 않을 수도 있다. 이러한 이유로 침묵은 어떻게 사용되고 있는가를 명백히 하는 것이 중요하다.

집단원이 처한 상황에 대하여 의미 있고 중요한 것을 혼자 생각하는 침묵도 있고, 불안하거나 혼란스러운 감정들로 침묵이 나타나기도 한다. 다시 말해서 집단상담에서 집단상담자의 침묵은 관찰자로서의 역할을 하고 있고 집단원의 침묵은 관심을 가져야 할 중요한 요소이다. 집단상담자가 침묵에 대처하는 방법은 다음과 같다(이현림 외, 2015).

첫째, 집단상담자는 집단원들의 침묵에 대해 압박과 불안을 느꼈다 할지라도 자신이 먼저 말을 해야 한다는 압박감과 부담감은 갖지 말아야 한다.

둘째, 집단상담자가 항상 침묵을 깨뜨리는 입장이 되지 말고 집단원이 먼저 자발적으로 침묵을 깨고 발언하도록 기다린다.

셋째, 침묵이 진행되는 동안 집단상담자는 집단상담의 집단원에 대한 자료 수집의 시간으로 활용하는 것이다. 침묵 중 집단원들의 비언어적 표현을 탐색하여 집단원에 대한 자료를 수집해야 한다.

(2) 지금-여기 상호작용 촉진

집단과정이 활성화되기 위해서는 지금-여기 상호작용을 촉진하는 것과 집단내용의 흐름을 정지시키는 일이다(Yalom & Leszcz, 2005). 그러나 지금-여기라고 해서 집단원들의 지난 과거나 생애사를 무시한다는 의미는 결코 아니다. 사건의 진술에 대한 과정도 언급되어야 하고 과거의 사건들은 현재 지금의 일부로 과정 진술의 기초가 된다.

집단상담자는 집단원의 문제나 관심사를 해결하기 위해서 과거보다는 지금-여기에서 이해하고 있을 때 효과가 크게 나타나기 때문이다. 집단상담자가 집단원의 상호작용을 촉진하는 방법은 다음과 같다(강진령, 2011).

첫째, 집단참여에 대한 두려움과 기대를 표현하도록 격려한다.
둘째, 집단참여를 적극 유도하여 모든 집단원들을 참여시키도록 한다.
셋째, 사적인 문제를 탐색하거나 새로운 행동을 시도할 때 격려와 지지를 보낸다.
넷째, 서로 신뢰하고 생산적인 의견교환을 할 수 있는 안전하고 수용적인 분위기를 조성한다.

(3) 보편화

집단상담에서 집단원은 자기만이 힘들고 용납할 수 없는 문제를 가지고 있다고 생각한다. 집단원은 집단상담을 통해 다른 집단원들도 자기와 비슷한 갈등과 문제를 가지고 있다는 것을 알게 되어 위로를 얻는다. 집단회기가 거듭될수록 집단원 간의 상호교류를 통해 자연스럽게 인생 문제의 보편화를 깨닫게 된다. 그러므로 보편화는 강한 치유력을 가지고 있는 집단의 변화촉진요소이다.

다음은 보편성을 강하게 느끼는 집단의 예시이다.

- 이혼한 가정의 학생
- 자살을 시도했던 학생
- 임신한 10대 미혼모

- 자녀의 죽음을 경험한 부모 모임
- 퇴학을 당한 학생

따라서 집단상담자는 집단원들의 주제에 맞춤으로써 보편화를 깨닫게 하는 것으로 집단원 간의 응집력이 극대화된다.

(4) 피드백

집단원들에게 타인의 행동에 대해 자신이 어떻게 바라보는지 명확한 정보를 제공하는 것이다(Ivey, 1980). 이는 집단원 간에 서로 솔직히 이야기해 주는 과정을 말한다. 피드백은 구체적이어야 하며 집단원들의 장점에 초점을 두면 좋다. 집단원들이 서로 안심하여 피드백을 교환할 수 있도록 안전하고 신뢰가 가는 집단 내 분위기를 조성해야 한다. 집단상담 장면에서 피드백은 개인상담보다 훨씬 큰 위력을 가지고 있다. 집단원이 제공하는 피드백은 여러 사람의 공통된 견해이기 때문에 강력한 힘을 지닌다. 집단원들은 피드백을 통해 자기이해의 폭이 넓어지고 동시에 자기 자신과 타인을 진정으로 수용하는 방법을 배울 수 있게 된다. 다음은 피드백을 주고받을 때 유의할 점이다(Mead, 1973).

첫째, 집단상담자는 피드백을 할 때 사실적인 진술을 해야 하며 집단원의 변화를 강요하지 않아야 한다.

둘째, 객관적으로 관찰 가능한 구체적 행동은 발생 직후 피드백이 되어야 집단원이 부담 없이 수용할 가능성이 높다.

셋째, 집단상담자와 집단원 사이에 친근감과 신뢰감이 주어질 때 피드백을 주고받아야 한다.

넷째, 피드백을 할 때 변화 가능성을 염두에 두고 이를 해결하기 위한 방법까지도 제공하는 것이 좋다.

다섯째, 피드백은 한 사람이 하는 것보다 여러 집단원이 동참하여 제공하면 보다 객관적이므로 집단원이 인정할 수 있게 된다.

(5) 지지와 격려

집단상담에 있어 집단원의 새로운 환경에 대한 불안과 긴장을 완화시키기 위해서 지지와 격려가 필요하다. 지지(Support or Sustainment)란 집단원의 불안, 긴장, 실망 등의 상태를 집단상담자가 수용하여 적극적 관심과 이해를 표시하는 것으로 지지와 격려를 통해 집단원이 스스로 환경에 적응하도록 돕는 기술이다. 집단상담에서 집단 상담자가 집단원에게 구체적인 도움과 함께 심리적으로 지지해 줌으로 집단원이 자신의 문제를 이해하고 극복해 나가려는 의욕을 가지고 사회생활을 영위하는 데 영향을 미치는 것이다.

격려(Encouragement)는 집단원이 자신감이 부족하거나 계속 불안한 상태에 있는 성인들에게 효과적이다. 집단원은 심리적 문제로 낙담하여 좌절한 상태에서 조력을 요청한다. 아들러 학파인 드레이커스(Draikurs)는 "식물에게 물이 필요하듯이 인간에 게는 격려가 필요하다."라고 하였다. 집단상담의 주요한 역할 중 하나가 낙담하고 용기를 잃은 집단원들에게 격려를 하면 심리적 문제를 가진 사람이 용기를 가진다. 정신적으로 건강한 사람은 자기 자신을 끊임없이 격려하고 용기를 잃지 않는 사람이다. 따라서 집단상담자는 집단원들을 끊임없이 격려하고 또 격려하여 집단원들의 가슴에 용기를 불어넣어야 한다.

(6) 연결하기

연결하기(Linking)란 집단상담자가 서로 서먹한 관계의 집단원 간에 공통 관심사를 공유하여 집단 응집력을 촉진시키는 기술이다. 연결하기를 통해 집단원들은 집단 내에서 서로 상호작용이 향상된다. 집단 내에서 의사소통, 대인관계를 강조하는 집단상담자는 연결하기를 활용하여 의사소통을 촉진시킨다. 예를 들면, 집단상담자는 집단원이 고민하는 문제 '무대공포'를 다른 집단원도 유사하게 가지고 있다는 것을 지적해 줌으로써 집단 내에서 집단원들끼리 서로 공감대를 형성할 수 있도록 한다.

(7) 차단하기

차단하기(Blocking)란 집단상담자가 원활한 집단상담과정을 위하여 부정적 영향을 미치거나 방해하는 요인을 감지하고 적절하게 차단하여 집단을 효과적으로 운영하는 기술이다. 차단은 집단 내에서 부정적인 행동을 막아 주는 기술로 중간에 집단원의 말을 막는 것은 예의에 벗어나거나 기분 나쁘게 할 수 있는 행동으로 오해를 받을수 있다. 또한 집단원의 마음에 상처를 입히거나 저항, 분노를 일으키는 것을 꺼리는 집단상담자는 쉽게 활용할 수 없는 기술이다(Corey & Corey, 2002; Gladding, 2003).

차단하기 기술이 적용되는 두 가지 상황은 다음과 같다(Jacobs, Masson, & Harvill, 2009). 첫째, 발표하려는 집단원이 횡설수설하거나 시간을 너무 길게 끌며 이야기하는 경우이다. 둘째, 집단원이 집단주제에 부합되지 않는 부적절한 내용을 이야기하는 경우이다.

이처럼 집단상담자는 차단하기 기술을 언제 어떻게 집단 내에서 활용할 것인지 다양한 집단상담 경험을 통해 체득해야 한다.

(8) 구조화

구조화(Structuring)는 집단과정을 촉진시키는 기술로 집단상담자가 집단상담의 목표를 실행하기 위한 제반의 규범과 활동 순서, 집단의 규율 등에 관하여 설명하는 것을 말한다. 구조화는 집단상담자의 역할과 집단상담과정에서 이루어지는 활동의 이해, 그리고 집단상담자와 집단원 간의 집단상담 목표 등을 서로 상호작용하는 것을 말한다(Brammer, Shostrom, & Abrego, 1989). 집단상담자는 구조화에서 자기 자신이 시범을 보이기보다는 조언하고 지시하는 감독자와 같은 인상을 준다. 그리고 간혹 집단상담자가 집단의 목표를 정하여 집단원들에게 제시하는 경향이 있는데 이런 방식은 집단상담 운영을 그르치는 경우이다.

집단상담의 구조화 과정도 상담여건의 구조화, 상담관계의 구조화, 비밀보장의 구조화로 구분할 수 있다. 상담여건의 구조화는 상담 장소, 상담 시간, 상담 횟수, 집단원과 집단상담자 사이에 연락하는 방법 등에 관하여 대부분 집단원들과 합의하여 결정해야 한다. 집단상담자는 상담관계의 구조화뿐만 아니라 집단원이 집단상담자를 믿고 자신의 이야기를 자연스럽게 할 수 있도록 상담관계에 대한 정보를 주어야 한다. 집단원은 어느 누구에게도 말하지 못한 이야기를 집단상담자에게 말함으로써 마음속을 정화하지만 비밀보장에 대한 의구심이 들기도 한다. 그렇기 때문에 집단상담자는 집단과정에서 집단원이 한 이야기에 대한 비밀보장의 의무가 있다. 그러나 집단원의 법적인 문제가 발생할 경우나 자살, 성폭력, 아동 폭력 등과 같은 위기로 제3자인 수사기관에 알려야 할 경우에 대해서는 비밀보장에 한계가 있음을 설명할 필요가 있다.

(9) 종결

집단상담의 종결이 임박해 오면 집단원들은 집단상담을 통해 자신의 목표를 달성했는지를 확인하고 집단상담자는 종결이 임박했음을 집단원들에게 알려야 한다. 집단상담자는 집단의 마지막 회기 2~3주 전에 종결이 임박함을 알려 이별을 준비해야 한다. 종결단계는 집단원이 집단상담자의 조력이 없어도 앞으로 자신의 문제에 대해 스스로 해결할 수 있다는 자신감을 갖고 집단을 떠나는 것을 말한다. 집단상담자가 종결 시에 고려해야 할 사항은 여러 가지이다. 먼저 종결 시 집단상담 내용은 다음과 같다(강진령, 2017). 첫째는 집단에서 습득한 것을 실생활에 적용할 수 있도록 돕기이고, 둘째는 집단상담 종료 후 실행해야 할 일에 대한 계약 체결, 셋째는 집단상담 종료 후 겪게 될 수 있는 심리적 문제에 대비하도록 준비시키기, 넷째는 추수집단 약속하기, 다섯째는 추가적인 상담서비스에 관하여 안내하기, 여섯째는 집단종료 후 개인적으로 도움을 요청할 수 있는 방법 안내하기이다.

그리고 종결 시에 추가적인 고려사항이 몇 가지 있다. 제이콥스 등(Jacobs, Masson, & Harvill, 2009)은 집단상담 종결단계를 위하여 고려해야 할 추가적 사항으로 집단경험 검토 및 요약하기, 이별 다루기, 집단원의 성장과 변화를 평가하기, 계속된 문제 해결을 위해 계획하기, 미해결 과제 처리하기, 일상생활에 변화를 적용하기, 피드백 제공하기로 제시하였다.

이 같은 내용으로 집단상담 종결을 하면서 더 이상 조력자 도움 없이 자신의 문제를 이해하고 해결할 수 있다는 자신감과 용기를 가지고 집단을 마무리하는 것이다. 또한 집단원은 미해결 과제가 해결됨으로 집단상담을 종결하고 집단원들과 집단상담자와 친숙하고 신뢰로운 대인관계를 마무리하는 것을 의미한다.

참고문헌

강진령(2011). 집단상담의 실제(2판). 서울: 학지사.

김종운(2015). 상담과 복지서비스를 위한 상담심리학의 이론과 실제. 서울: 동문사.

노안영(2018). 상담심리학의 이론과 실제. 서울: 학지사.

이현림, 김순미, 천미숙(2015). 집단상담 이론과 실제. 경기: 양서원.

이형득, 김성희, 설기문, 김창대, 김정희(2007). 집단상담. 서울: 중앙적성출판사.

장성화, 김기복, 구승신, 이주연, 김민숙, 김소란, 김지현, 박미숙, 박지현, 유소영, 윤진아, 황윤미(2013). 집단상담. 서울: 동문사.

제석봉, 최외선, 김갑숙, 윤대영(2016). 현대의 교류분석(개정판). 서울: 학지사.

천성문, 박명숙, 박순득, 박원모, 이영순, 전은주, 정봉희(2015). 상담심리학의 이론과 실제 (3판). 서울: 학지사.

Bandura, A. (1977). *Social learning theory*. Englewood Clift, NJ: Prentice—Hall.

Brammer, L. M. & MacDonald, G. (1999). *The Helping Relationship: Process and skills*. Neeham Height, MA: Allyn & Bacon.

Brammer, L. M. Shostrom, E. L. & Abrego, P. J. (1989). *Therapeutic psychology: Fundamentals of counseling and psychotherapy* (5th ed.). Englewood Cliffs, NJ: Prentice—Hall.

Comier, W., & Comier, L. S. (1998). *interviewing strategies for helpers: Fundamental skills and cognitive behavioral intervention* (4th ed.). Pacific Grove, CA: Brooks/Cole.

Corey, G. (2008). *The theory and practice of group counseling* (7th ed.). Pacific Grove, CA: Brooks/Cole.

Corey, G., & Corey, M. S. (1992). *Groups: Process and practice* (4th ed.). Pacific Grove, CA: Brooks/Cole.

Corey, G., & Corey, M. S. (2006). *Groups: Process and practice* (7th ed.). Pacific Grove, CA: Brooks/Cole.

Corey, G., Corey, M., Callanan, P., & Russell, J. M. (1992). *Group technipues* (2nd ed.). Pacific Grove, CA: Brooks/Cole.

Corey, M. S. & Corey, G. (2002). *Groups: Process and practice* (6th ed.). Belmont, CA: Wadsworth.

Egan G. (1994). *The skilled belper* (5th ed.). Monterey, CA: Brooks/Cole.

Gladding, S. T. (2003). *Group work: A counseling specialty* (4th ed.). New York, NY: Merrill.

Hill, G. E. (1985). *Maual for the Hill counselor and client verbal response modes category system* (rev.ed.). Unpublished manuscript, University of Maryland.

Ivey, A. E. (1980). *Counseling and Psychotherapy*. Englewood Cliffs, NJ: Prentice-Hall.

Jacobs, Ed. E., Masson, R. L., & Harvill, R. L.(2009). *Group counseling: strategies and skills* (6th ed.). Belmont, CA: Thomson Brooks/Cole.

Kottler, J. A. (2001). Learning *group leadership: An experiential approach*. Boston, MA: Allyn and Bacon.

Mead, W. R. (1973). Feedback: How to primer for T-group participant. In R. T. Golembiewski, A. Blumberg (Eds.), *Sensitivity training and the laboratory approach*. Itasca, IL: F. E. peacock.

Polster, E., & Polster, M.(1973). *Gestalt Therapy integrated: Contours of theory and practice*. New York: Brunner/Mazel.

Yalom, I., & Leszcz M. (2005). *The theory and practice of group psychotherapy* (5th ed.). New York: Basic Books.

제**4**장

집단상담의 과정

집단상담과정은 집단상담 프로그램을 진행하면서 한 사람의 상담자가 동시에 1~10명의 집단원으로 구성된 집단의 역동적 관계를 바탕으로 집단원 개인의 관심사, 대인관계, 사고 및 행동양식의 변화를 가져오는 노력을 말한다. 집단상담은 병리적 문제보다는 주로 발달의 문제를 다루거나 집단원의 생활과정의 문제를 취급하여, 개인으로 하여금 자기이해와 대인관계의 역량을 향상시키고 보다 건강하게 적응할 수 있도록 환경을 조성시켜 주는 것을 목표로 하며 본질적으로 예방적 기능을 가지고 있으나 가끔 개인이 대처해 나가야 할 특별한 문제를 다루기도 한다.

이 장에서의 목표는 집단상담의 과정(도입, 전개, 마무리), 집단상담과정의 프로그램 구성을 살펴보고자 한다.

1. 집단상담과정의 단계

집단상담은 여러 단계를 거쳐 진행되는데, 학자에 따라 3단계에서 7단계로까지 구분하여 설명하고 있다. 초기, 중기, 말기의 3단계로 구분하기도 하지만, 이장호와 김정희(1997)는 참여단계, 과도적 단계, 작업단계, 종결단계로 나누었으며, Hansen 등 (1977)은 집단상담의 과정을 집단의 시작, 갈등과 직면화, 응집성의 발달, 생산적 행동, 종결단계로 나누었고, Yalom(1985)은 집단상담의 과정을 오리엔테이션단계(주저하는 참여, 의존성의 단계), 갈등단계, 응집성 발달의 단계, 하위집단 형성의 단계, 자기개방의 단계, 종결단계로 나누었다.

1) 도입

집단에서 처음 만났을 때 할 수 있는 프로그램은 미완성 문장을 완성시키는 활동이며, 집단상담자가 먼저 예를 들어 주면 이해가 빨라지므로 도움이 된다. 암시적으로 되지 않도록 중립적인 예를 드는 것이 좋으며 이 회기의 목적과 진행될 내용에 대해 설명하고 자신의 모습을 떠올리며 주변 사람들과의 관계를 생각해 보게 한다.

(1) 참여단계

집단원 전원이 집단상담에 적극 참여하여 어떤 주제에 활발하게 의견 발표를 할 수 있도록 동기를 유발시키는 단계로서 집단상담자는 집단원이 집단에 참여하는 목적을 명확하게 알고 서로 친숙해지도록 하여야 하며, 각 집단원이 남의 이야기를 잘 듣고 다른 집단원이 말할 수 있도록 도우며 자기 문제에 관련된 감정을 공개하여 바람직한 행동을 탐색, 실천하는 데 초점을 맞추어야 한다. 또한 집단원 간에 신뢰하고 수용하는 관계를 발전시켜 서로 긴장감이나 적대감을 갖지 않도록 조절해야 하며, 이 단계에서 문제를 해결하려는 것은 부적합하다.

(2) 진행 방법 및 활동안내

자신의 성장과 타인에 대한 이해를 목적으로 한다. 정해진 시간과 장소에서 실시하며 불가피한 사정으로 참석하지 못할 때에는 미리 연락한다. 참여 시에는 지금-여기에 관심을 집중하며 가능한 한 정직하고 솔직하게 이야기하고 상대방이 어떤 요구를 가지고 있는지 관심을 가지며, 다른 사람이 나와 같이 되기를 요구하거나, 그들의 감정에 정당성을 따지지 말고 있는 그대로 수용하며, 자신에 관한 이야기를 하고, 느낌에 집중해야 한다. 다른 사람을 판단하거나 평가하며 조언하지 않으며, 다른 사람을 의도적으로 가로막거나 저지하지 말고, 누군가와 이야기를 하고 싶으면 그 사람의 눈을 바라보면서 이야기해야 한다. 집단에서 이루어진 어떤 것도 집단 밖에서 화제를 삼지 않으며 자발적이고 적극적으로 참여한다. 나를 발견하고 타인을 이해해 나가는 과정이다.

① 첫 모임에서 이루어지는 내용

집단원들의 자기 소개를 통해 친숙해지기에서 적당한 별칭을 지어 사용하거나, 상담자가 먼저 자기 소개의 시범을 보여 주거나, 모임에 참가하게 된 이유나 목표를 개별적으로 발표하게 한다. 집단의 목적과 기본 원칙을 확인시키기 위하여 상담자가 할 수 있는 질문을 예로 들어 본다. '우리가 여기에 모이게 된 이유는 무엇일까요?' 집단에 참가하게 된 이유에 대해 개별적으로 이야기하게 하며, 한 번의 모임으로 완료되는 집단도 있고 몇 회기가 계속되는 집단도 있으니 집단의 목적을 명료화하고, 서로 친숙해지고 신뢰할 수 있는 수용적인 관계를 맺으면서 자신의 느낌과 행동에 관하여 토의를 시작한다.

② 상담자의 역할

분위기의 형성 및 유지에서 집단원들이 집단에 들어오게 된 이유가 무엇인지를 분명히 밝혀 주고 서로 친숙해질 수 있도록 수용과 신뢰의 분위기를 형성하여 집단상담에서 새롭고 의미 있는 경험을 가지도록 이끌어 주어야 한다. 적극적인 참여가 필요하나 교사와 같은 가르치는 역할을 해서는 안 되며, 상담자 자신의 말과 행동은 집단상담의 분위기를 만들고 유지하는 데 도움이 되는 것이어야 한다.

③ 참여과정의 촉진

집단상담의 과정에 대한 상담자의 이해와 이전의 경험이 중요하며 집단원 각자가 자신의 감정을 가지고 있으므로, 자기 스스로 무엇을 할 것인가를 결정해야 하며 어떤 처지인가보다는 주어진 처지를 어떻게 받아들이고 어떤 행동을 하고 있는지를 탐색하는 것이 중요하다.

④ 집단원들의 기대

집단원들의 관심은 상담의 이론적 근거를 탐색하여, 집단활동과 자신이 가지고 있는 목표 사이에 어떤 연관이 있는지, 집단원 간에 서로 평가하는 과정에서 자신의 역할을 알아보고 타인에게 자기가 어떻게 보이는가를 탐색하게 한다. 집단의 초기에는 상담자에게 의존하려는 경향이 있으니 집단원은 상담자의 반응을 중요하게 여긴다. 처음에는 집단의 대화 내용이 제한적일 수 있으며, 집단원들은 서로가 갖고 있는 유사점을 찾으려고도 한다.

(3) 집단상담과정의 도입단계의 특징과 지도자의 역할

① 집단상담의 초기단계

초기단계에서는 신뢰감 형성이 가장 중요하다. 그리고 집단 초기에는 목표를 설정하는 것과 관련된 주제를 탐색하고, 집단에서 어떻게 하면 많은 유익을 얻을 수 있는지에 관한 지침을 제공하며, 집단상담이 효율적으로 이루어질 수 있도록 집단규칙을 세워야 한다.

집단의 초기단계에서 집단원은 집단이 어떻게 기능하는지 명확히 알지 못하기 때문에 침묵하거나 서로를 살펴보며 어색한 분위기를 형성할 수 있다. 이때 집단상담자를 통해 집단이 어떻게 기능하는지 배우게 되며, 집단상담자와 상의하에 집단규칙을 정하고 잘 지킬 것을 약속한다. 집단원은 점차 서로를 탐색하며 집단이 자기개방을 해도 될 만큼 안전한 장소인지 결정한다. 상담자는 집단 초기의 갈등이나 부정적인 반응에 적절히 대처하여 집단원들이 집단에 신뢰감을 가질 수 있도록 해야 한다. 때로 집단원들은 자신의 문제를 자발적으로 내놓기도 하는데, 이때 중요한 점은 집단원의 피드백이 제안이나 조언이 아니라 문제를 내놓은 당사자가 자신에 대해 스스로 탐색할 수 있게 도와주어야 한다는 것이다. 상담자는 이 점을 집단원에게 명시해야 한다.

② 초기단계 집단의 특성

초기단계의 대표적인 특성은 '초기 불안'과 '초기 저항'이다. 집단원들은 자신이 집단에 받아들여지지 않고 거절당할 수도 있다는 생각에 불안해한다. 때로는 집단이 자신을 공격할까 봐, 혹은 반대로 집단에 의지하게 될까 봐 걱정하기도 한다. 또한 자신이 통제할 수 없는 문제가 발견될지도 모른다는 불안감을 느끼기도 하고, 집단으로 인해 자신이 변화되었는데, 변한 자신을 사람들이 좋아하지 않을까 봐 걱정한다. 때로는 자신이 감정을 주체하지 못하고 무너져서 울 수도 있는 상황을 걱정하기도 하며, 다른 사람들에 의해 판단될 것을 걱정하기도 한다.

상담과정에서는 불안뿐 아니라 초기 저항도 나타난다. 이는 자신의 문제를 보고 싶지 않고, 남들에게 드러내고 싶지 않을 때 일어난다. 조심성이 많은 성격이거나, 집단원과 라포 형성이 되지 않아 집단에 대한 신뢰감이 낮은 경우에 일어나기도 한다.

③ 초기단계의 불안

초기의 몇 회기 동안 집단원은 집단경험을 통해서 무엇을 얻어 가기를 희망하는지에 대해 불확실하여 침묵하거나 어색한 순간들이 있기 마련이다. 어색함을 참지 못하고 작업을 시작하는 집단원, 주저하거나 참여하지 않는 집단원, 자신의 문제에 대해 즉시 답을 얻기 원하는 집단원, 무엇에 대해 이야기해야 할지 모르는 집단원 등이 있으며 갈등은 대체로 과도기단계에서 가장 많이 발생하지만 어느 단계에서라도 발생할 수 있다. 초기 집단원과 집단상담자의 역할은 모범 보이기, 자기개방, 주의집중과 경청, 공감, 진실성, 존중, 돌보는 태도로 하는 직면으로, 집단의 초기단계에서 수행해야 할 중요한 과제이다.

- 모범 보이기: 집단상담자가 적절한 자기개방을 하는 태도를 보이면 집단원이 좀 더 솔직하게 자신을 드러낼 수 있는 분위기가 조성될 것이며 집단상담자가 존중하는 태도로 집단원의 이야기를 잘 듣고 메시지를 전달한다면 집단원은 적극적인 경청의 힘을 알게 될 것이다.
- 자기개방: 집단상담자는 집단 안에서 일어나고 있는 것과 관련한 자신의 생각과 느낌을 드러냄으로써 집단원들이 스스로에 대해 말하도록 초대할 수 있다.
- 주의집중과 경청: 다른 사람의 언어적 · 비언어적 메시지에 주의를 기울이는 태도는 신뢰를 형성할 때 필수적이며 이러한 집단상담자의 행위는 집단 내 신뢰 수준을 높인다.
- 공감: 다른 사람이 주관적으로 경험하는 것을 알아차리고 집단원 간의 지지를 보여 줄 수 있는 방식 중 하나이다.
- 진실성: 어떤 사람의 내적인 경험과 그 사람이 외부로 표현하는 것의 일치를 의미하며 집단상담자는 진실한 모습을 보여 줌으로써 십난원들이 진실한 모습으로 상호작용하도록 돕는 모범이 될 수 있다.
- 존중: 비판적 판단을 하지 않는 것, 진심으로 느껴지는 따뜻함과 지지를 표현하는 것, 꼬리표를 붙이지 않는 것 등은 실제로 행동을 통해 드러나는데, 이런 방식으로 존중받으면 집단원들은 자신에 대해 좀 더 개방적이고 의미 있는 방식으로 이야기할 것이다.
- 돌보는 태도로 하는 직면: 몇몇 집단원은 가장 따뜻한 태도의 직면에서조차 그 직면이 의도한 바와는 전혀 다르게 그 직면을 공격으로 해석하여 불편함을 느끼는 경우도 있으며, 돌보는 태도로 하는 직면은 부정적인 반응이라고 대상을 존중하는 방식으로 직면해야 한다.

모든 집단원이 적극적으로 참여하도록 초대함으로써 응집력을 높일 수 있다. 집단상담자 역할을 다른 집단원들과 함께 공유할 때 형성될 수 있다. 집단 내에서 일어나는 것들에 대하여 자신의 생각과 감정을 노출하도록 한다. 초기단계의 대표적인 특성은 초기 불안과 초기 저항이다. 집단원들은 자신이 집단에 받아들여지지 않고 거절당할 수도 있다는 생각에 불안해한다. 때로는 집단이 자신을 공격할까 봐 혹은 반대로 집단에 의지하게 될까 봐 걱정하기도 한다. 또한 자신이 통제할 수 없는 문제가 발견될지도 모른다는 불안감을 느끼기도 하고, 집단으로 인해 자신이 변화되었는데 변한 자신을 사람들이 좋아하지 않을까 봐 걱정하며, 때로는 자신이 감정을 주체하지 못하여 무너져서 울 상황을 걱정하기도 하며 다른 사람들에 의해 판단될 것을 걱정하기도 한다.

상담과정에서는 불안뿐 아니라 초기 저항도 나타난다. 이는 자신의 문제를 보고 싶지 않고 남들에게 드러내고 싶지 않을 때 일어난다. 조심성이 많은 성격이거나 집단원들과 라포 형성이 되지 않아 집단에 대한 신뢰감이 낮은 경우에 일어나기도 한다. 초기 저항이 나타나는 경우 개인적인 저항뿐만 아니라 집단에서는 공통적으로 완전히 논의되지 않은 주제, 즉 숨겨진 주제와 관련이 있는 저항이 나타난다. 그 결과 집단원 사이에는 긴장감이 돌며 신뢰감이 낮아지고 사람들은 스스로를 방어하기 위해 위험을 감수하지 않으며 피상적인 이야기만 하려 한다. 집단상담자는 집단원들이 꺼리는 행동, 즉 불만을 표현하거나 감정을 나타내는 행동을 촉진시키는 것으로 이러한 저항을 극복할 수 있다.

④ 집단상담 계획서

개인이 지닌 여러 문제를 소집단의 경험을 통해 해결하는 상담의 한 형태를 집단상담이라고 한다. 이러한 집단상담에 대한 계획을 기재한 문서가 집단상담 계획서이다. 집단상담은 한 명의 상담자와 여러 명의 피상담자로 구성되며, 일정 기간 동안 정기적인 상담과정을 통해 서로의 감정과 행동, 생각을 역동적으로 교환해 가면서 문제를 해결해 가는 것을 말한다.

따라서 집단상담 계획서를 작성할 때에는 상담 일자와 상담 장소를 설정한 후 토론 주제 및 내용을 기재한다. 또한 토론 주제와 관련한 예상 질문을 설정하여 작성하도록 한다. 집단상담 계획서를 작성함으로써 집단상담을 체계적이고 효율적으로 진행할 수 있으며, 더욱 효과적인 상담을 할 수 있다.

2) 전개

이 단계는 집단상담의 가장 핵심적인 단계로 집단원이 서로의 의견과 관심사를 털어놓고 교환함으로써 집단상담 초기에 설정해 놓은 목적들을 하나씩 달성해 나가는 단계이다. 이 단계에 들어서면 집단상담자의 기능은 약화되어 촉진자, 또는 요약자로서의 역할만 한다고 볼 수 있다.

이처럼 한 개인이 직면한 문제를 다른 동료가 이해하고 공감해 주어 각자의 비슷한 경험에 비추어 문제를 같이 해결해 보려는 노력이 필요한 단계이다.

- 전개단계의 특성: 전개단계에서 집단원은 높은 사기와 소속감을 갖는 것이 특징이다. 그들은 이것이 '우리'라는 느낌을 갖게 된다. 그들의 관심사를 집단에서 표출시켜 활발히 논의하여 바람직한 행동방안을 모색하고, 다른 집단원들의 이해와 협조, 지지와 도움을 환영하며 마음의 문을 열고 집단이 그들의 문제를 징리하는 장소로 사용하면서 자신이 바람직하지 못한 행동을 변화시키는 데 초점을 두게 된다. 그리고 이 단계에서는 통찰만으로 행동의 변화가 이루어지는 것은 아니고 반드시 행동의 실천이 필요하다. 그러기 위해서는 집단원들에게 실천의 용기를 북돋아 주고, 특히 어려운 행동을 실행해야만 하는 집단원에게 강한 지지를 보내도록 해야 한다.

(1) 과도기단계

참여단계와 엄격히 구별할 수는 없지만 참여단계에서 작업단계로 넘어가도록 하는 과정이라 할 수 있다. 집단원 각자가 자신의 위치를 확보하고자 투쟁하며 집단원들과 집단상담자 사이에, 또는 집단원 상호 간에 갈등이 생기고 집단상담자에 대한 저항이 증대되기도 한다. 집단원 간에 진정한 느낌이 교환되도록 격려하는 데 노력을 집중해야 한다. 주요 과제로는 집단에 참여하는 과정에서 일어나는 망설임이나 저항, 자기방어 등을 자각하고 직면하도록 도움을 주며, 성공여부는 집단상담자가 얼마나 수용적이고 신뢰로운 태도를 보이며 상담기술을 어떻게 발휘하느냐에 달려 있으며, 집단상담 중 언제 집단상담자가 개입할 것인가의 기회 포착, 집단원의 행동 유형을 알아내는 능력, 집단의 정신적 분위기를 파악하는 능력을 갖추어야 할 것으로 본다.

① 과정상의 특징

집단원 사이에서 주도권을 쟁탈하며 집단, 집단 내에 사회적 위계질서가 생기며, 집단상담자에 대한 적대감이나 저항의 표면화가 일어나며, 집단의 초기에 집단상담자에게 마술적이고 비현실적인 기대를 하게 되는데, 자신의 기대와는 다르다는 것을 알게 되면서 집단상담자에게 적대감을 느끼기도 하고, 집단상담자가 집단원의 문제에 대하여 어떤 대답이나 해결책을 제공하는 것이 아니라 집단원 스스로의 힘으로 해결을 탐색하는 과정이라는 것을 알려 주며, 상담자 자신이 불편감을 느끼고 저항에 대한 방어가 일어남을 자각하며, 초보 집단상담자의 경우 집단에 필요한 인물이되기 위해 집단원이나 발생된 어떤 상황들에 대하여 방어적인 태도를 보이거나 집단원의 부정적인 감정을 다루는 데 불안을 느껴 억제하기도 한다.

이 단계는 작업단계라고 하는 더 깊은 작업의 수준으로 진행되기 전에 대체로 과도기를 경험하며, 불안, 방어, 저항, 다양한 양식의 지배성의 주제, 집단원 간의 갈등, 특히 집단상담자에 대한 도전 및 상담자와의 갈등, 그 밖의 문제행동의 다양한 패턴을 나타내며 집단원들과 집단상담자가 어떻게 해 나가는가에 따라 집단이 응집력 있게 발전하여 집단원들이 의미 있는 상호탐색을 해 나갈 수 있는지 여부가 결정된다. 이 단계에서는 과도기 집단의 전형적인 특징에 초점을 맞추고 과도기 집단에서 있을 수 있는 문제들도 살펴본다.

② 과도기단계의 특성

불안을 반영하고 있으며, 집단원들은 이 단계를 지나가기 위해 방어와 저항을 효과적으로 다루고 두려움에 직면하며 갈등과 지배권을 다루어 나갈 수 있어야 한다. 과도기의 목표는 집단원들이 그들의 두려움에 도전함으로써 위험을 감수할 수 있도록 격려하는 신뢰의 분위기를 조성하여야 한다.

- 불안: 과도기 동안 집단원과 집단의 불안 수준이 높다. 이러한 불안은 내부적인 요인과 외부적인 요인, 자신의 고통의 노출과 격렬한 감정에 압도되거나 오해되거나 거절되거나 아니면 어떤 일이 발생할지 모르는 두려움과 밀접하게 관련되어 있다. 내부적인 요인에 대한 불안에는 '나는 내가 무엇인가를 발견하게 될까 두려워서 더 이상 앞으로 나아갈 수 없어요' 등이 있고, 내부적인 요인뿐만 아니라 외부적인 요인으로 인한 불안으로는, '나는 몇몇 사람들이 판단적인 것처럼 느껴져서 여기서 말하는 것이 두려워요' 등이 있다. 집단원들이 서로 상담자를 더 신뢰할수록 그들은 자신의 염려에 대해 더 많이 나눌 수 있으며, 이러한 개방성으로 인해 집단원들은 다른 사람들이 자신을 있는 그대로 보게 될 때 불안이 감소한다.
- 신뢰 형성: 신뢰의 분위기가 점차적으로 형성되어 가면서 집단원들은 두려움 없이 그들의 반응을 표현할 수 있으며 이러한 자기노출은 더 큰 심리를 형성할 수 있는 전환점이 된다. 신뢰 수준이 높을 때 집단원들은 집단에서의 활동에 적극적으로 몰두한다. 신뢰가 부족할 때 집단 진행에서 무엇이 일어나고 있는지 계속 확인하며, 집단원들은 매우 조용해지며 집단 안에 무엇이 일어나고 있는지 탐색하기 어렵게 만들며 개방적 참여를 방해하는 결과가 나타난다. 집단원의 문제는 사람들이 표현하는 감정이나 생각으로 인한 것이 아니라 그들이 표현하지 않는 반응들로 인한 것임을 알 수 있다. 과도기에서의 중심과제는 집단에서 일어나고 있는 것들과 관련된 생각과 감정을 말로 이야기할 수 있도록 계속해서 격려하는 것이며, 불신은 이 단계에서 정상적인 현상이다.
- 방어와 거부적 행동: 집단원들은 집단이 안전한 곳이 되기 전에 상담자와 다른 집단원들을 시험해 본다. 이때 상담자는 필수적으로 집단원들에게 주저함이나 불안에 대해 표현할 수 있도록 격려한다. 방어는 상담자나 집단원들이 신뢰할 만한지를 결정하기 위해 그들의 행동을 관찰하는 행동이다. 집단원들은 안전하고자

하는 마음과 위험을 무릅쓰고자 하는 마음 사이에서 갈등한다. 안전한 분위기가 구축되지 않은 상태에서 갈등하는 모습은 당연한 것이며 이에 상담자와 집단원들 모두 방어적인 행동의 의미를 이해해야 하며 집단원은 방어를 견디고 존중하는 일이 필수적이다.

저항은 그동안 억압하거나 부정해 왔던 자신에게 위협이 되는 자료들을 의식 세계로 가져오는 것에 대한 거부이다. 또한 집단원들이 무의식적인 자료를 다루지 못하도록 방해하는 모든 것(정신분석적 관점)보다 넓은 관점에서 저항이란 개인적인 갈등이나 고통스러운 감정을 탐색하지 못하도록 방해하는 모든 행동이며 우리 자신을 불안으로부터 보호하기 위한 시도로 집단원들의 저항을 존중한다는 것은 상담자가 저항하는 사람들을 질책하는 것이 아니라 저항의 원인들을 탐색하는 것을 의미하며, 저항은 정상적인 과정이며 생산적인 탐색으로 이끄는 중요한 도구이다. 방어적 행동은 집단 밖에서의 집단원의 대인관계 스타일에 대한 중요한 단서를 제공(방어적 스타일은 갈등, 분리, 불신, 기분전환 등의 다양한 형태로 나타남. 감춰진 두려움은 친밀함에 대한 것—친밀함이란 상처받을 수 있음을 의미하기 때문)하며, 어려운 행동을 치료적으로 다루는 가장 좋은 방법으로는 집단상담자들에게 보이는 것을 단순히 진술하고 집단상담자가 보고 듣는 것들로 인해 어떤 영향을 받는지를 집단원들에게 알려 주는 것, 즉 불안에 대한 방어 및 저항을 있는 그대로 존중하고 그 의미를 탐색하고 이해하고자 한다는 것을 표현한다면 집단은 발전할 수 있다. 때때로 집단원이 협력하기를 꺼리는 것은 상담자의 자질 부족이며 공격적이고 돌보지 않는 상담자의 스타일이며 집단원들을 어떻게 집단에 참여시킬지 준비시키는 것에 실패한 것 등과 같은 요인의 결과이며 상담자의 핵심 과제중 하나는 집단원의 저항의 원인이 집단원의 두려움에 있는지 아니면 비효과적인 상담자에 있는지를 정확하게 인식하여야 한다.

- 저항개념에 대한 비판: 게슈탈트 치료, 해결중심치료, 이야기치료는 저항이라는 개념이 사용된 전형적인 방식이면서 또 유용성과 타당성에 의문을 던지는 접근이다.
- 집단원들이 경험하는 공통적인 두려움: 집단원들이 두려움에 대해 이야기하도록 강

요할 수는 없지만 다른 많은 집단원도 공통적인 것을 경험하고 있음을 집단원이 인식할 수 있도록 상담자가 충분한 안내를 한다.

- 자기개방에 대한 두려움: 집단원들은 그들이 준비되기 전에 노출하도록 압력을 받을 것이라고 생각하면서 자기노출에 대해 두려워하는 경우가 많으며 이럴 때 상담자는 집단원들에게 그들은 다른 사람들에게 자신을 알려 줄 수 있고 동시에 그들의 사생활을 지킬 수 있다는 점을 명확하게 강조하는 것이 도움이 되며 무엇을 얼마나 이야기할 것인가를 결정하는 것은 집단원들의 선택이며 집단원들이 다른 사람에게 자신에 대해 말하는 것에 대한 책임을 인식하게 될 때 자기노출에 대해 덜 두려워하는 경향이 있다.

- 노출됨과 취약한 상태에 처할 것에 대한 두려움: 취약한 상태에 들어가는 기분을 피하고 싶어 집단에 충분히 참여하기를 망설일 때 상담자는 집단 안에서는 취약한 상태에 들어감으로써 새롭고 건강한 경험을 하면서 그들이 과거 경험들을 표현할 수 있도록 돕는 데 이것은 매우 중요하다.

- 거절에 대한 두려움: 집단원들이 거절에 대한 두려움 때문에 집단에서 다른 집단원들과 깊게 관련되는 것을 꺼리게 될 때 상담자는 집단 전체를 둘러보고, 거절할 것 같다고 생각하는 사람들에게 다음과 같이 말함으로써 그러한 생각이 자신의 투사임을 인정하도록 할 수 있다. "정말 여기 있는 모든 사람들이 당신을 거절할 것 같다고 느껴지는지 보시겠어요."

- 오해받거나 판단될 것에 대한 두려움: 판단되거나 오해받을지도 모른다는 두려움이 자신을 집단에 알리는 데 매우 큰 걸림돌이 되는 경우, 상담자는 집단원들의 내력을 이해하고 존중해야 하며 이 집단이 이전의 집단과 다를 것이라고 그들에게 너무 빨리 확인시켜 주지 않는 것이 중요하며 집단원들이 오해받거나 판단됨으로써 겪은 예전의 고통을 표현하도록 도움으로써 상담자는 위험을 감수하는 새롭고 더 효과적인 방법을 탐색한다.

- 오해받거나 소외될 것 같은 두려움: 어떤 집단원들이 상담자나 다른 집단원들로부터 도전을 받는 것을 피하는 방법으로 집단에서 침묵하거나 숨어 있을 때, 상담자는 거부적인 집단원들을 두려움으로 마비시키지 않으면서 다른 사람들과 함께 어울

리는 방법을 찾도록 돕는다.

- **통제를 잃을 것에 대한 두려움**: 이야기를 함으로써 더 상처를 입기 쉬운 상태로 남게 되거나 울기 시작하면 절대 멈추지 못할 것처럼 통제를 잃은 것에 대한 두려움이 있을 때 상담자는 이러한 두려움으로 이야기를 하지 못하는 집단원에게 삶의 고통에 대해 잘 이해해 줄 것 같은 두세 명의 사람을 선택하여 자신의 삶의 고통에 대해 이야기해 보도록 권유한다.

- **텅 비었다는 것에 대한 두려움**: 집단원이 서로 관계가 깊어지고 지금까지 억누르고 있던 문제를 탐색하기 시작하면, 자신이 얕고 텅 비어 있으며 다른 사람들이 좋아하거나 가치 있게 여길 만한 점이 아무것도 없다고 느낄 수 있다. 상담자는 그 두려움에도 불구하고 집단원과 계속 이야기를 함으로써 자신이 텅 비었다는 것을 알게 되더라도 자신에 대한 다른 종류의 존재감을 형성해 나갈 수 있다는 것을 깨달을 수 있도록 한다. 그 외 다른 두려움도 모두 제거한다는 것은 비현실적인 기대이지만 상담자는 집단원이 자신의 두려움에 대해 표현하면서 직면하고 도전하도록 격려할 수 있으며, 현실적인 두려움과 비현실적인 두려움을 구별할 수 있는 신뢰의 분위기가 형성된다면 현실적인 두려움에 대해서는 좀 더 받아들이고 비현실적인 두려움은 불식시킬 수 있다.

③ 문제행동과 다루기 어려운 집단원

침묵과 참여 부족, 독점하는 행동, 자신의 옛 이야기하기, 질문하기, 조언하기, 의존성, 일시적 위안, 적대적 행동, 우월한 사람으로 행동하기, 집단 외 사교활동, 주지화, 공동상담자가 되려는 집단원, 상담자는 집단원들이 집단을 찾는 이유가 보다 효과적으로 자신을 표현하고 다른 사람들과 더 좋은 관계를 형성하기 위함임을 알 필요가 있다.

- **침묵과 참여 부족**: 가장 뛰어난 상담자가 인도하는 집단이라고 하더라도 집단원들이 문제가 되는 행동을 해서 자기 자신, 다른 집단원들, 상담자에게 문제를 일으킬 수 있다. 침묵과 참여 부족은 집단원이나 집단 모두에게 문제를 일으킬 수 있으

며, 침묵하는 패턴은 집단에서 이야기해야 할 필요가 있는 문제를 감출 수 있고, 상담자는 집단원들이 침묵했을 때 그들이 집단회기 동안에 진행되는 것들에 대해 어떻게 영향을 받았는지를 알 수 있는 방법이 없기 때문에 집단원들의 침묵의 의미를 탐색할 필요가 있으며, 또한 교육을 통해 집단원들에게 집단에서 생산적인 행동을 하도록 하고 이를 통해 집단경험의 유익을 극대화시킨다.

- **독점하는 행동**: 다른 집단원들로 하여금 집단 시간을 공유하지 못하도록 방해한다. 상담자는 윤리적인 이유나 실제적인 이유로나 독점적인 집단원에게 그들의 행동이 집단에서 어떤 영향을 미치고 있는가를 보도록 부드럽게 도전할 필요가 있으며 적대적인 말을 하기 전에 상담자가 개입하여야 한다.

- **자신의 옛 이야기하기**: 집단원들은 자기노출이 자신의 현재와 과거의 삶을 오랜 시간 동안 설명하는 것이라고 잘못 이해하고 있으며, 집단과정에 대해 교육하는 과정에서 상담자는 반드시 옛 이야기를 하는 것과 자기노출의 차이를 가르칠 필요가 있다. 옛 이야기하기가 모두 나쁘다거나 저항의 표시라고는 할 수 없으며 상담자는 판단적이지 않으면서도 직접적인 태도로 피드백하여 집단원이 자신의 개인적인 이야기를 하고 감정과 생각과 반응에 초점을 맞추는 데에 도움을 줄 수 있어야 하며, 집단원들로 하여금 다른 집단원들이 관심을 가질 수 있는 방식으로 자신의 이야기를 하도록 도와주어야 한다.

- **질문하기**: 집단에서 일어나는 역효과적인 행동유형은 심문하듯이 질문하는 것이다. 집단원들은 다른 사람에게 질문을 하면서 관계를 맺으려고 하는데, 별로 도움이 되지 않는 방식으로 적절하지 않은 순간에 끼어들기도 한다. 상담자는 습관적으로 질문하는 집단원에게 그러한 행동이 일반적으로 다른 집단원들과 자신에게 도움이 되지 않는다는 점을 가르쳐 줄 수 있다.

- **조언하기**: 조언하기는 생각이나 감정을 표현하는 것을 방해하고 의존성을 증가시키는 경향이 있다. 집단원과 상담자 모두 다른 사람들이 원하는 변화를 가져오기 위해 필요한 통찰에 스스로 도달할 수 있도록 도와주는 기술을 익혀야 한다. 집단원에게 어려운 상황을 해결하기 위해 상담자는 먼저 자신만의 생각을 물어봄으로써 보다 강력한 효과를 주며 의존성을 줄일 수 있다.

- 의존성: 과도하게 의존적인 집단원들은 상담자나 다른 집단원들에게 자신을 지도하고 보살펴 주기를 기대하며 때로 상담자가 집단원들의 의존성을 조장하기도 한다. 집단의 문제행동으로 보이는 것들과 상담자 개인이 분리될 수 없으며 서로가 영향을 주고받는다고 할 수 있다. 상담자는 지나친 의존 행동이 문화에 따라 적절한 행동이 되기도 하며, 집단원의 조언을 구하거나 조언을 해 줄 때 문화적 배경이 고려되어야 한다.
- 일시적 위안: 조언을 하는 방식과 관련되어 상처를 달래 주고 고통을 완화하며 사람들을 기분 좋게 해 주는 방식이며 질문이나 충고처럼 부적절한 지지도 의미를 점검해 볼 필요가 있다. 상담자는 고통을 드러내는 일이 치유를 위해 꼭 필요한 첫 단계라는 사실을 집단원들에게 반드시 이야기해야 한다.
- 적대적 행동: 적대심은 간접적으로 표현되기 때문에 집단에서 다루기가 어려우며 적대심은 빈정대는 말, 농담, 비꼬는 말, 치고 빠지는 전략의 형태가 있다. 적대심의 한 가지 주목할 만한 표현방식은 수동공격적 행동이 있으며 극단적으로 보았을 때는 적대적인 사람들은 집단의 분위기를 파괴하므로 집단상담에 적합하지 않다. 상담자는 적대적 행동으로 인해서 다른 집단원들이 어떤 영향을 받고 있는지 말하는 동안 조용히 들으며 적대적인 사람이 집단으로부터 원하는 것을 확인할 수 있으며 적대심 이면의 두려움을 표면화시켜서 다룸으로써 적대심을 감소시킬 수 있다.
- 우월한 사람으로 행동하기: 적대적이며 지나치게 도덕적이고 다른 사람의 행동에 대해 판단하거나 비판할 여지를 찾으며 완벽한 모습을 보이는 사람 앞에서 자신의 약점을 보이는 것을 내키지 않기 때문에 집단원들은 경직된다. 상담자는 우월한 행동이 집단원들에게 어떤 영향을 미치고 있는지 말하게 하며 우월한 행동을 한 집단원을 희생양으로 삼지 않도록 하는 것이 중요하다.
- 집단 외 사교활동: 집단 외 사교활동이 항상 문제가 있는 것으로 보아서는 안 되며 때에 따라 집단 밖에서의 사교활동까지도 장려할 수 있다. 그러나 집단원들이 하위집단을 만들어 집단에서의 사건에 대해 말하고 집단에서는 그들이 집단회기에 대해 말한 것을 나누려 하지 않는 경우, 즉 회기 밖에서의 사교모임이 집단 진행에 방해

가 될 때는 상담자가 그 주제를 집단에서 개방적으로 검토하는 것은 꼭 필요하다.

- 주지화: 대부분의 사람이 정서적으로 느낄 수 있는 주제에 대해 지적 흥미만 가지고 초연한 듯이 토론하는 경우, 주지화가 감정의 경험을 하지 못하도록 하는 방어로 사용될 때 문제가 된다. 주지화하는 사람들은 그들이 무엇을 하고 있는지에 대해 인식할 필요가 있으며 상담자는 사람들에게 인지적인 태도가 감정을 드러내 보이는 것보다 문화적으로 더 적절할 수 있다는 것을 이해하고, 쉽게 감정을 보이지 않는 집단원을 감정이 없는 사람이라고 낙인을 찍거나 그들의 대인관계 태도를 비정상적으로 여기는 것을 경계해야 한다.

- 공동상담자가 되려는 집단원: 부상담자의 역할로 질문을 하거나 정보를 탐색하고 조언을 하려고 하며 개인과 집단역동에 주의를 기울이는 등 보조상담자의 역할을 하면서 대인관계 방식을 발전시킨다. 다른 집단원에게 개입하고 상담자의 역할을 하면서 초점을 다른 사람에게로 돌리기 때문에 불쾌해하기 쉬우며 집단 진행에 방해요인으로 꼭 다루어야 할 필요가 있다. 상담자는 다른 사람에게 더 주의를 기울이기 때문에 집단으로부터 최대한의 유익을 얻지 못한다는 점을 지적하는 것으로 문제행동을 방지할 수 있다.

④ 저항을 치료적으로 다루기

많은 개입은 집단원들과 맞서는 것보다는 그들이 도전하는 작업을 하는 데 촉진적이며 집단원들로 하여금 망설이지 않고 집단에 좀 더 충실하게 참여하도록 도울 수 있다. 상담자의 반응은 초기 저항 시점에서 저항을 중단시키는 것보다 집단원들이 더 말을 할 수 있도록 격려하는 것이며 개방적인 질문, 초대하는 태도로 개입하는 부분은 집단원들이 제시한 단서를 활용하며 집단원들이 계속해서 집단에 적극적으로 참여할 수 있도록 방향을 제시한다.

- 전체 집단의 회피 다루기: 때때로 전체 집단에서 생산적 수준의 작업을 거의 불가능하게 하는 저항적 행동이 나타나기도 하며 어려움에 대해서 최소한 말해 보려고 하는 자발성을 보이며 중요한 반응을 계속 보류하는 경우도 있으니 상담자는 집단원

들이 무엇을 얻을 수 있는지 의문을 제기하며 비개방적인 자신들이 행동에서 집단의 발달을 어떻게 저해했는지 깨달았기 때문에 실패작이라고 여기지 않는다.

⑤ 전이와 역전이 다루기

집단에서 상담자의 해결되지 않은 문제가 어떻게 집단원들의 문제행동을 도울 수 있는지를 인식하는 것이 중요하다. 상호작용은 전이와 역전이를 의미하며 전이는 내담자가 상담자에게 투사하는 감정이며 내담자가 인생 초기의 의미 있는 대상(주 양육자)과의 관계에서 발생한 의식화되지 못하고 억압되어 무의식에 묻혀 있었던 생각, 감정, 욕망을 상담자에게 투사한다. 역전이는 집단원에 의해서 상담자에게 일어난 감정이며 치료적인 관계의 특징보다는 현재나 과거의 다른 대인관계들과 관련된 것이며, 집단상황은 많은 전이에 대한 가능성이고 집단원들은 상담자뿐 아니라 집단 내의 다른 집단원들에게도 투사 가능하다. 집단의 유형에 따라 그들의 현재 또는 과거에서 중요한 사람들에게 가졌던 감정을 상기시키는 사람들을 찾아낼 수도 있다.

집단원이 상담자나 다른 집단원에게 보이는 전이반응들은 전이의 대상이 되는 사람들의 저항을 야기시키지만, 치료적인 장면에서 적절하게 다루어진다면 집단원들은 집단에서 서로를 향한 감정과 반응을 경험하고 집단 밖에서의 상황을 집단에 투사시켰는지를 발견하며, 집단 내에서 생산적으로 탐색된다면 집단원들이 자신들의 감정을 더 잘 표현할 수 있다. 상담자는 스스로에게 남겨져 있는 오래된 상처가 다루기 어려운 집단원을 상담할 때나 집단원의 고통을 다룰 때, 슬그머니 방해할 때 지도감독자에게 계속적인 지도감독을 받아야 한다. 자기인식은 자신의 반응에 대한 책임을 수용하고 집단원들의 전이를 이해하는 것과 상담자 자신의 역전이를 효과적으로 다루는 기본적인 도구이고, 집단원들이 상담자를 향해 반응하는 전이를 다루어야 하며 집단원이 상담자에게 보이는 반응을 성급하게 전이로 단정하는 것을 경계해야 한다. 상담자에게는 자신이 집단원에게 민감하지 못했을 수도 있다는 점과 집단원의 반응이 정당하다는 것을 인정하는 용기도 필요하고, 집단원들이 상담자에게 무엇을 말하든지 무비판적으로 믿지 말아야 하지만 또 지나치게 비판적이 되거나 진정한 긍정적 피드백을 격감시키는 것을 피해야 한다.

집단원들을 향해 상담자가 느끼는 모든 감정을 역전이로 분류할 수 있는 것은 아니며, 중요한 것은 상담자가 역전이에 대해 얽히는 것을 피하고 그들에 대해 느끼는 자신의 감정을 인식하는 것이다. 집단원의 반응은 실제 반응일 수 있고 전이를 구성하는 상징적인 대상에 대한 반응일 수도 있으므로 모든 가능성을 열어 두고 바라보아야 한다. 집단원이 상담자를 전이 대상으로 볼 때 그 관계에는 풍부한 치료적 잠재 요인이 있다는 것을 의미한다. 감정은 인식되고 표현되어야 하며 그 후 치료적으로 다루어져야 한다.

⑥ 과도기단계에서 집단원의 역할

이 시기의 집단원들의 주된 역할은 다양한 유형의 저항을 잘 다루는 것인데, 그로 인한 어떠한 부정적인 반응이라도 인식하고 표현해야 하는데, 표현하지 않으면 집단 내에 불신의 분위기가 형성된다. 바람직한 집단원은 누구의 저항이라도 존중하고 기꺼이 다루어 나가며 의존으로부터 독립으로 전향, 타인으로 하여금 방어적인 태도를 취하지 않도록 하는 건설적인 직면방식 습득, 집단 내에서 일어나는 상황에 대한 반응들을 기꺼이 직면하고 다루어 나가며, 집단 밖에서 외부집단을 형성하거나 집단 안에서는 침묵을 지키면서 갈등을 회피하기보다는 기꺼이 경험한다.

• 과도기단계에서 상담자의 역할: 과도기에서 상담자가 직면하는 주요 도전에 대해 명확한 경계를 그어서 집단에게 안전한 환경이 되도록 세심하고 적절하게 개입해야 한다. 집단 내에 존재하는 갈등, 부정적 반응, 저항감 등을 기꺼이 직면하여 해결하는 데 필요한 도전감과 용기를 주어야 하며, 갈등상황은 충분히 다루고 인식하는 일에 대한 가치를 집단원들에게 가르친다. 집단원들이 방어기제를 인식할 수 있도록 조력한다. 집단원을 낙인찍는 일은 삼가되 특정 문제행동을 이해하는 방식에 대해 배우도록 한다. 어떠한 도전도 직접적이고 실질적으로 다룸으로써 인간으로서, 전문가로서 집단원들에게 적절한 모델링을 제공하도록 한다. 집단원들이 상호 간에 의존할 수 있으면서 독립적일 수 있도록 조력한다. 회기 중에 지금-여기와 관련된 반응들을 충분히 표현할 수 있도록 격려한다.

⑥ 집단원의 행동유형

생소한 집단에서 밀접한 대인관계를 맺는다는 것에 긴장과 불안을 느끼며, 흔히 '이렇게 개인적인 이야기를 하게 될 줄은 몰랐는데' '나는 이렇게 깊이 관여하고 싶지는 않다' '감정을 나눈다는 것은 좋지만 어쩐지 부담스럽다' '나 자신에 대해 잘 알고 싶기는 하지만 그렇게 드러난 나를 사람들이 어떻게 볼 것인가' 등 같은 생각을 하게 되기도 한다. 또한 방관자적인 집단원, 거부당하는 집단원, 상담자의 편을 들어서 상담자를 옹호하려는 집단원 등이 생기기도 한다.

⑦ 상담자의 역할

집단원들로 하여금 갈등을 경험하고 이해하도록 도우며, 진정한 느낌이 교환되도록 격려해 주어야 한다. 상담자는 집단원들이 각자의 행동을 어떻게 자각하며 집단을 어떻게 보는가에 대해 파악하고 각 집단원 모두가 효율적인 상담자가 되는 것을 배우도록 도와야 한다. 집단원들이 지도력을 발휘하기 시작한다면 갈등적인 과도적 단계에서 생산적인 작업단계로 넘어가는 신호이다.

(2) 작업단계

집단상담의 가장 핵심적인 부분이며, 상담자는 집단으로부터 한걸음 물러나서 집단원들에게 대부분의 작업을 맡긴다. 상담자의 역할은 촉진자나 요약자로, 집단원들은 집단을 신뢰하고 자기를 솔직하게 공개하여 자신의 구체적인 문제를 집단에 가져와 활발히 논의하며 바람직한 관점과 행동방안을 모색하게 된다. 집단원들이 높은 사기와 분명한 소속감을 갖게 되며 '우리'라는 느낌이 이 단계에서 경쟁적으로 서로 도우려 하고 명석한 통찰과 어떤 처방을 제공하는 분위기가 되는데, 이를 주의하며 진정한 자기감정의 표출과 교류가 이루어지도록 도와야 한다.

- 과정상의 특징: 정도의 차이는 있지만 대부분의 사람이 집단에 참여했던 것을 만족해한다. 특히 집단에서 자유롭게 자기의 감정, 두려움, 불안, 좌절, 적대감 등의 여러 가지 행동을 표현할 수 있었던 것에 만족하며, 앞으로의 행동 방향에 대해서

주의를 기울이는 데 집단에서 경험하고 배운 것을 일상생활에서 적용해 보며 자신을 보다 더 깊이 이해하고 타인을 수용하면서 살아갈 수 있다.

(3) 목적 및 기대효과

집단 안에서는 집단 밖에서의 상하관계, 사회적 관계 등을 벗어나서 평등하고 동등한 인격으로 상호작용할 수 있다. 집단원에 대한 지각과 기대, 사회적인 모습이 반영되어 있는 경우가 많으므로 개인에 대해 더 잘 이해할 수 있다. 욕구와 바람, 지향, 고민거리나 과제, 서로에 대한 이해가 심화되어 집단원을 도울 수 있는 점도 짐작해 볼 수 있다.

3) 마무리

(1) 종결단계

집단상담에서 종결단계는 하나의 '출발'이라고도 볼 수 있다. 왜냐하면 상담자와 집단원들이 집단과정에서 배운 것을 '미래에 어떻게 적용할 것인가'를 생각하기 때문이다. 이 단계에서 기본적인 논제는 집단경험과 종결에 대한 집단원의 전반적인 감정과 반응을 다루는 것으로, 이 단계에서 적용되는 기본적 원리는 집단에서 경험하고 배운 것을 일상생활에서 적용할 수 있다는 것과 자신을 보다 더 깊이 알고 자신과 타인을 수용하면서 살아갈 수 있다는 점이다. 이렇게 집단상담의 목적이 달성되면 상담자는 이를 종결시켜야 하며 집단원들로 하여금 집단에서 경험한 바를 평가하게 함으로써 그 성장도를 알아본다. 집단원들이 경험한 느낌을 상담자는 잘 처리해 주도록 한다.

① 집단상담 종결단계의 과업

학습의 강화이며 경험의 의미 표현, 적응 변화이다. 집단경험의 종결단계 동안에 나타나는 문제는 집단원만큼이나 다양하며, 어떤 집단원들은 좀 더 쉽게 집단을 떠나기 위해 스스로 거리를 두거나 문제가 많은 것으로 행동하고 또는 따지기 좋아하는 모습을 나타내기도 한다. 어떤 경우는 다른 집단원이 성취한 일들을 폄하하기도 하며, 집단을 통해 나타난 집단원들의 행동처럼 이별을 대하는 그들의 방식은 그들이 어떻게 고통과 해결되지 않은 애도나 슬픔을 다루어 왔는지에 대하여 자세히 보여 주고 있다. 상담자들이 다가오는 종결에 대해서 이야기하는 방법은 여러 가지 요소에 근거하여 다르며 종결을 언제 어떻게 전달할지 결정하는 데 고려해야 할 몇 가지 요소에 불과하다.

② 집단경험의 종결

분리감정 다루기, 집단상담의 초기 지각과 후기 지각 비교, 미해결 문제 다루기, 집단경험 뒤돌아보기, 행동 변화의 실습, 좀 더 심도 있는 학습 수행하기, 피드백 주고받기, 다짐과 과제, 좌절 극복하기 등을 활용할 수 있다.

③ 집단경험의 평가

어떠한 집단경험에도 볼 수 있는 기본적인 측면이며 이를 통해 집단원들과 상담자 모두 이익을 얻을 수 있다. 집단경험에 대한 자신의 지각을 글로 작성함으로써 집단원들은 집단상담이 자신들에게 효과적이었는지 평가할 수 있게 되며, 다음과 같은 질문을 할 수 있다. '집단경험이 일반적으로 당신의 언행에 어떤 영향을 미쳤습니까?' '당신의 생활 방식이나 태도, 대인관계에 대해 구체적으로 깨달은 것은 무엇입니까?' '집단상담을 통해 당신 인생에서 조금이라도 변했다고 생각하는 부분은 무엇입니까?' '집단상담이 끝난다는 사실과 변하겠다는 결심을 실행하는 과정에서의 문제점은 무엇입니까?' '집단에 참여함으로써 자신들의 삶에서 중요한 사람들에게 어떠한 영향을 미쳤다고 생각합니까?' '만약 집단에 참가하지 않았다면 현재 자신의 삶은 어떻게 다를 것 같습니까?' '집단상담을 하는 동안이나 집단이 끝난 후 자신에게 일어난 변화나 경험에 대해 하고 싶은 말이 있습니까?'

④ 집단상담이 얼마나 효과적이었는지 평가하기

각 집단원들과 개별적으로 상담을 갖거나 계속 연락하며 지낸다. 한 번 이상의 추수모임을 갖는다. 집단원들이 집단에서 가장 유익한 것, 가장 쓸모없는 것으로 생각하는 것이 무엇인지 알기 위해 간단한 질문지를 작성하게 한다. 집단원들에게 상담

일지를 계속 쓰라고 강력히 제안한다.

⑤ 종결단계에의 공동상담자 문제

공동상담자들은 집단이 끝나기 전에 충분히 다룰 수 없었던 새로운 문제를 꺼내지 않도록 서로 합의를 한다. 합의할 내용은 다음과 같다. 특별히 염려되는 집단원이 있는가? 특정 집단에게 하고 싶은 말은 있는가? 집단상담이 끝나기 전에 집단원들과 함께 나누고 싶은 생각이나 느낌이 있는가? 두 사람 모두 상담이 끝나고 상담자들과 헤어지는 데서 오는 감정을 다스릴 수 있는가? 집단원들에게 집단상담의 경험을 뒤돌아보고 그 가르침을 일상생활에 실천하도록 하는 데 가장 효과적인 방법은 무엇이라 생각하는가? 집단상담이 끝나기 전이나 추수상담 때 집단원들이 집단상담을 평가하는 데 도움이 될 만한 계획이 있는가? 집단상담이 끝난 후에도 공동상담자들은 다시 만나 함께 작업한 경험을 토론하고 집단상담을 전체적으로 정리하는 것이 바람직하다.

⑥ 집단상담이 끝난 후 추수상담

추수모임은 꼭 필요하고 매우 중요하다. 추수상담의 목적은 다음과 같다. 자신들이 정한 목표를 얼마나 잘 지켰는가? 상담이 끝나고 다시 만날 수 있으면 무엇을 할 것인지 결정한다. 서로를 지지해 주는 역할을 한다. 상담이 끝난 후로 어려움을 서로 공유한다. 집단상담에서의 경험과 관련된 생각 및 감정을 표현하고 그 작업할 기회도 갖는다. 집단경험을 일상에 어떻게 적용했는지를 알아낸다. 어떠한 변화를 체험하고 있는지, 좀 더 다양한 모험을 감수하고 있는지, 어떤 결과를 얻을 수 있는지 등 추수모임 중에 탐색해 볼 수 있다.

2. 프로그램의 구성

집단원 선별 시 고려사항은 선별작업을 반드시 해야 하며 어떤 선별 방법이 이 집단에 맞는가, 누가 이 집단에 가장 적합한가, 누가 집단과정에 부정적인 영향을 미칠 것인가, 누가 집단경험에 의해 상처를 받을 수 있는지 어떻게 결정할 수 있는가, 어떤 연유로 집단에서 배제된 신청자들에게 이런 사실을 알리는 가장 좋은 방법은 무엇인가, 집단원을 선발할 때 다양한 문제를 고려하였는가, 집단에서 잠재적으로 어려움을 초래할 가능성이 있는 사람들도 집단에 받아들이는 것 등을 고려해 보아야 한다.

― 각 회기별 프로그램 구성

회기	활동제목	활동내용
1회기	나를 소개합니다	자기 소개
2회기		
3회기		
4회기		
5회기		
6회기		
7회기		

〈1차시〉 나를 소개합니다

활동목표

활동목표	• 실시할 프로그램의 목적과 내용을 소개한다. • 집단원 간에 친밀한 관계를 형성하여 참여 동기를 높인다.	시간	45분
		준비물	교사	활동지
			학생	필기구

활동전개과정

단계	활동주제	활동내용	방법	준비물	시간
도입	프로그램 소개하기	• 프로그램의 목적과 내용을 소개한다. • 슬라이드를 보면서 우리의 약속을 정한다.	교사안내, 모둠별 토의	활동지 1-1, 필기구	10분

전개	게임	• 게임내용과 방법을 소개한다. • 모둠끼리 참여를 유도한다.	교사안내, 모둠별		15분
	자기 소개	• 자기 자신을 소개하도록 한다. • 자기 소개 내용을 모둠별로 발표하도록 한다.	필기, 발표	활동지 1-2, 필기구	15분
정리	정리하기	이번 차시의 내용을 정리하고 소감을 나눈다.	교사안내, 설명	활동지 1-3, 필기구	5분

유의사항

- 프로그램 주제를 너무 무겁게 느끼지 않도록 접근하여 참여를 유도시킨다.
- 특정 모둠에 스티커가 치우치면 다른 모둠들이 흥미를 잃을 수 있으므로 모둠별로 스티커를 균등하게 배분한다.

1차시 '나를 소개합니다' 활동내용

활동주제	소요시간	활동내용	준비물
들어가기	10분	1. 프로그램의 목적과 내용을 소개한다. 2. 3.	활동지 1-1 필기구
게임	15분	1. 2. 3.	
자기 소개	15분		
정리하기	5분		

1) 집단의 형태

(1) 개방집단
집단의 회기가 진행되는 동안 기존의 집단원이 종결하면 새로운 집단원이 들어올 수 있는 집단의 형태이다. 장점으로는 다양한 사람과의 접촉이 가능하다. 단점으로는 너무 많은 사람이 한꺼번에 들어오거나 나갈 경우 안정성이 떨어지며 결속력(응집력)이 약해질 수 있다.

(2) 폐쇄집단
집단이 시작되면 새로운 집단원이 참여할 수 없는 집단의 형태이다. 장점으로 안정감이 있고 응집력이 높다.

(3) 동질집단
집단원들이 인구통계학적 배경(성별, 연령, 인종, 민족 등)이 유사한 사람들로 구성된 집단이다.

(4) 구조화 집단
집단상담자가 정해진 계획과 절차에 따라 일련의 구체적인 활동으로 구성되어 진행하는 집단의 형태이다.

(5) 비구조화 집단
활동내용이 구조화 집단에 비해 훨씬 폭넓고 깊은 자기탐색이 이루어질 수 있다.

(6) 자조집단
상담자 없이 진행되는 집단으로 대표적인 예로는 알코올 중독자 집단(AA), 자녀를 잃은 부모집단, 12단계 집단, 체중조절 집단 등이 있다.

(7) 성장집단

자신의 참모습을 깨닫고 대인관계 기술을 습득하고 집단원들의 잠재력 개발에 관심을 두는 집단으로 참만남 집단, 감수성훈련 집단 등이 있다.

(8) 지지집단

공통적인 관심사가 있는 집단원으로 구성되어 서로의 생각과 감정을 나누고 특정 문제와 관심사에 대해 점검해 보기 위한 집단이다. 유사한 문제를 겪고 있고 유사한 감정을 체험하고 있으며 비슷한 생각을 하고 있다는 사실을 깨닫게 된다. 전형적인 이 집단의 대상자는 에이즈 감염자, 신체장애를 입게 된 사람, 재혼을 통해 자녀를 두게 된 부모, 자연재해 희생자 등을 예로 들 수 있다. 상담자의 역할은 집단원들의 서로의 생각, 감정, 경험을 나누도록 독려하는 일이다. 목표는 집단원들이 서로 직접적으로 상호작용할 수 있도록 하는 것이다.

(9) 과업집단

구체적인 과업의 목적을 달성하기 위해 모인 집단원들의 집단(예: 교칙 수정을 위해 교사들 혹은 학생들이 모여 협의하는 것 등)이다.

2) 집단에서의 상담자 역할

집단에서 상담자 역할은 다양하고 복잡하다. 집단상담자는 다른 집단원의 반응을 관찰하면서 각 집단원에게 민감하게 공감하고 반응할 수 있어야 한다. 또한 집단상담자는 집단역동을 관찰할 수 있어야 하고 집단에서 발생하는 복잡한 상호작용을 다룰 수 있는 기술을 가지고 있어야 한다. 다음에서는 이러한 여러 기술을 자세하게 살펴본다(김충기, 1985).

(1) 경청

개인상담에서와 마찬가지로 집단상담에서의 효과적인 경청은 내용의 재진술과 감정의 반영, 이 두 가지 기본적인 기술로 구성된다. 이러한 경청은 신뢰감을 형성하고 상담자가 집단원을 수용하고 있음을 의사소통하는 것이다.

(2) 지각 확인

이는 상담자가 집단원의 감정을 이해하기 원한다는 것을 알리고 문자 그대로 집단원의 감정을 상담자가 지각하고 있음을 확인하는 것이다. 이때 상담자는 집단원의 감정을 정확하게 명시하고 자신의 지각이 정확한지 집단원에게 묻는다.

(3) 피드백

집단상담의 목표 중 한 가지가 다른 사람과 대면하는 것을 배우는 것이기 때문에 상담자는 집단원에게 피드백을 제공해야 한다. 피드백을 제공할 때는 평가하는 형태보다 기술하는 형태를 취해야 하며, 어떤 특정한 행동을 지칭해야 한다.

(4) 연계

이는 집단원 간의 의사소통을 격려하기 위한 의도로서 집단원 간의 경험의 공통점을 지적하는 것이다. 상담자는 연계 기술을 통해 한 집단원의 문제와 진술을 집단 내의 다른 집단원과 연관시킨다.

(5) 개방적 반응

상담자는 개방적 유도나 질문을 함으로써 집단원으로 하여금 감정을 구체적으로 표현하게 하고 이러한 감정의 근원을 밝힐 수 있다. 이를 통해 상담자는 집단원이 사건이나 경험을 지금-여기에 초점을 맞추도록 할 수 있다.

(6) 직면

주의해서 사용한다면, 직면은 가장 강력한 집단상담자 기술이 될 수 있다. 상담자는 집단원의 언어적 행동과 비언어적 행동 간의 불일치를 직면시킬 수 있고 집단의 기능을 방해하는 행동을 직면시킬 수도 있다. 또한 집단 전체에 대해서도 직면 기술을 사용할 수 있다.

(7) 과정 기술

유능한 집단상담자는 집단이 기능하고 있는 과정을 관찰한 후 집단목표와 관련해서 논평할 수 있는 능력이 있어야 한다. 이런 형태의 논평은 집단원들로 하여금 자기 자신과 집단의 기능을 검토하도록 한다.

(8) 요약

개인상담과 마찬가지로 요약이 중요한 역할을 한다. 집단상담자는 집단 내의 모든 상호작용을 주의 깊게 듣고 집단이 다른 수준의 상호작용으로 이동할 수 있도록 요약 기술을 사용한다. 또한 요약은 집단이 교착 상태에 빠졌을 때 유용하다.

(9) 전반적인 책임

집단상담자는 효과적인 의사소통과 비효과적인 의사소통에 관한 정보를 골고루 갖추고 있어야 한다. 또한 모든 집단원이 감정을 가지고 있고 다른 집단원으로부터 피드백을 요청하도록 할 책임이 있다. 특히 중요한 역할은 효과적인 의사소통 기술과 적합한 집단행동의 모형을 보이는 것이다.

3) 집단상담에서 몇 가지 고려할 점

상담자는 집단 형성과정에 세심한 주의를 기울여야 한다. 여기에서는 집단의 외형적인 조건, 즉 장면, 집단의 크기와 구성 등에 대해서 알아보며, 적정 인원은 6~10명 내외가 적당하고 13~14명일 시 보조상담자를 두어야 한다. 집단원의 발달 수준, 연령, 성별, 과거, 배경 등을 고려하여 유사한 수준으로 구성하며, 자발적으로 상담에 참여했느냐 하는 것도 중요하다. 발달 수준에 따라 아동은 남녀를 별도로 구성하고 청소년기 이상은 남녀가 섞인 집단이 더 바람직하며, 정해진 시간은 반드시 지킬 필요가 있다. 심리적 안정감을 주는 아늑한 분위기와 장소가 필요하며 1주에 1회는

1시간~1시간 30분, 2주에 1회는 2시간 상담이 적당하며, 개방집단은 집단이 허용하는 한도 내에서 추가 집단원을 받는다. 폐쇄집단은 중도 탈락자가 생겨도 추가 집단원을 채워 넣지 않는다.

(1) 장면

집단상담의 장소는 물리적으로 편안한 곳이어야 한다. 편안한 공간은 친화감 형성에도 도움이 된다(황응연, 윤희준, 1983).

(2) 집단의 크기

집단의 크기는 집단역동성, 상담의 효과와 직접 관련된다. 이상적으로 상담집단의 크기는 6~8명 정도가 적합하다. 인원이 너무 많아지면, 각 집단원이 개인적인 문제를 제대로 탐색할 기회를 갖지 못하게 되며, 상담자가 집단원 간의 상호작용을 따라가는 데 곤란을 겪는다. 반대로 인원이 너무 적으면 집단원 개인에게 미치는 압력이 커진다(George & Cristiani, 1981).

(3) 상담 횟수

1회의 상담 시간은 준비 기간(warming-up)을 포함해서 1시간 30분 내지 2시간을 잡는 것이 일반적이다. 시간 간격은 주 1회 내지 2회로 하는 것이 좋다. 집단상담의 전체 지속 횟수나 기간은 최소한 8~10회 정도로 잡는 것이 바람직하다(황응연, 윤희준, 1983).

(4) 개방집단과 폐쇄집단

집단구성은 개방적이거나 폐쇄적으로 할 수 있다. 단, 개방집단의 경우에는 집단 내의 신뢰, 수용, 지지 등에서 문제가 야기될 수 있다(George & Cristiani, 1981).

4) 집단상담의 장단점

장점으로는 시간적 · 비용적 측면에서 경제적이며 참여와 경청이 용이하며 집단사고가 가능하며 자신과 타인에 대한 이해의 폭이 넓어지며 타인과의 상호작용으로 인한 사회성을 기를 수 있다. 단점으로는 비밀유지가 어렵고 개성이 상실될 우려가 있으며, 개인상담보다 심층적인 내면 심리를 다루기 어렵고 집단원 모두를 만족시키기 어렵다. 또한 시간적으로나 문제별로 집단구성이 어려운 점도 있으며, 부당한 집단압력에 희생될 우려도 있다.

(1) 집단상담자의 기본적 역할

집단상담의 상담요소는 자아개방, 직면, 피드백, 응집력과 보편성, 희망, 모험과 신뢰, 관심과 이해, 힘, 정화, 마음껏 실험해 보기 등이 있으며, 집단상담자의 기본자세는 관심, 수용, 진지함, 공감적인 태도를 포함해야 한다. 이런 기본자세가 없으면 상담자의 어떠한 노력도 의미 있는 성과를 가져올 수 없다.

① 강화자로서의 역할

집단상담자가 사회적 강화자의 역할을 하는 조작적 조건화에 의한 학습과정, 즉 상담자의 반응이 집단원의 성숙한 행동을 강화하고 미성숙한 행동은 감소시키는 상벌로 작용하며 상담자는 이러한 역할을 인식하면 더 효과적이고, 일관성 있는 영향력을 발휘하게 된다.

② 본보기로서의 역할

상담자 자신이 집단과정에서 집단원의 본보기가 되어 집단원이 새로운 행동 변화를 시도해 볼 수 있는 분위기를 조성하며 집단원의 장점을 인정하고 무비판적인 수용의 자세를 취하는 것이 집단원의 자기노출을 유도할 수 있으며 상담자는 개입해야 할 시기와 방법에 유의하면서 집단원에게 모범이 될 수 있는 반응을 하는 것이 중요하다.

(2) 집단규범의 형성을 위한 상담자의 과제

① 자기개방의 격려

자기개방은 집단의 필수적인 요소이므로, 자기개방을 하도록 계속적인 지지와 격려를 한다.

② 솔직하고 자연스러운 언행의 촉진

느낀 감정을 솔직하게 직선적으로 표현하는 것이 기대되는 행동규범을 하게 한다.

③ 상호이해적 태도의 촉진

진실한 태도로 임하며 무조건적인 존중을 하고 집단원에 대한 공감적인 이해 반응을 함으로써 집단원들의 상호이해적 태도를 촉진한다. 공감적 이해를 하여 타인의 입장 혹은 내적 참조준거를 정확하게 인지하고 그 참조준거와 관련된 감정과 의미까지도 함께 느끼며 느낀 감정의 요점을 상대방에게 전달한다.

- 비생산적인 행동에 대한 개입: 상담자에게 의존하는 것, 침묵, 자기고백의 강요, 화제의 독점 등은 억제하고 제지해야 한다.
- '지금-여기'에 직면시키기: 집단상담은 '지금-여기(here and now)'에서 자신이 느낀 감정을 자유롭게 표현하도록 하는 것, 다른 집단원이나 상담자 또는 집단에 대한 그들의 느낌을 자유롭게 표현하는 것, 자신이 느낀 감정이나 신념에 직면함으로써 자기 내면세계의 비합리성을 자각하도록 하는 것이다. 이를 위해서 '집단 장면에서 스스로 느끼고 경험하는 것을 자유롭게 표현할 수 있도록 하는 것'에서 시작해야 한다. 집단과정에서는 항상 통제와 지배를 둘러싼 많은 갈등이 생기게 되는데, 이는 상담자 자신에게도 해당되는 문제이며 집단원들의 바람직하지 않은 행동결과를 지적하고, 그런 행동의 의미와 동기에 대한 해석을 해 주어야 한다. 집단원들의 동기 및 수준을 완전히 파악하고 있을 때에 '지금-여기'에의 직면이 보다 효과적이다.

5) 집단원 선발에 관한 사항(미국 집단상담전문가협회: ASGW)[1]

(1) 선발기준

집단의 목적에 부합되는 욕구와 목적을 가진 자, 집단과정을 방해하지 않을 자, 집단경험에 의해 자신의 안녕이 위협받지 않을 자이다.

(2) 선발방식

개별면담, 신청자들에 대한 집단면담, 질문지 작성, 선발과정의 일부로써의 면담이다.

(3) 선발과정에서 공지할 사항

집단성격, 집단상담자의 경력, 집단의 일반 규정, 잠재적으로 발생 가능한 문제, 비밀유지에 관한 사항 등이다.

– 집단운영의 기본 이론 및 계획 –

집단상담자: ○○○ (010-0000-0000)

• 집단상담의 목표

본 집단상담 프로그램은 인간중심 집단상담으로 집단원이 스스로 경험을 통해 자신의 변화를 주도해 갈 수 있도록 촉진하며, 집단원 간 인간 대 인간의 만남으로 자신의 경험을 지금–여기에서 탐색하여 상호작용을 통하여 대인관계 역량을 증진시킨다.

첫째, 자신에 대한 이해(자신을 탐색하여 자신의 행동에 대해 자각해 보며 객관적

---

1) 집단상담전문가협회(Association for Specialists in Group Work: ASGW). 개인상담에서 상담자들이 지켜야 할 윤리강령이 있는 것처럼 집단상담 전문가를 위한 전문기구 ASGW에서는 전문적 훈련기준과 집단상담자를 위한 '집단상담을 위한 윤리지침'을 발표하였다. 이는 집단원 선발, 비밀보장, 집단기법 사용 등에 대한 지침이다.

으로 볼 수 있게 한다.)

둘째, 타인이해(다른 집단원의 행동을 다른 사람들이 어떻게 수용하는지 깊이 이해하도록 한다.)

셋째, 대인관계 역량 및 기술증진(자신과 타인 감정을 탐색하고 표현하며 상호정서적 교류가 일어나게 한다.)

넷째, 집단과정 및 역동에 대한 이해(무엇이 집단을 움직이게 하며 더 큰 수용과 활동을 알게 한다.)

구분	차시		주제	목표	활동내용
도입	집단시작단계	1	소중하고 특별한 나	• 프로그램의 목적과 내용 진행 방법을 이해한다. • 자신을 집단원에게 소개한다.	• 자기표출 내외통제성에 대한 사전 검사 • 프로그램 소개 및 서약서 작성하기 • 집단규칙 정하기
전개	과도기단계	2	우리 친해 봐요	• 자유로운 상호작용으로 서로 간에 믿음을 형성한다.	• 친하기 신체활동(과일게임 등) • 옆 사람에게 폭풍 칭찬하기
		3	나를 찾아 떠나는 여행	• 자신에 대해 구체적으로 탐색하며 자기이해, 자기수용, 자기개방을 경험해 본다.	• 나를 상징하는 것 표현해 보기 • 내 인생을 내 마음대로 소개하기
		4	나의 느낌 나의 감정	• 자신의 감정을 잘 알아차려 본다.	• 다양한 표정과 감정단어 연결하기 • 주로 느끼는 감정 알아보기
		5	내게 소중한 것	• 자신이 소중하게 여기는 삶의 가치를 알아본다.	• 내가 사랑하는 것을 작성하고 우선순위를 매기기
	작업단계	6	마음 주고 받기	• 자신의 마음을 표현하는 방법을 연습해 본다. • 듣기를 하며 공감해 주는 연습을 한다.	• 관찰, 느낌, 욕구, 부탁의 4단계로 솔직하게 표현하고 공감하기

전개	작업단계	7	함께 나눠요	• 자신의 고민을 털어놓고 다양한 해결 방법을 도움받는다.	• 자신의 고민 노출과 피드백 받기
		8	나의 장단점은?	• 자신의 장점과 단점을 있는 그대로 인정한다.	• 자신의 장점과 단점을 알고 인정하기
전개	작업단계	9	새로운 나!	• 부정적인 과거의 자기 모습을 버리고 새롭게 살아가고 싶은 자기 모습을 설계한다.	• 과거의 내 모습 버리기 • 새로운 나의 모습 설계하기
마무리	종결단계	10	소중하고 특별한 우리!	• 집단활동을 통해 변화 성장한 자기 모습을 알아본다. • 서로의 성장과 행복을 기원하며 감사와 애정을 표시한다.	• 자기표출 내외통제성에 대한 사후검사 실시 • 집단활동을 통해 변화 성장한 모습 찾아보기 • 집단원에게 사랑의 말 전하기 • 프로그램 종결에 대한 소감 나누기

참고문헌

권경인(2015). 집단발달 및 이론별 촉진요인으로 구분한 집단상담 활동. 경기: 교육과학사.

김계현(1998). 카운슬링의 실제. 서울: 학지사.

김계현(2000a). 상담심리학. 서울: 학지사.

김계현(2000b). 학교상담의 생활지도. 서울: 학지사.

김명권, 김창대, 방기연, 이동훈, 이영순, 전종국, 천성문(2015). 집단상담의 이론과 실제. 서울: 학지사.

김유숙(2002). 가족치료이론과 실제. 서울: 학지사.

김정일(2017). 아동청소년을 위한 집단상담 프로그램 실제. 경기: 양서원.

김충기(1985). 현대사회의 생활지도 교육. 서울: 학문사.

김현주(2002). 상담 및 생활지도. 서울: 상조사.

오만록(2001). 학교교육의 이론과 실제. 서울: 형설.

유연화, 서정연(2017). 부모상담의 실제. 경기: 공동체.

이경화, 고진영, 최병연, 정미경, 박숙희(2011). 효과적인 교수-학습을 위한 교육심리학. 경기: 교육과학사.

이장호, 김정희(1997). 집단상담의 이론과 실제. 서울: 법문사.

이현림(2009). 상담이론과 실제. 경기: 양서원.

이현림, 김순미, 천미숙(2015). 집단상담 이론과 실제. 경기: 양서원.

이형득(1979). 집단상담의 실제. 서울: 중앙적성출판사.

천성문, 박명숙, 박순득, 박원모, 이영순, 전은주, 정봉희(2011). 상담심리학의 이론과 실제. 서울: 학지사.

천성문, 함경애, 박명숙, 김미옥(2017). 집단상담의 이론과 실제. 서울: 학지사.

천성문, 함경애, 차명정, 송부옥, 이형미, 노진숙, 김세일, 이봉은(2011). 행복한 학교를 위한 학교집단상담의 실제. 서울: 학지사.

황선희(2015). 생활지도 및 상담. 경기: 양서원.

황응연, 윤희준(1983). 현대생활 지도론. 서울: 교육출판사.

Amundson, N. E., Harrs-Bowlsbey, J., & Niles, S. G. (2013). 진로상담과정과 기법. (이동혁, 황매향, 임은미 공역). 서울: 학지사

Corey, G., Corey, M. S., & Corey, S. (2013). 집단상담과정과 실제. (김진숙, 김창대, 박애선, 유동수, 전종국, 편성문 공역). 서울: 센게이지러닝.

George, R. L., & Cristiani, T. S. (1981). *Theory, methods, and process of counseling and psychotherapy,* Englewood Cliffs, N.J. : Prentice-Hall.

Hansen, J. C., Stevic, R. R., & Warner, R. W. (1977). *Counseling: Theory and process* (2nd ed.). Boston: Allyn & Bacon

Jacobs, Ed. E., Masson, R. L., Havill, R. L., & Schimmel, C. J. (2016). 집단상담 전략과 기술. (김춘경 역). 서울: 센게이지러닝.

Yalom, I. D. (1985). *The theory and practice of group psychology*(3rd ed.). New York:

Basic Books.

Yalom, I. D., & Leszcz, M. (2008). 집단정신치료의 이론과 실제. (최해림, 장성숙 공역). 서울: 하나의학사.

제2부 집단상담의 이론

제**5**장

정신분석적 집단상담, 인간중심적 집단상담

    정신분석은 1930~1950년대에 가장 영향력 있는 이론이었기 때문에 사실상 모든 주요 이론가는 프로이트(Freud)가 고안한 방식의 정신분석 훈련을 받았다. 새로운 이론이 만들어지면, 그 이론이 비교되는 대상은 프로이트의 정신분석이론이다. 정신분석상담은 내담자의 호소 문제 자체에 초점을 맞추기보다는 그런 문제가 발생하게 된 원인을 밝혀내어 제거하는 데 중점을 두는데, 특히 초기 아동기의 경험을 재구성하는 과정이 필수적이다. 이를 통해 개인의 성격구조를 수정해 나아갈 수 있다. 인간중심상담은 인본주의 심리학에 그 뿌리를 두고 있다. 인본주의 심리학은 인간을 본질적으로 신뢰할 수 있고, 스스로 자신의 문제를 해결할 수 있는 충분한 능력을 가진 존재로 인식하는 긍정적인 인간관을 제시하면서 기존의 상담이론과는 다른 견해를 제시했다. 로저스(Rogers)는 인간을 긍정적인 변화를 위한 내적 동기와 잠재력을 지닌 존재로 보며, 상담자의 역할은 내담자가 가진 자기실현 경향성을 탐색하고 개발할 수 있도록 최적의 분위기나 환경을 제공하는 데 있다. 따라서 인간중심상담은 상담자의 태도와 인간적 특성, 내담자와 상담자의 관계의 질이 치료결과의 주요 결정 요인이 된다.

　이 장에서는 다양한 집단상담 이론 가운데 정신분석적 집단상담과 인간중심적 집단상담 이론을 소개하고자 한다. 이를 위해 각 이론의 주요 개념과 기본 기법, 그리고 상담과정과 운영 등을 살펴보고자 한다.

1. 정신분석적 집단상담

　프로이트(Freud, 1856~1939)는 오스트리아의 생리학자, 정신병리학자로 정신분석의 창시자이다. 체코의 유태계 가정에서 출생하여 유년 시절 빈으로 이주하고 그곳 대학에서 의학수업을 받았으며, 1938년 나치의 박해를 피해 런던으로 망명하였다. 그는 심적 과정의 병리학적 연구에서 심적 작용의 변화를 생리학적 원인에 귀착시켜 설명하는 유물론적인 방법이나 심적 작용의 연구에 객관적인 방법을 사용하는 것도 거부하고 주관적 이론을 세우게 되었다. 심적 과정은 물질적 과정과 병행하여 존재하는 독립적인 것이라 생각하여 의식의 심층에 있는 특수하고 영구적인 힘이 심적 과정을 지배한다고 보았고, 이로부터 정신분석이라는 이론을 만들어 냈다.

　이 절에서는 정신분석적 집단상담 이론의 주요 개념과 기본 기법, 그리고 상담과정과 운영 등을 살펴보고자 한다.

1) 주요 개념

(1) 정신결정론

　인간 본성에 관한 프로이트의 관점은 기본적으로 결정론이다. 즉, 인간의 행동은 무의식적으로 억압된 갈등과 생애 초기 성격발달에 따른 본능적 충동, 그리고 비합리적인 힘 등의 정신구조(psyche)에 의해 결정된다고 보는 것이 정신결정론이다. 정신역동적 특성은 인간 내부에 내재하는 것이고, 개인의 행동은 인간 내부에 존재하는 정신역동과 특성의 표현에 불과한 신호(sign)로 간주한다(Michel, 1968). 따라서 개인의 부적응 행동은 그 자체로서 중요한 것이 아니라 내재적 성격 구조를 알려 준다는 점에서 중요하기 때문에, 상담자는 부적응 행동 자체보다는 내재된 성격 구조에 집중하게 된다.

(2) 성격의 구조론

프로이트는 성격 구조를 구성하고 있는 세 가지 시스템에 대한 가설을 제시했다. 그 세 가지 시스템은 원초아(id), 자아(ego), 초자아(superego)이다. 원초아는 검열되지 않은 생물학적 힘을 의미하며, 초자아는 사회적 양심의 목소리이고, 자아는 원초아와 초자아 사이에서 이 두 가지를 중재하며 현실을 다루는 합리적인 사고이다. 이것들은 서로 별개의 시스템으로 존재하지 않고 하나의 전체로 함께 기능한다(Sharf, 2013). 성격발달의 과정을 통해 원초아, 자아, 초자아의 순으로 발달하고, 그 발달의 결과가 이후 삶에서의 행동을 결정하는 것이다.

① 원초아

유아가 출생할 때, 유아는 모두 원초아의 덩어리이다. 배고픔, 목마름, 배설과 같은 유전적이고 생리학적인 힘은 유아를 움직인다. 태어날 때는 원초아만을 가지고 있는데, 본능적 욕구를 만족시키기 위해 긴장과 고통을 피하고 쾌락을 추구하는 쾌락의 원리에 따라 움직이는 정신적 에너지의 저장소로 거의 대부분 무의식에 존재한다.

② 자아

자아는 유아 주변의 세계와 유아 내부의 충동이나 욕구 사이에서 그 두 가지를 중재하여 조절해야 한다. 자아는 만족을 지연시키거나 쾌락 원리의 작동을 잠시 중지함으로써 현실 원리를 따른다. 예를 들면, 아동은 음식에 대한 자신의 욕구가 만족되지 않을 때 바로 울어 버리는 대신 음식을 달라고 요청하는 방법을 배운다. 이러한 현실적인 사고는 2차적 과정(secondary process)이라고 지칭하는데, 이것은 1차적 과정을 따라서 환상적 사고를 하는 것과 대비된다. 현실을 검증하고 계획하며 논리적으로 생각하고 욕구를 만족시키기 위해 계획을 세우는 것 등은 자아가 수행하는 기능이다(Sharf, 2013). 자아는 일반적으로 배변 훈련과 함께 형성된다고 하는데, 배변 훈련이 보여 주듯이 본능을 충족시키되 현실적으로 허용된 방법에 따른다. 현실적 사고과정을 통하여 통제하고 반응할 환경의 성질을 검토하고 선정하며, 욕구를 어떤 방법으로 만족시킬 수 있을 것인지를 결정한다. 그렇게 자아는 현실의 원리를 따른다.

③ 초자아

초자아는 부모의 가치 또는 좀 더 넓게는 사회의 기준을 반영한다. 아동이 부모의 가치를 받아들이면서 자아 이상이 형성된다. 어떤 행동이 현실적으로 가능하고 가능하지 않은가에 대한 반복된 경험은 인간이 형성해 온 도덕적 규범으로 종합되는데, 부모의 가치관과 전통적인 사회규범, 그리고 이상 등을 내면화한 형태가 바로 초자아이다. 초자아는 현실보다는 이상을, 쾌락보다는 완성을 추구하며, 선과 악이 주된 관심사이다. 따라서 원초아와 초자아는 서로 갈등하게 되는데, 자아는 현실을 무시하고 쾌락의 원리에 입각하여 작용하는 원초아와 이상지향적 작용을 하는 초자아를 통합하고 조정하는 중재자 역할을 한다.

(3) 대상관계이론

대상관계(object relations)는 아동이 어렸을 때의 주요 타자 또는 사랑의 대상, 특히 엄마와의 사이에서 발달하는 관계를 의미한다. 여기에서 주요 초점은 관계에 대한 외부의 관점이 아니라 그 관계를 아동이 이해하거나 의식적 또는 무의식적으로 내면화하는 방법에 있다. 특히 관심을 끄는 부분은 초기 내면화된 관계가 그들이 성인이 되었을 때에도 영향을 미치고 성격을 형성하는 과정이다. 대상관계이론가들은 사람이 그들의 엄마로부터 분리하여 독립적인 사람으로 성장하는 과정인 개별화(individuation)라고 불리는 과정에 관심을 둔다. 정신분석이론은 1970년대와 1980년대에 대상관계이론을 포함하여 더욱 범위가 확장되었다. 이 접근은 자기심리학과 대인관계적 정신분석을 포함한다(Clair, 2004).

(4) 불안

불안은 자신의 인격이나 사회에 어떤 위험한 반응을 가져올 수 있는 용납될 수 없는 내적 태도가 의식적으로나 행동으로 폭발하려고 할 때 느껴지는 위험성에 대한 경고로써 임박한 재난의 가능성을 알려 주는 긴장 상태이다(정원철, 2010).

프로이트(1926)는 불안을 현실적 불안, 신경증적 불안, 도덕적 불안으로 개념화했다. 현실적 불안은 낯선 사람이 따라올 때 느끼는 것으로 두려움의 근원은 외적인 세계이다. 반면, 신경증적인 불안과 도덕적 불안은 개인 내면세계에서 유래하는 위협을 의미하며 신경증적 불안은 어떤 사람이 자신의 감정이나 충동을 통제하지 못해 부모나 다른 권위적인 인물로부터 처벌받을 일을 할까 봐 염려할 때 발생하며, 도덕적 불안은 그들이 부모나 사회적 기준(초자아)을 위반할까 봐 염려할 때 경험하게 된다(Sharf, 2013). 불안은 정신분석이론에서 가장 중요하게 다루는 정서이다. 자아가 원초아의 본능과 초자아의 도덕적 이상을 적절히 중재하여 욕구를 충족하는 기능을 성공적으로 실현하지 못한 상태를 불안의 상태라고 본다.

(5) 방어기제

불안으로부터 자아를 보호하기 위해 무의식적으로 현실을 왜곡하거나 부정하게 되는데, 이를 방어기제라고 부른다. 방어기제를 적절히 이용하는 것은 현실세계에서 괴로운 문제를 해결하는 데 도움을 준다. 하지만 지나치게 사용된다면 현실을 회피하는 패턴을 형성하게 된다.

① 억압(repression)

불안의 근원이 되며 다른 방어기제의 기초가 되는 억압은 고통스러운 경험이나 수용할 수 없는 충동을 제거함으로써 고통스러운 생각이나 기억, 감정 등을 의식 차원에서 밀어낸다. 억압은 대부분 다른 자아 방어에서 기인한다. 억압은 본능적 충동이나 사회적 금기 행위가 노골적으로 표현되지 않도록 포기시킴으로써, 사회적 윤리적 관습을 유지시키고 개인으로 하여금 관습이나 사회제도에 적응하도록 도와준다.

(예: 지나친 수줍음이나 소심은 어린 시절의 공포나 미움, 분노가 의식화되려는 것에 대한 방어일 수 있다.)

② 부정

의식화된다면 도저히 감당하지 못할 어떤 생각, 욕구, 현실적 존재를 무의식적으로 부정(denial)하고 존재하는 위험이나 불쾌한 현실을 부정함으로써 그로 인한 불안을 회피해서 편안한 상태를 유지하려는 방어기제이다. 부정은 억압과 비슷하게 방어적인 역할을 하지만 일반적으로 전의식 수준 혹은 의식 수준에서 작용한다. 이러한 과정에서는 불쾌한 현실을 억누르려고 노력하며 불안을 유발하는 현실에 대하여 눈을 감아 버림으로써 불안에 대처한다. 부분적으로 억압과 유사한 특성을 가진 부정은 개인이 생각하거나 느끼는 것, 심지어 보는 것까지도 왜곡하거나 자각하지 않는 방법이다. 예를 들어, 자신이 사랑하는 사람이 자동차 사고로 사망했다는 이야기를 들었을 때, 그는 그 사건이 발생한 것 자체를 부정하거나 사랑하는 사람이 사망했다는 사실을 부정할 수 있다. 어떤 사람이 자신의 신체 이미지를 왜곡하는 것 역시 다른 형태의 부정이다. 거식증이나 저체중 때문에 고통을 받는 사람조차 자신이 뚱뚱하다고 생각할 수 있다.

(예: 교통사고로 다리가 절단되었음에도 불구하고 다리가 가렵다고 한다.)

③ 반동 형성

용납할 수 없는 감정인 충동 또는 상황과는 정반대로 행동하게 하는 방어기제이다. 수용할 수 없는 충동을 회피하는 방법 중 하나인 반동 형성(reaction formation)은 원래의 충동과는 극단적으로 반대되는 행동을 하는 것을 의미한다. 자신을 불편하게 만드는 욕구와 반대되는 행동을 함으로써 사람은 욕구 때문에 초래되는 불안을 직면하지 않아도 된다. 예를 들면, 자신의 남편을 미워하는 어떤 여인은 과도한 사랑이나 헌신적인 행동을 함으로써 남편에 대한 미움 때문에 초래될 결혼생활의 파경이라는 위협적인 상황을 피하려 할 수 있다. 또한 집에서나 집단에서 다른 사람이 거절하더라도 전혀 신경 쓰지 않는다고 하는 남성이 마음속으로는 다른 사람의 수용을 매우 원하는 것으로 나타날 수 있다.

(예: 겁이 많은 소년이 불량배와 같은 언행을 한다.)

④ 투사

용납할 수 없는 자기 자신 내부의 문제나 결점이 자기 외부에 있는 것으로 생각하는 방어기제이다. 자신이 수용할 수 없는 감정이나 생각의 기원을 타인에게로 돌리는 것이 투사(projection)의 바탕이 된다. 불행한 결혼생활을 하는 남자는 자신의 친구들이 모두 불행한 결혼생활을 하고 있어서 자신의 생활과 공통점이 많다고 생각할 수 있다. 이런 방식으로 그는 결혼생활에서 겪는 불편함을 정면으로 다루지 않을 수 있다. 투사와 관련하여 외부환경이란 객관적으로 존재한다기보다는 개인의 심리 체계의 투사물로 볼 수 있다. 집단상담 초기단계에서 집단원들은 자신의 죄책감을 불러일으킬 수 있는 특정 감정과 동기를 다른 집단원에게 돌릴 수 있다. 자신의 공격적이거나 성적인 감정을 받아들이기 어려운 집단원은 다른 집단원을 적대적이거나 유혹적으로 볼 수 있다.

(예: 늦잠 자고 일어나서 소리를 지르고 엄마가 안 깨워서 지각한다고 불평을 한다.)

⑤ 승화

승화(sublimation)란 용납되지 않는 충동을 억압으로 충분히 해결하지 못했을 때 사회적으로 용납되는 형태로 둔갑시켜 의식세계로 나아가게 하는 것으로 가장 건강한 방어기제이다. 예술은 성적 욕망의 승화이고, 종교는 막강한 아버지를 찾는다는 의존심의 승화이다. 승화는 각종 예술, 문화, 종교, 과학 및 직업을 통해 나타난다.

(예: 어릴 때 싸움을 일삼던 말썽꾸러기가 커서 훌륭한 권투선수가 되었다.)

⑥ 합리화

합리화(rationalization)란 우리가 의식하지 못하는 동기에서 나온 용납할 수 없는 충동이나 행동에 대해 그럴듯한 설명이나 이유를 대는 것으로 일종의 자기기만이다. 성과가 좋지 않거나 실패, 상실을 설명하기 위해 사람들은 핑계를 만들고, 그렇게 함으로써 자신의 불안을 줄이거나 실망감을 줄일 수 있다. 시험을 잘 보지 못한 사람은 자신이 똑똑하지 못하거나 공부할 시간이 부족했다거나 또는 시험이 불공평했다는 식으로 말할 수 있다. 사실 어떤 때에는 무엇이 현실적이며 논리적인 이유이고, 무엇이 합리화인지 구별하기 어려운 경우도 있다.

(예: 지각한 이유를 묻자 "차가 막혀서"라고 대답한다.)

⑦ 퇴행

퇴행(regression)은 이전의 발달단계로 돌아가는 것을 의미한다. 스트레스가 있을 때 사람은 이전에는 적절했을지 몰라도 현 발달단계에서는 미성숙한 행동을 할 수 있다. 인생이 성숙하고 발전해 가는 과정에서 좌절을 심하게 당했을 경우 그동안 이루었던 발달의 일부를 포기하고 그 마음의 됨됨이가 현재보다 유치했던 과거 수준으로 후퇴하는 것을 말한다. 학교에 첫 등교하는 날 아동이 부모에게 매달리거나 손가락을 빨거나 울거나 좀 더 안전했던 시기로 돌아가려고 하는 것은 흔히 볼 수 있는 일이다.

(예: 동생이 태어나자 잘 적응하던 아동이 오줌을 싸기도 한다.)

2) 기본 기법

정신분석상담의 대표적인 기법으로 자유연상, 꿈의 분석, 저항 다루기, 전이, 역전이, 해석이 있다(김종운, 2013).

(1) 자유연상

자유연상(free association)은 마음속에 떠오르는 것을 그대로 이야기하는 것으로 무의식을 탐색하는 대표적 방법이다. '이런 생각을 해도 되나?' '이런 이야기를 해도 되나?'와 같은 여과 과정 없이 무엇이든 떠오르는 것을 이야기하게 하는 것이 중요하고, 이를 위해 편안한 소파에 누워서 눈을 감고 떠오르는 생각에 자신을 맡기게 하기도 한다. 자유연상 동안 상담자가 해야 할 일은 무의식에 갇혀 있는 억압된 자료를 규명하는 것으로 내담자가 만들어 내는 한계를 이해하고, 불안을 야기하는 자료의 단서를 발견하게 된다(Corey, 2003). 자유연상은 정신분석적 상담의 핵심적인 기법으로 내담자에게 아무리 사소하고 비논리적이고 부적절한 것이라도 판단하거나 통제하지 말고 무엇이든지 가능한 한 많이 말하라고 독려하는 것이다. 상담자는 이를 통해 내담자의 마음속에 억압된 자료를 수집하게 되고, 이를 해석함으로써 내담자의 통찰을 도울 수 있다. 자유연상과정에서 막힘이 일어났다면 그것 또한 내담자의 또 다른 억압을 나타내고 있는 것을 의미한다.

(2) 꿈의 분석

꿈의 분석은 꿈의 내용이 가지는 상징을 참고하여 숨겨져 있는 의미를 파악하는 작업으로 잠을 자는 동안에는 무의식에 대한 자아의 방어가 약해지므로 억압된 욕구와 본능적 충동이 의식의 표면으로 쉽게 떠오르게 된다. 프로이트가 '꿈은 무의식에 이르는 왕도이다.'라고 설명한 것도 이러한 이유 때문이다. 꿈의 분석을 통해 상담자는 내담자의 무의식 속에 억압된 욕구와 본능적 충동을 찾아내고 내담자로 하여금 자신의 호소 문제에 대한 통찰력을 획득하도록 도와준다. 꿈의 분석은 무의식적 자료를 드러내어 내담자의 문제를 통찰하도록 하는 중요한 수단으로 이를 통해 억압되었던 무의식적 욕구들을 자각하게 되고, 이를 치료과정에서 풀어냄으로써 현재 겪고 있는 문제에 대한 새로운 통찰을 얻게 된다. 지지적인 집단에서 꿈에 대한 다양한 측면과 가능한 의미를 찾아본 후, 집단원들은 자신을 더 수용하고 죄책감과 수치심 같은 감정을 일으키는 다른 미해결 과제들을 탐색할 수 있다.

(3) 저항 다루기

정신분석 초기에 내담자는 억압된 감정이나 생각을 회상할 수 없거나 표현을 망설이는 경향을 보인다. 이를 저항(resistance)이라고 한다. 저항은 상담약속을 어긴다거나, 특정한 감정이나 생각을 드러내지 않거나, 중요한 내용을 빠뜨리고 사소한 이야기만 하는 형태로 드러난다. 내담자가 자신의 억압된 욕구나 본능적 충동을 자각하게 되면 불안을 느끼게 되는데, 이러한 불안으로부터 자아를 방어하려는 무의식적인 역동성이 저항으로 나타나게 된다. 따라서 상담자는 저항 행동을 해석하여 내담자로 하여금 통찰하도록 도움으로써 저항을 잘 처리할 수 있도록 돕는 것이 중요한 과업이라고 할 수 있다.

(4) 전이

전이(transference)는 내담자가 과거 부모나 양육자 등 의미 있는 타인들에게 느꼈던 감정을 현재의 상담자에게 동일하게 느끼는 것을 말한다. 전이는 내담자가 상담자에게 투사하는 것으로 상담자에 의한 전이의 분석은 내담자가 이전의 의미 있는 타인으로부터 상담자에게 전이되는 감정의 실제와 환상 사이를 구별하도록 돕는다. 뿐만 아니라 내담자로 하여금 자신이 얼마나 잘못 해석하고 있는지를 이해하도록 한다. 상담자를 통해 내담자는 그동안 자신의 무의식 속에 잠재되어 있던 욕망과 감정, 느낌을 표현하는 기회를 가지게 되고, 상담자는 이를 적절히 해석함으로써 내담자로 하여금 자신에 대한 이해를 돕고 통찰을 불러일으켜 보다 긍정적인 방향의 성격 변화를 도모하게 된다. 정신분석상담에서는 바로 이러한 전이 감정을 탐색하고 해석하는 과정을 치료과정의 핵심으로 본다.

(5) 역전이

역전이를 이해하는 것은 집단상담자의 개인적 발달과 전문적 발달에서 중요한 자기치료 유형 중 하나이다. 역전이는 상담자가 일반적으로 경험하는 현상으로 집단원 수에 따라 상담자가 역전이를 경험할 기회와 가능성이 증가한다. 집단상담자가 개인적 미해결 과제와 정서적 반응을 인식하지 못하면 효과적으로 집단을 운영하는 데 어려움을 겪을 수 있다.

- 자신의 역전이를 이해하는 것은 집단을 효과적으로 운영하도록 하고, 풍부한 집단경험을 하도록 한다.
- 역전이는 분노, 사랑, 미움, 짜증, 무기력, 회피, 공모, 과잉 동일시, 통제와 같은 정서적으로 강렬한 반응과 관련이 있다.
- 수련생이 자신의 역전이를 비판적인 시각으로 자기분석할 수 있도록 촉진하는 것은 중요한 과제이다.

(6) 해석

해석(interpretation)은 내담자가 자유연상에서 나타난 꿈, 실언, 실수, 증상, 전이, 저항 등의 의미를 통찰하도록 하는 상담자의 설명이다. 해석의 목적은 내담자 자신의 행동에 대한 통찰을 돕는 데 있다. 그러나 해석은 내담자에게 자칫 위협적인 상담기법이 될 수 있기 때문에 반드시 내담자가 받아들일 준비가 되어 있는가의 여부를 확인해서 적절한 시기에 이루어져야 한다. 보통 해석은 라포 형성이 이루어진 상담의 중기나 종결단계에서 주로 사용되는 기법으로, 시의적절하고 정확하게 해석이 이루어지면 새로운 통찰을 얻는 데 도움이 된다. 그러므로 집단상담에서 해석이 적절한 시기에 이루어지는 것은 굉장히 중요하다.

3) 상담과정과 운영

(1) 상담자와 내담자와의 관계

정신분석상담에서는 내담자의 건강한 성격과 손을 잡고 협력하여 상담을 이끌어 나가는 것을 치료동맹이라고 한다. 이 과정에서 내담자가 과거의 중요한 인물에게서 느꼈던 감정을 상담자에게 투사하는 전이(transference) 감정도 해결해 나가게 되고, 반대로 상담자가 내담자와의 관계 속에서 갈등을 느껴 내담자를 좋아하거나 싫어하게 되는 상담자의 역전이(counter-transference) 또한 내담자 및 상담자의 자기이해를 위한 기회로 삼아야 한다. 상담자가 내담자의 전이 감정을 어떻게 불러일으키고 어떻게 다루는지가 상담의 핵심적인 과정이므로 그 어떤 상담 접근보다 상담자와 내담자의 관계가 치료효과에 큰 영향을 미치게 된다.

(2) 상담의 과정

정신분석상담의 과정은 크게 4단계로 나뉜다. 상담자와 내담자가 상담관계를 형성하는 시작단계, 내담자가 상담자에게 전이감정을 느끼고 표현하는 전이단계, 전이에 대한 분석을 통해 내담자의 자기이해 수준을 높이는 통찰단계, 끝으로 통찰하는 것을 일상생활에서 계속 유지하기 위해 노력하는 훈습단계로 나눌 수 있다.

① 시작단계

내담자와 상담자 간의 라포가 형성되고, 이를 바탕으로 자유연상과 꿈의 분석을 통해 내담자의 심리적 문제에 접근하게 된다. 이를 통해 내담자의 심리적 문제의 윤곽이 드러나면 상담자는 내담자와 치료동맹을 맺게 된다. 치료동맹을 통해서 내담자는 상담자에게 한 인간으로서 수용과 존중을 받는 경험을 통해 상담자에 대한 의존 욕구가 증가하게 된다. 이 과정은 내담자의 전이 감정을 불러일으키는 중요한 역할을 한다. 또한 내담자가 정신분석에 적절한 사람인지와 그가 제시한 문제가 정신분석에 적합한지를 평가하여 상담 계약을 맺고 상담관계를 발전시키며, 내담자 문제에 대한 기본적인 역동을 탐색하는 단계이다. 니콜라이(Nicholi, 1988)는 정신분석에 적합한 내담자의 다섯 가지 능력을 제시하였는데, 치료 관계를 맺을 수 있는 능력, 치료 작업을 위한 충분한 시간과 경제 능력, 치료적인 퇴행과 퇴행으로 인한 불안을 극복할 수 있는 능력, 전이를 할 수 있는 능력, 환상과 현실을 구별하는 능력이다.

② 전이단계

전이는 내담자가 과거에 부모나 양육자 등 의미 있는 타인(significant others)에게 느꼈던 감정을 현재의 상담자에게 동일하게 느끼는 것을 말한다. 정신분석은 내담자의 전이를 분석하는 작업이라고 할 만큼 전이는 치료를 위해 중요하게 다루어진다. 상담자는 전이를 분석하는 동안 중립적인 태도를 유지하여 상담자에 대한 내담자의 전이를 유발하고 현재의 호소 문제와 관련하여 해석해 준다. 이를 통해 내담자는 과거의 무의식적인 갈등, 억압, 충동이 현재의 호소 문제에 어떻게 영향을 미치고 있는지를 통찰하게 된다. 전이단계에서 내담자는 어릴 때 자신에게 중요했던 사람에게 느꼈던 감정을 상담자에게 투사하면서 억압되었던 유아기적 욕구를 상담자에게 충족하려 한다. 이때 상담자는 중립적인 태도를 취하면서 해석 및 참여적 관찰자(participant observer) 역할을 통해 내담자의 전이 욕구를 좌절시킨다.

③ 통찰단계

전이 욕구가 좌절된 내담자는 상담자에게 욕구 좌절로 인한 분노, 적개심 등의 감정을 표현하게 된다. 이러한 감정 표현을 통해 내담자는 카타르시스를 경험하기도 하고, 의존 욕구나 사랑 욕구와 같이 무의식 속에 억압되었던 자신의 감정과 만나기도 한다. 더불어 그동안 자신이 경험했던 부정적 감정들이 의존 욕구나 사랑 욕구 등의 좌절로 인해 발생된 것임을 통찰하게 된다.

④ 훈습단계

훈습은 반복해서 해석하고 저항을 극복하여 내담자가 아동기 때부터 가지고 있는 역기능적인 패턴을 변화시키고, 새로운 통찰을 기반으로 하여 선택하도록 하는 것을 말한다. 내담자가 심리적 문제의 원인을 통찰하였다고 해서 바로 문제가 해결되는 것은 아니다. 내담자가 통찰한 것을 일상생활에 적용하여 실질적으로 내담자의 변화를 도모하는 단계가 훈습단계인데, 상담자는 내담자가 상담을 통해 통찰한 것을 현실에 적용할 수 있도록 적절한 강화 및 지지를 해 주어야 한다. 상담자는 훈습단계를 거친 내담자의 행동 변화가 어느 정도 안정적으로 일어날 때 종결을 준비해야 한다. 훈습은 정신분석에서 가장 복잡한 측면 중에 하나이며 치열한 노력이 필요하다.

4) 평가

정신분석적 집단상담에는 다음과 같은 강점과 한계점이 나타난다.

(1) 강점

첫째, 정신분석상담의 가장 큰 공헌은 무의식 영역을 다루었다는 점과 아동기 경험의 부모와의 관계 경험이 중요하다는 것을 강조하였다는 것이다. 이로 인하여 대부분의 사람은 무의식이 우리의 행동에 큰 영향을 미치며, 성격발달에서 유아기 부모와의 양육태도의 중요성을 인지하게 되었다.

둘째, 정신분석상담은 다양한 성격이론을 개발하는 데 기초를 제공하였다. 내담자가 자신의 이해 및 통찰을 통해 갈등을 해결할 수 있는 효과적인 상담기술을 개발하여 현대 상담 및 심리치료 이론의 모태가 되는 이론으로 인간 이해를 위한 많은 개념을 정립하였다.

셋째, 정신분석상담은 인간의 심리진단을 위한 심리검사 도구 개발에 이론적 기초를 제공하였다. 투사검사인 주제통각검사(Thematic Apperception Test: TAT)와 로르샤흐 잉크반점검사(Rorschach Ink Blot Test)가 대표적이다.

넷째, 정신분석상담은 다양한 정신장애의 원인을 어린 시절의 경험에서 찾음으로써 히스테리 자기애, 강박 사고, 강박 행동, 성격장애, 불안, 공포, 성장애와 같은 신경증 및 정신증 예방과 치료에 기여하였다(Arlow, 1997).

(2) 한계점

첫째, 정신분석상담의 가장 큰 한계점은 장기간의 치료로 인해 시간과 비용이 많이 든다는 것이다. 나이(Nye, 2000)에 의하면, 정신분석은 내담자를 대상으로 보통 일주일에 3~5회기씩 여러 해에 걸쳐 실시되기 때문에 이를 감당할 수 있는 사람은 그리 많지 않다는 것이다.

둘째, 여성주의 입장에서 정신분석상담이 남성 우월의식을 바탕으로 한 남성중심 이론이라는 비판을 받고 있다. 아동 발달장애의 발생원인의 대부분이 어머니에게 있다고 보았고, 아동의 양육과 관련해서 아버지의 역할 및 책임에 대해서는 다루지 않은 채 어머니의 잘못된 양육태도만을 비판하였다.

셋째, 정신분석상담은 장기간이 소요되는 신경증 및 정신증 치료에 초점을 두고 있기 때문에 일상생활에서 빈번히 경험할 수 있는 문제의 해결을 원하는 내담자들에게 적용하기에 한계가 나타난다.

넷째, 정신분석의 효과에 관한 연구는 관찰과 사례 연구를 통한 주관적 자료가 대부분이다. 정신분석이론에 대한 과학적이고 체계적인 연구 자료가 부족하고 모든 문화권에서 동일하게 적용할 수 있는 과학적인 증거가 부족하다(Gladding, 2005).

2. 인간중심적 집단상담

로저스(Rogers, 1902~1987)는 미국의 심리학자이자 내담자 중심의 상담요법과 비지시적 카운슬링의 창시자로 상담자 자신의 자기일치와 내담자에 대한 무조건적인 긍정적 관심, 일치된 공감적 이해를 중시했다. 그는 내담자 자신이 성장욕구와 자기실현의 욕구를 가지고 있어서, 적절한 치료적 상황이 주어진다면 스스로 부적응에서 해방되어 '충분히 기능을 발휘할 수 있는 인간'에 가까워진다고 보았다. 비지시적 상담에서는 상담자의 진실함과 공감을 강조하며, 상담자의 기법보다는 치료적 관계가 변화를 촉진하는 주된 요인이 된다. 이러한 로저스의 접근은 인간이 전체성과 자기실현(self-actualization)을 향해 나아가려는 경향이 있다는 가정에 근거하고 있다.

이 절에서는 인간중심적 집단상담 이론의 주요 개념과 기본 기법, 그리고 상담과정과 운영으로 구분하여 살펴보고자 한다.

1) 주요 개념

(1) 가치의 조건

가치조건(conditions of worth)은 중요한 타인이 부여한 가치에 의해 그 경험을 긍정적 또는 부정적으로 평가하는 것을 말한다. 현재의 자기 모습이나 자기가 원하는 미래를 위해 노력하면서 자신에게 의미 있는 가치를 추구하기보다 타인의 기대에 따라 행동함으로써 칭찬과 인정을 받는 것을 가치로 받아들이게 되는 상황을 말한다.

- 의사가 되기를 희망하는 부모를 둔 아동은 부지불식간에 "나는 의사가 되어 부모를 기쁘게 해야 해."라는 자기개념을 가질 가능성이 높다. 만일 이 아동이 부모가 원하는 대로 하지 않을 경우 부모로부터 긍정적인 관심을 받지 못할 것이다.

(2) 자기실현 경향성

로저스는 모든 인간이 본능적으로 자기를 보전하고 유지하여 자기를 실현하는 경향성을 가진다고 보았다(양명숙 외, 2013). 즉, 인간은 정신분석에서 말하는 무의식적 동기나 행동주의에서 말하는 환경적 요인 등 통제할 수 없는 어떤 힘에 의해 조종당하는 존재가 아니라 스스로 성장하는 방향으로 나아가려는 경향성을 타고났다는 것이다(김창대, 2011). 로저스는 자기실현 경향성이 모든 살아있는 것이 가지고 있는 원동력이라고 믿었다. 식물이 건강하게 자라기 위해서는 비옥한 토지, 적당한 물, 햇빛이 필요한 것처럼, 사람들도 그들을 전인적이고 통합된 방향으로 발전할 수 있는 알맞은 상태가 필요하며, 이러한 필요조건을 제공하는 것은 상담자의 역할이라고 보았다(Seligman, 2014).

(3) 충분히 기능하는 사람

로저스가 생각하는 건강한 인간은 자기를 실현하는 사람이다. 여기서 자아실현이라는 것은 하나의 상태가 아닌 과정이며, 이 과정은 어렵고 때로는 도전을 요구하기도 한다. 충분히 기능하는 사람은 자신의 유기체적 경험을 자기개념과 일치하는 것으로 받아들여 통합함으로써 건강한 심리적 적응을 가능하게 하는 인간상이다. 인간중심치료의 궁극적인 목표는 내담자가 완전히 기능하도록 돕는 것으로, 완전히 기능하는 사람의 특징은 경험에 대한 개방성이다. 이는 자기를 신뢰하고 외부의 가치나 권위적 타인의 영향을 덜 받으며, 자신의 경험을 두려움이나 방어적 태도 없이 있는 그대로 받아들이는 것을 의미한다. 또한 자신의 행동과 결과에 대해 책임을 지면서 자유롭게 자신의 삶을 생산적인 방향으로 주도해 가는 특징이 있다.

충분히 기능하는 사람은 자신의 결정과 행동에 융통성이 있기 때문에 자신의 존재하는 모든 영역에서 창의적으로 스스로를 표현한다. 뿐만 아니라 그는 행동에 자발적이며 주변의 자극에 적극 대응한다.

- 경험에 대한 개방성
- 의미와 목적을 가진 삶
- 자신에 대한 신뢰감과 일치성
- 무조건적이고 긍정적인 자기존중과 타인존중

- 평가의 내적 통제
- 그 순간에 온전하게 인식하는 것
- 창조적으로 사는 것

2) 기본 기법

(1) 공감

공감(empathy)이라는 용어를 처음 심리학에서 사용한 학자는 립스(Lipps, 1903)이며 예술작품에서의 미학적인 만족이 감상자의 내면의 느낌인 정서의 동일시를 경험하는 것에서 오는 것이라 설명한다. 이를 인간관계에 확장시켜 상대의 표정이나 자세를 모방하여 같은 정서 상태에 유지하면서 상대를 더 잘 이해하게 되는 것이 바로 공감이라고 한다(조용주, 2010). 로저스(Rogers)는 인간관계의 핵심 조건으로 진실성, 무조건적인 수용 그리고 공감을 주장하였고, 인간관계를 형성하는 데 있어 가장 결정적인 조건으로 공감 능력이 필요하다고 보았다. 상대방의 감정이나 심리 상태, 그리고 내적 경험을 마치 자신의 것처럼 이해하고 매 순간 함께 경험하고 느끼며 상호 간에 의사소통을 하는 복합적인 행동이라고 정의한다(조용주, 2010).

공감을 정의하는 데 있어 또 하나 주의할 점은 공감과 유사개념을 구별하는 것으로 동정, 투사, 동일시, 감정이입과 구별되어야 한다. 공감은 동정처럼 남의 어려운 처지를 자기 일처럼 딱하고 가엾게 여기거나 타인을 위하여 무엇인가 도우려는 것과는 다르며, 타인의 느낌을 있는 그대로 느끼고 이해하려는 데 목적이 있다. 따라서 동정은 공감에 바탕을 둘 수도, 그렇지 않을 수도 있다(박성희, 1996).

공감적 이해는 상대방이 주관적으로 경험하는 사적 세계를 정확하고 민감하게 이해하는 것을 말한다. 공감적 이해의 동의어는 공감 혹은 역지사지의 태도이다. 공감적 이해는 상담자가 내담자가 될 수는 없지만, 마치 내담자인 것처럼 내담자의 내적 참조틀(internal frame of reference)에 근거해서 그가 경험하는 감정을 파악하고 이해하는 것이다. 상담자가 내담자에 대해 공감적으로 이해한 내용은 결국 어떤 방식으로든 내담자에게 전달되어야 한다. 전달된 공감이 내담자에게 올바로 지각될 때 비로소 공감적 이해의 과정이 완성되었다고 말할 수 있다. 상담에서 공감적 이해의 표현이 그토록 중시되는 것은 바로 이 때문이다.

공감의 이야기

공감적이라 불리는 방식에는 여러 가지 측면이 있다. 공감적으로 함께하는 방식은 다른 사람의 개인적인 지각 세계로 들어가 그 안에서 충분히 편안해지는 것을 의미한다. 그것은 상대방 안에서 일어나고 있으며 변화하고 있는 느낌으로 매 순간 민감하고 또한 상대방이 경험하고 있는 두려움이나 격한 분노, 연약함, 혼란 혹은 다른 무엇이든 간에 그것에 민감하다는 뜻이다. 그것은 잠정적으로 상대방의 세계 안에서 살아 보고 판단하지 않은 채 그가 어렴풋이 자각하고 있는 의미를 감지하면서도 본인이 전혀 알지 못하는 감정을 캐내려고 애쓰지 않는 것을 뜻한다. 왜냐하면 그렇게 하려고 애쓰면 너무 위협적일 수 있기 때문이다. 그것은 당사자가 두려워하는 어떤 요소를 당신이 두려워하지 않는 눈으로 보면서 그의 세계에 대해 당신이 감지한 바를 전달하는 것을 포함한다. 그것은 당신이 감지한 것이 정확한지를 상대방에게 자주 확인해 보고, 확인 작업을 통해 얻게 되는 반응에 의해 길 안내를 받는 것을 의미한다. 당신은 상대방의 내적 세계에서 그 사람에게 믿을 만한 동행자이다. 당신은 그의 경험의 흐름에서 가능한 의미를 지목해 줌으로써 그가 이런 유용한 부분에 초점을 맞추고 그 의미를 좀 더 충분히 경험해 보며, 그 경험 속으로 좀 더 들어가 보도록 도와준다(Rogers, 1993, p. 4).

---

(2) 무조건적이고 긍정적인 존중

무조건적이고 긍정적인 존중은 내담자의 행동 자체가 비록 못마땅하고 인정할 수 없다 하더라도 인간 그 자체를 존중하고 신뢰한다는 의미를 내포한다. '죄는 미워해도 인간은 미워하지 말라'는 속담에 담긴 뜻과 서로 통한다.

상담자는 내담자를 수용하는 데 어떤 조건을 달아서는 안 되며, 내담자를 있는 그대로 받아들이고 내담자의 진가를 인정해야 한다(Rogers, 1942). 좋은 감정뿐만 아니라 상처받고 고통스러우며, 기괴하고 특이한 감정도 상담자가 수용해야 할 부분이라는 것이다. 심지어 내담자가 거짓말을 하더라도 상담자가 그것을 수용하면, 결국 내담자는 자신의 거짓말을 직면하고 상담자에게 그것을 인정하게 될 것이다(신효정 외, 2016). 수용은 내담자에게 동의하는 것이 아니라 분리된 개체로 내담자를 배려한다는 뜻이다. 내담자를 수용하지만 동의하지는 않음으로써 상담자는 조종당하지 않을 수 있다. 분명히 상담자가 내담자에 대해 항상 무조건적인 긍정적 존중을 느낄 수는 없지만, 상담자가 달성하려고 애써야 할 목표라는 것은 분명하다.

무조건적이고 긍정적인 존중의 이야기

불쌍한 사람이라는 뜻을 가진 『레 미제라블(Les Misérables)』에서 장 발장은 밀리에르 신부가 제공한 따뜻한 음식과 깨끗한 잠자리에 만족하지 않고, 순간적인 충동으로 사제관의 은접시를 훔쳐 달아나다 헌병에게 잡혀서 밀리에르 신부 앞으로 온다. 그런데 밀리에르 신부는 자기가 준 선물이라 증언해 준다. 심지어 장 발장에게 은촛대까지 내주며 "정직하게 살아가라, 자네 영혼은 내가 사서 하느님께 바쳤다네."라고 말하는 밀리에르 신부의 태도야말로 무조건적이고 긍정적인 존중의 태도라 할 수 있다.

(3) 진실성

로저스가 분명하게 밝히고 있듯이, 진실성은 상담자가 자신의 모든 감정을 내담자에게 드러내라는 의미는 아니다. 이보다는 상담자가 자신의 감정에 접근하고 적절하다고 판단되는 경우, 심리치료 관계를 촉진하기 위해 그것을 활용하는 것을 의미한다. 진실성은 로저스의 인간중심상담에서 핵심적인 요소이며, 내담자와 상담과정 전반에 있어서도 중요한 의미를 가짐을 알 수 있다. 또한 진실성은 어떠한 고정된 상태가 아니라 상담자와 내담자 모두에게 있어서 끊임없이 추구해야 하는 과정이다.

인간중심적 상담에서는 비조작적이고 진실한 인간관계의 가치를 중시한다. 그렇기 때문에 상담자가 자신이 내담자에 대해 느낀 것과 다른 방향으로 행동을 하게 되면 치료에 방해가 된다고 보고 있다. 그러므로 상담자가 내담자를 싫어하거나 인정하지 않으면서도 수용하는 것처럼 가장하여 행동하는 것은 바람직하지 않다. 상담자도 인간인 이상 완전히 진실할 수는 없으며, 단지 상담자와 내담자 사이의 관계가 일치성에 근거하였을 때, 좋은 상담결과를 얻을 수 있다고 가정하는 것이다. 인간중심상담에서의 상담자의 역할은 내담자의 내적 세계 안으로 들어가서 내담자가 경험하는 것을 가능한 한 정확하게 지각하여 내담자의 진실된 자아의 역할을 하는 것으로 정리할 수 있다. 이는 분명 수동적이고 방임적인 태도와는 구별되는 것이다. 진실성은 상담자의 이러한 역할을 통해 내담자 자신의 진실성에 다가가도록 도와주는 역할을 하게 된다.

3) 상담과정과 운영

(1) 상담자와 내담자와의 관계

로저스(Rogers)는 치료적 성격 변화의 필요충분조건에 대한 가정을 관계의 질에 두면서 긍정적인 성격 변화는 이러한 관계 속에서만 가능하다고 하였다. 상담과정은 상담자가 제공하는 관계의 틀 안에서 내담자는 자신에게 성장하고 변화하는 능력이 있다는 사실을 발견하게 되는 것이다. 로저스의 관점에서 상담자와 내담자와의 관계는 평등하다는 특징이 있다. 인간중심상담은 상담자와 내담자가 인간성을 드러내고 함께하는 공동여행으로 특징지을 수 있다. 상담자와 내담자는 상담과정을 통해서 서로를 평등하고 서로가 성장하는 긴 여정을 공유하는 가운데 협력할 수 있는 존재로 여기게 된다. 친밀한 상담자와 내담자 관계는 두 사람 모두의 삶에 도움을 줄 수 있다(Rogers, 1993).

(2) 상담의 과정(김종운, 2013)

① 1단계

내담자가 도움을 받기 위해 상담실을 방문한다. 내담자가 자발적으로 온다는 것은 이미 문제해결의 예후가 좋다는 것을 나타내며, 내담자가 자신의 문제에 대한 책임이 있는 첫걸음을 시작한 것으로 간주될 수 있다. 이러한 내담자 자신의 자발적인 선택과 결정은 상담 및 심리치료에서 매우 중요하다. 그러나 내담자 자신의 결정에 의해시가 아니라 타인의 결정으로 상담실을 방문한 경우에는 내담자의 결정으로 변화시키는 것이 우선되어야 한다.

② 2단계

상담을 구조화하고 라포를 형성한다. 상담자와 내담자 간의 상담관계와 장면, 그리고 절차를 정하고 상담의 본질과 성격에 대하여 설명한다. 즉, 내담자에게 스스로 문제를 해결하도록 도와주는 과정일 뿐이고, 문제를 대신 해결해 주는 과정이 아니라는 것을 인식시킨다. 상담 시간을 계획하고 약속하는 것도 내담자의 책임이라는 것을 명백하게 깨닫게 해야 한다.

③ 3단계

상담자가 내담자의 정서 표현을 반영하고 명료화하여 내담자가 자신의 문제에 관한 감정을 자유롭게 표현되도록 지지해 준다. 내담자가 상담 시간에 적개심과 불안, 그리고 죄책감 등의 감정을 쏟아 놓는 것을 막지 말고, 그대로 수용함으로써 내담자로 하여금 상담 시간이야말로 자기의 시간이며 그것을 어떻게 활용하느냐에 따라 성과가 생긴다는 것을 깨닫게 된다.

④ 4단계

상담자는 내담자가 표출하는 부정적 감정을 수용하고 알아주며 정리해 준다. 상담자는 내담자가 표출하는 적개심과 증오, 그리고 질투 등의 부정적 감정을 단순히 지적으로 이해하는 것이 아니라 그 감정을 진정으로 받아들여서 내담자가 그것을 자신의 것으로 인정하고 보다 자유롭게 표출하도록 격려하여 준다.

⑤ 5단계

부정적인 감정을 완전히 표현할 수 있게 된 후에는 미약하고 잠정적이기는 하지만 성장과 발달에 도움이 되는 긍정적 감정이 나타난다. 이 단계에서 내담자는 성장의 디딤돌로서 긍정적 감정을 표출한다.

⑥ 6단계

상담자는 내담자의 부정적 감정을 수용함과 동시에 긍정적인 감정을 인정하고 수용한다. 내담자 쪽에서는 자기평가와 정서반응 간의 일치 및 조화를 탐색하고 정리한다. 긍정적 감정을 받아들인다는 것은 찬성을 한다는 뜻과는 다르다. 그저 고개만 끄덕여 찬성을 표시하면 되는 것이 아니라, 진실로 내담자의 마음과 감정을 이해하고 공감하여 받아들여야 한다.

⑦ 7단계

내담자는 부정적 감정과 긍정적 감정을 모두 경험하면서 자기이해와 자기수용, 그리고 자기통찰을 경험한다. 내담자는 문제 행동에 대한 대안적 선택과정을 탐색한다. 긍정적 감정과 부정적 감정 모두가 자신의 감정 세계의 부분이라는 것을 자각할 때, 비로소 진정한 자기이해의 토대가 마련되며 자기통찰이 일어난다. 결국 통찰이 토대가 되어 새로운 차원의 통합을 할 수 있다.

⑧ 8단계

통찰과 함께 여러 가지 의사 결정을 한다. 내담자는 긍정적 사고를 시작하고, 상담자는 내담자로 하여금 여러 가지 길을 보다 선명하게 내다보도록 도와주어야 한다.

⑨ 9단계

이 단계의 내담자는 긍정적 행동을 취하며, 생활 장면에 대해 더욱 정확하고 완전한 분별을 할 수 있다. 처음에는 부분적이나마 긍정적 행동을 하다가 시간이 흐름에 따라 보다 적극적인 행동을 한다. 처음에는 비사교적이고 폐쇄적이던 학생도 나중에는 친구를 사귀고 싶어 하고 친구들에게 접근할 수 있다.

⑩ 10단계

보다 깊은 통찰과 성장이 이루어지는 단계로, 긍정적인 행동을 취하면 점차로 통찰이 확대되어 성확한 자기이해를 할 수 있다.

⑪ 11단계

내담자는 보다 잘 통제된 긍정적 행동을 더 많이 하게 되어 내담자의 문제 증상이 감소되고 덜 불편해진다. 의사 결정을 하는 과정에서 두려움은 점점 줄어들며, 자기가 시작한 행동에 대해서는 자신을 가지고 상담자와 내담자 사이의 유대는 더욱 강화된다.

⑫ 12단계

내담자는 이제 도움을 받을 필요를 덜 느끼고 치료관계를 종결해야겠다는 생각을 하며, 지각된 자아와 이상적 자아 사이의 조화를 얻는다. 이 단계에서 상담의 종결이 다가온 것을 알리는 것으로 내담자는 보다 성숙하고 건강한 분위기에서 상담을 끝맺는다.

4) 평가

인간중심적 집단상담에는 다음과 같은 강점과 한계점이 나타난다.

(1) 강점

첫째, 인간중심상담의 가장 큰 공헌은 상담의 초점을 기법 중심에서 상담관계 중심으로 전환시켰다는 점이다. 이로 인하여 훈련된 전문가의 독점물이었던 상담을 모든 사람이 이해하고 활용할 수 있는 방향으로 발전시켰다.

둘째, 인간중심상담은 전문가를 훈련함에 있어 경청과 배려, 이해의 중요성을 강조하였다. 이러한 영향으로 경청, 반영, 공감, 관계 기술 등이 상담자를 양성하기 위한 프로그램에 포함되게 되었다.

셋째, 인간중심상담은 상담자에 따른 상담 스타일 개발 가능성을 열어 주었다. 인간중심상담은 구체적 기법에 초점을 두는 것이 아니라, 상담자의 태도를 중시한다는 점에서 상담자들이 자신의 상담 스타일을 개발해 나갈 수 있다는 강점이 있다.

넷째, 인간중심상담은 다양한 분야에 적용이 가능하다. 오늘날 인간중심상담의 방법은 기업, 병원, 정부기관, 환경 문제, 국제관계 개선 등 다양한 상담 장면에 폭넓게 적용되고 있다.

(2) 한계점

첫째, 인간중심상담은 객관적 정보 확보 및 활용이 미흡하다는 한계를 가진다. 심리검사나 진단을 통해 내담자가 자신의 문제점을 통찰하게 하는 한편, 필요한 경우 직면을 통해 내담자의 변화를 적극적으로 이끌어 내야 한다는 반론이 있다.

둘째, 인간중심상담은 지나치게 내담자 중심으로 진행된다는 점이다. 이러한 점은 상담관계에서 상담자 고유의 인간성과 독특성을 상실할 수도 있다. 내담자 중심의 수동적이고 비지시적 방식에 의해 상담자가 발휘할 수 있는 전문가로서의 치료적 영향력이 미치지 못할 수 있다는 지적이다.

셋째, 인간중심상담은 내담자와 상담자와의 인간적 관계에만 치중한 나머지 상담 기법의 사용을 소홀히 하였다는 점이다. 상담자의 반응을 공감과 경청에만 제한함으로써 상담 기법의 사용을 통한 내담자의 변화를 중요하게 다루지 않는다는 지적이다.

참고문헌

김계현, 김동일, 김봉환, 김창대, 김혜숙, 남상인, 천성문(2009). 학교상담과 생활지도. 서울: 학지사.

김종운(2013). 상담심리학의 이론과 실제. 서울: 동문사.

김창대(2011). 상담 및 심리교육 프로그램개발과 평가. 서울: 학지사.

박성희(1996). 공감의 구성요소와 친사회적 행동의 관계연구. 한국교육학회, 35(5), 143-
166.

신효정, 송미경, 오인수, 이은경, 이상민, 천성문(2016). 생활지도와 상담. 서울: 박영사.

양명숙, 김동일, 김명권, 김성회, 김춘경, 김형태, 문일경, 박경애, 박성희, 박재황, 박종수,
이영이, 전지경, 제석봉, 천성문, 한재희, 홍종관(2013). 상담이론과 실제. 서울: 학지사

정원철(2010). 정신보건사회사업론. 경기: 공동체

조용주(2010). 청소년이 지각한 부모 공감 척도 개발과 타당화 연구. 가톨릭대학교 대학원
박사학위논문.

Arlow, J. A. (1997). The end of time: a psychoanalytic perspective on Ingmar Bergman'
s Wild Strawberries. *The International journal of psycho-analysis, 78*(3), 595-600.

Clair., R. (2004). *Promoting critical practice in adult education*. San Francisco: Jossey-
Bass, New directions for adult and continuing education; no. 102.

Corey, G. (2003). *Theory and practice of counseling and psychotherapy*. Pacific Grove:
Thomson Learning.

Gladding, S. T. (2005). *Counseling as an art: the creative arts in counseling*. Alexandria,
VA: American Counseling Association.

Lipps, T. (1903). *Grundlegung der Aesthetik*. Hamburg; Leipzig: Leopold Voss.

Michel, L. (1968). Personal psychotherapeutic experience: psyche or hall of mirrors?
PSYCHOTHERAPIES, 16(4), 195-200.

Nye, R. A. (2000). *Sexuality*. Oxfor: Oxford University Press.

Nicholi, A. M. (1988). *The new Harvard guide to psychiary*. Cambridge & London:
Harvard U Pr.

Rogers, C. R. (1942). *Counseling and psychotherapy: newer concepts in practice*.
Boston: Houghton Mifflin.

Rogers, C. R. (1993). 카운셀링의 理論과 實際. (한승호 역). 서울: 집문당.

Seligman, L. P. (2014). *Theories of counseling and psychotherapy: systems, strategies,
and skills*. Boston: Pearson.

Sharf, R. S. (2013). 심리치료와 상담이론: 개념 및 사례. (천성문, 김진숙, 김창대, 신성만, 유형근, 이동귀, 이동훈, 이영순, 한기백 공역). 서울: 센게이지러닝.

제6장

게슈탈트 집단상담,
교류분석 집단상담

인간은 자신이 경험하는 사고, 감정, 행동을 통해 내적으로, 그리고 외적으로 야기되는 사건과 접촉하며 살아가는 유기체이다. 게슈탈트 상담은 자신이 경험하는 현상을 매 순간 있는 그대로 자각하고 수용하며 살아가는 것으로 유기체의 지혜를 신뢰하고 있다. 또한 교류분석상담에서는 인간을 자기를 발달시킬 능력과 자신을 행복하게 하고 생산적이게 할 능력을 가지고 있으며, 다른 사람들과의 교류를 통해 변화 가능한 긍정적인 존재로 본다.

이 장에서는 다양한 집단상담 이론 가운데 게슈탈트 집단상담과 교류분석 집단상담 이론을 소개한다. 이를 위해 각 이론의 주요 개념과 기본 기법, 상담과정과 운영 등을 살펴보고자 한다.

1. 게슈탈트 집단상담

게슈탈트 치료의 창시자인 펄스(Fritz Perls, 1893~1970)는 현상학적 실존주의에 영향을 받았으며 인간을 현상학적 · 실존적 존재로 자신에게 가장 중요한 게슈탈트를 완성해 가며 살아가는 유기체로 본다. 펄스는 과거를 중심으로 지나치게 해석을 강조하는 정신분석을 비판하여 경험을 통해 통합을 강조하는 게슈탈트 치료를 발전시켰다. 그는 심리적 갈등이나 문제해결을 위해 통합을 강조한 반면, 프로이트는 해석을 통한 이해를 주장하였다.

게슈탈트 상담은 경험적이고, 실존적이며, 실험적이다. 언어를 통해 정신적 조작을 하는 것보다 행동을 강조한다는 점에서 경험적이며, 개인의 독립적 선택과 책임을 강조한다는 점에서 실존적이다. 그리고 개인이 매 순간에 느끼는 감정을 표현하도록 촉진한다는 점에서 실험적이다(노안영, 2013).

게슈탈트(Gestalt)란 어원은 독일어로 형태, 모양, 유형, 조직화된 전체를 의미하며 전경과 배경이 역동적으로 조직화되어 나타나는 전체로 본다. 따라서 게슈탈트 상담은 인간의 한 측면만을 강조하지 않고 인간 성격의 '전체성'을 강조한다. 그러므로 이 접근에서의 주요 목표 중의 하나는 집단원으로 하여금 이전에 거부했거나 보지 못했던 자신의 부분을 다시 받아들이고 통합하도록 돕는 것이다(이현림, 김순미, 천미숙, 2015).

이 절에서는 게슈탈트 집단상담 이론의 주요 개념과 기본 기법, 상담과정과 운영 등을 살펴보고자 한다.

1) 주요 개념

여기에서는 먼저 게슈탈트 집단상담 이론의 주요 개념인 전경과 배경, 지금-여기, 미해결 과제, 알아차림을 살펴보고자 한다.

(1) 전경과 배경

게슈탈트 집단상담 이론에서는 게슈탈트 형성을 지각하는 것으로 전경과 배경의 관계로 설명한다.

　개인이 대상을 지각할 때에는 지각의 중심 부분에 떠오르는 부분과 그 뒤로 물러나는 부분이 있는데, 이때 지각의 초점이 되는 부분이 전경이고 관심 밖에 있는 부분은 배경이다. 즉, 어떤 상황에서 개인의 욕구와 필요의 초점이 되는 부분을 전경, 그 밖의 부분을 배경이라고 할 수 있다. 예를 들어, 목이 마르다는 것을 느낀 순간에 목마름이 전경으로 떠오르고, 그때 하던 다른 일들은 배경으로 물러난다.

　심리적으로 건강한 사람은 매 순간 자신에게 중요한 게슈탈트를 전경으로 떠올릴 수 있고 그 욕구를 알아차리며, 그것을 충족시켜 해소하기 위해 적극적으로 활동하거나 환경과의 접촉을 통해 평형 상태를 이룬다. 그러나 건강하지 못한 사람은 전경과 배경을 명확하게 구분하지 못하여 매 순간 자신이 가진 욕구나 하고 싶은 일 또는 그 욕구를 충족시키기 위해 필요한 일이 무엇인지에 혼란을 경험하게 되고, 결과적으로 욕구를 제대로 알아차려 충족시키지도 못한다.

(2) 지금-여기

　지금-여기(here and now)은 게슈탈트 집단상담 이론에서 현재만이 중요하고 유일한 시제로 강조한다. 왜냐하면 과거는 지나간 것이며 미래는 아직 오지 않았기 때문에 현재만이 의미가 있다고 보기 때문이다. 그러나 현재에 초점을 두는 것이 과거에 관심이 없다는 것을 뜻하는 것은 아니다. 과거는 우리의 현재와 관련되어 있는 것으로만 중요하다.

　게슈탈트 집단상담에서는 지금-여기에 집중함으로써 집단원의 과거나 미래로부터 벗어나 현재로 돌아온다. 집단원의 과거 미해결 문제상황을 현재에 가져와 마치 그것이 지금 일어나고 있는 것처럼 상황 재연을 한다. 예를 들어, 집단원이 과거의 어떤 사건에 대해서 이야기하면 상담자는 집단원에게 "지금 그 과거를 살고 있는 것처럼 과거를 현재에 재연하라."라고 말한다.

(3) 미해결 과제

　미해결 과제(Unfinished business)란 개체가 전경과 배경을 교차하면서 완결되지 못하거나 또는 적절히 해소되지 못한 상태를 의미한다. 여기에는 적절히 해소되지 못한 상황에 충분히 해소되지 못한 감정들도 수반된다. 하고 싶어도 할 수 없었던 것, 말하고 싶어도 말할 수 없었던 것이 언제까지나 마음에 걸려 원망, 분노, 고통, 불안, 슬픔, 죄의식, 포기 등과 같은 억압된 감정으로 나타난다. 이와 같은 감정들은 비록 표현되지 못했지만 분명히 기억 속에 남아 있다.

미해결 과제가 많을수록 개인은 자신의 욕구를 효과적으로 해소하는 데 실패하게 되고, 결국 심리적 · 신체적 장애를 일으킨다. 또한 미해결 과제가 강력해지면 개인은 선입관, 강박행동, 걱정, 억압된 에너지와 많은 자기패배 행동으로 괴로움을 당하게 된다. 미해결된 감정들은 현재 중심의 자각을 흐트러뜨리는 불필요한 정서적 찌꺼기를 만든다.

(4) 알아차림

게슈탈트 집단상담 이론은 유기체의 알아차림(Awareness)을 통한 접촉을 매우 중요시한다. 알아차림과 접촉을 통해 전경과 배경을 교체하므로 알아차림은 게슈탈트의 형성이다(박경애, 2013).

건강한 개체는 순간마다 자기에게 중요한 게슈탈트를 형성하여 전경으로 떠올릴 수 있지만, 건강하지 못한 개체는 전경을 배경으로부터 명확하게 구분하지 못하므로 특정한 욕구나 감정을 다른 것보다 강하게 지각하지 못하여 자신이 진정으로 원하는 것이 무엇인지 제대로 깨닫지 못하게 되는 것이다(김계현 외, 2011).

알아차림이란 개체가 어느 한 순간 가장 중요한 자신의 욕구나 감정을 알아차린 다음 게슈탈트를 형성하여 특정한 욕구나 감정을 전경으로 떠올리는 것을 말하며, 건강한 사람은 전경과 배경의 교체가 자유롭고 원활하게 일어난다. 반면, 건강하지 못한 사람은 자신의 진정한 욕구나 감정을 제대로 구별하지 못하여 게슈탈트로 형성하지 못한다.

따라서 자신이 진정으로 하고 싶은 일이 무엇인지 잘 몰라 전경으로 둘 수 없고, 행동목표가 불분명하며 매 순간 의사결정을 잘 하지 못하여 혼란스러워한다(Zinker, 1978).

2) 기본 기법

게슈탈트 집단상담에서 상담자는 집단원들로 하여금 매 순간 자신의 욕구와 감정의 알아차림을 향상시키고 경험하는 것을 인식시키기 위해 다양한 종류의 기법을 활용한다. 여기에서는 먼저 게슈탈트 집단상담 이론의 기본 기법인 자각 기법, 언어표현 바꾸기, 빈 의자 기법을 살펴보고자 한다.

(1) 자각 기법

① 욕구와 감정자각

게슈탈트 집단상담에서 가장 중요시하는 것은 현재 자신이 경험하는 욕구와 감정을 매 순간 있는 그대로 자각하고 수용하는 것이다. 상담자는 집단원 자신의 욕구와 감정을 자각하도록 도와주는 것이 중요하다.

상담자는 집단원의 생각이나 주장 혹은 질문의 숨겨진 의미에 있는 감정을 찾아내어 집단원이 숨겨진 의미의 감정을 자각하도록 해 주어야 한다. 집단원의 생각이나 판단이 옳고 그른지는 중요하지 않다.

상담자는 집단원이 지금-여기에서 경험하는 욕구와 감정을 자각하는 것이 중요하다. 따라서 상담자는 집단원에게 "지금 어떤 느낌인가요?" "잠시 생각을 멈추고 현재의 느낌에 집중해 보세요." "지금 당신이 원하는 것은 무엇입니까?" 등과 같은 질문을 하는 것이다. 이렇게 되면 집단원은 무심코 던진 말이나 행동을 통해 자신의 내면세계를 각성하는 데 도움을 받을 수 있다.

② 신체자각

게슈탈트 집단상담은 정신작용과 신체작용이 서로 불가분의 관계에 있다고 보기 때문에 집단원이 현재 경험에서 느끼는 신체감각에 대해 자각하게 함으로써 자신의 감정이나 욕구 또는 무의식적인 생각을 알아차리게 해 줄 수 있다. 예를 들어, 신체의 어느 한 부분에 집중되는 에너지는 대개 억압된 감정과 관련이 있으며 에너지 집중은 근육의 긴장으로 나타나거나 통증이 느껴지는 경험을 함으로써 집단원이 자신의 감정이나 욕구 또는 무의식적인 생각을 자각하게 해 줄 수 있다. 집단원의 신체자각을 돕기 위하여 상담자는 "당신의 호흡을 느껴 보세요." "당신의 신체감각을 느껴 보세요." "당신의 목소리는 어떻게 들리나요?" 등의 질문을 할 수 있다.

③ 환경자각

게슈탈트 집단상담은 집단원의 생각과 감정, 행동, 신체 등에 관심을 가지고 있으며 이러한 부분이 개인의 환경과 접촉하는 것과 같이 통합을 강조한다. 집단원으로 하여금 주위 사물과 환경을 체험함으로써 환경과의 접촉을 증진시킬 수 있다. 집단원들은 자신의 미해결 과제로 인해 자기 자신에게 집중해 있기 때문에 자신 주위 환경에서 일어나는 상황이나 사건에 대해 자각하지 못하는 경우가 있다. 이러한 환경자각 훈련을 함으로써 자신과 환경에 분명한 분별이 가능해지며 자신의 감정에 대한 자각도 명확해져서 환경과의 생생한 접촉과 만남이 가능하다.

(2) 언어표현 바꾸기

집단원이 간접적이고 애매모호한 단어를 사용할 경우 상담자는 집단원에게 자신의 감정과 동기에 대해 책임을 지는 형식의 단어들로 바꾸어 말하게 함으로써 자신의 욕구나 감정에 대해 표현하므로 책임의식을 높여 줄 수 있다. 예를 들면, '그것' '당신'과 같은 일반적인 언어를 '나'라는 1인칭으로 바꾸어 자신의 상황에 대해 책임감을 부여하기도 하고 '내가 ~할 수 없다' 대신 '나는 ~하지 않겠다'로 바꾸어 말하도록 권유하며 집단원에게 자신의 결정에 대한 책임감을 준다.

(3) 빈 의자 기법

게슈탈트 집단상담 기법 중에서 가장 많이 쓰이는 대표적인 기법은 빈 의자 기법이다. 빈 의자 기법은 현재 상담 장면에서 참여하지 않은 사람과 직접적 대화를 나누는 형식으로 하는 것이다. 이 기법은 집단원이 미해결된 중요한 감정을 일으키는 사람과 보다 직접적인 상호작용 경험을 통해 참여하지 않는 사람에게 느끼는 감정을 보다 명료화할 수 있도록 돕는 것이다. 역할을 바꾸어 가며 대화를 해 봄으로써 상대방의 입장과 감정을 이해하고 공감할 수 있다는 장점도 있다.

빈 의자 기법은 집단원이 미처 알지 못했거나 부정했던 자신의 내면세계와 접할 수 있게 될 뿐만 아니라 자기를 객관적으로 바라볼 수 있게 된다. 참여하지 않은 사람이 아닌 의자이기 때문에 보다 자유롭게 상상할 수 있으며 집단원 역시 저항이 약화될 수 있는 장점이 있다. 이 기법은 집단원이 자신의 미해결된 감정을 가진 대상과의 직접적인 대화를 나누면서 외부로 투사된 자신의 감정을 자각하는 데 도움이 되며 자신의 내면세계를 더욱 깊게 탐색할 수 있다.

3) 상담과정과 운영

여기에서는 먼저 게슈탈트 집단상담 이론의 상담과정과 운영에 대해 알아보기 위해 상담목표, 상담자의 역할, 상담에서 집단원의 경험, 상담자와 집단의 관계를 살펴보고자 한다.

(1) 상담목표

게슈탈트 집단상담의 중요한 목표는 집단원이 보다 깊은 자각을 이루도록 하는 것으로 지금-여기에서 충만하게 살아가고 있다는 감각을 조장한다.

펄스(1969)에 의하면, "집단원이 타인을 의지하도록 하는 것이 아니라 많은 것을 할 수 있다는 것, 자기가 할 수 있다고 생각하는 것보다 훨씬 더 많은 것을 할 수 있다는 것을 처음 순간부터 발견하는 것이다". 즉, 집단원은 자각을 통해 자신의 존재에서 부정되었던 부분을 직면하고 수용할 수 있으며, 주관적 경험과 실제를 만난다. 집단원이 중요한 미해결 과제를 자각하게 되면 상담에서 그것을 처리할 수 있다. 또한 집단원은 자각을 통해 자신에 대한 책임감을 갖도록 한다. 집단원 자신의 행동의 결과를 수용하고 자신의 행동을 결정할 때 책임을 지는 것을 배울 수 있다(천성문 외, 2013).

따라서 게슈탈트 집단상담의 목표는 집단원이 자각을 통해 성장하고 자신의 행동에 대해 책임을 지며 자신이 가지고 있는 잠재력을 어떻게 실현할 수 있는가를 알아 차려 순간순간 풍요롭게 살아가도록 하는 데 있다. 즉, 집단원이 상담과정을 통해 타 인에게 의지하지 않고 스스로 원하는 것을 할 수 있다는 것을 자각하여 자신이 가진 능력으로 주관적 경험과 실제를 만나게 되면서 변화와 성장을 향해 나아가도록 돕는 것이다.

(2) 상담자의 역할

게슈탈트 상담자는 집단원이 스스로 자신의 감정과 욕구를 자각하도록 도와준다 (김정규, 1996). 상담자는 집단원이 환경지지를 버리거나 탈피하고 자신의 삶을 책임 지는 자기지지에 의하여 살아가도록 조력한다. 상담자는 집단원이 과거의 미해결 과 제를 현재로 가져와 그것을 충분히 이해하고 해결하게 함으로써 과거의 일에 집착하 지 않고 현재의 일에 집중할 수 있게 한다.

상담자는 집단원과 '나와 너'의 대화적 관계로 성실성과 책임감을 갖고 상호교류하 며, 관심을 갖고 지지를 보낸다. 상담자와 집단원 간의 감정을 진술하게 표현하고 미 해결 과제를 해결함으로써 친밀성과 성실감을 느끼게 된다. 집단원이 진실해지려면 진실한 상담자와의 접촉이 필요하다. 상담자는 집단원의 경험 중 미해결된 과제로 인 하여 자신의 모든 경험을 회피하거나 부정하지 말고 직면하여 도전하게 하여야 한다.

또한 상담자는 집단원의 신뢰언어, 즉 비언어적 태도에 주의를 기울어야 한다. 집 단원은 자신의 감정을 신체언어로 나타내므로 상담자에게 귀중한 정보를 제공한다.

(3) 상담에서 집단원의 경험

게슈탈트 집단상담에서 집단원들은 자신의 경험에서 나타난 고통과 성장을 회피 하려는 것에서 벗어나 있는 그대로 자기경험을 해석하고 의미를 부여하는 능동적인 참여자이다. 집단원은 무엇을 얼마만큼 원하는가를 스스로 결정한다(박경애, 2013). 폴스터 등(Polster & Polster, 1973)은 상담과정에서 집단원이 성숙해 가는 3단계 자아 통합과정을 제시하였다. 첫 번째 단계는 발견단계로, 집단원은 자신에 대해서 새롭 게 깨닫고 이전 자신의 문제상황을 새로운 관점으로 발견한다. 두 번째 단계는 조절

단계로, 집단원은 새로운 선택을 하고 상담의 지지환경 속에서 새로운 행동으로 시도할 수 있다는 것을 알게 된다. 세 번째 단계는 동화단계로, 집단원은 새로운 행동을 선택하여 시도해 봄으로써 자신의 환경을 변화시키는 방법을 학습하여 자신이 원하는 것을 얻는 데 타인에게 적절한 자기표현을 하게 된다. 집단원은 환경으로부터 자신에게 필요한 것을 얻을 수 있는 선택을 할 수 있다.

(4) 상담자와 집단원의 관계

게슈탈트 집단상담에서는 상담자와 집단원 간의 인간관계를 중요시한다. 상담자는 자신의 경험과 자각을 바탕으로 하여 상담과정에서 그것을 배경으로 하고 집단원의 자각과 반응은 전경이 된다. 따라서 상담자가 사용한 기법보다 가장 중요한 것은 상담자 자신이다(Polster & Polser, 1973).

또한 상담자는 집단원이 마음의 고통을 드러낼 수 있는 상담 분위기를 만들고 유지시켜야 하므로 상담자와 집단원 간에는 대화와 긴밀한 접촉이 필요하다. 긴밀한 접촉을 통해 집단원은 자신에 대해 배우고 변화할 수 있다.

4) 평가

여기에서는 먼저 게슈탈트 집단상담 이론의 강점과 한계점에 대해 살펴보고자 한다.

(1) 강점

게슈탈트 집단상담의 강점을 살펴보면 다음과 같다(김종운, 2015; 이현림 외, 2015; 천성문 외, 2013; Corey, 1977)

첫째, 게슈탈트 집단상담은 집단원을 성장시키고 발달시킨다는 관점을 중시하고 있다. 집단상담은 단지 집단원의 심리 내적인 문제를 해결하기 위한 것이 아니라 집단원과 집단상담자 간의 실존적인 관계를 강조하고 자각을 증대시키기 위한 창조적 정신을 강조하고 있다.

둘째, 게슈탈트 집단상담은 과거를 현재와 관련된 사건으로 가져와서 생생하게 현재 중심의 관점으로 재경험하도록 한다. 집단상담자의 창의적인 상담 기법을 적용하여 상담할 수 있으며 현재 방해되는 문제를 자각하고 그 문제를 다룰 수 있도록 지지한다. 그러므로 집단원이 미해결된 과제를 해결해 나가도록 격려한다.

셋째, 게슈탈트 집단상담은 집단원의 언어적 · 비언어적 표현들에 집중하여 집단원이 무엇을 하고 있는지에 관한 것뿐만 아니라 무엇을 어떻게 느끼고 생각하는지에 관한 것을 현재 중심적인 관점에서 자각하도록 도울 수 있다. 자각을 통해 자신이 체험한 것에 대해 책임을 지게 된다.

넷째, 게슈탈트 집단상담은 집단원이 실습을 통해 자신의 새로운 변모를 발견하도록 도울 수 있다. 또한 직접적인 감정과 접촉을 중시하며 자신의 문제 원인을 깨닫도록 한다.

(2) 한계점

게슈탈트 집단상담의 한계점은 다음과 같다(김종운, 2015; 이현림 외, 2015; 천성문 외, 2013).

첫째, 게슈탈트 집단상담은 인지적 접근을 무시한다는 점이다. 게슈탈트 상담자는 개인의 경험에 대해 생각하고 탐색하는 것을 무시하고 인간의 경험에 의한 감정을 있는 그대로 인식하고 표현하는 것을 강조해 왔다.

둘째, 게슈탈트 집단상담은 행동화(acting out)하는 경향이 있는 집단원에게는 그 행동을 강화시킬 수 있다는 점이다. 충동적이고 혼란스러운 집단원보다 사회화되어 있고, 차분하고 억압되어 있는 집단원에게 효과적이다.

셋째, 게슈탈트 집단상담은 상담 및 심리치료가 분화되어 있지 않다는 점이다. 임상적 진단인 심리검사를 지나치게 경시하는 경향이 있어 체계적이지 못하다.

넷째, 게슈탈트 집단상담은 게슈탈트의 전문용어를 사용하여 표현하는 것이 어려운 집단원에게는 효과가 없다. 게슈탈트 집단상담자는 게슈탈트의 상징적 용어를 학습하고 기법을 습득한다고 하여 유능한 집단상담자가 되는 것은 아니다.

2. 교류분석 집단상담

교류분석(Transaction Analysis: TA) 집단상담 이론은 에릭 번(Eric Berne)에 의해 발전된 이론으로, 정신분석의 이론을 기초로 하여 성격의 인지적·합리적·행동적 측면을 모두 강조하며 집단원이 갖는 자아 상태를 바탕으로 의사소통의 교류가 어떻게 이루어지는가를 탐색하고 조력하는 상담이론이다.

정신분석은 무의식에 초점을 두지만 교류분석 집단상담 이론은 관찰할 수 있는 의식적 행동에 초점을 둔다. 또한 교류분석 집단상담 이론은 인간 행동에 대한 이해로 고통을 경감하고 자기성장과 자각증진뿐만 아니라 대인관계를 어떻게 개선해야 할지에 대한 방법을 제시해 준다. TA의 인간관은 반결정론적 철학적 관점으로, 인간은 자율적이며 자유로운 존재이고, 스스로 선택할 수 있고 자기 자신에게 책임질 수 있는 존재라는 의미를 내포하고 있다. 교류분석 집단상담 이론은 개인이 성장과 변화를 조력하는 데 활용할 수 있는 이론으로 집단상담 및 개인상담에서도 효과와 유용성을 인정받고 있다.

이 절에서는 교류분석 집단상담 이론의 주요 개념과 기본 기법, 상담과정과 운영 등을 살펴보고자 한다.

1) 주요 개념

먼저 교류분석 집단상담 이론의 주요 개념인 자아 상태(ego-states), 교류(transaction)·스트로크(stroke)·시간의 구조화(time structuring), 인생각본(life-script), 디스카운트(discount)·재정의(redefining)·공생(symbiosis), 라켓 감정(racket feeling)·스탬프(stamp)·게임(games), 자율성(autonomy)을 살펴보고자 한다.

(1) 자아 상태

에릭 번은 개인의 '성격'을 구성하는 수많은 생각, 감정, 행동을 이해할 수 있는 방법으로 '성격구조'라는 용어를 직접 만들었다. 교류분석 이론에서 가장 핵심이 되는 개념인 자아 상태(ego-states)는 특정 순간에 우리 성격의 일부를 드러내는 방법을 말한다.

자아 상태란 외부의 자극에 반응할 때 나타나는 세 가지 자아 상태 중 한 가지 상태에 대응한다. 세 가지 자아 상태는 부모 자아 상태(Parent ego-states), 성인 자아 상태(Adult ego-states), 어린이 자아 상태(Child ego-states)로 구성되어 있다(김종운, 2015).

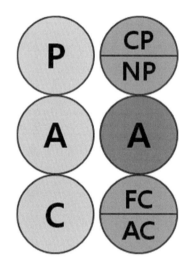

[그림 6-1] 자아 상태

① 부모 자아 상태(Parent ego-states)

부모 자아 상태는 부모 또는 의미 있는 권위적 인물의 행동이나 태도에 영향을 받아 내면화된 결과로 나타나는 것이다.

② 성인 자아 상태(Adult ego-states)

성인 자아 상태는 지금-여기에서 일어나고 있는 사건들에 대해 현실을 검증하고 문제를 해결하기 위해 이에 걸맞게 행동하고 생각하며 느끼는 상태라고 할 수 있다.

③ 어린이 자아 상태(Child ego-states)

어린이 자아 상태는 어린 시절의 흔적을 저장하여 행동하고 사고하며 그때의 느낌을 갖는 상태라고 할 수 있다.

(2) 교류 · 스트로크 · 시간의 구조화

사람들 간의 의사소통과정에서 세 자아 상태 중 어느 한 자아 상태에서 대화를 나눈다. 이렇게 대화를 주고받는 것을 '교류(transaction)'라고 한다. 두 사람이 교류할 때 메시지를 어떻게 주고받는가에 따라 상보교류, 교차교류, 이면교류로 나눌 수 있다.

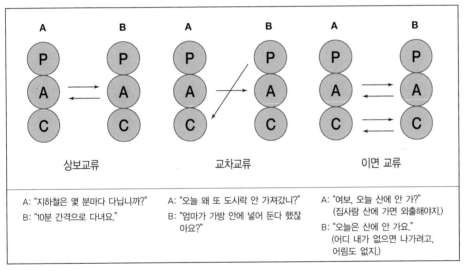

[그림 6-2] 교류 유형과 예시

① 상보교류(Complementary transaction)

상보교류는 메시지를 주고받음이 평형이 되는 교류로 표정, 태도 등의 비언어적인 메시지가 일치되어 나타난다.

② 교차교류(Crossed transaction)

교차교류란 메시지를 주고받을 때 기대한 대로 반응이 오지 않고 예상 밖으로 무시되거나 잘못 이해되어 나타나는 교류 형태이다. 인간관계에서 고통의 원인이 된다.

③ 이면교류(Ulterior transaction)

이면교류는 이중적인 메시지가 전달되는 교류를 말하며 의사소통에 있어 이면에 심리적인 교류가 깔려 있는 교류를 말한다.

이처럼 두 사람이 교류를 할 때 서로 메시지를 주고받는다. 이런 메시지가 어떤 메시지이든 교류분석에서는 '스트로크(Stroke)'라고 부른다. 어릴 때 주고받았던 어떠한 스트로크는 성격과 성품 형성에 큰 영향을 미친다. 원만한 대인관계를 위해서 타인과 스트로크를 주고받는 것은 일상생활에서 가장 중요한 일들 중 하나이다. 그러나 부정적 스트로크는 인간의 성장을 후퇴시키므로, 긍정적이고 무조건적인 스트로크를 교류하여 상대로 하여금 심리적 안정과 자기존중감을 느끼게 하는 것이 좋다. 두 사람이나 혹은 집단으로 사람들이 교류할 때는 각자 독특한 방법으로 시간을 보내는데 이러한 방법을 분석하는 것이 '시간의 구조화(Time Structuring)' 분석이라고 한다.

(3) 인생각본

인생각본(Life-Script)은 TA에서 중요한 이론적 개념이다. 인생각본이란 어린 시절에 자기 자신과 인생에 대하여 이야기 형태로 그 사람이 만든 자신도 의식하고 있지 못한 인생계획이다. 이 계획은 부모나 가족 또는 사회 환경에서 만들어지며 대부분 7~8세경에 완성된다. 그리고 청년기 동안 섬세하게 세부적인 부분이 보완되고 현실적인 이야기가 더해지고 수정되어 간다. 성인이 되어서 자신이 쓴 인생계획은 대부분 기억하지 못하지만 그 이야기에 따라 살아간다. 자신이 의식하지 못하지만 어릴 때 결단한 삶을 살아가게 된다.

이처럼 본인이 의식하지 못하고 살아가고 있는 자신의 인생계획을 교류분석에서는 '인생각본(Life-Script)'이라 부른다.

(4) 디스카운트 · 재정의 · 공생

세상을 자기 각본에 맞추려고 '지금-여기'의 현실적 문제들을 왜곡하고 무시하거나 실제보다 평가절하하는 것을 '디스카운트(Discount)'라고 한다. 이런 현상은 특정 상황에서 자신의 각본에 맞지 않으면 자기도 모르게 지워 버리는 것이다.

사람들은 어른이 되고 난 뒤에도 어린이 자아 상태에서 자각하는 세상을 각본에 맞추며 왜곡하게 되는데 이것을 '재정의(Redefining)'라고 하며, '공생(Symbiosis)'은 TA에서 건강하지 못한 두 사람 사이의 관계를 설명하는 데 사용된다. 두 사람 사이에서 관계를 맺을 때 여섯 개의 자아가 기능하는 것은 건강한 관계이며 이 관계에서 세 가지 자아 상태만 있는 것처럼 기능하는 것을 말한다.

(5) 라켓 감정 · 스탬프 · 게임

어린 시절 가정에서 어떤 감정의 표현은 용납되고 허용되지만 다른 감정들의 표현은 허용되지 않기 때문에 억압하는 경우가 있다. 아동은 부모로부터 인정받기 위해서 허용되는 감정만 느끼려고 결심한다. 이러한 결정은 자기도 모르게 무의식적으로 이루어지며 성장하고 난 뒤 각본에 따라 행동할 때 자신의 진정한 본래의 감정을 표현하지 못하고 어릴 때 허용되었던 감정만을 느끼게 되는데 이것을 '라켓 감정(Racket Feeling)'이라고 한다. 라켓 감정을 느끼고 이러한 감정을 표현하지 않고 저장하는 것을 '스탬프(Stamp)'를 모은다고 한다. '게임(Games)'은 서로가 모두 라켓 감정만을 가지고 끝나는 반복적 교류를 말한다. 여기에서 게임에는 반드시 '전환(Switch)'이 따르는데, 여기서 전환이란 게임을 하는 사람이 예상하지 못한 불쾌한 감정을 느끼는 순간을 가리키며 사람들은 자신도 모르게 게임을 하곤 한다.

(6) 자율성

성인으로 성장한 사람은 어릴 때 결정했던 인생계획이 더 이상 성인이 된 시점에서 현실 세계에 적합하지 않음을 발견하게 되어 새로운 전략을 개발할 필요가 있다. 교류분석에서는 이러한 과정을 각본에서 빠져나와 자율성(Autonomy)을 획득한다고 말한다. TA의 목표는 인간의 자율성 회복에 있다. 자율성 획득이란 건강하게 성장한 사람으로서 모든 자원을 활용하여 문제를 해결하는 능력을 의미하기도 한다.

2) 기본 기법

교류분석 집단상담에서는 상담 기법을 효율적으로 활용하는 것을 상담자의 능력으로 본다. 여기에서는 먼저 교류분석 집단상담 이론의 기본 기법인 허용, 보호, 잠재력, 조작을 살펴보고자 한다.

(1) 허용

대부분의 집단원은 부모의 금지령에 따라 행동하고 있다. 따라서 상담 장면에서 상담자는 집단원에게 부모의 금지령 '~하지 마라(not to be)'고 한 것을 허용해 주는 것이다. 이를 통해 집단원은 허용을 받을수록 긍정적인 생활 자세와 생활 각본을 선택할 수 있다.

(2) 보호

집단원이 상담자의 허용을 받아들이려면 어린이 자아 상태에 놓인 집단원이 부모 자아 상태의 상담자를 예전에 부정적 메시지를 준 부모로 여겨야 한다. 따라서 집단원은 상담자를 부모의 금지령을 따르지 않아 발생하는 두려운 결과로부터 보호 (Protection)해 줄 수 있는 존재로 봐야 한다.

(3) 잠재력

잠재력은 상담자가 상담 장면에서 집단원에게 적절한 시기에 적절한 기술을 사용할 수 있는 능력을 말한다. 상담자는 자아 상태, 의사교류, 게임, 각본 등과 관련된 내용을 분석하고 이를 바람직하게 바꿀 수 있는 상담기술을 가지고 있어야 한다.

(4) 조작

교류분석상담에 있어 에릭 번은 상담에 도움이 되는 전문직 기법으로 8개의 목록을 많이 강조했다. 조작이란 구체적인 상담자의 행동, 즉 상담 기법을 말한다.

① 질문(Interrogation)

많은 집단원은 그들의 성인 자아를 사용하는 데 어려움이 있다. 상담자는 집단원이 성인 자아로 반응할 때까지 질문을 한다.

② 특별세부반응(Specification)

집단원에 대한 어떤 정보를 특별한 분류로 넣으려 하는 기술이다. 예를 들어, 여러 장면에서 집단원이 늘 격해 있다는 사실에 대해 상담자가 집단원의 의견에 일치를 보일 수 있다. 이때 상담자는 "그래서 당신은 늘 자신을 과격하다고 생각하고 있군요."라고 동의함으로써, 집단원의 반응을 보다 분명하기 위해 사용하는 기법이다.

③ 직면(Confrontation)

상담자가 집단원의 행동이나 진술에 대해 일관성이 없거나 모순을 발견하였을 때 집단원에게 상담자가 지적해 주는 기법이다.

④ 설명(Explanation)

상담자의 측면에서 집단원에게 가르치는 행동이다. 집단원의 현재 행동에 대해 상담자와 어른 대 어른의 교류로 서로 이성적이고 합리적인 성인 자아로 소통하는 것이다.

⑤ 예시(Illustration)

상담 장면에서 상담자가 집단원에게 긴장을 풀고 가르쳐 주는 방법이며 긍정적인 효과를 강화시킬 목적으로 사용하는 기법으로 미소, 비교, 일화 등을 통해 실제적인 사례를 제시하는 기술이다.

⑥ 확정(Confirmation)

집단원의 행동이 상담을 통해 일시적으로 달라졌다가 곧 다시 원래대로 돌아가는 행동을 보이는데 이를 막을 수 있도록 돕는 기술이다. 상담자는 집단원에게 과거 행동을 벗어나지 못했으니 더욱 열심히 노력하라고 지적해 준다.

⑦ 해석(Interpretation)

상담자가 집단원의 행동 이면에 숨어 있는 원인을 알도록 돕는 기술로서 정신분석의 해석과정과 비슷하다.

⑧ 구체적 종결(Crystallization)

상담자가 집단원의 생활 자세를 성인 대 성인의 입장에서 설명해 주고 집단원이 인정자극을 받기 위해 더 이상 게임을 사용할 필요가 없으며 정상적으로 행동할 수 있음을 설명해 주는 것이다.

3) 상담과정과 운영

여기에서는 먼저 교류분석 집단상담 이론의 상담과정과 운영에 대해 알아보기 위해 상담목표, 상담자의 역할, 상담에서 집단원의 경험, 상담자와 집단원의 관계를 살펴보고자 한다.

(1) 상담의 목표

교류분석 집단상담의 목표는 집단원의 자율성을 가짐으로써 통합된 성인 자아의 확립이다. 자율성을 가지기 위해 집단원으로 하여금 각성, 자발성, 친밀성을 회복하도록 도울 것을 강조한다(Berne, 1972). 집단원이 자율성을 회복하기 위하여 상담자는 집단원이 어린 시절의 부모 금지령에 대한 반응으로 형성된 초기 결정을 이해하고 그의 현재 행동과 삶의 방향에 새로운 결단을 내리도록 하는 데 있다(Corey, 2015).

(2) 상담자의 기능과 역할

교류분석 집단상담에서 상담자는 한 집단을 리드하는 역할만 할 뿐이며 주로 교훈적이고 인지적 문제에 관심을 가진다. 헤리스(Harris, 1967)는 상담자의 역할을 교사, 훈련 그리고 깊이 관여하는 정보제공자로 보았다. 교사로서 상담자는 여러 가지 분석의 개념을 설명해 주고 집단원 자신이 초기 결정하는 인생계획을 현재에 맞추어 새로운 전략들로 발달시키도록 돕는다(Corey, 2015). 또한 상담자의 주요 역할은 집단원이 어린 시절에 한 잘못된 결정에 따라 살지 말고 현재 상황에 맞게 적절한 결정을 하여 삶을 변화시킬 수 있는 자신의 내면적 능력을 발견하도록 돕는 것이다.

(3) 상담과정

교류분석 집단상담과정에서 계약 체결로 시작해서 목표달성을 위해 구조분석, 교류분석, 게임분석, 각본분석, 재결정 순으로 진행된다(강갑원, 2004; 강진령, 2017).

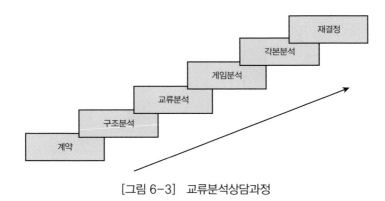

[그림 6-3] 교류분석상담과정

① 계약

계약을 통해 집단상담자와 집단원은 수평적 관계임을 명심해야 한다. 계약은 상담자와 집단원의 성인 자아 상태 간의 교류를 기반으로 하기 때문에 집단원의 성인 자아 상태 수준을 평가할 수 있는 기회가 되도록 한다.

② 구조분석

구조분석은 상담자가 세 가지 자아 상태를 통해 집단원이 자신의 자아 상태를 검토하도록 돕는 과정이다. 구체적 절차는 다음과 같다(杉田, 1988; 이성태, 1991).

1단계: 집단원에게 구조분석의 의미와 자아 상태의 기능을 이해시킨다.

2단계: 집단원의 행동특성을 P, A, C와 관련시켜 이야기하도록 한다.

3단계: 집단원이 자기 자신과 어떤 내부대화를 하고 있는지 알아본다.

4단계: 자아기능 그래프인 이고그램(egogram) 검사를 실시하여 이고그램을 완성하도록 한다.

5단계: 집단원의 행동특성, 내부대화, 이고그램 등을 근거로 자아 상태에 오염이나 배타가 있는지 확인한다.

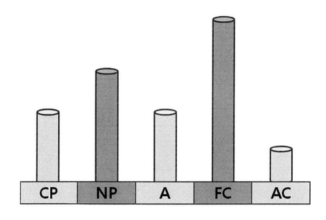

[그림 6-4] 이고그램의 예시

③ 교류분석

교류분석은 집단상담자가 집단원들이 각자 어떤 유형의 교류를 하고 있는가를 알아보려는 것이다. 이를 위한 구체적 절차는 다음과 같다(김종운, 2015).

1단계: 교류분석의 의미, 유형을 집단원에게 쉽게 설명한다.

2단계: 집단원과 의미 있는 관계에 있는 사람과의 대화를 분석한다.

3단계: 문제행동과 관련이 있는 대화를 찾아 분석하고 집단원의 자아구조 중 오염이나 배타에 의한 대화와 교차적 및 이면교류에 초점을 두고 분석한다.

④ 게임분석

집단상담자는 집단원이 하는 게임이 어떤 종류의 게임인지를 파악하려고 시도한다. 많은 사람은 자신이 하는 게임을 잘 인식하지 못한다. 게임분석은 다음과 같이 진행한다.

1단계: 먼저 게임을 걸지 않도록 자각하고 그것을 회피하도록 한다. 게임을 하는 동안 경청하도록 한다.
2단계: 집단원이 자주 경험하는 불쾌한 감정과 행동과의 관계를 성인 자아가 객관적이고 이성적으로 관찰하도록 한다.
3단계: 드라마 삼각형에서 구조자, 박해자, 희생자 중 어떤 역할도 하지 않도록 한다.
4단계: 대인관계를 풍부하게 하고 자기인정의 기회를 증가시킨다.

⑤ 각본분석

각본분석은 자신의 자아 상태에 대해 통찰하여 자기 각본을 이해하고 거기서 벗어나도록 하는 것이다. 각본분석은 집단원의 문제행동과 연관된 각본을 찾아 재결정을 하도록 하여 자율적 삶을 살아가도록 하는 데 목적을 두고 있다. 교류분석에서는 개인 인생의 기본 태도 네 가지로 가정한다.

- 자기긍정-타인긍정(I'm OK, You're OK)
- 자기긍정-타인부정(I'm OK, You're Not-OK)
- 자기부정-타인긍정(I'm Not-OK, You're OK)
- 자기부정-타인부정(I'm Not-OK, You're Not-OK)

⑥ 재결정

교류분석 집단상담에 있어 핵심은 집단원이 어린 자아 상태에 있는 동안 재결정을 하도록 돕는 것이다. 과거 사건이나 초기 감정이나 결정을 이해하는 것은 집단원들이 집착에서 벗어나기 불충분하기에 집단원들이 어린 자아 상태로 들어가 새로운 결정을 내리도록 돕는 과정으로 정서적 재경험을 시킨다.

4) 평가

여기에서는 먼저 교류분석 집단상담 이론의 강점과 한계점에 대해 살펴보고자 한다.

(1) 강점

교류분석의 강점은 다음과 같이 정의할 수 있다(김종운, 2015; 이현림 외, 2015; 천성문 외, 2013).

첫째, 교류분석 집단상담은 인간은 자신 스스로 노력만 한다면 변화할 수 있다는 희망을 제시한 점이다. 인간을 무한한 성장이 가능한 존재로 본다.

둘째, 교류분석 집단상담은 집단원의 상담을 안내하는 방법으로 계약을 강조한다는 것이다. 집단상담자와 집단원은 상담 초기에 구체적이고 성취 가능한 목표가 명시된 계약을 체결한다. 계약을 통해 집단상담자와 집단원은 상담목표를 고유할 수 있고 종결 시기를 명확하게 알 수 있다는 장점이 있다.

셋째, 교류분석 집단상담은 인간관계에 대한 이해를 깊이 있게 해 주어 의사소통 단절 문제를 해결하는 데 도움이 되며 실생활에서 활용하기가 용이하다는 것이다.

넷째, 교류분석 집단상담은 교육적 · 예방적 · 치료적 상담이 가능하며 집단상담에서 제공되는 정보는 집단원들이 정서적 · 인지적으로 관여하도록 하는 사실이 중요하다.

(2) 한계점

교류분석 집단상담은 공헌한 점과 기여한 점도 많지만 한계점도 있다(김종운, 2015; 이현림 외, 2015; 천성문 외, 2013).

첫째, 교류분석 집단상담은 지적 능력이 낮은 집단원에 대해 한계가 있다. 교류분석은 인지적 접근을 지향하기에 의식 수준이 높거나 문제해결 접근을 선호하는 집단원에게는 효과적이다. 그러나 지적 능력이 부족한 집단원에게는 오히려 비효과적이라는 지적을 받아 왔다.

둘째, 교류분석 집단상담의 주요 개념이 다른 이론들의 개념과 유사한 점이 많다는 것이다. 또한 핵심 개념이 기존 개념과 별다른 독특한 점이나 새로운 점이 부족하다는 비판을 받아 왔다.

셋째, 교류분석 집단상담은 누구나 이용 가능하다는 장점이 오히려 전문가들이 이론에 대한 관심을 감소시키는 결과가 되었다는 비판이 있다.

넷째, 교류분석 집단상담자는 집단원들의 자유로운 상호작용을 독려하기보다는 개인적인 작업을 독려하는 경향이 있다. 집단원의 문제나 관심사를 인지적 · 지향적 접근으로 이해한다는 비판을 받아 왔으나 행동지향적인 접근으로 함께 적용되지 않는다면 집단상담의 실효성은 제한적이라는 지적을 받아 왔다.

참고문헌

강갑원(2004). 알기 쉬운 상담이론과 실제. 경기: 교육과학사.

강진령(2017). 집단상담이론과 실제(2판). 서울: 학지사.

김계현, 김창대, 권경인, 황매향, 이상민, 최한나, 서영석, 이윤주, 손은령, 김용태, 김봉환, 김인규, 김동민, 임은미(2011). 상담학개론. 서울: 학지사.

김정규(1996). 게슈탈트 심리치료. 서울: 학지사.

김종운(2015). 상담과 복지서비스를 위한 상담심리학의 이론과 실제. 서울: 동문사.

노안영(2013). 상담심리학의 이론과 실제. 서울: 학지사.

박경애(2013). 상담심리학. 서울: 학지사.

송희자(2010). 교류분석개론. 서울: 시그마프레스.

이성태(1991). 이해 중심 TA와 재경험 중심 TA 프로그램의 자율성, 생활자세 및 내재화에 미치는 효과. 계명대학교 대학원 박사학위논문.

이현림, 김순미, 천미숙(2015). 집단상담 이론과 실제. 경기: 양서원.

제석봉, 최외선, 김갑숙, 윤대영(2016). 현대의 교류분석(개정판). 서울: 학지사.

천성문, 박명숙, 박순득, 박원모, 이영순, 전은주, 정봉희(2013). 상담심리학의 이론과 실제. 서울: 학지사.

杉田峰康(1988). 교류분석. (김현수 역). 서울: 민지사.

Berne, E. (1972). *What do you say after you sal hello?* New York: Grove Press.

Corey, G. (1977). *Theory and practice of counseling and psychotherapy.* Monterey, CA: Brooks/Cole.

Corey, G. (2015). *Theory and practice of counseling and psychotherapy* (7th ed.). Belmont, CA: Brooks Kole.

Harris, T. (1967). *I'm Ok-You're Ok.* New York: Harper & Row Pub.

Perls, F. S. (1969). *Gestalt therapy verbatim.* Lafayette: Real People Press.

Perls, F. S. (1973). *The gestalt approach and eye witness to therapy.* Science and Behavior Books.

Polster, E., & Polster, M. (1973). *Gestalt Therapy integrated: Contours of theory and practice.* New York: Brunner/Mazel.

Zinker, J. (1978). *Creative process in Gestalt therapy.* New York: Random house(Vintage).

제7장

행동주의적 집단상담,
합리·정서·행동주의적 집단상담

행동주의적 상담은 학습이론에 입각한 행동수정 전략으로 기능장애적인 인지, 행동을 지우거나 탈(脫)학습시키기 위한 목적을 가진다. 합리·정서·행동주의적 상담은 인간이 의식적 또는 무의식적으로 자신을 괴롭히는 강한 선천적 경향을 가지고 있다는 가정하에 이루어지는 특징이 있다. 집단상담을 이끌어 가는 상담자는 인간을 어떤 존재로 규정하고, 인간의 문제를 무엇으로 보는지, 집단원들이 가진 문제가 어떤 성질의 것인지에 따라 어떤 상담이론을 적용할 것인가를 판단할 수 있다.

이 장에서는 다양한 집단상담 이론 가운데 행동주의적 집단상담과 합리·정서·행동주의적 집단상담 이론을 소개하고, 이를 위해 각 이론의 주요 개념과 기본 기법, 상담과정과 운영 등을 살펴보고자 한다.

1. 행동주의적 집단상담

행동주의는 심리학에 이론적 토대를 둔 학습이론이다. 즉, 사람의 모든 행동은 주어진 환경에 의해 결정된다고 본다. 따라서 행동치료 집단상담자는 집단원의 바람직한 행동뿐만 아니라 잘못된 행동도 학습된다고 믿는다. 울프(Wolpe, 1958)는 행동치료를 조건화 치료로 보았는데, 그의 접근은 적응할 수 없는 습관은 약해지거나 사라지고, 적응할 수 있는 습관은 시작되어 강화되는 전통적 조건화에 주로 기초를 둔다고 주장하였다.

이 절에서는 행동주의 집단상담 이론의 주요 개념과 기본 기법, 상담과정과 운영 등을 살펴보고자 한다.

1) 주요 개념

여기에서는 먼저 행동주의의 발달을 살펴보고, 주요한 여섯 가지 이론 소개 및 각 행동치료의 주요 개념을 알아보고자 한다.

(1) 행동주의 발달

인간 이해를 위한 심리학의 발달은 심리학적 접근을 부정하는 과학적 혁명에 의해서가 아니라 지식의 확장으로 이루어졌다고 볼 수 있다. 이러한 행동주의의 이론적 확장을 쉽게 이해하기 위해 그림으로 표시하면 다음의 [그림 7-1]과 같이 역삼각형 형태로 나타낼 수 있다.

[그림 7-1]에서 제일 아래에 있는 RC(Respondent Conditioning)는 파블로프(Pavlov)의 고전적 조건형성을 나타낸다. 초기의 행동주의는 고전적 조건형성이 주요한 세력이었음을 보여 주고 있다. 파블로프는 첫 번째 단계로 무조건 자극과 무조건 반응에 조건 자극과 무조건 자극의 연합을 통해 조건 자극에 대한 조건 반응을 유발하는 고전적 조건형성을 연구하였다. 두 번째 단계에는 RC를 그대로 유지하면서 OC(Operant Conditioning)가 부가되었다. OC는 스키너의 조작적 조건형성을 의미

한다. 스키너는 급진적 행동주의자로서 스키너 상자를 통해 조작적 조건형성 이론을 발전시켰으며, 행동의 결과로써 얻어지는 강화에 강조점을 두고 학습이론을 전개하였다. 세 번째 단계에서 SL(Social Learning)이 추가되었다. SL은 밴듀라(Bandura)의 사회적 학습을 의미한다. 사회적 관찰에 의한 학습, 본보기를 통한 모델링, 상징을 통한 대리적 학습을 주장하였다. 마지막 네 번째 단계에서는 CBM(Cognitive Behavior Modification)이 추가되었다. CBM은 마이헨바움(Meichenbum)이 주장한 인지적 행동수정을 나타낸다. 마이헨바움은 내담자의 자기대화를 인식하고 신념체계에 긍정적인 변화를 주는 인지적 재구성 과정을 주장하였다. 이러한 그림을 통해 현재 인간 행동을 설명하는 네 가지 학습이론 입장이 모두 부분적으로 적용되고 있다는 것을 알 수 있다. 이후 밴듀라는 사회학습이론을 사회적 인지이론(Social Cognitive Theory)으로 수정하였다. 이러한 변화를 반영하여 네 번째 단계에서는 SL이 SC로 변화되었다.

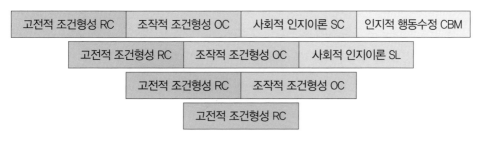

[그림 7-1] 행동주의의 이론적 확장

(2) 파블로프의 고전적 조건화

파블로프는 동물의 모든 신경활동은 타고난 반사에 기초하고 있다고 여겼다. 이러한 반사들은 유기체에 작용하는 어떤 명확한 외적 자극과 그에 따른 유기체의 필연적인 반사반응(reflex reaction) 간의 정기적인 인과관계이다(Pavlov, 1927). 타고난 반사만으로 유기체의 생존을 확실히 담보하기 어렵기 때문에 대뇌반구라는 매개체를 통해 더욱 전문화된 상호작용이 동물과 환경 사이에 일어나게 된다.

다음 〈표 7-1〉은 파블로프의 메트로놈 실험이며, 메트로놈 때리기에 대한 개의 침반응 조건화를 설명하고 있다. 여기서 '반사'는 '반응'으로 용어가 대체되었다.

〈표 7-1〉 메트로놈 때리기에 대한 개의 침 반응 조건화

1단계: 무조건 자극(UCS: 음식)	➡	무조건 반응(UCR: 타액 분비)
2단계: 무조건 자극(UCS: 음식)에 의해 강화된 조건	➡	무조건 반응(UCR: 타액 분비)
3단계: 조건 자극(CS: 메트로놈)	➡	조건 반응(CR: 타액 분비)
4단계: 메트로놈(CS)을 더 이상 음식에 강화하지 않음	➡	무조건 반응 소멸(ECR: 타액 분비가 줄거나 소멸)

〈표 7-1〉을 살펴보면, 입속의 음식물은 무조건 자극(UCS)으로 선천적인 무조건 반응(UCR)을 유도한다. 먹을 것을 주면서 반복적으로 메트로놈을 치는 강화를 통해 메트로놈은 조건 자극(CS)이 되며 결국, 음식에 대한 신호가 되어 타액을 분비시키는 조건 반응(CR)을 유도하기에 이른다. 그러나 메트로놈을 먹이에 의해 더 이상 강화되지 않으면, 조건 반응은 줄어들거나 심지어 사라진다는 것을 알 수 있다(ECR).

(3) 왓슨의 조건화 행동주의

왓슨은 동물의 행동이 그 의식을 참고하지 않고도 탐구될 수 있는 것처럼, 인간의 행동 역시 탐구될 수 있다고 생각했다. 그러나 실제 인간의 행동과 동물의 행동은 동일한 면에서 고려되어야 한다. 이 동일한 면은 행동에 대한 일반적 이해에 동물과 인간의 의식을 동일시하기에는 애매모호하기 때문이다(Watson, 1913, p. 176).

- 자극, 반응 조건화: 자극은 태어날 때부터 뚜렷한 반응을 불러일으킨다는 점에서 무조건적일 것이다. 강한 빛이 눈에 직접 들어올 때, 고개를 돌리거나 눈을 감게 되는 것과 같다. 반면, 인간이 반응하는 대부분의 자극은 조건화되거나 학습된 것으로서 인간이 반응하는 모든 인쇄 활자가 그 예이다. 이와 같이 반응들은 무조건적일 수 있지만, 개를 봤을 때 웃는 대신 비명을 지르는 것을 학습한 두 살짜

리 아이의 사례처럼 조건적인 반응도 아주 많다. 왓슨은 인간의 몸이 단순하고 복잡한 여러 자극에 대해 신속하거나, 경우에 따라서는 복잡하게 반응하는 기본적인 경향으로 되어 있다고 주장했다(Watson, 1931, p.91). 습관형성은 태아일 때부터 시작해 성장하면서 급속하게 형성되는 것으로 보인다. 정서적 습관의 발달은 조건화의 중요성을 보여 주는 데 활용될 것이다.

- 정서 조건화: 왓슨에 의하면 자극에 대해 학습되지 않은 정서적 대응, 즉 타고난 정서반응에는 공포, 분노, 사랑의 세 종류가 있다. 이 정서반응은 무조건 반사 혹은 반응으로 간주될 수 있다. 큰 소리는 공포반응을 유도하는 하나의 근본적인 자극이다. 다음 표로 왓슨의 실험에 대해 설명하고자 한다.

〈표 7-2〉 왓슨의 정서반응 실험 예

▶ 실험 1 흰쥐에 대한 공포 조건화 정서반응	11개월 된 남자 아기 앨버트에게 흰쥐를 만질 때마다 막대기를 두드려 큰 소리가 나게 하는 실험	앨버트는 흰쥐만 봐도 울면서 주저앉아 멀리 기어가는 공포반응 보임
▶ 실험 2 모피동물이나 털 코트, 울 소재 반응	토끼, 개, 털 코트, 울 소재의 사물을 제시한 실험	흰쥐에 대한 조건화된 공포반응이 약했지만, 지속되고 있음을 보여 줌
▶ 실험 3 집에서 키운 토끼, 흰쥐 자극 반응	세 살 소년 피터에게 크래커와 우유를 먹을 때, 단계적으로 토끼를 보여주면서 가까이에 옮기는 실험	피터는 한 손으로는 점심을 먹고, 다른 한 손으로는 토끼와 노는 모습을 보여 줌

앞의 실험 1, 2에서 왓슨과 레이너는 정신병리학상의 공포증 다수가 직접적이거나 전이된 유형의 조건화된 심리반응이라고 결론 내렸다(Watson & Raynor, 1920).

정서장애는 유아기나 아동기에 형성된 근본적인 인간의 세 가지 정서인 공포, 분노, 사랑에 대한 조건화 반응과 전이반응으로 추측할 수 있다. 실험 3에서는 모피를 댄 다른 사물들에 대한 공포반응의 조건화에서 완전히 공포가 제거되거나 크게 향상되는 전이가 있었다(Jones, 1924). 이에 왓슨은 인간의 정서적 삶은 환경의 힘에 의한 영향이라고 주장했다.

(4) 스키너의 조작적 행동주의

스키너(Skinner)는 행동의 후유증 혹은 결과의 중요성을 정교화한 것으로 심리학에 큰 영향을 끼쳤다. 집단상담에서 집단원의 외적인 행동에 관심을 보이고, 행동이 일어나기 전의 선행 사건과 행동 이후의 결과를 면밀히 관찰 · 평가하는 것이 중요하다.

파블로프의 연구에서는 강화물은 자극과 짝지어지는 반면, 스키너의 연구에서는 조작적 행동에서 강화물은 반응에 따른다는 점이 결정적인 차이점이다.

- 강화: 이 강화(reinforcement)는 스키너의 이론에서 발달되었다. 행동주의에서 많이 사용하는 주요 개념으로 특정한 자극에 대하여 바람직한 반응을 했을 때, 어떤 보상을 줌으로써 자극과 반응 사이의 유대를 강하게 하여 그 반응을 더 자주 일으키도록 하는 것을 말한다. 이때 보상으로 사용되는 물질을 강화물(reinforcer)이라고 한다. 정적 강화(positive reinforcement)는 바람직한 행동을 할 때마다 보상을 주어 그 행동을 강화시키는 방법이다. 강화물에는 음식, 수면 등 생리적인 욕구를 충족시켜 주는 것과 미소, 인정, 칭찬, 돈, 선물과 같은 사회적 욕구를 충족시켜 주는 것이 있다. 부적 강화(negative reinforcement)는 어떤 상황에서 밝은 빛이나 전기 충격과 같은 것을 제거하는 것으로 이루어진다. 정적 강화와 부적 강화의 차이는 어떤 반응이 개연성을 증가시키는 특정한 강화물의 존재 여부에 달려 있다고 볼 수 있다.
- 변동비율 강화(강화스케줄): 스키너는 변동비율 강화라는 것을 통해 쥐에게서 강박적인 행동을 이끌어 내었다. 스키너의 지렛대를 이용한 실험을 살펴보면 다음과 같다.

스키너는 〈표 7–3〉과 같은 실험을 통해 인간에게도 부적응 행동이 나타난다는 것을 확인했다. 카지노에서 가진 돈을 모두 잃고 한 방을 기다리는 도박꾼, 전답을 모두 팔아 노름에서 잃은 돈을 찾기 위해 한 방을 기대하는 노름꾼의 경우가 여기에 속한다. 보상이 비정기적으로 이루어질 때 행동이 소거되기가 가장 어렵다. 쉽게 말해 인간은 보상이 불확실할 때 행동에 더 빠져들며 그 행동을 멈추기 어렵다는 인간의 부적응 행동에 대해 설명하고 있다. 이를 통해 적응적 행동을 학습하기도 한다.

〈표 7-3〉 스키너의 지렛대 실험	
• 쥐가 지렛대를 누를 때마다 먹이를 줌 • 어떤 때는 지렛대를 수없이 누른 다음에 먹이를 줌 • 어떤 때는 단 한 번만 눌렀는데도 먹이를 줌	▶ 쥐는 강박에 사로잡힌 인간처럼, 미친 듯이 지렛대를 누름
• 어떤 때는 수없이 누르고 난 다음에도 먹이를 주지 않음 일정한 비율로 강화물을 주지 않고, 가변적 간격 비율로 강화를 줌	▶ 언제 굴러떨어질지 모르는 먹이에 대한 강박적인 희망에 사로잡혀 있음

- 소거: 스키너는 학습을 조작적 조건화와 동등한 것으로 생각하지 않는다. 학습은 행동의 습득을 강조하는 반면, 조작적 조건화는 행동의 습득과 유지 모두에 초점을 두고 있다. 따라서 행동은 계속해서 결과들을 나타냄으로서 결과나 강화가 나타나지 않을 때는 소거(extinction)가 발생된다. 소거의 원리는 행동수정이 필요한 대상이 바람직하지 않은 행동을 보일 때 행동수정에 임하던 상담자나 교사, 부모가 그에게 관심을 보이지 않음으로써 그러한 행동이 점차로 사라지도록 하는 방법이다. 간헐적 강화에 의해 생긴 소거에 대한 저항은 지속적 강화에 의한 저항보다 훨씬 클 수 있다.

(5) 울프의 상호억제

- 상호억제: 상호억제(reciprocal inhibition) 용어는 한 가지의 반응을 유도하면 동시에 일어나는 다른 한 가지 반응의 강도가 감소되는 차이에 대한 모든 상황을 말한다. 울프(Wolpe)는 동일한 상황에서 새로운 습관을 발달시킴으로써 과거 습관이

종종 제거되는 것에 주목했다. 그의 작업은 일반적인 상호억제 원칙이라는 틀을 만들게 하였다. 만약 불안을 유발하는 자극이 있을 때, 불안에 대한 적대적 반응들이 일어나도록 만들 수 있고, 그 불안반응을 완전히 혹은 부분적으로 억압할 수 있다면, 이러한 자극과 불안반응 간의 결합은 약화될 것이다(Wolpe, 1958, p.71)

• 신경증적 공포와 습관에 대한 학습과 탈학습: 울프는 신경증적 공포에 대한 학습과 탈학습에 관한 기본적인 실험실 연구를 수행하였다. 실험 대상은 열두 마리 집고양이를 작은 실험용 우리에서 여러 차례 전기충격을 가해 모든 고양이에 신경증적 효과가 지속되도록 하였다. 고양이 중 여섯 마리에게 학습된 신경증적 반응은 먹이에 대한 억제와 관련되어 있었다. 울프는 다른 상황에서 먹이를 주면 신경증적 반응을 억제할 수 있다고 보았다. 이후 먹이를 먹는 동안 불안유발 자극들을 점진적으로 투여함으로써 모든 고양이의 신경증적 불안반응이 제거되거나 혹은 탈학습되는 것을 알 수 있었다.

울프는 상반된 반응에 대한 자극이 동시에 제시되었을 때, 그런 상황에서 발생하는 지배적인 반응은 서로의 반응을 상호억제하는 것을 수반한다고 설명함으로써 자신의 실험이 성공적이었다고 주장하였다. 따라서 먹는 숫자가 증가함에 따라 불안반응은 점차 약해졌고, 그 결과 처음에는 불안반응을 보였던 자극이 있음에도 불구하고 결국에는 불안억제와 함께 먹는 반응을 보였다는 것이다.

(6) 밴듀라의 사회인지이론

밴듀라(Bandura, 1989)는 관찰학습과 지각된 자기효능감이 인간 동인에 더 큰 영향을 미친다고 주장하는 점에서 다른 이론가들과 차이가 있다. 밴듀라가 자신의 이론적 위치를 '사회인지'로 명명한 것은 사람들의 사고와 행동방식에 대한 사회적 공헌뿐만 아니라 동기, 정서, 행동에 대한 인지과정의 중요성을 수용한다는 것이다.

• 인간의 동인: 인간의 동인(human agency)은 자신의 사고과정, 동기, 행동에 대한 통제를 통해 자기방향을 행사하는 능력이다. 인간의 동인은 세 가지 방식으로 개

넘화되었다. 첫째, 자율적 동인(autonomous agency)으로, 인간은 자신의 행동에 전적으로 독립적이다. 둘째, 기계적 동인(mechanical agency)으로, 인간의 동인은 환경적 결정요인에 달려 있다. 셋째, 창발적 상호작용 동인(emergent interactive agency)으로, 사회인지이론의 모델이다. 창발적 상호작용은 삼원적 상호 모델에 기반을 두고 있다. 즉, 행동(B), 인지적인 개인적 요인(P), 환경적 영향력(E)으로 각각은 서로에게 결정요인들로서 독립적으로 작용한다. 사회인지이론은 인간 동인의 네 가지 핵심적 특징을 가진다(Bandura, 2004). 그 내용은 다음과 같다.

- 의도성(intentionality): 행동계획을 달성하기 위한 전략과 같이 사람들이 형성하는 의도를 말한다.
- 선견(forethought): 사람들이 자신의 노력에 집중하기 위해 스스로 목표를 설정하고, 미래 행동에 대한 있을 법한 결과를 예상하는 것을 말한다.
- 자기반응(self-reaction): 사람들이 개인적 기준을 채택하고, 자기반응적 영향에 의해 자신의 행동을 모니터하고 규제하는 것을 의미한다. 즉, 만족감과 가치를 주는 것은 수용하고, 자기비난을 가져오는 행동은 회피하는 것이다.
- 자기반성(self-reflection): 사람들이 자신들의 능력, 생각, 행동의 건전함을 깊이 생각해 보고 필요하면 그것을 조정하고 변화시키는 것을 의미한다.

• 관찰학습: 인간의 행동과 인지 능력은 대부분 관찰 모델로부터 배운다. 관찰학습이 수행할 수 있는 기능에는 모델링과 반응촉진 기능이 있다. 모델링은 관찰자에게 행동의 기술과 규칙을 가르칠 수 있고 사람들의 레퍼토리에 이미 저장되어 행동을 억제하고 탈억제할 수 있다. 그리고 시작되지 않은 행동을 수행하도록 촉진하고, 모델을 관찰하여 사고기술을 학습할 수 있다. 사고기술을 학습하기 위한 접근은 모델들이 문제해결 행동을 할 때 어떤 식으로 사고하는지를 말로 표현하는 것이다. 비언어적 모델링과 언어적 모델링을 결합하면, 주의집중 능력이 향상되고 명시적 행동을 통해 인지과정에 부가적인 설명을 들을 수 있는 기회를 잡을 수 있다. 또한, 관찰자의 인지기술은 행동만 보여 주는 모델보다는 행동과 사고 과정을 모두 보여 주는 모델이 있을 때 향상될 가능성이 높다.

• 자기효능감: 개인적 효능(personal efficacy)이라는 개념은 인간 동인의 기초이다.

숙련된 수행을 하기 위해 사람들은 필요한 기술뿐만 아니라 그 기술을 효과적으로 사용할 수 있다는 자기신념을 지녀야 한다. 밴듀라(2004)는 자신의 행동으로 바라는 효과를 생산할 수 있다고 믿지 않는 한, 사람들은 행동하려는 어떤 유인이나 어려움에 직면했을 때 인내하고자 하는 어떤 유인도 거의 갖지 못한다고 하였다. 그에 비해 높은 자기효능을 가진 사람은 노력을 통해 인내하고 자기관리기술을 향상시킴으로써 장애물을 극복할 수 있다는 가능성을 본다. 반면, 낮은 자기효능을 가진 사람은 장애물에 직면했을 때 도전할 의욕이 쉽게 꺾인다. 이에 강한 자기효능감을 발달시키는 주요한 방법 네 가지가 있다(Bandura, 1977, 2004).

첫 번째, 숙달경험(mastery experiences)은 개인적인 성공경험으로 효능기대의 가장 근본적 원천이 된다. 두 번째, 사회적 모델링(social modeling)은 타인을 관찰하고 그들 행동의 긍정적 혹은 부정적 결과에 주목하면 바뀔 수 있다. 세 번째, 사회적 설득(social persuasion)은 제안이나 권고와 같은 언어적 설득에도 자기효능에 영향을 줄 수 있다. 네 번째, 신체 및 정서 상태(physical and emotional state)는 사람들이 긴장하고 불안해할 때 그들의 육체적 · 정서적 각성 수준은 효능기대에 부정적인 영향을 끼친다.

2) 기본 기법

여기에서는 행동주의에 이론적 기반을 두고 있는 다양한 행동치료 기법을 살펴보고자 한다. 집단상담에서 사용되는 행동치료 기법은 다음과 같은 내용을 함축하고 있다.

첫째, 집단원의 현재 행동을 변화시키는 데 초점을 둔다.
둘째, 집단원의 역기능적 행동을 변화시키고, 기능적인 행동 변화를 위해 적극적이고 직접적으로 연습시킨다.
셋째, 집단원의 불안과 공포를 제거하는 데 상상적 혹은 체계적 둔감화를 적용한다.
넷째, 집단원이 부적절한 행동을 할 때, 자극통제를 사용하는 방법을 학습하게 한다.
다섯째, 기술훈련을 수행하게 한다.

여섯째, 적응 행동에는 강화를 사용하고 부적응 행동에는 혐오 조건형성을 사용한다. 일곱째, 이완 기법을 가르친다.

(1) 모델링 기법

상담 기법으로서의 모델링(modeling)은 집단원이 다른 사람의 행동을 보고 그런 행동과 반응을 그대로 모방할 수 있기 때문에, 시범자(model)가 먼저 바람직한 행동을 보여 주고 집단원이 그것을 모방하도록 하는 것이다.

행동치료에서 모델링의 주요한 기능은 가르치기, 촉발하기, 동기 부여하기, 불안 감소하기, 낙담시키기 등이 있다(Spiegler & Guevremont, 2003). 즉, 가르치기는 실연을 통해 일어나고, 모델이 모방의 촉발자로서 모방자에게는 촉발기능을 한다. 또한 모델링 행동을 강화함으로써 동기를 부여할 수 있고, 모델링의 결과로서 행동을 수정할 때 발생하는 불안을 감소시킨다. 마지막으로, 부적절한 행동을 계속하여 얻는 결과를 관찰함으로써 계속되는 행동을 못하도록 모방자를 낙담시키는 기능을 한다.

(2) 노출전략

노출 시의 공포 자극과의 대면은 그 자극에 대한 원치 않는 반응이 감소할 때까지 지속된다. 실제적 노출은 집단원이 공포를 느끼는 실제 삶에서의 상황에 대면하도록 한다. 운전을 두려워하는 집단원에게 운전을 해 보도록 하거나, 대중 앞에서 말하는 것을 두려워하는 집단원에게 연설을 반복적으로 해 보도록 하는 것이 그 예이다. 노출전략을 적용할 때, 집단상담자와 집단원은 핵심 원칙들을 준수할 필요가 있다(Richards, 2007). 즉, 충분한 시간 동안 대변할 때까지는 공포가 줄어들지 않기 때문에 공포 자극에 대한 노출은 장시간으로 진행되어야 한다. 체계적으로 수준을 높이는 실제 노출은 광장공포증에 대한 행동치료의 처치에서 중심부를 이룰 수 있다(Wilson, 2008). 집단상담자는 노출 회기 동안 집단원과 동행하며, 지지와 격려 및 정적 강화를 해 줄 필요가 있다.

(3) 토큰 보상

토큰 보상(token economy) 치료 또는 대리 경제체제란 바람직한 행동을 인정해 주는 것만으로는 별로 효과가 없을 때, 토큰(token)을 주어 나중에 집단원이 원하는 물건이나 권리와 바꿀 수 있도록 하는 치료 절차이다. 교사가 초등학교 학생들에게 바람직한 행동을 하면 스티커를 주는 방법이 그 예이다. 이 방법은 어린이나 정신지체의 행동수정에 유용하다.

(4) 자기지시

자기지시(self-instruction)는 불안이나 기타 부적응 행동에 대해 불안을 줄이거나 적응 행동을 할 수 있도록 자기 자신에게 지시하거나 자기 스스로 말하는 것(self-statement, 자기진술)이다. 이 자기지시에는 정서적 안정을 위하여 근육을 이완하도록 하는 지시, 비합리적인 생각을 합리적인 생각으로 바꾸도록 하는 지시, 그리고 구체적인 행동을 하도록 하는 지시가 있다. 이러한 자기지시는 자기지도(self-direction)나 자기통제(self-control) 등의 프로그램에서 많이 사용되고 있다.

(5) 사고중지

이 기술은 집단원으로 하여금 비생산적이고 자기파괴적인 생각을 억제하거나 제거하게 함으로써 이러한 생각들을 통제하도록 도와준다.

사고중지과정을 요약하면, 먼저 집단상담자는 집단원이 강박적인 사고를 하도록 요구한다. 그리고 강박적인 사고가 떠오르면 손가락으로 신호를 하게 한다. 집단상담자는 집단원의 손가락을 보고 있다가 신호를 보내면 아무런 예고 없이 큰 소리로 책상을 치면서 "중지!"라고 소리를 지른다. 이렇게 되면 대부분의 집단원은 놀라게 되며, 잠시 뒤에 그 생각에서 벗어나게 된다.

(6) 단계적 둔감화

울프(Wolpe)가 고안한 것으로서 상호제지의 원리에 따라 공포 및 불안을 제거하는 데 사용하는 방법이다. 이는 불안과 양립할 수 없는 이완반응을 끌어낸 다음, 불안을 유발하는 경험을 상상하게 함으로써 불안 유발 자극의 영향을 약화시키는 방법이다. 구체적인 절차는 불안을 유발하는 자극을 분석하고, 불안의 정도에 따라 불안 위계 목록을 만든다. 그리고 근육이완 훈련을 시킨 다음 집단원이 눈을 감고 이완 상태에서 편안한 장면을 상상하고 있는 도중에 이어서 불안 위계 목록 중 불안을 가장 적게 일으키는 장면부터 떠오르게 한다. 이완 상태에서 점차적으로 불안 위계가 가장 높은 것을 상상할 때까지 집단원이 불안하지 않게 되면, 그 문제에 대한 불안이 사라졌다고 판단, 상담이 종료된다.

(7) 행동 조성

행동 조성(shaping)이란 바람직한 행동을 여러 단계로 나누어 강화시킴으로써 점진적으로 바람직한 행동에 접근하도록 유도하는 방법이다. 예를 들면, 어느 집단원의 근면성을 기르기 위해서 집단상담자는 먼저 그에게 아침 일찍 일어나는 습관을 체득하게 한다. 이것이 성공하면 숙제를 다 마치는 행위로, 또 이것이 성공하면 자기 방을 정돈하는 습관을 체득하게 하여 궁극적으로는 근면성이라는 자질을 함양하게 도울 수 있다.

3) 상담과정과 운영

집단을 진행하는 과정에서 집단상담자는 집단원에 대한 이해와 수용을 통해 그들과의 라포 형성이 이루어짐으로써 문제행동의 수정을 위한 작업을 시작할 수 있다. 행동치료 집단상담자는 집단원의 행동을 분석하여 문제를 정의하고 구체적 목표를 설정하여 달성하도록 조력하는 것이다.

초기부터 시작해서 지속적으로 집단상담자는 기능분석으로 알려져 있는 행동사정(behavior assessment)을 변함없이 수행해 집단원의 문제 영역을 밝히고 이해하려 한다(Cormier, Nurius, & Osborn, 2013; Wolpe, 1990). 즉, 선행사건과 치료하고자 하는 반응결과를 식별할 수 있게 해 준다. 반면에 부적절한 행동사정은 잘못된 방법이 잘못된 문제에 적용되는 우려가 있다. 행동주의의 집단상담에서 행동수정의 이론과 기법을 응용할 때는 다음과 같은 절차를 거친다.

첫째, 목표설정이다. 집단원이 수정하고자 하는 행동이 무엇인가를 집단상담자는 분명히 밝힌다. 행동치료의 주요 특징은 변화시킬 구체적 목표에 대한 강조점이다. 즉, 집단상담자는 철저한 평가에 의해 선택된 목표행동을 변화시키는 데 초점을 두어야 된다.

둘째, 표적 행동의 설정이다. 집단원이 수립한 목표를 달성하기 위하여 습득해야 할 구체적인 행동이나 제거해야 할 행동을 선정하여 객관적 용어로 정의하는 일이 선행된다.

셋째, 행동의 기초선 측정이다. 다음 행동수정이 들어가기 직전까지의 행동이 얼마나 빈번하게 또는 오랫동안 일어나고 있었는가, 즉 평소 행동의 양을 측정한다.

넷째, 적응 행동의 증강과 부적응 행동의 약화이다. 기초선을 측정한 이후에는 상담과정에서 정적 강화, 부적 강화, 벌 또는 소거 등의 기법을 적용해서 바람직한 행동을 증강하고, 부적응 행동은 약화시키거나 제거해 나가도록 한다.

다섯째, 체계적 관찰이다. 행동주의적 접근에서는 행동과 상황 조건에 대한 체계적 관찰 결과를 중요시한다. 어떤 집단원이 불안 감소를 위한 조처를 하루에 몇 번씩 취했는가를 보고하도록 한다. 또한, 어떤 집단원이 주간 동안 가진 사회적 접촉에 대해 시간 단위별로 보고하도록 한다. 이와 같이 해당 문제에 관한 집단원의 자료 수집과 결과에 관련된 보고와 검토가 상담 전반에 걸쳐서 수행된다.

여섯째, 행동수정 효과의 일반화이다. 어떤 바람직한 행동의 결과를 거둔 다음, 집단원의 생활환경에 그 행동이 확대되어 유지되도록 지지하고 격려한다.

집단상담을 통하여 이루어진 행동 변화가 외부 환경에까지 전이될 수 있도록 도움을 주기 위한 집단상담자의 운영 방법도 중요하게 작용한다.

먼저, 집단상담자는 집단원이 현실 장면과 유사한 행동을 할 수 있도록 연습시킨다. 그리고 연습한 행동을 자기가 살고 있는 현실 장면에서 실행할 수 있도록 과제를 내주고, 그 결과를 다음 집단모임에서 검토 및 보완하게 한다. 또한 행동 연습의 현실적 성과를 높이기 위해 해당 집단원의 가정에서 모임을 갖거나, 2인 1조를 통해 지역사회(직장, 학교 등)로 나가서 역할 연습을 지원받기도 한다.

집단상담자는 집단의 참여자인 동시에 관찰자로서 문제행동의 전제, 그 행동의 특성, 강화요인 등에 대해 알아보기 위해 직접 질문을 한다. 집단원이 문제행동의 원인을 제시하고, 그 행동을 변화시키기 위해 필요한 활동과정을 직접 설명도 한다. 또한 집단 토의, 역할놀이, 역할 연습, 심리극 및 시범 보이기 등의 기술을 활용하며, 스스로 선택한 목표를 향해 나아가도록 암시를 주고, 진보가 나타날 때는 즉시 강화를 한다.

4) 평가

(1) 강점

행동주의 이론은 많은 연구를 통해 알려진 다양한 학습이론을 사람에게 적용함으로써 상담을 과학적으로 발전시켰다. 이 이론의 강점을 살펴보면 다음과 같다.

첫째, 개개인에 맞는 구체적이고 다양한 상담 기법의 적용이 가능하다.

둘째, 과거의 행동보다는 현재의 행동에 초점을 두고 인간의 구체적인 행동의 변화에 강조점을 둔다.

셋째, 상담결과에 대한 객관적인 평가가 가능하고, 비교적 짧은 시간 내에 개입의 효과를 기대할 수 있다.

(2) 한계점

행동주의 이론이 지니고 있는 한계점은 다음과 같다.

첫째, 인간 행동의 원인을 환경에 두고 있으면서도 보상구조 밖에 존재하는 환경적인 요소, 즉 문화적 요소, 사회적 · 경제적 차이에 대해서는 강조하지 않는다는 점은 모순되는 일처럼 보인다. 이 이론에서의 환경이란 모델링 행동을 위한 강화, 처벌 또는 기회를 제공하는 외적인 요소만을 의미하는 것이라고 할 수 있다.

둘째, 행동수정을 위해서 처벌이나 부적 강화 기법을 활용하는 것은 윤리적인 측면에서 어려움을 야기한다. 즉, 아동이거나 정신장애가 있거나 개입전략을 잘 이해하지 못하는 사람처럼 취약성이 있는 사람들에게 행동수정 기법을 적용하는 경우에는 특히 두드러진다.

행동주의 이론은 문제적 행동을 일시적으로 제거하는 데는 효과적일 수 있으나, 인간의 내면, 행동 이면의 특성에 관한 문제에 통찰의 부족함이 있어, 근본적인 치료를 기대하기 어렵다는 평을 받는다.

2. 합리 · 정서 · 행동주의적 집단상담

합리 · 정서 · 행동주의적 집단상담(REBT)은 정서적 성숙을 향한 인본주의적이고 행동지향적인 접근이다. 많은 사람은 흔히 자신에게 일어나는 크고 작은 사건이 직접적으로 자신의 감정이나 행동에 영향을 미친다고 믿는다. 그러나 사건보다 우리가 사건을 어떻게 생각하는가의 신념체계가 우리의 감정이나 행동에 영향을 미친다는 가정하에 엘리스(Albert Ellis, 1913~2007)는 합리 · 정서 · 행동주의적 집단상담 (Rational−Emotive Behavior Therapy: REBT)를 주창하고 발달시켰다. REBT의 핵심은 찾아낸 비합리적 신념을 합리적 신념으로 바꾸도록 반박하는 작업이다. 집단상담사는 집단원의 강력한 당위적 사고, 정서, 행동을 변화시키기 위한 목표에 도전한다.

이 절에서는 합리 · 정서 · 행동주의적 집단상담 이론의 주요 개념과 기본 기법, 상담과정과 운영 등을 살펴보고자 한다.

1) 주요 개념

여기에서는 합리 · 정서 · 행동주의적 집단상담(REBT)의 주요 개념으로 건강한 정서와 건강하지 않은 정서, 당위성, 합리적 신념과 비합리적 신념, ABC 성격이론에 대해 알아보고자 한다.

REBT는 인간의 기본적인 목표를 선호와 갈망이라고 보고 심리치료를 위한 포괄적인 접근으로써 정서적 · 행동적 장애만을 다루는 것이 아니라 인지적 구성요소를 강조한다. 합리적 생활은 선택한 목표를 성취하는 데 기여하는 사고, 감정, 행동으로 이루어져 있는 반면, 불합리적인 생활은 그들의 성취를 가로막고 간섭하는 사고와 감정, 행동으로 이루어져 있다. 엘리스(Ellis)는 사람들이 쓸데없이 자신을 괴롭힐 때, 역기능적인 사고(강박 등), 느낌(공황장애, 우울, 불안, 자기비판, 자기혐오 등), 행동(공포증, 강박증, 기분장애, 우울 등)을 만든다고 주장했다. 집단상담자의 역할은 집단원의 신념에 합리적으로 도전하여 비합리적인 사고로 인한 정서적 반응을 제거하고, 집단원이 자신과 자신의 생활 경험에 대하여 좀 더 정확하고 현실적인 평가를 내릴 수 있도록 촉진하는 것이다.

(1) 건강한 정서와 건강하지 않은 정서

REBT는 정서와 관련 없는 접근이 아니라 오히려 건강하고 적절한 정서를 강조한다. 부정적인 정서는 건강할 수도 있고 건강하지 않을 수도 있으며, 혹은 둘 다 가질 수도 있다(Ellis & MacLaren, 2004). 건강하지 못한 정서는 단기간의 쾌락과 장기간의 쾌락 사이의 적절한 균형을 맞추는 것을 방해하는 감정이다. 즉, 불안과 과도한 근심은 그것들이 비합리적 사고와 비정상적인 신념에 기초하기 때문에 건강하지 못한 정서라 할 수 있고, 이러한 정서는 우리의 목표성취를 방해한다. 이런 맥락으로 REBT는 다음과 같이 이론적 원칙을 가지며 함축하는 바가 크다.

- 집단원은 자신의 정서와 행동에 책임이 있다.
- 집단원의 해로운 정서와 역기능적 행동은 자신의 비합리적인 사고의 산물이다.
- 집단원은 연습을 통해서 더욱 현실적인 관점을 배우고, 그것을 정서적 에피소드의 일부로 만들 수 있다.
- 집단원은 현실에 기반을 둔 관점을 개발함으로써 자신을 더 깊이 수용하고 삶에 더 많이 만족하게 될 것이다.

(2) 당위성

인간은 근본적으로 불완전한 존재이다. 그럼에도 불구하고 인간에게 당위성을 강조하는 것 자체가 비합리적이다. 대체적으로 비합리적인 신념의 근원을 이루고 있는 세 가지 당위성이 있다. '자신에 대한 당위성(I must)' '타인에 대한 당위성(Others must)' '조건에 대한 당위성(Conditions must)' 등이다.

집단원은 자신의 '반드시(must)'라는 내적 대화를 확인할 필요가 있다. 본질적으로 집단원(내담자)이 자기패배적인 '반드시' 대화에 초점을 둔 세 가지 핵심적인 왜곡을 살펴보면 다음과 같다.

첫째, 자신에 대한 비현실적인 기대이다. "반드시 잘 해내고 인정을 받아야 한다. 그렇지 못하면 나는 쓸모없다." 이는 우리 자신에 대한 당위성이다. '나는 훌륭한 사람이 되어야 한다.' '나는 실수해서는 안 된다.' '나는 실패해서는 안 된다.' '나는 실직자가 되면 안 된다.' '나는 항상 바르게 행동해야 한다.' 등 당위적 사고에 매여 지나친 기대로 인해 결국 우리는 자기파멸의 생각을 가진다.

둘째, 타인에 대한 비현실적인 기대이다. "당신은 반드시 나에게 합리적으로 대해 주고 나를 배려해 주며 사랑해 주어야 한다. 그렇지 않으면 당신은 나쁜 사람이다." 이는 우리의 부모, 자식, 부인, 남편, 연인, 친구, 직장 동료 등에게 당위적 기대를 하는 것이다. 만약 바라는 타인의 당위적 기대가 이루어지지 않을 때, 인간에 대한 불신감을 가지게 되면서 인간에 대한 회의와 실망으로 결국 자기비관이나 파멸을 가져온다.

셋째, 환경이나 상황에 대한 비현실적인 기대이다. "인생은 공평하고 안락하며 비폭력적이어야 한다. 그렇지 않으면 끔찍하다." 이것은 주어진 조건에 대한 당위적 기대이다. '나의 가족은 항상 행복으로 가득하다.' '내 방은 항상 깨끗해야 한다.' '내가 하는 일은 어렵거나 위험하거나 더러운 일은 아니어야 한다.' 등 주어진 조건에 대해 당위적 사고를 갖고 임하는 것이다. 그러나 우리가 원하는 대로 지속되는 당위적 조건은 거의 없다. 그럼에도 불구하고 많은 사람은 당위적 조건을 기대하고, 만약 그렇지 않을 경우 화를 내거나 부적절한 행동으로 연결된다.

집단상담자는 집단원이 자신의 불합리하고, 스스로 만든 당위성에 논박하도록 가르치는 것이 중요하다. 그들의 당위성의 증거는 무엇인가? 그것이 얼마만큼의 진리인가? 그에 대한 증거가 없다면 집단원의 당위성을 인정할 수 없고 완전히 잘못된 것이다. 따라서 집단상담자는 집단원이 선호함(preference)을 강화할 수 있도록 가르칠 필요가 있다. 예를 들면 다음과 같다.

- "나는 잘 해내고 인정받기를 몹시 좋아한다. 그러나 실패한다고 해도 나는 나 자신을 무조건적으로 그리고 전적으로 수용할 것이다."
- "나는 다른 사람들이 나를 합리적이고 친절하게 대해 주기를 몹시 바란다. 그러나 내가 세상을 움직이고 있는 것이 아니므로, 잘못하는 일도 자연스러운 인간 본성의 일부이며, 다른 사람을 내 마음대로 조정할 수는 없다."
- "나는 삶이 공평하고 안락하며 비폭력적이기를 몹시 바라지만, 삶이 그렇지 않다는 것은 몹시 절망스러운 일이다. 그러나 좌절을 견딜 수 있으며, 스스로 기대를 부과하지 않고도 여전히 삶을 즐길 수 있다."

(3) 합리적 신념과 비합리적 신념

엘리스와 동료들(Ellis & Ellis, 2014; Ellis & MacLaren, 2004)은 우리가 가진 신념체계를 합리적인 것과 비합리적인 것으로 구분하였다. REBT는 집단원이 의식적이거나 무의식적이며, 비합리적 · 자기패배적인 평가, 해석, 기대, 철학으로부터 야기된 정서적 반응에 기초를 둔다. 결국 집단원은 불안이나 우울을 느끼게 된다. 왜냐하면 자신의 신념체계가 무언가에 실패하는 것은 끔찍하며, 거부당하고 사랑받지 못하거나 소외되는 고통을 견딜 수 없다는 것을 강하게 확신시키기 때문이다.

- 합리적 신념: 건강하고 생산적이며 적응적이고 사회적 현실과 함께하며 보통 선호, 욕구, 원하는 것으로 이루어져 있다. 우리의 목표를 방해하고 막는 역경에 대해서 합리적으로 사고할 때 사람들은 선호적인 사고과정에 참여한다. 선호적 사고는 요구하는 사고와 대조적으로 적절한 정서를 경험하며, 목표지향적인 행동의 결과를 재연한다.
- 비합리적 신념: 엘리스는 집단원 중에서 신경증을 유발하고 지속시키는 비합리적인 생각을 규명하였다. 합리적인 치료는 임상적으로 관찰되어 온 특정한 비합리적 사고가 대부분 신경증의 근원이 된다는 입장을 취한다. 비합리적 신념은 단단

하고 독단적이며, 건강하지 않고 비적응적이며 주로 목표를 방해하고 막는 역경에 대해 비합리적으로 사고할 때, 사람들은 요구적 사고에 참여하게 된다. 그 예를 살펴보면 다음과 같다(정성란 외, 2013).

- 자신이 하는 모든 행동에 대해 타인의 사랑을 받는 것이 당연하다고 생각함(타인)
- 어떤 행동은 끔찍하고 사악한 것이며, 그러한 행동을 하는 사람은 엄하게 처벌 되어야 한다고 생각함(타인)
- 원하는 대로 되지 않는다면 끔찍하고 파국적이라고 생각함(조건)
- 인간의 불행은 외부적 요인으로 비롯되었고, 사람들은 자신의 슬픔과 장애를 통제할 능력이 없다고 생각함(조건)
- 삶의 어려움과 자기 책임에 직면하기보다는 그것을 피하는 것이 더 쉽다고 생각함(조건)
- 가능한 한 모든 분야에서 철저하게 유능하거나 지적이어야 하며, 반드시 성공해야 한다고 생각함(자신)
- 사람은 타인에게 의지해야 하고, 자신보다 강하고 의지할 만한 누군가가 있어야 한다고 생각함(타인)
- 언제나 문제에 대한 해결책은 존재하고, 만약 완전한 해결책을 찾지 못한다면 파국이라고 생각함(조건과 자신)
- 자신의 과거사가 현재 행동의 중요한 결정요인이며, 중요한 일이 자신의 인생에 영향을 미쳤던 경험으로 또 유사한 영향을 미치리라고 생각함(조건)
- 타인의 문제나 장애로 인해 자신이 몹시 당황하거나 속상해야 한다고 생각함(자신)
- 위험하거나 두려운 일이 있으면, 그 일을 몹시 걱정하고 다시 일어날 가능성을 계속해서 염두에 두어야 한다고 생각함(조건)

다음 〈표 7-4〉는 적절한 정서를 경험하며 목표지향적인 행동의 결과를 재연하는 선호적 사고와 목표를 방해하고 막는 비합리적으로 사고할 때 나타나는 요구적 사고의 구체적 설명이다. 서로 간의 우위는 발생되지만 사람들은 역경에 대해 주로 합리적 · 비합리적 신념 모두를 사용하여 반응하게 된다. 엘리스와 동료(Ellis & Ellis, 2014)는 사람의 자기파멸적 행동들이 A×B=C의 공식을 따르는 역경(A), 역경에 대한 신념(B), 방해가 되는 결과(C)의 상호작용에서 발생한다고 보았다.

〈표 7-4〉　선호적 사고와 요구적 사고 ABC

▶ 선호적 사고	▶ 요구적 사고
A 선행사건: 우리의 목표를 방해하고 막는 역경과 활성화되는 사건	A 선행사건: 우리의 목표를 방해하고 막는 역경과 활성화되는 사건
B 신념체계: "내가 세운 중요한 목표가 막히지 않고 성취될 수 있는 방향으로 선택하는 편이 낫겠지!"	B 신념체계: "나는 절대 나의 목표가 막히지 않고 성취될 수 있게 해야만 해. 하지만 내가 좋아하는 것을 할 필요는 없어!"
C 결과: 정서적으로 좌절과 불행을 느낌. 행동적인 것은 역경을 피하려고 하거나 없애려고 시도한다.	C 결과: 정서적으로 불안, 또는 과도한 적개심을 느낌. 행동적인 것은 역경에 대한 자기파멸적인 과도한 행동을 하거나 또는 아예 행동하지 않게 된다.

※ 출처: Nelson-Jones(2016).

(4) ABC 성격이론

엘리스는 본질적으로 선행 사건 A(Activating events)는 직접적으로 신념 B(Belief), 정서적 · 행동적 결과 C(Consequences)를 야기하지 않는다는 성격의 ABC 이론을 개발하였다. 즉, 신념체계를 합리적인 것과 비합리적인 것으로 분류하여 합리적 신념체계를 갖는 사람은 일어난 사건에 대해 합리적 해석으로 대처하기 때문에 바람직한 정서적 · 행동적 결과를 불러온다. 반면, 비합리적 신념체계를 가진 사람은 일어난 사건에 대해 비합리적 해석으로 바람직하지 않은 정서적 · 행동적 결과를 경험하게 된다. 그리고 엘리스는 자신의 ABC 성격이론에 바람직한 변화의 결과를 반영하기 위해 D, E, F를 나중에 추가하였다. 또한, 이를 표현하면 [그림 7-2]와 같다.

인지 · 정서 · 행동이 각각 하나의 완전체가 아니라 상호작용하는 것으로 REBT의

ABC 이론도 이와 동일하다. 일어난 사건(A), 신념(B), 결과(C)는 모두 하나의 공동 작업의 작은 부분이 된다(Ellis, 1991b, p. 145).

A(Activating events) ← B(Belief) → C(Consequences)

↑

D(Disputing)

↓

E(Effective philosophy) → F(Feeling)

- A: 상황, 환경 또는 개인의 태도, 반응을 일으키는 사건(Activating events)
- B: 각 개인의 A에 대한 믿음(Beliefs)
- C: 각 개인의 반응이나 정서적 결과(Consequences)
- D: 비합리적인 생각을 바꾸는 방법을 내담자에게 제시하는 것(Disputing)
- E: 삶의 효과적인 새로운 철학(Effective)
- F: 합리적 신념에서 비롯된 새로운 감정이나 행동(Feeling)

[그림 7-2] ABCDEF 모형

2) 기본 기법

집단상담자는 다음과 같은 인지적 · 정서적 · 행동적 기법을 필요에 따라 적절하게 사용한다. 즉 논박, 강의, 행동수정, 독서치료, 시청각적 자료, 활동 중심의 과제 등 여러 가지 방법과 역할놀이, 자기주장 훈련, 감정 둔화, 유머, 조작적 조건화, 암시, 지지 등 여러 가지 기술을 활용한다. 구체적으로 설명하면 다음과 같다.

(1) 인지 기법
인지 기법은 집단원의 생각 중 비합리적인 생각과 그에 근거한 집단원의 언어를 찾아서 이를 합리적 생각과 언어로 바꾸는 것이다. 따라서 이 접근방식은 인지 · 정서 · 행동치료의 핵심인 비합리적 신념을 합리적 신념으로 바꾸는 것이므로 가장 중요한 기술이다. 이를 위해 REBT는 논박이 많이 사용된다. 집단원의 대화 중에 나온 '절대로' '반드시' '당연히' 등과 같은 말을 찾아내도록 가르치며, 그들이 가진 비합리적인 생각과 합리적인 생각을 구별하도록 가르친다. 논박의 단계별 기술을 살펴보면 다음과 같다.

- 첫 번째 단계, 확인된 비합리적 생각과 그에 근거한 자기언어에 대해 규정하여 다시 진술하도록 한다.
- 두 번째 단계, 규정하여 재구성한 생각이나 언어가 합리적인가를 묻고, 답하는 것이다. 결국, 생각이나 언어가 타당한 근거를 가지고 있지 못함을 밝히는 데 목적이 있다.
- 세 번째 단계, 비합리적 생각이나 그에 근거한 언어가 집단원이 하는 일에 도움이 되는 생각이나 언어로 전환될 수 있도록 한다.

이와 같은 논박을 보다 효과적으로 대처하기 위해서는 인지과제나 독서법을 사용하기도 한다. 집단원의 비합리적인 생각이나 자기언어를 논박하여 합리적 생각이나 자기언어로 전환하기 위해서 집단상담자는 집단원의 생각이나 자기언어가 왜 비합리적인지를 지적해 주고, 이를 집단원이 자신의 언어를 찾아 재구성할 수 있도록 도와주어야 한다.

(2) 정서 기법(감정적 · 환기적 방법)

정서 기법은 감정을 환기시켜 그와 관련된 비합리적인 생각의 변화를 꾀하려는 데 목적이 있다. 합리 · 정서 · 행동주의적 집단상담에서 집단상담자는 집단원이 선호하는 것과 당위적 사고를 구별할 수 있도록 정서적으로 사고 간의 차이를 극대화하는 다양한 수단을 이용하여야 한다. 정서치료의 핵심적 가치관을 변화시키기 위한 노력으로 역할연기를 통해 그 역할과 관련된 감정을 각성하고 극복하도록 하며, 시범 보이기를 통해 다른 가치관을 수용하는 방법을 가르치기, 유머, 무조건적 수용, 상상이나 수치심에 도전하기 등을 활용한다. 정서치료법에 대한 몇 가지 방법을 살펴보면 다음과 같다.

- 역할연기: 정서적 요소와 행동적 요소를 통해 그 장면과 관련된 불쾌감과 밑바탕이 되는 비합리적 생각을 알 수 있도록 하는 데 중점을 둔다.
- 무조건적 수용: 집단원의 어떤 말이나 행동을 무조건적으로 수용하는 기술이다. 이러한 수용은 집단상담자의 언어나 비언어적 표현을 통해 전해질 수 있다. 무조건적인 자기수용과 자기인정은 당신 자신을 완전하게 받아들이고자 하는 강한 결심을 전제로 한다.
- 상상: 이 기법은 집단원이 습관적으로 부적절한 느낌이 드는 장면을 상상하도록 한 후에 다시 적절한 느낌으로 바꾸게 하여 상상하면서 부적절한 행동을 적절한 행동으로 대치해 보는 것이다. 이를 통해 비합리적 생각을 버리거나 합리적 생각으로 전환시키는 계기를 마련할 수 있다.
- 수치심 도전: 이 기술은 행동에 대해 주위 사람이 어떻게 생각할지에 대한 두려움 때문에 하고 싶은 행동을 하지 못하는 것에 대하여 실제로 그 행동을 해 보도록 하는 연습 기술이다. 결국 주위 사람들은 집단원이 생각한 것보다는 관심이 없음을 알게 된다.

(3) 행동 기법

합리 · 정서 · 행동주의적 집단상담은 행동 기법 훈련을 통해 집단원이 이전보다 효과적으로 수행할 수 있도록 새로운 인지 행동의 변화를 학습시키기도 한다. 이를 위해 인지적 행동치료는 합리 · 정서 · 행동주의적 집단상담 중의 한 형태이기 때문에 대부분 그대로 활용한다. 특히 조작적 조건형성, 자기관리, 체계적 둔감화, 자기표현 훈련, 강화와 처벌 등의 기법이 사용된다. 행동의 변화가 생각의 변화를 이끌어 결국 생각, 행동, 정서가 모두 변화하는 데 관심을 둔다.

3) 상담과정과 운영

집단상담자는 먼저 집단원과 친밀한 라포 형성이 중요하다. 집단원은 일상에서 자신이 겪었던 사건으로 인해 정서적으로 고통을 받고 있다고 생각하는 경향이 있다. 합리·정서·행동주의의 집단상담과정의 절차를 설명하고 있다.

(1) 상담과정

집단상담자는 활성화된 사건(A)이 정서적 및 행동적 결과(C)를 가져온다고 믿고 있는 집단원의 신념(B)이 개입함을 가르친다. 이론에 따른 집단상담의 일반적인 절차는 다음과 같다.

- 1단계, 집단원 중 한 사람에게 문제를 내놓도록 한다.
- 2단계, 집단원이 A-B-C 모형을 활용하여, 그 사람에게 반응하도록 한다.
- 3단계, 집단원이 문제로 내 놓은 사람의 감정 및 관점과 스스로에게 다짐하고 있는 '자기독백'에 대하여 질문하고 도전한다.
- 4단계, 집단상담자는 집단원이 하는 행동에 대한 숙제를 내주고, 다음 모임에서 그 결과를 보고하게 하고 함께 토의하도록 한다.

이러한 기본 과정을 통해 당신이 믿는 것처럼 느낀다. 당신이 자신, 타인, 주어진 조건 등을 '어떻게 생각하는지'가 당신의 감정과 행동에 영향을 준다. 따라서 '당신의 정서와 행동에 부적절한 영향을 주는 비합리적 생각을 바꾸는 것이 필요하다.'라는 결론에 이르게 한다. 다시 말하면, 일어난 사건이 아니라 우리의 생각이 우리를 화나게 한다. 일어난 사건에 대한 비합리적 생각이 우리를 괴롭힌다. 그러므로 합리적인 생각으로 비합리적 생각을 찾아 반박하여 바꾸는 것이 합리·정서·행동주의적 집단상담에서 강조하는 상담과정이다.

상담과정은 집단원의 비합리적 신념이 바뀔 때까지 반복된다. 보통 한 회기에 2~3명의 집단원이 자신의 문제를 내놓을 수 있다. 합리적·정서적 집단상담은 원칙적으로 철학적이고 인지적인 접근으로서 집단원의 사고방식을 변경하기 위한 토론과 설득으로 이루어진다. 집단상담자는 역할 연습, 자기주장 훈련 같은 기법을 다양하게 이용한다.

(2) 상담운영

집단상담자는 집단원의 비합리적 생각을 찾아 반박하고 합리적 생각으로 바꾸기 위한 집단 운영이 필요하다. 집단원의 비합리적 생각을 찾는 요령을 살펴보면 다음과 같다.

첫째, 당신이 느끼고 볼 수 있는 감정과 행동, 즉 당신을 지속적으로 괴롭히는 감정과 부적절한 행동에 초점을 두고 찾도록 시도한다. 왜냐하면, 비합리적 정서와 행동의 이면에는 비합리적 생각이 숨어 있기 때문이다. 실직으로 좌절감이나 자기패배감에 빠져 심리적 고통을 받고 부적절한 행동을 한 사람의 이면에는 어떤 비합리적 사고방식이 숨어 있을까? 생각해 볼 때 먼저 자신에 대한 당위적 요구이다.

일반적으로 가정교육이나 학교 교육을 통해 우리는 실패해서는 안 된다는 강한 성공지향적 생각이 주입되어 왔다. 많은 사람이 크고 작은 실패에 괴로움이나 좌절감을 경험한다. 만약 실직자가 자신에 대한 당위적 요구가 강하면 강할수록 '나는 실직자가 되면 안 된다.' '실직자는 무능력한 사람이다.'라는 강박관념을 가질 가능성이 높다. 따라서 실직은 인생의 낙오자이거나 실패자라는 자기파괴적인 위험한 생각으로 전락할 수 있다.

둘째, 곧바로 자신의 생각 중에 존재하는 비합리적 신념의 근원인 자신, 타인, 조건에 대한 세 가지 당위성에 대해 점검이 필요하다. 왜냐하면 우리 사회가 단지 성공적 수행만을 높이 평가하는 경향이 강하기 때문에 자신에 대한 당위적 생각을 많이 갖고 있기 때문이다. 또한, 비합리적인 당위적 생각을 합리적이고 당연한 것처럼 여기는 경우가 많다.

4) 평가

(1) 강점

REBT의 핵심은 찾아낸 비합리적 신념을 합리적 신념으로 바꿀 수 있도록 반박하는 작업과정이다. 오랫동안 비합리적 신념을 당연하게 수용하고 살아온 집단원의 생각을 논박하는 것은 용이하지 않다. 집단상담자는 예리한 논리와 실증적 요구로 집단원의 비합리적 신념이 가져온 비합리적 결과를 끈질기게 논박함으로써 집단원이 비합리적 신념을 버리고 합리적 신념을 갖도록 하며, 무엇보다 수용적이고 긍정적인 감정을 느끼게 하는 정서적 결과를 도출할 수 있다.

(2) 한계점

REBT에는 다음과 같은 한계점이 있다.

첫째, 자신의 인지구조와 불합리한 신념을 분석하는 것은 지적 수준이 낮거나, 현실감이 떨어지거나, 사고가 지나치게 경직된 집단원에게는 효과를 기대할 수 없다.

둘째, 집단상담자의 가치와 철학을 집단원에게 강요할 수 있는 치료 방법으로 자칫 가치중립을 선호하는 전문적 윤리원칙과 갈등을 초래할 수 있다.

셋째, REBT는 신념에 강조점을 둠에 따라 빈곤, 박탈, 학대, 차별 따위의 사회적 사건이 인간의 행동에 영향을 미칠 수 있다는 점을 간과할 수 있다.

참고문헌

노안영(2011). 상담심리학의 이론과 실제. 서울: 센게이지러닝.

정성란, 고기홍, 김정희, 권경인, 이윤주, 이지연, 천성문(2013). **집단상담**. 서울: 학지사.

최옥채, 박미은, 서미경, 전석균(2010). **인간행동과 사회환경**. 경기: 양서원.

Bandrua, A. (1989). Human agency in social cognitive theory. *American Psychologist,*

44, 1175-84.

Bandrua, A. (2004). Swimming against the mainstream: The early years from chilly tributary to transformative mainstream. *Behaviour Research and Therapy, 42,* 613-30.

Bandura, A. (1977). *Social Learning Theory.* Englewood Cliff, NJ: Prentice-Hall.

Corey, G. (2005). 집단상담기법. (김춘경, 최응용 공역). 서울: 시그마프레스.

Cormier, S., Nurius, P. S., & Osborn, C. J. (2013). *Interviewing and Change Strategies for Helpers: Fundamental Skills and Cognitive Behavioral Interventions* (7th ed.). Belmont, CA: Thomson Brooks/Cole.

Ellis, A. (1975). *How to live with a neurotic.* Hollywood: Wilshire Book Company.

Ellis, A. (1991). My revised ABC's of Rational-emotive therapy (RET). *Journal of Rational-Emotive & Cognitive Behavior therapy, 9,* 139-72.

Ellis, A., & Ellis, D. J. (2014). Rational Emotive Behavior Therapy. In D. Wedding & R. J. Corsini (Eds.), *Current Psychotherapies* (10th ed.). Belmont, CA: Brooks/Cole, pp. 151-91.

Ellis, A., & MacLaren, C. (2004). *Rational Emotive Behavior Therapy: A Therapist's Gride* (rev. ed.). San Luis Obispo, CA: Impact Publishers.

Jones, M. C. (1924). A Laboratory study of fear: The case of Peter. *Pedagogical Seminary, 31,* 308-15.

Nelson-Jones, R. (2016). 상담 및 치료의 이론과 실제. (김성봉, 황혜리 공역). 서울: 시그마프레스.

Pavlov, I. P (1927). *Conditioned Reflexes: An investigation of the Physiological Activity of the Cerebral Cortex.* Oxford: Oxford University Pree.

Richards, D. (2007). Behaviour therapy. In W. Dryden (Ed.), *Dryden's Handbook of Individual Therapy* (5th ed.). London: Sage, pp. 327-51.

Skinner., B. F. (1938). *The Behavior of Organisms.* New York: Appleton-Century-Crofts.

Spiegler, M. D., & Guevremont, D. C. (2003). *Contemporary behavior therapy* (4th ed.). Belmont, CA: Wadsworth.

Watson, J. B. (1913). Psychology as the behaviorist views it. *Psychological Review, 20,* 158–77.

Watson, J. B. (1931). *Behaviorism.* London: Kegan Paul, Trench and Traubner.

Watson J. B., & Raynor, R. R. (1920). Conditioned emotional reactions. *Journal of Experimental Psychology, 3,* 1–14.

Wilson, G. T. (2008). Behavior therapy. In R. Corsini & D. Wedding (Eds.), *Current Psychotherapies* (8th ed.). Belmont CA: Thomson Brooks/Cole, 223–62.

Wolpe, J. (1958). *Psychotherapy by Reciprocal Inhibition.* Stanford, CA: Stanford University Press.

Wolpe, J. (1990). *The Practice of Behavior Therapy* (4th ed.). Oxford: Pergamon Press.

Wolpe, J., & Wolpe, D. (1988). *Life Without Fear: Anxiety and Its Cure.* Oakland, CA: New Harbinger Publications.

제8장

현실치료적 집단상담, 개인심리학적 집단상담

현실치료는 자신의 행복과 불행을 선택하는 사람이 바로 자신이라고 주장한다. 이러한 현실치료는 개인의 욕구를 충족시키면서, 현재와 미래를 즐겁게 살아갈 수 있는 에너지를 주는 데 역점을 두고 있다. 현실치료는 심리학적 이론에 기준한 선택이론을 바탕으로 하고 있다. 우리는 매 순간 자신의 바람에 따른 욕구를 충족시키기 위해 스스로의 행동을 선택하게 된다. 또한, 아들러(Adler)는 인간이 사회 속에서 의미를 부여하며 살아가고, 현재를 바탕으로 매 순간 사회 속에서 목표지향적으로 행동하며 그에 대한 책임을 진다고 말했다. 이러한 전체주의적 관점에서 볼 때 개인은 독특하면서 독립적인 존재로 접근하여 다루어야 한다(김필진, 2007).

이 장에서는 현실치료적 집단상담과 개인심리학적 집단상담의 주요 개념과 기본 기법, 상담과정과 운영에 대해 살펴보고자 한다.

1. 현실치료적 집단상담

현실치료는 1950년 미국의 정신과 의사인 윌리엄 글래서(William Glasser)에 의해 확립된 상담이론이다. 글래서(2010)에 의하면 인간은 건설적이고 발전적인 방법으로 자신의 삶을 통제할 수 있지만 때로는 우울과 불안, 소외 등의 바람직하지 못한 행동과 류마티스, 관절염, 조현병과 같은 신체적 질환도 선택한다고 말한다. 이러한 점에 비추어 볼 때 개인의 내부통제성이 높을 때 좀 더 자신에게 도움이 되는 행동을 선택하게 될 것이다. 개인이 자신의 행동을 스스로 통제할 수 있고, 자신에게 주어진 결과가 타인에 의한 것이 아니라 스스로의 선택에 따른 것임을 인식한다면 자신의 부정적인 정서를 비교적 효율적으로 관리하게 될 것이다.

글래서(2009)의 현실치료에서는 인간은 누구나 자신의 삶을 통제하고 스스로 선택할 수 있을 때 행복을 느낀다고 주장하였다. 즉, 현실치료는 과거의 상황보다는 현실에서 스스로 선택하는 행동을 통해 변화와 성취감을 느끼고, 병리보다는 강점을 강조하고 과거보다는 현재에 초점을 두고 있다. 이는 누구나 스스로의 삶에 의식과 책임 있는 인간이 될 수 있고 자기 운명의 주인공이며 자신의 삶을 바꿀 수 있는 힘을 가지고 있다고 할 수 있다(김인자, 1997). 이러한 현실치료를 적용한 행복증진 집단 프로그램으로 그들의 사회적응을 도와줄 필요성이 있다. 현실치료는 주변인과 소통하고 스스로 가치 있는 일을 하며 타인에게 피해를 주지 않으며 자신이 선택한 삶을 즐길 수 있도록 도움을 주는 것으로 알려져 있기 때문이다(Glasser, 2010).

1) 주요 개념

현실치료적 집단상담에서는 인간 행동은 목적지향적이며 외적인 힘보다 개인의 사적이고 내부적인 힘에 의해 결정되는 것이라고 보고 있다. 모든 인간은 기본적 욕구를 지니며, 개인은 다양한 방식으로 자신의 욕구를 충족시키려 한다. 이러한 기본적인 욕구를 현실적으로 해결하려는 방법을 학습하게 하는 것이 책임 능력이다. 현실치료 집단상담은 이러한 책임성을 받아들이고 수용하는 데 도움을 준다.

(1) 인간관

인간의 행동은 목적지향적이며 외부의 힘보다는 개인의 내적인 힘에 의해 행해진다는 생각에 기초를 두고 있다. 현실치료는 긍정적이며, 자신의 행동과 정서에 대한 책임이 자기 스스로에게 있다고 하는 반결정론적인 입장을 지지하는 인간관을 가지고 있다. 즉, 인간은 자신의 행동을 스스로 결정하고 자기 삶에 책임을 갖는다는 가정에 근거하는데, 이것은 실존적이고 현상학적인 전제에 기초한다. 인간은 자유롭고 자신의 목표를 스스로 선택하고자 하는 욕구를 지닌다고 생각하며 개인은 성장의 힘을 가지고 있다고 믿고 있다. 또한, 인간은 의미 있는 인간관계를 가지고 싶어 한다고 본다.

글래서(2009)는 인간의 중요한 다섯 가지 욕구로 소속과 사랑, 힘과 성취, 자유, 즐거움, 생존에 대해 정의를 내리고 있다. 소속과 사랑의 욕구는 타인들에게 소속되고 싶고, 타인을 사랑하며 인정받고자 하는 욕구이다. 힘과 성취에 대한 욕구는 과업성취와 완수에 대한 욕구이며, 자신의 인생을 변화시키는 데 있어서의 자신감에 대한 욕구이다. 자유의 욕구는 선택에 대한 욕구이다. 즐거움의 욕구는 스스로의 인생을 즐기고, 웃으며, 유머를 가지려는 욕구이다. 생존의 욕구는 자신의 건강을 유지하는 것에 관련된 욕구이다. 인간은 이러한 기본적 욕구를 만족시키려 노력하면서 살아간다. 자신과 주위 사람이 자신을 사랑하고 가치 있게 여김으로써 긍정적인 정체감이 발달된다고 보았는데, 이를 위해 내담자 자신이 선택한 행동 결과를 책임지도록 한다.

(2) 선택이론

선택이론(Choice Theory)에서는 모든 인간은 태어나서 죽을 때까지 행동하며, 인간이 하는 모든 행동은 선택된다고 한다. 즉, 인간의 모든 행동은 자신이 만족을 얻기 위한 최선의 시도라고 할 수 있다. 인간의 모든 행동은 활동하기, 생각하기, 느끼기, 생리적 반응의 네 가지 구성요소로 이루어지고, 여기에는 반드시 행위와 사고와 감정이 동반된다. 행동은 바라는 것과 실제로 얻은 것과의 간격을 줄이기 위한 것으로 구체적인 행동은 항상 이런 간격으로 유발된다. 즉, 인간의 행동은 내부로부터 유발되므로 인간은 스스로의 운명을 선택하는 것이다. 글래서(2010)에 따르면 '우울한'

'머리 아픈' '화가 난' '불안해진'이라는 것은 수동적이며 개인적 책임감이 없고 부정확하다. 이러한 것은 전체 행동의 일부이며, '우울 행동하기' '두통 행동하기' '화내는 행동하기' '분노 행동하기'와 같은 동사의 형태로 사용하는 것이 더 정확하다고 한다.

로버트 워볼딩(Wubbolding, 1988)은 선택이론에 새로운 개념을 덧붙였다. 인간의 행동은 일종의 언어이며, 인간은 인간이 하고 있는 행위로 메시지를 표출하는 것으로 보고 있다. 즉, 인간은 행동의 목적으로 세상에 영향을 주어서 원하는 것을 얻게 되는 것이다. 상담자들은 내담자가 그들의 행동방식으로 세상에 보내는 메시지가 무엇인지에 관심을 가지고 묻게 된다. 즉, 당신은 다른 사람들에게서 얻고자 하는 메시지가 무엇인가? 내담자가 타인에게 보내고 있는 메시지를 파악하고 알게 됨으로써, 상담자들은 내담자가 의도하는 메시지에 대해 올바르게 인식하도록 내담자를 도울 수 있게 되는 것이다.

(3) 현실치료의 특징

현실치료는 문제의 원인이 되는 불만족스러운 관계 혹은 관계의 결여에 관심을 기울인다. 내담자는 직장을 가질 수 없는 것이나, 학교에서 잘 어울리지 못하는 것, 의미 있는 관계를 가지지 못하는 것과 같은 문제에 대해서 불평을 할 수 있다. 현실치료 상담자들은 내담자에게 그들의 선택이 얼마나 효과적이었는지 생각하라고 한다. 선택이론에서 내담자가 통제할 수 없는 것을 말하는 것은 아무런 의미가 없으며, 내담자가 인간관계 안에서 조절할 수 있는 것을 강조한다. 따라서 선택이론의 기본 원리를 내담자가 이해하는 것이 중요하고, 개인 스스로를 통제할 수 있는 유일한 사람은 자신임을 강조한다. 또한 현실치료 상담자는 불평하기, 비난하기, 비판하기에 집중하지 않는다. 이러한 것은 행동목록 중에서 매우 비효과적인 행위이기 때문이다. 현실치료 상담자들이 이러한 자기패배적 인간의 행동에 관심을 기울이지 않기 때문에 이런 행동은 치료를 하면서 사라진다. 현실치료 상담자들이 어떤 문제에 초점을 맞춰야 하는지에 대하여, 현실치료에는 몇 가지 기본 특징이 있다.

① 선택과 책임

우리가 행하는 모든 것이 우리의 선택이라면 우리는 그 선택에 책임을 져야 한다. 이는 법률을 위반하지 않았는데도 우리가 비난이나 처벌을 받아야 한다는 의미가 아니고, 상담자가 내담자로 하여금 자신의 행동에 대한 책임을 직시하도록 한다는 의미이다. 이와 같이 선택이론은 개인의 선택과 선택의 책임에 대한 관점을 강조하는 것이다. 즉, 현실치료에서는 신경적 · 정신병적 · 중독증적 행동도 모두 개인의 욕구 충족을 위한 자신의 최선의 선택(choice)으로 간주하는 요법이다.

② 전이의 거부

현실치료 상담자들은 자신의 직업적인 일 속에서 진정한 자신이 되려는 노력을 통해서 내담자가 자신의 삶에서 타인과 어떻게 관계하는지를 알기 위해 관계를 이용할 수 있다. 이러한 방식을 글래서는 상담자와 내담자 모두 있는 그대로의 존재와 지금 당장하고 있는 것을 인정하는 것을 회피하는 방식인 전이라고 주장한다. 이때 상담사가 자신을 자기 자신 외의 누구라고 생각하는 것은 비현실적이다. 만약, 내담자가 "당신은 나의 부모님처럼 보여요. 이것이 지금 내가 이렇게 하는 이유입니다."라고 말하는 경우를 가정해 보자. 이러한 경우에 현실치료 상담자는 "나는 당신의 아버지도 어머니도 어느 누구도 아닌 나 자신이에요."라고 분명하고 단호하게 말할 수 있어야 할 것이다. 이는 현실치료에서는 이러한 내담자의 상담자에 대한 전이나, 반대로 상담자의 내담자에 대한 전이인 역전이를 인정하지 않는다.

③ 현재에서의 치료유지

가끔 내담자들은 자신의 문제에 대해 자신의 문제는 과거에 생겼고, 도움을 받고 해결하기 위해서는 과거를 재경험해야 한다는 생각을 가지고 상담을 받으러 온다. 이에 대해 글래서(2001)도 우리의 문제가 과거의 산물인 것을 인정하지만 과거를 변화시킬 수는 없다고 말한다. 대부분의 치료 방법은 현재의 기능을 잘하기 위해서는 과거를 이해해야 하고 과거를 재경험해야 한다고 제시한다.

하지만 글래서(2001)는 이러한 신념에 동의하지 않으며 과거에 했던 실수가 무엇이든 타당하지 않다고 주장한다. 우리는 단지 현재에서 우리의 욕구를 만족시킬 수 있는 것이라고 주장한다. 즉, 현실치료에서는 과거의 경험이나 기억이나 미래보다는 현실을 중요시하는 기법이 사용된다. 이는 내담자가 자신을 고통스럽게 하는 과거의 실패나 괴로움을 야기한 상대를 비난하는 특성이 강하므로 상담자는 불평이나, 비난행동, 비판행동을 듣는 데 많은 시간을 낭비하지 말아야 한다는 의미기도 하다. 왜냐하면 불평, 비난, 비판행동은 자기패배적이고 우리의 행동 중에서 가장 비효과적인 행동이라고 보기 때문이다. 내담자가 과거에 관심을 기울이는 것은 불만족스러운 현재의 관계를 직면하지 않으려는 행동으로 볼 수도 있다.

④ 증상에만 관심 기울이지 말 것

기존의 치료에서는 내담자에게 왜 그렇게 생각하고 왜 그렇게 집착하고 두려워하며 왜 그렇게 느끼는지 등 증상들을 물어보는 데 많은 시간을 허비했다. 과거에 관심을 기울였던 것이 내담자가 불만족스러운 현재의 관계를 직면하지 않도록 내담자를 보호하듯, 증상에 관심을 기울이는 것도 마찬가지다. 글래서(2003)는 증상을 가진 사람은 자신이 증상에서 벗어나기만 하면 행복해질 수 있는 믿음이 있다고 주장하였다. 우울하거나 고통스러운 사람은 자신들이 경험하고 있는 것이 자신들에게 우연히 일어났다고 생각하는 경향이 있다. 즉, 자신의 고통이 스스로 선택하고 있는 전체 행동에 기인한다는 현실을 인정하지 않는다.

현실치료 상담자는 증상에 관해 가능한 한 적은 시간을 보낸다. 불만족스러운 인간관계나 좌절된 내담자의 욕구는 좌절을 다루는 만큼만 유지된다고 보기 때문이다. 글래서는 내담자들이 과거나 자신의 증상에 대해 집중함으로써 현재 불편한 인간관계에 대해 이야기하는 것을 회피하려고 주장한다. 그는 거의 모든 증상이 현재의 불편한 인간관계가 원인이라고 생각한다. 그러므로 현실적인 대인관계나 그들의 현재 문제에 관심을 집중함으로써 치료 시기는 짧아질 수 있다.

2) 기본 기법

집단상담자는 집단원이 책임감 및 성공정체감을 가진 개인적 모델로서 자신이 선택한 것을 행동하기를 통해 실천하는 본보기 역할을 수행한다. 워볼딩(1988)이 현실치료 집단상담에서 WEDP에 의한 절차를 제시하는 과정은 다음과 같다. 첫째, W(Want)는 개인의 욕구나 원하는 것을 탐색한다. 즉, "무엇을 원하는가?"이다. 둘째, D(Doing)은 집단원이 스스로 자신의 욕구충족을 위해 무엇을 하고 있는지를 탐색할 수 있도록 하는 것이다. 즉, "당신은 무엇을 하고 있는가?"이다. 셋째, E(Evaluation)은 자기평가라고 하며 현재의 자기 행동이 자신이 원하는 것을 획득하는 데 도움이 되는지를 스스로 평가하는 것이다. 즉, "당신의 행동이 당신에게 도움이 되는가?"이다. 넷째, P(Planning)는 내담자의 진정한 바람과 욕구를 충족시킬 수 있는 것으로 성취 가능성, 측정 가능성, 즉각성, 단순성, 일관성, 통제가능성을 계획의 특성으로 제시하였다(송민수, 2002; 신순자, 2006).

이러한 과정을 통해서 집단상담이 이루어지기 때문에 모든 단계에서 반복질문이라는 상담기술로 활용하여 책임감 있게 자신이 원하는 것을 효과적으로 얻을 수 있는 행동선택을 도울 수 있다. 자기평가단계에서는 평가가 잘 이루어지지 못할 경우에는 토의, 논쟁, 맞닥뜨림과 같은 상호긴장을 유발하는 상담기술이 적용될 수 있고, 필요시에는 언어충격과 같은 긴장을 유발하는 상담기술을 사용하기도 한다. 또한, 집단원의 긴장이 집단과정을 방해한다고 판단되면 유머와 같은 긴장을 완화시키는 기술을 사용하기도 한다. 만약, 집단상담자의 개입이 지나치게 많아질 경우에는 집단원의 저항을 초래할 수 있고, 이로 인해 집단원이 수립한 계획을 실행하지 못하는 상황이 발생할 수 있다. 이러한 경우, 유능한 집단상담자는 문제해결을 위해 집단원이 전혀 예상하지 못한 방법으로 접근하는 역설적 기술을 사용하기도 한다. 현실치료 집단상담에서 중요한 집단상담자의 역할을 살펴보면 다음과 같다.

첫째, 집단상담자는 집단원 모두가 집단에 참여하고 관여하여 현실을 맞닥뜨리도록 도와야 한다.

둘째, 집단상담자는 집단원들로 하여금 자신의 행동에 대한 책임을 받아들이고 현명한 선택을 통해 자신의 삶을 효과적으로 통제할 수 있음을 알려 주어야 한다.

셋째, 집단상담자는 집단원이 이전과 다른 행동과 생각을 선택함으로써 자신의 느낌을 통제할 수 있음을 이해해야 한다.

넷째, 집단원의 토론이 촉진되게 하고, 비효과적이고 무책임한 변명은 받아 주지 않는다.

다섯째, 집단원이 스스로 내적인 자기평가를 하여 원하는 것이 현실적으로 획득될 수 있는 것인지 평가하는 과정을 소개하고, 실제로 할 수 있게 도움을 준다.

여섯째, 집단상담자는 집단원이 행동 변화를 위해 세운 행동계획을 실천한 정도를 평가하고, 선택이론의 기본 원리와 절차를 알고 집단을 이끌어야 한다.

이러한 현실치료는 상당한 공헌과 한계점을 동시에 가진다.

(1) 현실치료의 공헌

첫째, 비교적 집단원의 단기적이고 의식적인 문제를 다룬다는 점이다.

둘째, 집단원의 자기평가와 행동이나 계획 등 구체적이고 실천 가능한 변화의 방법들을 제시한다.

셋째, 개인의 욕구 충족을 위한 스스로의 선택을 강조한다.

넷째, 현실치료요법은 체계적이고 강력한 이론(선택이론)이 제시되어 있다는 점을 들 수 있다.

(2) 현실치료의 한계점과 비판

첫째, 집단원을 위한 상담과정에서 무의식, 과거 경험, 아동의 외상, 꿈의 치료적 가치, 전이 등을 너무 경시했다.

둘째, 집단원의 억압된 갈등이나 무의식적인 힘을 전혀 고려하지 않았다.

셋째, 진단을 거부함으로써 심리적 장애를 너무 단순하게 이해하였다.

넷째, 가끔은 상담자나 집단의 운영자가 지시적인 경향이 있을 경우에는 위험한 도구가 될 수 있다.

(3) 현실치료와 정신분석과의 차이점

현실요법 이론이 전통적인 정신분석과 비교되는 독특한 점은 개인의 욕구를 충족시키는 것은 현재의 당면한 일로 여기며 집단원들의 과거가 어떠했는가는 별로 문제를 삼지 않는 점이다. 이는 집단원이 과거에 어떤 경험을 겪었던지 간에 그가 현존하는 자신의 욕구를 어떻게 처리할 것인가를 배운 다음에는 과거의 경험과 관계없이 잘 기능할 수 있다고 믿고 있다. 따라서 정신분석과 현실요법의 이론과 실제의 차이점을 비교해 본다면 대개 다음과 같은 몇 가지로 요약된다(Glasser, 1965).

첫째, 전통적인 정신분석에서는 심리적인 문제로 고통받는 사람들을 체계적으로 분류하고 그 진단 분류를 따라서 치료할 수 있다고 믿고 있지만, 현실요법에서는 정신질환의 분류 개념을 받아들이지 않는다. 또한, 전통적인 접근 방법에서는 치료의 핵심적인 과정은 집단원의 과거사, 곧 집단원의 문제의 근원을 추적해 올라가서 집단원이 그것을 아주 선명하게 이해하게 되면 스스로 인생에 관한 태도 변화를 이루어 낼 수 있다고 믿는다. 하지만, 현재 시점에 서서 미래를 지향하고 있는 현실요법에서는 집단원의 과거를 깊이 파고 들어가지 않는다. 왜냐하면, 집단원의 과거에 관해 우리가 변화시켜 볼 수 있는 부분은 극히 미세하고 집단원이 과거 때문에 현재의 결정을 제한받고 있다고 믿지도 않기 때문이다.

둘째, 전통적인 치료 방법에서는 환자가 경험했었던 중요한 사람과의 관계에 대한 투사를 상담자에게 돌리는 전이(transference)를 치료과정의 일환으로 중요시한다. 그러나 현실요법에서는 상담자가 집단원과 전이를 통해서가 아니라 있는 그대로의 인간으로 관계를 맺는 것을 중요시한다.

셋째, 정신분석이나 유사한 상담 기법에서는 집단원이 변화하기 위해서는 자신의 무의식적인 마음에 관해 이해와 통찰(insight)을 얻어야만 하는 것으로 본다. 때로는 무의식적인 정신적 갈등이 의식적인 문제보다 더 큰 비중으로 다루어지고 있다. 꿈, 자유연상, 심리적인 추측 등이 치료 성공의 관건으로 다루어지기도 한다. 그러나 현실요법에서는 무의식적인 갈등이나 이류를 찾지 않는다. 따라서 집단원들은 무의식적인 동기를 근거로 자신의 행동을 변명할 수는 없는 것이다.

넷째, 정신질환이 존재한다는 확신 때문에 현실요법에서는 전통적인 방법에서 도덕의 문제를 간과하고 있는 것은 큰 오류라고 주장한다. 전통적인 치료 방법에서는 일탈적인 행동은 정신질환의 부산물인 것으로 간주되고 있다. 집단원은 자신의 행동에 대해서 어떻게 해 볼 수도 없이 무력하기 때문에 도덕적 책임이 없는 것으로 보는 것이다. 그러나 현실요법에서는 행위의 도덕성을 강조하고 옳고 그름의 문제를 다룬다. 그리고 그것이 상태의 진전을 가져오는 데 도움이 된다고 본다.

다섯째, 주변 사람들이 더 낫게 행동하도록 도와주는 것은 전통적인 치료 기법에서 중요하게 간주되지 않고 있다. 집단원들이 개인의 역사를 거슬러 올라가 무의식 속에 묻혀 있는 문제의 근원을 발견하게 되면 자신의 문제를 해결할 실마리를 찾게 된다는 것이 전통적인 치료 기법에서 사용하는 관점이다. 그러나 현실요법에서는 있는 그대로의 의식세계에서 내담자와 우호적인 관계를 유지하면서 그들의 욕구를 더 잘 충족시킬 수 있는 방법을 찾아보고 상황에 따라 필요하다면 직접 가르칠 수도 있다고 보고 있다.

전통적인 권위를 내세우는 정신분석의 이론에 대해 비판적인 성찰을 보여 준 글래서가 정신치료분야에 기여한 바는 결코 적지 않다고 볼 수 있다. 집단과정에서도 이 입장을 받아들여 전이감정이나, 무의식의 탐색, 과거에 대한 역사 추적 등을 추구하지 않고 집단에서 현재 자신이 행하는 모든 행동에 대해 성찰을 하도록 돕고 전이 감정을 통하지 않고 상담자와 직접적인 관계를 통해 교류하는 시도를 하고 있다.

(4) 현실치료와 아들러의 개인심리학과의 차이점

글래서의 현실요법은 어느 정도는 아들러(Aldred Adler)의 개인심리학에 뿌리를 두고 있다. 글래서 자신이 도나 에반스(Donna Evans, 1982)와 행한 인터뷰에서 그에 관해 언급하고 있다. 실제로 아들러가 개개인의 치료자들에게 적용 방법을 찾도록 맡겨 두고 이론을 정립하는 데 힘을 기울인 데 반해서 글래서는 오랫동안 독자적이고 구체적인 이론 없이 어떻게 치료해야 하는가에 대한 방법론을 개발해 왔다. 글래서가 파워스(William Powers)의 통제이론을 도입해서 현실요법의 효율성을 뒷받침해 주고는 있으나 현실요법과 아들러의 개인심리학은 삶에 대한 개인의 책임성의 중요성을 매우 중요하게 간주하는 점에서 유사점을 찾을 수 있다.

개인심리학에서는 인간은 사회적인 존재이기 때문에 사회에 관여하고 있어야만 기본적 욕구가 충족된다는 관점이 기저를 이루고 있다. 즉, 사회에 유용한 것은 다선(good)이라고 본다. 이러한 관점에서 볼 때, 인간에게 가장 중요한 인생의 과제는 사랑과 일, 그리고 우정이라는 주장이 생성되었다. 개인심리학에서는 인간을 목적적인 존재로 파악한다. 이런 점들은 사랑과 소속의 욕구, 활동의 중요성을 강조하며 방향과 전망을 중시하는 현실요법의 입장과 유사하다. 현실치료와 개인심리학의 두 기법 사이의 가장 큰 유사점은 아마도 상담자를 어떤 측면에서 교육자(educator)로 보고 있다는 점일 것이다. 두 사람 다 교육을 통한 문제의 예방 자체를 중시하며 건전한 성장과 발전의 중요성을 강조하고 있다. 글래서가 청중 앞에서 역할 연습을 통해 치료과정을 보여 주는 것처럼 아들러도 사람들 앞에서 치료과정을 보여 주었다.

현실치료와 개인심리학의 두 기법 사이에는 여러 가지 차이점도 많은데, 그중에 두드러지는 것 중의 하나가 개인심리학은 그 방법에서 현실요법보다 과거에 대한 비중을 더 많이 두고 접근한다는 점이다. 두 기법 다 과거를 탓하며 문제에 대한 자신의 책임성에서 도피하려는 태도를 허용하지 않지만 개인심리학에서는 내담자가 자신의 과거에 대해 통찰을 지니게 되는 것을 매우 중시한다. 이러한 개인심리학적 관점은 과거에 대한 중요성을 아주 최소화하려는 현실요법의 입장과 상충된다. 하지만, 두 기법은 어떤 측면에서 서로 상호보완적인 요소를 지니고 있다고 볼 수 있다.

3) 상담과정과 운영

집단상담은 생활과정상의 문제를 해결하여 보다 바람직한 성장을 위하고 전문적으로 훈련된 상담자의 지도와 집단원과의 역동적인 상호교류를 통해 집단원의 감정, 태도, 생각이나 행동양식을 탐색하고 보다 성숙된 수준으로 향상시키는 과정이다. 이러한 정의에서 알 수 있듯이 생활상의 문제해결력과, 특히 대인관계적 차원에서 인간의 성장을 도와주는 데 집단상담의 초점이 맞추어져 있다. 집단에 참여한 개인의 생활경험을 다루면서 바람직하고 효과적인 방향으로 집단원이 자신의 삶을 이끌어 갈 수 있도록 도움을 주는 것이다(이장호, 김정희, 1992). 집단과정은 개인이 집단원들과의 상호작용과정에서 발생하는 다양한 심리적 관계로서 서로 간에 영향을 주고받으면서 생성되게 된다. 이러한 상호작용과정에서 형성되는 힘을 집단역동이라고 한다. 집단발달의 단계를 5단계로 살펴보면 준비단계, 오리엔테이션단계, 탐색과 시험단계, 문제해결단계, 종료단계이다.

(1) 준비 및 오리엔테이션단계

첫 모임부터 시작하여 현실요법을 적용한 프로그램에서 실제적인 상호작용이 일어나기 전의 단계로 프로그램의 상담자가 지배적인 역할을 한다. 이때 집단원 간의 공통점을 찾고 집단의 목적에 적합한 규범을 만들어 나가거나 지지한다. 집단의 상담자는 집단원들이 집단에서 지켜야 하는 규칙을 알려 주어야 한다. 초기의 집단원들은 높은 긴장과 불안으로 관계 형성에 많은 관심을 가진다.

따라서 집단의 상담자는 프로그램의 목적과 과정에 대해 설명하고 집단원 간의 소개 시간을 통해 서로에 대한 관심을 증대시키고 관계 형성의 기회를 마련할 수 있다. 이 단계의 목적은 집단원 간의 친밀감을 형성하고 집단 프로그램에 참여하는 동기를 유발하는 데 있다. 이 단계에서는 바람 및 탐색과 상담환경 가꾸기로 이루어진다.

(2) 탐색과 시험의 단계

집단원 간의 상호작용이 증대되고 서로에 대해 탐색하며 약간의 긴장을 가지고 있는 단계이다. 집단원들은 개인의 가치와 집단의 목적이 공통점을 가지기를 바란다. 만약 이 단계에서 실패하면 다음 단계로의 진행이 어려우며 집단이 종결되거나 집단원이 집단을 떠나 버리기도 하여 중요한 단계라고 할 수 있다. 따라서 집단의 상담자는 집단원이 진정으로 바라는 것을 명확하게 탐색할 수 있어야 하고 집단원의 감정, 생각, 행동을 이야기하며 집단원들의 행위를 분명하게 해야 한다. 다섯 가지의 욕구를 알게 해 주는 Want와 Doing 탐색이 이루어지는 단계이다.

(3) 문제해결단계

상호의존적인 집단원 간 집단 응집력이 만들어지고 집단을 활용하여 문제해결을 시도하는 단계이다. 집단원의 경험에 상호 동일시되기도 하며 목적지향적 활동에 적극적으로 협동하게 된다. 또한 인간관계가 돈독해지고 자신의 감정이나 경험을 개방하여 표현과 토론이 자유로워진다. 이 단계에서 집단의 성장과 변화가 일어나게 된다. 집단에서의 경험을 중요하게 생각하고 자신의 생활에서 스스로 변화를 이루고자 하며 자신의 생각을 바꾸고 문제해결을 위한 노력이 시작된다. 이때 집단상담자는 문제해결에 필요한 정보를 제공하고 집단이 위기의 분위기에 동요되려 할 때 이에 대한 대안을 찾고 위기해결을 도와야 한다. 집단상담자는 다음과 같은 질문으로 집단원의 의식을 전환하는 데 도움을 줄 수 있다. "이것이 당신에게 도움이 됩니까?" "당신이 원하는 것을 위해서 이것이 도움이 됩니까?" 등의 질문을 사용할 수 있다. 이 단계에서는 집단에서 익힌 것을 토대로 자기평가나 계획을 세울 수 있다.

(4) 종료단계

집단 프로그램의 목적이 달성되어 종결하는 단계이다. 집단상담자는 집단원들이 집단을 통해 배운 것을 일상생활 속에서 그대로 유지할 수 있을지를 평가한다. 또한 집단원들과 집단에서 배운 것에 대해 토의하고 앞으로 예상되는 문제나 해결 방법에 대해 논의한다. 마지막으로 집단원 간에 피드백을 주는 기회가 주어지고, 집단과정이 잘 정리될 수 있도록 집단상담자는 집단원들을 돕는다. 또한, 집단이 종결된 후 집단에서 배운 것을 어떻게 자신들의 삶 속에서 활용할 것인가에 대한 논의가 이루어지게 된다.

4) 평가

현실치료적 집단상담의 강점과 한계점은 다음과 같다.

(1) 강점

현실치료 이론에 대한 강점으로는, 첫째, 현실치료는 명쾌한 치료모델에 근거하여 비교적 짧은 시간에 효과적으로 시행될 수 있었다. 둘째, 현실치료에서 근간이 되는 선택이론과 WDEP 치료모델은 이해가 쉽고 명쾌하다. 셋째, 현실치료는 상담자들이 이해하고 임상현장에서 실시하기가 상대적으로 용이하다. 넷째, 현실치료는 치료동기가 부족한 집단원들을 치료에 참여하도록 유인하는 데 효과적이다. 가령, 선도가 불가능한 자녀를 둔 부모집단에 효과적으로 활용될 수 있다(이현림, 김순미, 천미숙, 2015). 다섯째, 집단원으로 하여금 자신이 진정으로 원하는 소명과 욕구를 인식하고 현재의 행동이 그러한 소망을 충족시키는 데 효과적이지 않다는 점을 깨닫게 함으로써 집단원의 변화 동기를 촉발할 수 있다. 여섯째, 현실치료는 긍정적 행동의 선택을 통해서 자연스럽게 부정적인 행동을 감소시키려는 치료적인 방략을 가지고 있다. 일곱째, 현실치료는 다양한 사회적 장면에서 정신건강을 위한 예방적 활동에도 활용될 수 있다.

(2) 한계점

현실치료 이론에 대한 한계점으로는, 첫째, 현실치료는 인간의 심리적 문제를 지나치게 단순하고 낙관적인 입장에서 접근하려 한다. 둘째, 현재를 강조하고 있으나, 많은 집단원이 자신의 행동이 부적절하다는 것을 의식적으로 인식하고, 무의식이나 과거의 경험, 역기능적 신념 등이 내담자의 현실인식과 판단에 강력한 영향을 미치고 있다는 사실을 거부할 수는 없다. 셋째, 인간의 사고와 행동에 영향을 미치는 다양한 심리적 요인을 경시함으로써 심리적 문제를 설명하고 치료할 수 있는 범위를 제한한다. 넷째, 다양한 정신장애를 이해하고 설명하는 데 한계를 지닌다. 다섯째, 경미한 심리적 문제의 치료에는 효과적이지만 심각한 정신장애 치료에는 한계가 있다고 여겨진다.

2. 개인심리학적 집단상담

아들러에 따르면 인간은 사회 속에서 의미를 부여하며 살아가고, 현재를 바탕으로 매 순간 사회 속에서 목표지향적 행동을 하고 그에 대한 책임을 진다. 이러한 전체주의적 관점에서 볼 때 사람을 독특하고 독립적인 존재로 접근해야 한다(김필진, 2007). 즉, 인간을 더 이상 분류하거나 나눌 수 없는 그 자체로서의 전체적인 존재로 보는 것이다. 아들러의 관점에서 볼 때 인간의 목표추구는 기본적으로 우월성과 사회적 관심의 추구에 있다(Robert, Pedro, & Merce, 2001). 아들러(1982)는 인간의 사고와 감정, 행동은 개인의 목표에 의해 결정되고 개인이 목표를 설정하는 것은 유전이나 환경요소가 아니라 자신이 어떻게 이를 창조적으로 활용하고 구성하느냐에 있다고 보았다.

일반적으로 개인심리학 집단상담에서는 내담자들을 돕기 위해 전형적인 발달상의 문제들(동료와의 관계, 이성과의 관계, 사회적 과제 수행)에 초점을 맞추었다(김필진, 2007). 집단원을 조력하는 개인심리학 방법으로는 '격려치료'가 있는데, 집단상담자의 주요한 역할은 자신의 어려움에 부딪혀 포기하고 낙담한 사람에게 격려를 통해 시도할 수 있는 용기를 제공하는 것이다(노안영, 2011). 또한 집단원들의 생활양식을 파악하여 바람직한 방향으로 바꾸도록 재정향을 도와야 한다. 즉, 자기완성을 위해서는 열등감을 극복하는 것이 필수적인데 이는 개인의 노력을 통해서만 성취해 낼 수 있으므로 불완전한 용기(courage to be imperfect)를 갖고 시도할 수 있도록 조력하고, 결여된 사회적 관심과 상식을 증진시키는 것을 목표로 한다(노안영, 2011).

아들러에 따르면 개인의 사회적 관심은 집단상담에서 함께 협동하고 노력을 주고받는 교환과정에 참여함으로써 공동체감을 갖게 하고 소속감을 향상시킨다. 집단원들은 배려가 기반이 된 피드백을 통해 각자의 대처 방법에 대한 장점과 제한점을 논의하고, 새로운 행동과 신념으로 변화시키는 것이 안전하다는 것을 깨닫게 되면서 변화를 향해 나아가고자 하는 용기를 얻게 된다(김필진, 2007).

1) 주요 개념

아들러(1964)에 의하면 인간의 모든 행동은 성장과 발전을 위한 것으로 볼 수 있다. 인간은 자신의 열등감을 극복하기 위해 독특한 생활양식을 가지고 있으며, 이러한 생활양식은 타인과의 상호작용에 영향을 미친다고 본다. 개인심리학적 집단상담은 인간 행동이 지닌 사회적 본성에 대해 집단관계 속에서 접근하여, 집단원의 생활방식을 통찰하는 힘을 촉진시키고자 한다. 즉, 문제의 원인을 개인의 열등감과 잘못된 생활양식, 개인적 우월감 때문이라고 보았다. 이러한 문제를 해결하기 위해서는 열등감을 보상하고 사회적 관심을 높여 주어야 한다. 따라서 개인의 부정적인 신념을 바꾸도록 하여 열등감을 감소시키고 잘못된 신념을 자각하고 사회적 상호작용을 통한 사회적 관심을 증대시키는 데 목적이 있다.

(1) 인간관

아들러의 체계는 성격의 핵심으로 의식과 자기결정력을 무의식보다 강조한다. 인간은 운명의 희생자가 아니라 목적과 의미를 가지고 전체 행동을 파악하며 전체론적 접근으로 개인의 행동은 이해될 수 있다고 본다. 개인은 각자가 지각한 열등감을 극복하고 보상하기 위해 초기 아동기부터 발달시키기 시작한 독특한 생활양식이나 성격을 가지고 있다. 이러한 인간의 생활양식은 생활경험과 타인과의 상호작용에 영향을 미친다. 이것은 자신에 대한 견해와 세상과 인생의 목표를 추구하기 위해 사용하는 독특한 행동으로 구성된다.

(2) 열등감

열등감은 개인이 타인에 비해 스스로 열등하고 능력이 없다고 생각하는 감정으로 모든 사회적 상황과 경쟁관계 속에서 우월할 수 없기 때문에 누구나 갖게 되는 정서이다. 아들러(1964)는 성장과 발달이 열등감 극복을 위한 시도에서 나오기 때문에 개인의 삶의 방식에 긍정적인 영향을 미치기도 하고, 극복되지 못한 채 심화되어 병적 열등감(inferiourity complex)에 이르기도 하는 것으로 보았다. 인간이 열등감을 긍정적으로 사용하지 못하면 자신감, 정체성, 삶의 만족도, 사회적응에서 부정적인 영향을 받게 된다(홍경자, 박영준, 정수희, 2002).

또한, 아들러(1982)는 불완전함과 미완성을 극복하기 위해 '마치 ~인 것처럼(as if~)', 즉 자신이 되고 싶은 이상적인 모습을 추구하는 것으로 보았다. 인간의 우월성 추구는 문제에 직면했을 때 부족한 것을 보충하고, 미완성을 완성하려 하고, 무능한 것은 유능한 것으로 만드는 경향성(Adler, 2006)이기 때문에 열등감은 우월성 추구를 통해 극복될 수 있고, 삶에 긍정적인 영향을 미칠 수 있다.

(3) 가족구도

아들러는 유전이 개인 능력을 부여하고, 환경은 개인에게 감명을 주는 것으로 유전과 환경 모두를 중요하게 보았다. 인간은 자신의 경험에 대한 해석에 따라 창조적인 방식으로 자신의 삶의 태도를 형성하고 삶에 대한 태도는 외부 환경과의 관계로 결정된다(Adler, 1982). 만약, 어린 시절 부모로부터 받은 과잉보호, 학대, 방임 등의 경험을 받았다면 이것은 아이의 부적응의 원인이 될 수 있다. 성인기에도 과거의 경험은 반복되고 스스로에게 경고를 주거나 안정감을 줄 수 있으며 자신의 목표에 초점을 맞추어 과거 경험을 바탕으로 미래를 준비할 수 있기에 어린 시절부터 형성해 온 방식에 대한 이해를 통해 자신의 현재 생활양식에 대한 통찰을 갖는 것은 치료 작업에서 필수적이다.

(4) 생활양식

인간의 생활양식(the style of life)은 창의적인 힘의 발현으로 생성되는데, 즉 세상을 감지하는 방식과 자신을 성공적으로 드러내는 것으로 나타난다(Adler, 1982). 개인의 생활양식은 삶을 영위하는 기본적 전제와 가정으로, 개인의 성격을 형성하고 삶의 방식을 표현한다. 이는 자신과 타인, 세계, 현실에 대한 주관적 인식에서 비롯되는 것으로 자아개념, 자아이상, 세계상, 윤리적 확신으로 구성되어 있다(김필진, 2007). 어릴 때 상상이나 실제에서 경험했던 열등감 보상을 위해 수행한 시도나 대처 방식들이 생활양식으로 자리 잡게 되는 것이다.

(5) 사회적 관심

사회적 관심은 상황에 반응하려는 타고난 성향으로 타인에 대한 관심과 배려를 의미한다. 이러한 사회적 관심은 사회적응의 주요한 준거이며 넓은 의미로는 모든 인류에 대한 관심을 의미하며 사회적으로 유용한 사람이 되고자 하는 바람을 포함한다(김필진, 2007). 집단은 집단원들이 공동체 의식과 소속감을 향상시킬 수 있도록 사회적 환경을 제공한다. 딩크마이어와 칼슨(Dinkmeyer & Carlson, 1975)은 집단원들이 겪는 문제는 타인과의 상호작용에서 발생한 문제로 행동은 사회적인 의미를 갖기 때문에 개인의 목표는 사회적 틀 속에서 이해되어야 한다고 주장하였다(홍경자, 박영준, 정수희, 2002).

(6) 목적론

인간의 삶의 모든 형태는 성장과 발전을 위한 것이다. 따라서 인간은 목표와 목적을 위해서 살아가고 자신의 미래에 관심을 기울이며 의미를 창출하는 존재라고 본다. 모든 살아 있는 유기체들의 힘의 원동력이고, 최종적인 허구적 목표는 우월성을 가져온다고 지각되는 개인의 목표이다(김미란, 2006; 김필진, 2007). 이는 두 가지 보상적 기능을 갖는데, 첫째, 목표 자체가 보상을 유발하고, 둘째, 열등감이 존재할 때 목표로 인해 긍정적인 감정을 갖게 되는 것이다(Rober et al., 2001).

아들러(1982)는 개인이 자신의 상황에서 잠재력과 그것들을 모두 사용할 수 있도록 만드는 요건을 고려하는 것이 필요하다는 주장을 하였다. 인간은 자신의 문제를 해결할 때 성공률이 높은 행동을 계획하고, 과제로 실행하게 되면 용기와 질 좋은 관계를 경험할 수 있고, 실패할 경우에는 더 효과적인 계획을 세워 나갈 수 있다(노안영, 2011).

(7) 격려하기

자기격려는 스스로 긍정적인 기대를 부여하고 개인의 내적 자원을 강화시켜 타인의 평가에 의존하지 않고 자신이 결정하고 행동할 수 있는 힘이 있다는 것을 깨닫게 한다(기채영, 2008; 노안영, 정민, 2007). 개인의 변화는 내적인 동기가 부여되었을 때

가능하기 때문에 자발성과 의지를 격려하는 것이 중요하다(정은균, 2009). 정서적 격려를 많이 하는 사람일수록 적대감, 공포불안, 정신증 및 신체화 증상 수준이 낮아진다. 또한, 집단에서 자신의 내적 경험을 공감적으로 이해하고, 부정적 감정에 대한 표현을 수용받음으로써 자신과 타인에 대한 부정적 인식을 줄일 수 있다. 집단에서 비합리적인 사고에 도전하고 대안적인 사고를 발전시키는 데 있어 인지적 격려를 함께 활용하는 것이 도움이 될 수 있다.

2) 기본 기법

(1) 단추 누르기 기법

내담자가 선택한 사건이나 기억에 의해 자신의 감정을 스스로 만들 수 있다는 사실을 알게 하는 기법이다. 이는 집단원에게 자신이 감정의 희생자가 아니라 감정의 창조자임을 알게 하는 기법인 것이다. 집단원의 유쾌한 경험과 유쾌하지 않는 경험을 번갈아 가면서 생각하도록 하고, 각 경험과 관련된 감정에 관심을 가지도록 하는 것이다.

(2) 스프에 침 뱉기

집단원의 어떤 행동의 목적과 대가를 인식한 집단상담자는 곧바로 그 행동이 총체적으로 손해되는 행동이라는 사실을 집단원에게 분명하게 보여 줌으로써 더 이상 손해되는 행동을 하지 못하도록 한다. 집단원의 자기패배적 행동(스프)의 숨겨진 목적을 드러내어, 이전에 하던 행동을 차단하거나 분리시키려고 할 때 효과적으로 사용하는 기법이다.

(3) 마치 ~인 것(as if~)처럼 행동하기

집단원이 실패할 것이라는 믿음 때문에 시도하기를 두려워하는 행동을 마치 ~인 것처럼 자신의 모습을 상상하고 실제로 그렇게 해 보도록 요청하는 기법이다. 예를 들면, 대인관계에서 두려움이 많은 내담자에게 장군이 되어 부하를 지휘하는 행동을 하도록 요구하는 기법이다.

(4) 초기 기억(초기 회상)

생활양식을 탐색하는 주요 기법으로 초기 6개월~9세까지 선별된 기억을 하도록 한다. 초기 기억의 심상과 적극적인 해석은 집단원의 잘못된 신념을 재구성하는 데 훌륭한 도구로 활용할 수 있다.

(5) 심상 만들기

집단상담자들은 집단원에게 간략한 심상을 부여하는데, 이는 '한 개의 그림이 천 마디의 말만큼이나 가치가 있다'는 금언을 확인하는 것이다. 이러한 심상을 기억하면서 집단원들은 자신의 목표를 상기할 수 있으며 이후의 단계에서 자신을 비웃는 데 심상을 사용하는 것을 배울 수 있다.

(6) 격려하기

집단원이 자신의 열등감을 극복하고, 그들의 가치를 깨닫도록 돕는 데 초점을 둔다. 이는 집단원에게 자신감을 가질 수 있도록 용기를 북돋워 주는 것으로 집단과정 중에 계속된다.

(7) 추측하기

다양한 가설을 제공한다.

(8) 패턴 인식

생활과제를 통틀어 관련성 찾기이며, 자신의 인생에 대해 유용한 통제감을 얻을 수 있다.

(9) 가족조각하기

가족 구성원을 어떻게 생각하고 대하는지 상징화하는 기법으로 집단원과 가족의 상호관계를 알 수 있다.

(10) 직면

집단원이 자신의 선택에 대한 책임을 받아들이고 상담자가 집단원을 의미 있는 대화에 참여하도록 한다.

(11) 과제의 설정과 이행

문제를 해결하기 위해서 집단원은 단계를 설정하고 이에 적합한 과제를 이행해야 한다. 한정된 시간 내에 성취할 수 있는 과제를 설정하여 성공감을 맛보도록 해야 한다. 이 성공감은 새로운 자신감을 개발시킨다. 만약에 계획이 잘 수행되지 않으면 이유를 살펴보고 개선하도록 노력한다. 대중 앞에 나와서 말을 잘 하지 못하는 사람에게 프리젠테이션을 발표하는 과제를 부여하여 반복적인 연습을 통해 자신감을 갖게 하는 것이다. 문제해결을 위해 과제의 이행을 통해 집단원들이 문제를 해결할 수 있도록 돕는다.

3) 상담과정과 운영

집단상담은 한 명의 상담자와 여러 명의 집단원이 일상생활에서 부딪히는 문제에 대한 그들의 그릇된 태도와 행동을 점검하고 변화시키기 위한 목적으로 현실에 대한 방향 점검, 감정 정화, 상호신뢰, 관심, 이해, 수용, 지지, 허용 등과 같은 치료적 기능을 포함한 의식적 사고와 행동에 초점을 두는 역동적 인간 상호관계의 과정이다.

(1) 상담목표

상담의 1차적인 목표는 내담자가 호소하는 심리적 불편이나 증상을 경감시켜 주는 것으로 '증상완화 또는 문제해결적 목표'이다. 상담의 2차적 목표는 내담자가 자신의 내면적인 자유를 회복하고, 자신이 가지고 있는 수많은 가능성과 잠재력을 발휘할 수 있도록 성격을 재구조화해서, 인간적인 발달과 인격적 성숙을 이루도록 하는 것으로 '성장 촉진적 목표'이다. 열등감과 그릇된 생활양식의 발달과정에 대한 이해를 통해 잘못된 생활 목표를 변화시켜 새로운 생활양식을 구성하게 하고 사회적 관심을 가지도록 촉구한다. 집단상담과정은 '서로에게서 배우고 학습하는 일종의 교육과정'으로 어떤 집단원의 말이나 행위에 대해 해석이 가해질 경우, 그것은 그 해석을 받는 사람뿐만 아니라 이를 지켜보는 다른 집단원들에게도 학습의 기회를 제공하는 것이다.

(2) 상담자의 기능과 역할

집단 내에서 일어나는 개인들의 지금-여기의 행동에 주목하고, 집단원 스스로 그 행동의 목적과 결과에 대해 이해하도록 격려하고 도와준다. 즉, 집단상담자는 협력적으로 치료하기 위해서 노력하는 활동적인 역할을 담당한다. 집단상담자는 집단과정을 수립하고 유지하는 역할을 하며 집단원의 신념과 목표에 도전하고 집단원이 집단과정에서 학습한다는 믿음으로 행동을 할 수 있도록 조력한다.

(3) 집단상담의 적용

① 1단계: 상담관계 형성

집단상담 초기에는 상호존중과 협동에 기초하여 좋은 상담관계를 형성하는 것이 중요하다(홍경자 외, 2002; Dreikurs, 1969). 프로그램 소개를 통해 집단상담에 대한 이해를 돕고, 집단원들이 참여하게 된 계기와 얻고자 하는 것들을 개방할 수 있는 시간을 통해 신뢰할 수 있는 분위기를 형성하고 적극적으로 참여하도록 격려한다. 아들러 학파의 치료적 관계는 서로 동등하다. 이때, 민주적인 분위기가 장려되며 효과적인 집단 상담에서의 관계는 상호존중에 기초한다.

② 2단계: 평가와 분석 개인역동의 탐색

집단원들이 상담과 사회적 상황에서 어떻게 기능하는지와 그들이 자신과 성역할 정체감에 대해 어떻게 느끼는지 탐색한다. 현재 겪고 있는 대인관계적인 상황에서의 대처방식과 어린 시절 가족구조에서의 역할을 탐색함으로써 자신의 열등감과 생활양식을 이해할 수 있다. 가족구조의 조사는 부모와의 관계를 탐색하는 것과 형제 간의 서열과 심리적 경험을 파악하는 것으로 나누어질 수 있다. 이를 통해 현재의 대인관계 패턴의 연결성을 이해하고 자신의 생활양식이 어느 유형에 해당하는지 인식하고 변화의 필요성을 자각할 수 있다. 집단상담자는 평가단계에서 집단원의 생활양식 조사 자료를 요약하고 통합하여 집단원에게 주는 잘못된 개념과 개인신화를 어떻게 해석할 것인지를 파악한다.

③ 3단계: 통찰

통찰은 변화를 위해 필요한 조건이 아니라 변화를 향한 단계에 불과하다고 인식한다. 집단원들이 왜 자신이 존재함으로써 기능하는지를 이해하는 데 도움을 준다. 대인관계에서 자기표현을 방해하는 생각을 탐색하여 자신의 기본적 오류에 대한 통찰을 갖고 관계에 대한 적응적인 관점을 갖도록 한다. 그리고 자신이 그러한 사적 논리를 만들어 냈다는 주체성을 확인하고, 적응적인 행동 방법을 선택할 수 있다는 것을 인식하도록 유연한 사고의 확장을 도울 수 있다.

본인이 겪은 갈등상황에서 지각한 사고-정서-행동과정이 자신의 창조적인 지각방식의 산물이라는 것을 인식하고, 현재 반복하고 있는 자기패배적 행동에 대한 통찰을 시도한다. 또한, 자신이 갈등상황에서 느낀 감정과 생각에 대해 있는 그대로 표현해 보고 타인에게 지지받는 시간을 가진다. '단추 누르기' 기법은 자신이 무엇을 생각할지 결정하면 자신이 원하는 감정을 무엇이든 만들어 낼 수 있다는 것을 인식하도록 돕는 방법으로 자신이 감정의 창조자이지 희생자가 아니라는 것을 깨닫고 주체성을 자각하도록 돕는다(정수희, 2002).

④ 4단계: 행동화 단계

집단원의 내적 자원을 활용하여 열등감을 바람직한 방향으로 보상할 수 있도록 자신의 욕구를 인식하고 이를 적응적으로 표현할 수 있는 방법을 탐색한다. 역할극으로 실천해 보면서 격려와 피드백을 통해 행동을 수정해 나간다. '마치 ~가 된 것처럼 행동하기' 기법은 실패에 대한 두려움 때문에 하지 않았던 행동을 시도하고 실천해 보도록 도와준다.

이때, 새로운 결정을 하고 목표를 수정하기도 하는 집단의 행동화 단계이다. 자신의 내적 자원을 활용하여 열등감을 바람직한 방향으로 보상할 수 있도록 자신의 욕구를 인식하고 이를 적응적으로 표현할 수 있는 방법을 교육한다.

⑤ 평가 및 종결단계

개인심리학적 집단상담은 해석의 강조, 초기 기억에의 관심, 발달의 결정 기간을 강조한 것은 프로이트 학파와 유사하다고 할 수 있다. 따라서 인간 경험의 전체를 이해하는 하나의 통합이론인 것이다. 집단이 끝난 후 생활에서 적응적인 방식으로 대인관계를 맺기 위해 세운 목표들이 실천 가능한지 점검하고 다짐하는 시간을 가질 수 있고, 프로그램에 참여하면서 성장한 점들을 자기격려와 타인격려를 통해 지지하게 된다.

4) 평가

개인심리학 이론에 대한 강점과 한계점은 다음과 같다.

(1) 강점

개인심리학 이론의 강점으로는, 첫째, 인간을 미래지향적이고 목적론적으로 보면서 인간의 성장모델에 주안점을 두었다. 둘째, 인간은 사회적 재교육과 재정향 과정을 통해서 사회적 관심과 공동체에 대한 애정을 보유한 건강한 인간으로 거듭날 수 있다고 본다. 셋째, 집단원은 병든 것이 아니고 삶에 대한 잘못된 신념이 불편한 정서를 유도하여 이를 바꿀 수 있도록 돕는다. 넷째, 인간은 나눌 수 없는 전체로 보며 각 개인의 주관적 체험을 중요하게 여긴다. 다섯째, 치료 방법이 비교적 간단하여 단기간에 시행될 수 있으며 교육과 예방을 중시하였다.

(2) 한계점

개인심리학 이론에 대한 한계점으로는, 첫째, 정신분석적 관점에서 성격의 일원론을 주장하고 있다. 둘째, 자아는 본능의 확장이고 의식의 초점이며 무의식은 무시된다. 하지만, 현대 심리학에서는 무의식을 배제하고 인간의 행동을 논하기에는 어려움이 있다. 셋째, 복잡한 개념을 지나치게 단순화시켜 비난의 대상이 되기도 한다. 넷째, 실증적인 근거가 부족하고 피상적이라는 비판을 받았다. 다섯째, 공동체 활동에 대한 참여와 책임을 과도하게 강조하고 있다는 점에서 비판의 대상이 되기도 하였다. 여섯째, 단기치료가 필요한 내담자들에게는 해결하기 어려운 점이 있다. 즉, 집단원들은 자신의 아동기, 초기 기억, 가족 내 역동탐색에는 시간적 제약이 있다(이현림, 김순미, 천미숙, 2015).

참고문헌

기채영(2008). 대학생의 자기위로, 자기격려, 자기수용과 정신건강과의 관계. 한국놀이치료학회지(놀이치료연구), 11(4), 65-76.

김미란(2006). 아들러의 개인심리학에 근거한 격려집단상담 프로그램 개발 및 효과분석. 상담학연구, 7(4), 1093-1106.

김인자(1997). 현실요법과 선택이론. 서울: 한국심리상담연구소.

김필진(2007). 아들러의 사회적 관심과 상담. 서울: 학지사.

노안영(2011). 집단상담 이론과 실제. 서울: 학지사.

노안영, 정민(2007). 자기격려-낙담 척도 개발 및 타당화. 한국심리학회지: 상담 및 심리치료, 19(3), 675-692.

송민수(2002). 현실요법 집단상담 프로그램이 초등학생의 내적통제성과 자아존중감에 미치는 영향. 서울교육대학교 교육대학원 석사학위논문.

신순자(2006). 현실요법 집단상담 프로그램이 초등학생의 자아존중감 및 사회성에 미치는 영향. 전주교육대학교 교육대학원 석사학위논문.

이장호, 김정희(1992). 집단상담의원리와 실제. 경기: 범문사.

이현림, 김순미, 천미숙(2015). **집단상담**. 경기: 양서원.

정수희(2002). 대학생들의 열등감 극복을 위한 개인심리학적 집단상담의 효과. 전남대학교 대학원 석사학위논문.

정은균(2009). 진로상담: 아들러 이론에 근거한 진로상담 프로그램의 효과. **상담학연구**, 10(1), 341-363.

조덕일(2005). 청소년의 자기효능감 지도요인에 관한 연구. 명지대학교 대학원 박사학위논문.

최미경(2007). 타이치운동 프로그램이 만성 정신 분열병 환자의 체력과 자아존중감에 미치는 효과. 충남대학교 대학원 석사학위논문.

홍경자, 박영준, 정수희(2002). 개인 심리학 적혈 상담이 열등감과 과민 반응. **상담학 연구**, 3(1), 63-80.

Adler, A. (1964). *Social interest: A challenge to mankind* (Vol. 108). New York: Capricorn Books.

Adler, A. (1982). The fundamental views of individual psychology. *Individual Psychology: Journal of Adlerian Theory*, Research & Practice.

Adler, D. A., McLaughlin, T. J., Rogers, W. H., Chang, H., Lapitsky, L., & Lerner, D. (2006). Job performance deficits due to depression. *American Journal of Psychiatry, 163*(9), 1569-1576.

Dinkmeyer, D., & Carlson, J. (1975). *Consultation: A book of readings*. John Wiley & Sons.

Dreikurs, R. (1969). Social Interest: The Basis of Normalcy. *Counseling Psychologist, 1*(2), 45-48.

Evans, D. B. (1982). What are you doing? An interview with William Glasser. *The Personnel and Guidance Journal, 60*(8), 460-465.

Glasser, W. (1965). *Reality therapy. A new approach to psychiatry*. New York: Harper & Row.

Glasser, W. (1992). Reality therapy. In Zeig, Jeffrey K. include all editors (Eds.), *The evolution of psychotherapy: The second conference* (pp. 270−283). New York: Brunner/Mazel.

Glasser, W. (2001). *Counseling with choice theory: The new reality therapy.* New York: Harper Collins.

Glasser, W. (2003). *Warning: Psychiatry can be hazardous to your mental health.* New York: Harper Collins.

Glasser, W. (2009). 경고: 정신과 치료가 당신의 정신건강에 피해를 줄 수 있다. (박재황 역). 서울: 한국심리상담연구소.

Glasser, W. (2010). 행복의 심리. (김인자, 우애령 공역). 서울: 한국심리상담연구소.

Robert, C., Pedro, E., & Merce, S. (2001). Evalution of browing effect on avocadopuree. *Innovative Food Science & Emerging Technologies, 1,* 261−268.

Wubbolding, R. E. (1988). *Understanding reality therapy.* New York: Haper & Row.

제3부 집단상담의 실제

제**9**장

아동을 위한 집단상담

　아동상담은 아동을 대상으로 아동이 느끼는 심리적 어려움과 갈등을 해결해 가는 과정이다. 상담이라고 하면 대부분 앉아서 이야기를 나누는 장면을 떠올리지만, 아동은 아직 발달과정에 있으며 인지적 발달의 미흡과 언어발달의 미숙으로 자신의 감정과 생각을 적절하게 표현하는 것이 서툴거나 어렵다. 그래서 아동상담은 언어를 주 매개체로 활용하지만 아동 성향이나 문제유형에 따라 놀이, 독서, 음악, 미술, 운동 등의 다양한 매체를 활용해야 한다. 이때 아동상담자는 아동발달 특성을 이해하고 그에 따른 사고 및 언어과정의 한계를 있는 그대로 인정하고 아동의 발달 수준에 맞는 상담 기법을 사용해야 한다.

　이 장에서는 아동이 가정 내에서 정상적으로 성장 · 발달할 수 있도록 아동에 대한 이해와 아동상담이론을 바탕으로 상담 기법, 상담과정을 소개하고 아동상담자가 효과적인 집단상담을 구성하는 데 필요한 틀에 대해 살펴보고자 한다.

1. 아동의 이해

인간의 발달은 평생을 거쳐 일어나지만, 특히 아동기는 발달이 가장 활발한 시기이다. 또한 아동기는 긍정적인 자아개념 및 여러 가지 사회적 기술을 익혀 건강한 사회인으로 성장하기 위한 중요한 시기이다. 아동은 자신이 속한 환경에서 신체·심리·사회적으로 기대되는 발달을 잘하지 못하면 부적절함과 같은 다양한 어려움을 겪게 된다. 아동상담은 아동의 성장발달에 있어서 영향을 미치는 장애를 극복하고 최적의 발달을 가져올 수 있도록 훈련받은 전문가와 도움이 필요한 아동과의 관계형성을 통해 진행되는 과정이라고 할 수 있다. 우리나라의 급격한 성장과 도시화는 여러 사회문화적 환경에 영향을 미친다. 아동상담에서 중요하게 고려되어야 하는 환경요인들은 다음과 같다.

1) 가족과 부모

가족과 부모가 아동에게 미치는 영향은 매우 크며 평생에 걸쳐 지속될 수 있다. 현대사회에서는 다양한 가족 형태가 나타나고 있으며, 그에 따른 필요와 요구가 따른다.

(1) 부모

부모는 아동에게 가장 큰 영향을 미치는 환경요인이다. 현대사회에서 자녀양육은 부부 공동의 책임이 되어 가고, 아버지와 어머니의 역할이 점차 공유되는 부분이 많아지고 있다. 이러한 변화 속에서 많은 젊은 부모세대의 양육모델과 맞지 않고, 새로운 모델을 찾지 못한 채 어려움을 겪고 있다. 부모가 자녀를 양육하는 방식은 부모의 원가족과 가족의 생태학적 특성, 가족이 속한 문화, 자녀와 부모의 기질, 가족의 분위기 등 다양한 요인의 영향을 받는다. 그러나 여성 역할의 변화, 다양한 가족구조와 미흡한 양육지원체계 등은 부모역할의 수행을 어렵게 한다. 특히 아동의 문제행동이나 인성발달에 있어 우선적으로 살펴보아야 할 것은 부모의 양육태도이다. 부모가 권위적인 양육태도를 가지고 있으면 대체로 통제적이며 규칙을 정하고 아동이 이를 지키게 하지만, 따뜻하고 수용적이며 아동의 욕구를 고려해 준다. 하지만 권위가 독재적이라면 아동은 위축되어 있고 공격적이며 자존감이 낮을 수도 있다. 부모가 따뜻한 보살핌이 거의 없고 방임적인 양육태도를 가지고 있으면 아동은 충동적 · 의존적인 성격을 갖기 쉽고 다소 무책임한 성향을 가질 수도 있다.

(2) 맞벌이 가족

우리나라 맞벌이 가구는 점차 증가하여 전체 가구의 3분의 1을 차지하고 있다. 어머니의 취업이 자녀에게 미치는 영향을 탐색하고자 하는 노력이 이루어지고 있다. 점점 더 어린 연령부터 유아교육기관을 다니게 되고, 다양한 수요자의 요구를 해결하기 위해 실시하는 시간 연장 어린이집과 24시간 어린이집 등은 부모가 자녀를 돌볼 수 없는 특수한 상황에서 아이를 돌보기 위한 목적을 지니지만 실제로는 부모가 필요하면 언제든지 자녀를 어린이집에 맡길 수 있는 상황이라 부모와 자녀 간의 애착형성에 많은 문제점을 야기하기도 한다.

어머니의 취업에 의해 부모가 직장에서 보내는 시간, 직업 및 역할에 대한 부모의 태도, 가족구조, 아동의 연령, 양육기관서비스의 질 등이 자녀의 발달에 많은 영향을 미친다. 맞벌이 가족 아동의 경우, 특히 너무 이른 나이에 부모와 분리되어 혼자서 많은 시간을 보내야 하는 아동의 경우에는 자폐증과 유사한 특징이 보고되는 경우가 종종 있다.

(3) 다문화가족

우리나라 결혼이주자는 2010년에 13만 명을 넘어 10쌍 중 1쌍 이상이 국제결혼 부부이며, 2020년에는 25만 명에 이를 것으로 예측되고 있다. 국제결혼이주자 중 여성이 88.3%로 대부분이며, 농어촌의 경우 2008년도 전체 혼인 건수 약 40%가 국제결혼인 것으로 보고되었다. 그리고 다문화가정의 상당수가 저소득빈곤층에 속해 있다. 다문화가족의 아동에게 부모 각각의 역사와 문화를 이해하고 적응해야 하는 부담감은 아동의 삶에 혼란과 스트레스를 가중시킬 수 있다. 우리나라에서 다문화가정 아동은 전반적인 발달과 언어, 학업, 또래관계 등에서 어려움을 겪는 것으로 나타났으나, 다문화가족 어머니의 부모역할 만족도는 자녀양육의 어려움에도 불구하고 높은 편이다.

(4) 이혼가족

우리나라에서도 가족법 개정 및 결혼에 대한 가치관의 변화, 부부간의 경제적 의존도 약화, 남녀의 성역할 변화 등의 이유로 최근 30년간 급속히 이혼가족이 증가하다가 2004년 이후 감소하고는 있으나, 2009년 현재 12만여 건으로 부부 100쌍당 1쌍이 이혼하고 있다. 이혼은 이제 우리 주변에서 흔히 볼 수 있는 현상이며 다문화가정의 증가와 더불어 다문화가정의 이혼도 증가하고 있다.

이혼 사유는 성격 차이와 경제적 문제가 가장 큰 비중을 차지한다. 이혼과정은 고통스럽고 개인의 세계관을 손상시키며 가족들에게도 큰 스트레스가 된다. 이혼가족 아동의 적응 문제는 이혼이 결정되기 이전부터 시작되어 오랜 기간에 걸쳐 일어난다. 일반적으로 이혼가정 아동은 분노, 상실감, 죄책감, 두려움 등의 감정을 느끼게 되고, 대표적으로 보이는 문제로는 학업성취 문제, 품행, 심리적 부적응, 자아존중감 저하 그리고 사회적 관계에서 오는 부정적 평가, 우울증 등이 있다.

(5) 재혼가족

이혼부부의 상당수는 재혼을 하여 계부모-자녀 가족도 증가하고 있다. 재혼을 하는 숫자도 남녀 합해 매년 10만 명을 넘어서고 있어 전체 혼인에서 재혼이 차지하는 비중이 20%를 상회, 10년 전에 비하면 2배 가까이 늘었다. 부모의 재혼은 자녀들에게는 대처해야 할 하나의 도전 과제이다. 편부모와 친구처럼 오랫동안 지내온 아이들은 새로운 관계 변화를 수용하기가 더 어렵다. 부모의 재혼은 아이들의 거취 문제와 두 가정의 자녀가 한 부모를 공유하고 자녀를 부모의 생활에 끼워 맞추어야 하는 문제를 야기시키는 경우가 많다. 재혼 후 자녀들이 자동적으로 잘 어울릴 것이라는 기대와는 달리 자녀들은 충성심의 갈등, 소외감, 차별대우, 변화된 가족구조, 양육방식의 충돌, 기존의 관계 위에 새로운 관계를 구축해야 하는 어려움, 음식을 비롯한 일상생활에서의 다양한 어려움으로 힘들어한다. 이들은 감정적으로는 질투심, 분노,

배신감을 느끼지만 이성적으로는 재혼이 부모에게는 좋은 기회라는 것을 알기 때문에 이런 감정을 잘 표현하지 못한다.

(6) 한부모 가족

한부모 가정이란 사망, 이혼, 미혼모의 출산 등 다양한 이유로 부모 중 한 명이 없는 가족 형태로, 이혼의 비중이 늘고 있으며 부자(父子)가정도 증가하고 있다. 최근 한부모 가족이 직면하게 되는 빈곤의 위험성과 다양한 지원책의 미흡함이 제기되면서 한부모 가족지원법이 제정되고 이들의 재정적 보조에 관한 다양한 대안이 제기되고 있다.

한부모 가족, 특히 모자가정은 경제적 문제로 어려움을 겪는 경우가 많고 아동의 연령이 어릴수록 수치가 증가한다. 예를 들면, 여성 한부모 가족에서 생활하는 6세 미만 아동의 50%가 빈곤을 경험했는데 이는 6세 미만 자녀가 있는 양부모 가족의 빈곤율 9%의 5배 이상이다. 우리나라에서는 비양육부모와의 접촉을 부정적으로 생각하는 경향이 여전히 남아 있으며, 한부모 가족에 대한 지원이 경제적인 것으로만 이해되고 있는 문제가 있다. 한부모는 자녀양육의 문제, 과도한 역할수행에 따른 스트레스와 갈등 등 심리사회적 문제를 겪는다. 이러한 환경에 있는 아동은 욕구나 대처능력의 부족, 혼자 남겨질 두려움, 과한 책임감을 가지기 쉽다.

2) 학교와 친구

아동에게 학교와 친구는 가족만큼 큰 영향을 미치는 사회화 집단이다. 학교는 선생님의 권위를 인정한 가운데 학생들을 사회화시키며, 친구와 또래집단은 동일한 지위를 갖고 학교의 안과 밖에서 사회화 과정에 참여한다.

(1) 학교

아동의 삶에서 학교는 무엇보다도 중요한 핵심적인 요소이다. 아동은 학교에서 일정한 권리와 의무를 갖는다. 학교에서 공부를 하고 친구들과 지내고 특별활동도 한다. 학교는 교육과정의 운영을 통하여 아동에게 문화적 지식과 기술을 전달하고, 다양한 행동 모델과 지식의 원천을 제공하여 아동이 가족으로부터 정서적으로 독립할 수 있도록 도와준다. 교사는 전문적인 교육을 받고 인격적으로 통합되어, 아동의 미숙을 수용하고 긍정적 기대와 적합한 교수 방법을 통해 지적 · 정서적 성장을 촉진시킨다. 모델로서 교사가 미치는 영향은 광범위하며, 아동과 교사와의 관계의 질, 학교생활의 적응 정도와 성취도 등에 따라 달라진다. 현대의 민주사회에서는 교사와 아동의 관계도 상호존중하는 새로운 패러다임을 필요로 한다. 학교에서의 경험은 아동의 삶에 있어서 지속적으로 지대한 영향을 미친다. 학교에서 아동은 학습성취뿐 아니라 가치관이나 자존감을 형성하고, 성실성을 기른다. 많은 연구 결과가 학교생활이 아동의 학업성취, 사회적 행동, 취업에 영향을 준다고 밝히고 있다. 이렇게 학교생활은 아동에게 직접적이거나 학습동기나 학업에 대한 자신감, 학업에 대한 인식 등 간접적으로도 영향을 미친다.

(2) 친구

또래관계는 발달 연령에 따라 각기 다른 영향을 끼치게 된다. 일반적으로 아동은 또래와의 관계를 통해 사회성을 기르고, 가치관을 형성하게 된다. 또한 또래관계는 아동의 행동에 모델이 되며, 보호를 제공하기도 하고 희생을 강요하기도 하며, 서로에게 강화와 처벌을 내리기도 한다. 아동에게 또래는 부모나 다른 성인과 맺고 있는 수직적인 관계가 아닌 수평적인 관계에서 상호작용을 통하여 사회성이 발달하는 데 영향을 미친다. 아동 및 청소년은 가족과 분리되어 자신을 정의하고 개인적 정체감을 형성하려 한다. 친구들과의 상호작용은 아동의 자아존중감, 사회적 행동 그리고 심리적 적응에 영향을 미치며, 특히 친밀한 우정은 부끄러움을 상쇄시키며, 친구들과 더 적극적으로 어울리게 한다.

또래집단으로부터 인정받기 위해 아동은 자신이 속해 있는 집단의 기준이나 가치에 동조하려는 경향이 강하다. 학령기 아동은 특히 또래집단의 행동에 동조하려는 욕구가 강하며, 또래집단의 행동기준은 아동에게 사회적 압력으로 작용한다. 이러한 동조 현상을 통해 그들 나름대로의 태도나 가치관을 형성하고, 이것이 가족이나 부모가 제시하는 태도나 가치관과 상치하게 되면 부모의 권위에 도전하거나 심각한 가족 내 갈등을 일으키기도 한다.

(3) 학교폭력

일반적으로 또래와의 관계를 수평적이라고 보아 힘이 균등하며 서로를 수용할 것으로 기대되지만, 현대사회에서는 또래 간에 권력의 차이가 가시화되고 있다. 이는 괴롭히기, 거부하기, 소외시키기, 소문내기, 조정하기 등 직·간접적인 형태로 나타난다. 아동의 성장과정에서 나타나는 다양한 또래 괴롭힘, 속칭 왕따는 대부분의 문화에서 나타나는 현상이지만, 오늘날 국내의 학교 장면에서는 과격하고 모욕적인 괴롭힘이 발생하고 있어 개인적 차원을 넘어 사회적 문제가 되고 있다. 또래 괴롭힘은 또래관계와 관련된 심리사회적인 변인, 부모와 학교 변인 등이 복합적으로 작용한다. 전형적인 피해자는 다른 아동보다 불안하고 소심하고 예민한 경향이 있다. 또래 괴롭힘을 당하는 피해아동을 빨리 파악하여 도와주는 것이 무엇보다 중요하나, 또래 괴롭힘이 모호하게 진행되는 경우가 많으며 피해아동이 비밀로 하는 경우에 어른의 개입이 늦어진다.

3) 사회환경

(1) 학업성취압력

출산율 저하로 자녀 수가 감소하고 부모의 기대 수준이 높아지면서 자녀에 대한 과잉보호, 조기유학, 조기교육 열풍 등의 문제가 대두되고 있다. 아동은 유아교육기관에서부터 초등학교에서의 성공적인 적응과 학습을 위한 문자지도를 요구받고, 어린아이들은 유치원이나 어린이집을 마치고도 하루에 여러 개의 학원과 학습지를 해야 하는 힘겹고 어려운 유아기와 아동기를 보내고 있으며, 초등학교 시기에는 이러한 부담이 가중된다.

(2) 아동학대

우리나라의 아동학대 발생 사례는 최근 10여 년간 2배 이상 증가하였다. 아동학대에는 신체적 학대, 성적 학대, 유기, 정서적 학대 등이 있다. 신체적 학대와 유기는 줄어드는 반면 방임과 정서적 학대, 성적 학대가 많은 증가를 보이며 여전히 중복 학대가 많은 것으로 나타났다. 대부분의 학대행위자는 부모로, 아동학대의 83%가 부모에 의해 발생한 것으로 보고되었다. 아동학대를 막기 위해 예방서비스 차원에서 사회교육을 통해 폭력과 보호에 대한 관심이 필요하다. 학대당한 아동은 수용적이고 정서적인 보살핌을 받는 경험과 학대한 성인에 대한 부정적인 태도와 공포를 완화시켜 주는 도움이 필요하다. 그렇지 않으면 장기적 후유증이 우려된다.

(3) 성 문제

최근 우리나라는 아동 성범죄율이 높아지는 반면 신고비율이 낮고 법적 조치도 미흡하여 총체적인 어려움을 안고 있다. 아동 성범죄는 그 사회의 왜곡된 성 인식과 취약한 아동안전망을 나타낸다. 성 피해아동은 치명적인 손상을 입고 장기간 고통을 겪게 된다. 아동은 분노를 표출하는 방법을 잘 모르고 부적절한 죄책감이나 책임감, 피해의식, 자아존중감 상실 등 후유증이 크기 때문에 즉각적이고 세심한 도움이 필요하다. 한편 그동안의 아동 관련 성 문제는 피해와 관련한 문제가 대부분이었다면, 최근 들어 아동이 장난으로 한 행동이 성폭력 가해행동이 되어 문제가 되는 또래성폭력과 관련된 문제가 많이 발생하고 있다. 이 또한 간과해서는 안 되므로 적어도 아동이 모르고 가해행위를 하지 않도록 예방교육이 절실히 요구된다.

2. 아동상담의 기초

1) 아동상담의 개념 및 필요성

아동상담은 상담자와 아동 간의 존중과 소통을 기반으로 하여 내담자인 아동의 심리적 성장을 도와주는 과정이라는 점에서는 성인상담과 다를 것이 없다. 그러나 아동상담에서는 내담자인 아동의 성과 연령 등 아동이 가진 변인과 부모를 포함한 가족과 학교와 친구 등의 환경을 고려해야 한다. 아동상담자는 내담자인 아동의 연령에 맞는 발달과업과 인지 및 행동양식, 그리고 사회환경이 이들에게 미치는 영향 등을 이해하고 그에 맞는 상담전략을 준비해야 한다. 아동은 이야기 중심으로 전개되는 상담과정에 싫증내기 쉽고 침묵을 하거나 이야기의 주제에 오래 집중하지 못한다. 그러므로 놀이나 다양한 매체를 활용하여 아동에게 치료적 변화를 경험할 수 있도록 환경을 제공하는 것이 필요하다.

상담의 기본 원리는 성인상담과 아동상담에서 모두 비슷하지만 방법에 있어서는 차이점이 있다. 아동의 경우는 인지적·언어적 기술이 미성숙하기 때문에 추상적인 용어를 이해하기 어렵고 자신의 생각과 느낀 점을 언어적으로 표현하기 힘들다.

아동상담은 아동을 대상으로 아동의 연령이나 발달 정도, 현재 적응 상태, 현재 지닌 문제, 객관적인 자료 등을 바탕으로 진행하는 상담 또는 치료를 의미하며, 아동과의 직접면담 이외에도 놀이치료, 미술치료, 음악치료, 운동치료, 가족상담 등과 같은 방법이 함께 사용된다. 아동상담이 성인상담과 구별되는 점은 다음과 같다.

첫째, 아동상담의 대상자는 법적·사회적 미성년자이다.

둘째, 상담자는 아동의 부모와 접촉하는 경우가 많다.

셋째, 아동의 심리적 문제는 발달과정에서 일시적으로 나타나는 경우가 있으며 발달과정 동안 의도적인 노력 없이 수정될 수도 있다.

넷째, 성인에 비해 아동은 내적 감정이나 갈등을 비언어적 수단으로 더 잘 표현하는 경향이 있다.

다섯째, 아동의 발달 수준에 따라서 문제해결 수준 또한 각자 다르다.

이처럼 아동은 성인과 달리 지금의 문제가 이후 발달에 영향을 미치고, 성인이 되어서까지 자리 잡기 때문에 성인이 아동의 고통을 알고 여러 가지 적응의 문제를 빨리 발견하여 도움을 주는 것은 아동에게 중요한 의미가 있다고 볼 수 있다. 따라서 아동상담의 주요 목표는 아동이 자기 자신과 주위 환경에 보다 성공적으로 대처할 수 있는 능력을 길러 주고, 아동의 잠재 능력을 발견하여 긍정적인 자아개념을 형성시키는 데 있다.

아동은 신체 및 운동 발달, 언어 발달, 사회 · 정서적 발달이 빠른 속도로 진행된다. 대부분의 아동은 이러한 발달에 적응하는 데 어려움을 경험하고 이에 따라 갈등이나 스트레스 상황이 문제를 일으킬 수 있다. 인간발달 초기에 손상은 그 이후의 발달에 심각한 영향을 받게 되기 때문에 발달과정에서 문제를 예방하고 문제가 생겼을 때 신속하고 적절하게 개입하는 것은 중요하다. 발달 시기에 아동이 가질 수 있는 문제를 나누어 보면 〈표 9-1〉과 같다.

〈표 9-1〉 발달 시기 아동 문제

문제	특징
개인의 문제	개인차, 자존감, 자기효능감, 재능, 성향, 지적 능력, 사교성 등
환경의 문제	학교, 사교육, 지역사회 등
가족의 문제	가족구조, 부모의 양육법, 형제자매와의 관계 등

아동이 자신의 존재를 인식하고 또래와의 관계를 통하여 자아정체감을 형성한다는 것은 아동기에 어려운 일이다. 따라서 이 시기에 원만한 자기인식과 발달이 이루어지도록 도와주는 것은 청소년기의 발달에도 도움을 주기 때문에 매우 중요하다고 할 수 있다.

아동기의 건강한 발달은 청소년기와 성인기의 사회적 적응이나 성격발달에 중요한 지표로 작용하기 때문에 도움이 필요한 아동의 경우 아동상담을 통한 전문적인 도움이 필요하다. 아동의 문제행동은 청소년기와 성인기의 문제를 예견해 주고 있으므로 아동의 문제 원인과 해결방안을 찾으려는 노력은 중요하다. 따라서 아동상담은 아동 문제의 예방과 해결뿐만 아니라 이들의 건전한 성장과 발달을 도모하기 위해서 조기에 적절한 개입이 이루어져야 한다.

아동은 가족, 학교, 지역사회의 환경에서 여러 상호작용을 통해 자극을 받고 성숙한다. 이 시기에 가족의 부재나 가족의 기능 약화, 부모의 과잉기대, 또래와의 경쟁적인 분위기 등은 아동에게 과도한 스트레스를 유발시킨다. 아동의 과도한 스트레스 상황은 아동의 개인적인 기질 및 특성과 결합하여 분노, 과잉행동, 파괴적 행동, 거짓말하기, 도벽과 같은 문제행동과 학습 문제, 신경증, 우울증, 열등감 등의 정신병리적인 문제를 발달시킨다(하승민 외, 2008).

따라서 아동상담을 통해 이러한 상황을 예방하고 치료하는 것은 아동상담자의 중요한 역할이라고 할 수 있다.

2) 아동상담의 유형

아동상담의 유형에는 관점에 따라 다양하게 구분될 수 있다. 상담방식과 상담형태에 따라 구분한 것은 다음과 같다.

(1) 상담방식에 따른 분류

① 대면상담

전통적인 방법으로 가장 많이 활용되고 있는 형태의 상담이다. 상담자와 내담자가 직접 대면하여 내담자의 표정, 몸짓, 언어, 행동 등 언어적인 표현부터 비언어적인 표현까지 관찰하며 심리적인 문제를 해결해 나가는 상담을 말한다. 대화나 다른 매개체를 통하여 상담자가 내담자를 자세히 파악할 수 있고, 내담자의 반응에 따라 내용이나 기법을 수정·보완할 수 있다는 장점이 있다. 다양한 매체를 통해 아동상담에서 흔히 활용되는 놀이치료, 독서치료, 미술치료, 음악치료, 운동치료 등이 있다.

② 통신 및 사이버상담

통신 및 IT기술의 발달로 인해 컴퓨터는 중요한 매체로 상담에 활용되게 되었다. 사이버상담은 통신상담과 마찬가지로 편리성, 경제성, 신속성, 시공의 무제한적 활용성의 특징을 가진다. 또한 사이버공간임에도 불구하고 상담자와 내담자 간에 솔직해질 수 있는 장점이 있지만 1회적 상담으로 흐르게 되는 단점과 기계라는 한계점을 가지고 있다.

(2) 상담형태에 따른 분류

① 개별상담

개별상담은 상담자와 내담자인 아동의 개인 대 개인으로 이루어지는 형태의 상담으로 주로 대면을 통한 상담으로 이루어지며, 부모와 자녀 간의 바람직한 관계를 유지할 수 있도록 지원하고 상담을 통해 행동이나 태도를 보다 긍정적인 방향으로 변화시켜 나가도록 한다. 상담자와 내담자 간의 라포 형성이 용이하고, 상담의 내용에 대한 비밀유지가 쉽다. 따라서 아동의 문제와 아동을 둘러싸고 있는 가족 및 그 사회환경의 문제에 대해 보다 비방어적으로 접근하여 상담함으로써 상담의 효과를 높일 수 있다. 아동상담에서는 개별상담과 더불어 부모상담이 함께 병행된다. 아동의 상담이 끝나면 상담자는 부모와 아동의 문제에 대한 개별상담을 실시한다. 이는 아동의 문제행동에 영향을 미치게 되는 가정환경, 사회환경의 변화가 함께 이루어지지 않을 경우 아동에게 상담의 효과가 나타나지 않는다는 아동상담의 특성 때문이다.

② 집단상담

집단상담은 아동 집단을 대상으로 집단 내에서 자연스럽게 의사소통의 과정을 경험하면서 아동의 사회성을 향상시키고 아동과 집단 간에 발생하는 문제를 효과적으로 개선하도록 돕고자 실시하는 상담 방법이다. 특히 아동에게 있어서 또래의 영향은 지대하다. 아동은 또래의 행동을 관찰하고 모방하기도 하고 자신이 속한 집단의 또래와 자신을 비교하기도 하며, 또래의 칭찬이나 비난에 민감해지기도 한다. 집단상담에서 집단원들은 서로 비슷한 문제를 가진 집단이므로 유대감과 소속감을 느끼며 비교적 빨리 불안감을 해소하고 문제상황에 대한 해결방안을 공동으로 모색함으로써 상담관계의 효율성을 높일 수 있다. 이런 관점에서 집단상담은 개별상담에 비해 보다 현실적이고 실질적인 도움을 얻을 수 있는 상담 방법이라고 할 수 있다.

③ 가족상담

가족상담은 아동의 행동 문제나 심리적 문제의 원인이 아동 개인의 문제가 아니라 가족 전체와 밀접하게 관련된 문제일 때 필요하다. 한 아이를 이해하기 위하여 그의 가족을 한 단위로 보고 가족 전체를 면담하여 가족 문제를 해결하는 것을 말한다. 가족상담은 아동을 가족의 관계 안에서, 가족을 지역사회와의 관계 속에서 아동 문제의 원인이 될 수 있는 역기능적 가족체계를 치료하는 상담이다. 상담 방법은 가족체계에 직접 개입하여 사회적 체계로서 가족의 하위체계, 생활목표, 가족규칙, 가족신념 등에 대하여 살펴본 후 문제의 형태에 따라서 감정 표현을 격려하거나, 이러한 감정 표현의 부정적 느낌이 표현되는 당사자를 보호하고, 가족 각자에 관련된 새로운 방법을 제시하여 가족의 상호작용을 바람직한 방향으로 조정한다. 가족상담의 목적은 가족 전체가 각자의 역할과 기능을 제대로 수행하도록 하여 각 가족 구성원과 가족 전체가 성장하도록 도와주는 것이다.

3. 아동상담의 실제

1) 상담과정

상담은 일반적으로 상담예약(신청), 접수상담, 심리검사, 사례개념화, 상담의 순으로 이루어진다. 상담의 과정과 집단상담의 과정에 대해 설명하면 다음과 같다.

(1) 상담예약

상담예약은 일반적으로 부모나 교사 혹은 아동을 돌보는 성인의 전화 또는 방문신청으로 이루어진다. 아동의 보호자가 상담기관에 연락을 취하기까지 많은 갈등과 고민, 혼란을 겪었을 것이다. 따라서 상담예약의 목적은 짧은 시간 내에 보호자의 어려움을 알아주면서, 전문가의 도움을 받으면 개선될 수 있다는 희망을 전달하고 상담의 동기를 갖게 하는 것이 좋다.

(2) 접수상담

접수상담은 아동과 상담 의뢰자와의 면담과 관찰을 통해 아동과 환경에 대하여 전반적으로 파악하게 된다. 아동과 부모는 상담자와 처음 접촉하고 이 과정에서 상담자와 기관에 대한 신뢰감을 형성하게 된다. 따라서 라포의 형성은 상담을 시작할지 결정할 뿐만 아니라 이후에 본격적인 상담에서도 중요한 영향을 미치게 된다. 라포 형성 후에는 아동의 이해를 위한 관련 정보를 수집한다. 성장사, 가족관계, 부모의 양육태도, 아동의 현재 유치원이나 학교의 환경과 관계 등을 파악하고, 아동의 현재 기능 수준과 장단점을 분석해 아동의 문제를 파악한다.

(3) 심리검사

아동에 대한 심리검사는 일반적으로 접수상담 이후 본격적인 상담을 시작하기 이전에 아동의 기능 및 발달 수준을 전반적으로 파악하고 아동의 문제를 구체적으로 알기 위하여 실시한다.

아동상담에서 심리검사의 목적은 아동의 현재 발달과 기능 수준뿐 아니라 적응의 어려움과 증상을 유발하게 된 원인을 파악하기 위한 객관적인 자료를 얻는 데 있다. 심리검사를 통해 얻은 자료는 상담자와 부모에게 아동을 이해하는 데 많은 도움을 주는 것은 분명하지만, 상담자는 심리검사가 아동을 이해하기 위한 절대적인 정보는 아니며 하나의 참고자료라는 점을 기억해야 한다. 심리검사는 부모의 요구에 따라 생략하는 경우가 종종 있다. 그러나 발달장애는 아니더라도 발달 수준이나 인지 능력이 의심되는 아동, 주의력결핍 과잉행동장애(ADHD)처럼 기질적인 장애가 의심되는 아동, 방어가 심한 초등학생 이상의 아동, 부모의 기대가 너무 높아서 아동과 갈등이 유발되는 경우에는 심리검사가 꼭 필요하다. 상담자의 관찰과 부모면담으로 자료를 충분히 파악하기 어려운 아동의 특성을 심리검사를 통하여 조기에 파악한다면 아동에게 적절한 치료계획과 목표를 설정하고, 증상에 따른 약물복용 문제나 치료개입 등을 고려하여 보다 빠르게 아동에게 효과를 가져올 수 있다. 심리검사의 종류에는 인지평가, 정서 및 성격검사, 자폐스펙트럼장애검사 등이 있다.

(4) 사례개념화

심리검사와 부모면담을 토대로 아동의 현재 문제, 현재 기능 수준, 문제의 원인, 상담목표설정과 계획을 세우는 사례개념화가 필요하다. 사례개념화를 통해 아동의 본질적인 문제를 정의하고 이러한 문제에 이르게 된 원인에 대하여 파악하기 때문에 아동의 문제를 개선하고 아동이 자기 연령에 맞는 발달 수준에 이르도록 하기 위해서 무엇을 어떻게 해야 할지 구체적인 방향을 세울 수 있다. 사례개념화는 상담을 진행하는 데 하나의 좌표가 되고, 상담의 효율성을 높이는 데 많은 기여를 한다.

(5) 상담

본격적인 상담을 시작하면 초기 상담, 중기 상담, 말기 상담, 추후상담의 과정으로 진행하게 된다. 먼저 초기 상담은 아동과 상담자 간에 라포 형성이 가장 중요하다. 아동이 편안해지고 안정되었을 때 자신의 생각과 욕구를 표현하기 시작하기 때문이다. 첫 시간에는 상담자와 상담실에 대한 소개, 장소에 대한 제한, 비밀보장 원칙 등이 이루어진다. 이러한 내용들은 아동의 태도를 고려해서 언급하여야 한다. 첫 시간에 아동이 상담자와의 관계에서 부정적인 정서를 경험하였다면 아동의 저항으로 인해 상담이 중단될 수도 있기 때문에 첫 시간은 더욱 조심스럽게 진행되어야 한다. 이러한 과정이 지나면 상담회기가 진행되면서 일반적으로 아동의 자발성이 증가하고 자신의 개인적인 이야기나 가족에 대한 이야기를 하며 공격적인 행동이나 놀이가 많아진다. 자신의 심리적인 어려움을 놀이를 통하여 능동적으로 잘 풀어내는 아동이 있는 반면에 자신을 개방하는 놀이와 언행을 삼가고 경쟁적인 게임에만 몰두하여 지나친 방어를 보이는 아동도 있다. 이런 아동의 경우 욕구와 태도를 아동에게 반영하고 명료화시켜 주는 작업이 필요하다. 이 시기를 잘 넘기면 아동과 상담자 간에 신뢰관계가 형성되어 중기단계로 넘어간다.

중기 상담에서는 상담자와 아동 간의 신뢰를 바탕으로 아동이 과거에 결핍되거나 왜곡되었던 정서적 경험을 채우고 재경험한다. 중기 과정은 상담자와 아동, 부모에게도 가장 지루하고 어려운 시기이다. 그동안 아동의 마음에 갖고 있던 어려움의 크기와 아동의 환경에 따라 중기의 기간이 달라질 수 있다. 아동은 달라지거나 성장하려고 하지만 가족관계가 역기능적이거나, 부모의 태도가 계속 방해가 되고 있다면 중기단계를 빨리 벗어나기가 힘들다. 상담과정 중에 아동의 부적응 행동이 어느 정도 좋아지게 되거나 아동이 좋아지고 안 좋아지고를 반복하면 부모는 상담을 받아야 할 필요성을 덜 느끼게 된다. 이와 같이 상담에 대한 부모의 태도 변화를 미리 예측하고 부모가 상담자를 믿고 상담목표에 이르기까지 협조적일 수 있도록 하는 것도 상담자의 중요한 역할이다.

아동의 주 문제가 해결되고 여러 상황에서 행동이 적절하며, 부모와의 관계, 형제자매와의 관계, 또래 아동과의 관계가 개선되면 상담종료를 준비한다. 아동이 사회에 적응하여 잘 살아가기 위해서는 종료과정이 중요하다. 종료 시점의 결정은 아동의 의견이 가장 중요한데, 일반적으로 4회 전후로 정해지나 아동이 상담을 더 원할 경우 10회까지도 갈 수 있다. 상담자는 아동이 힘들어하고 걱정했던 행동이 현재 어떻게 좋아졌는지, 어떻게 달라졌는지를 아동에게 설명해 준다. 그리고 아동에게 종료를 언급하며 앞으로 더 달라지고 싶은 건 없는지, 아직도 힘든 것이 있는지를 물어본 후에 종료를 결정하고 아동이 종료를 잘 준비할 수 있도록 남은 기간을 알려 주는 것이 중요하다.

상담이 종료되고 몇 달 후에 상담자가 부모나 아동에게 전화를 걸어서 근황을 확인한다. 추후상담이 필요한 경우에는 추후상담을 하기도 한다. 추후상담에서는 현재 겪고 있는 어려움에 대해서만 도움을 주어도 다시 성장과 발달을 하는 경우가 많다.

(6) 아동 집단상담과정

집단상담은 개인의 성장과 문제해결과 개인의 행동 변화를 위하여 집단을 구성하여 상담 원리를 활용하는 상담 방법이다. 집단상담의 목표는 아동 자신이 자기이해와 대인관계의 능력을 향상시키고 생활환경에 보다 건전하게 적응할 수 있도록 하는 것이다. 집단상담을 하기에 앞서 상담자는 집단이 무슨 목적으로 구성되는가를 알아야 한다. 집단의 목표가 정해지면 그 목표에 따라 집단원들을 선정하고 집단의 크기,

만나는 횟수 및 상담 시간, 집단의 장소 등을 정한다.

먼저 집단원을 선정할 때에는 집단원이 반드시 도움받기를 원해야 하고 자기의 관심이나 문제를 기꺼이 말할 수 있어야 하며 집단 분위기에 잘 적응하는 아동일수록 좋다. 지나치게 공격적이거나 수줍은 사람은 역할을 해 내기가 어려우므로 개인상담을 하는 것이 더 좋다. 친한 친구나 가까운 사람은 집단에 넣지 않아야 상담의 목표 달성이 더 용이해 진다. 또한 집단원을 결정할 때는 동질집단으로 구성할지, 이질집단으로 구성할지를 집단상담자가 신중하게 고려해서 결정해야 한다. 예를 들어, 이혼가정의 아이들을 모아 집단을 구성할 때는 동질집단으로 구성하는 것이 좋고, 소극적인 아동만으로 구성하는 것보다는 적극적인 아동을 섞어야 동료 모델이나 격려가 있을 수 있어 효과적이다. 아동의 경우 집단의 크기가 너무 작으면 서로 상호작용하는 데 어려움이 따르므로 유아의 경우는 3명 정도, 큰 아동의 경우 5~6명 정도가 적당하다. 횟수는 유아일 경우 일주일에 2회 정도로 20~30분 정도가 좋고, 큰 아동일 경우 일주일에 2회 50분, 1회일 경우에는 80~90분이 좋다. 한 개의 프로그램은 8~12회기 정도가 일반적이지만 집단상담의 목적이나 목표에 따라 상담자가 유연하게 조절 가능하다.

장소는 너무 크지 않으며 외부의 방해를 받지 않는 곳이어야 한다. 효과적인 참여를 위해서 좌석 배치는 원을 이루는 것이 좋으며, 집단원들이 서로의 얼굴이나 모습을 볼 수 있도록 둥근 테이블을 준비하거나 카펫 위도 좋다. 집단상담에도 초기, 중기, 말기의 과정을 거친다.

① 초기

상담자는 집단의 분위기를 형성하고 유지시켜야 한다. 집단에 들어오게 된 이유와 목표를 분명하게 이야기해 주고 친밀하고 신뢰의 분위기를 형성하도록 한다. 어느 정도 분위기가 형성되면 작업단계로 넘어간다. 이때 상담자의 태도에 따라 집단상담의 성공 여부가 결정되기도 하는데, 집단원에 따라서는 망설임을 보이기도 하고 저항이나 방어 자세를 취하기도 한다. 집단상담에서 무엇을 얻을지 잘 모르는 집단원은 불안해하거나 다른 사람 앞에서 자기를 드러내기를 어려워한다. 집단에서는 방관자적 집단원, 집단원들에게 거부당하는 아동 등이 나타날 수 있는데 상담자는 그런 아동의 내면적 의미를 파악하고 다른 집단원에게 그 아동이 기대하는 것이 무엇인가를 확인하여야 한다.

② 중기

이 과정에서 상담자는 집단과정에서 느끼는 내용의 교류가 집단원에게 이롭다는 것을 알려 주어야 한다. 각 집단원이 효율적인 상담자가 되는 것을 배우도록 도와야 한다. 몇 번의 경험이 반복되면 집단원은 상담자의 기능을 알게 되고 상담자의 지도 기능은 완화되면서 촉진자의 역할만 하게 된다. 이때부터 상담자는 집단원에게 대부분의 작업을 맡기고 집단원이 자기의 문제를 논의하게 되며 바람직한 행동방안을 모색한다. 여기서 상담자의 역할은 집단원이 문제를 다루는 데 자신감을 얻도록 하는 것이다. 자신이 결정하지 못하고 집단원이 결정해 주기를 바라는 아동이 있다면 자신의 생각이나 행동을 먼저 선택하도록 하고, 집단원에게는 대신 결정해 주는 것이 바람직하지 않다고 지도한다.

③ 종결기

종결해야 할 시간이 가까워지면 상담자와 집단원은 집단과정에서 배운 것을 생활에 어떻게 적용할 것인가를 고민한다. 또한 종결의 시점을 공개적으로 토의하기도 한다. 종결 부분에서 대부분의 집단원은 집단원이 됐던 것을 만족해하며 집단에서 자유스럽게 자기의 감정, 두려움, 불안 등 여러 가지 생각을 표현할 수 있었던 것에 만족한다.

2) 상담 기법

내담자의 변화를 끌어내기 위해 상담자가 사용하는 특정한 기법은 상담과정에서 중요한 요소이다. 근본적으로 기법은 상담자가 선호하는 전략으로 개념화할 수 있으며, 이용 가능한 많은 자원에서 추출될 수 있을 것이다. 아동상담에서 많이 쓰이는 기법은 다음과 같다.

(1) 놀이치료

성인은 언어가 의사소통의 주가 되지만, 아동은 놀이와 활동으로 의사소통을 한다. 아동에게 놀이란 그 자체가 중요한 일이며 생활이다. 아동은 놀이를 통해 자신을 발달시키는데, 놀이를 통해 자신의 상태나 심리적 어려움을 표현하기도 한다. 놀이치료는 다양한 이론과 기법을 사용하여 놀이로 아동을 치료하는 치료적 방법을 말한다.

① 놀이치료실 환경 구성

놀이치료에서 아동에게 영향을 미치는 요소 중에서 처음으로 접하는 곳이 놀이치료실이다. 놀이치료실 분위기는 전반적으로 편안한 분위기이어야 하며, 다른 방으로부터 독립된 공간이어야 한다. 치료실의 내부는 가능하면 방음이 되는 것이 좋다. 부모에게 아동의 목소리가 들리거나 놀이 장면이 노출되면 곤란하다. 부모는 물론 다른 사람이 자신의 행동을 모두 관찰하고 듣고 있다면 아동이 상담자와의 관계를 맺거나 비밀을 이야기하는 데 장애가 되기 때문이다. 놀이치료실의 벽은 더러워지면 쉽게 닦을 수 있는 벽지를 바르는 것이 좋으며, 베이지색 계열로 부드러운 분위기를 연출하는 것이 좋다. 바닥은 신체놀이를 할 수 있는 공간으로 매트를 깔아 아동이 다치지 않도록 하며, 모래나 물을 주로 사용하는 치료실이라면 청결을 유지하는 것이 중요하다. 아동의 놀이가 언어를 상징한다면 놀잇감은 단어가 된다. 따라서 놀잇감은 아동이 자유롭게 놀이를 촉진할 수 있게 배열해야 한다. 좋은 놀잇감을 갖춘 놀이치료실은 실생활을 표현할 수 있는 놀잇감, 공격성을 표출할 수 있는 놀잇감, 창조적인 표현이 가능한 놀잇감, 정서적 해소를 할 수 있는 놀잇감이 구비된 치료실이다.

② 놀이치료 과정

초기단계에서는 아동과 라포를 형성하는 것에 중점을 둔다. 이 시기에는 지시나 요구를 하지 않고 아동이 무슨 놀이를 하는지 지켜보며 정서 상태를 관찰한다. 또한 제한받을 행동이 나타나도 제한하지 않고 최대한 허용한다. 아동에게 놀이치료실의 환경에 대해 설명해 주고 규칙을 알려 주며 놀이가 끝나는 시간도 알려 주어야 한다. 집단놀이치료의 규칙은 상처 주지 않기, 함께하기, 재미있게 지내기, 성인이 책임지기 등에 따라 이루어진다. 중기단계가 되면 어느 정도 적응되면서 행동이 활발해지고 억압된 부분을 표출하기 시작한다. 이때 상담자는 제한을 도입하는데 상담자에 대한 공격, 다른 또래에 대한 공격, 물건 파손, 위험한 행동을 제한한다. 제한할 때는 제한의 개념을 형성시키고, 명확하고 일관된 태도를 취해야 한다. 종결단계는 아동의 문제행동이 사라지고 적응이 좋아지는 등의 변화가 생기고 발전하는 시기이다. 종결 시기는 아동에게 미리 알려 주어야 하며, 적절한 시기에 종결해야 한다.

③ 놀이치료 기법

놀이치료는 아동을 대상으로 치료적 관계를 형성하기 위한 좋은 방법 중의 하나이다. 방법으로는 구조화된 놀이치료, 관계놀이치료, 아동 중심 놀이치료 등이 있다. 대표적인 놀이방법으로는 게임활동이나 모래활동을 이용한 놀이치료가 많이 쓰인다.

(2) 미술치료

미술치료는 인간의 조형활동을 통해 개인의 갈등을 조절하고 동시에 자기표현과 승화작용을 통해 자기성장을 촉진할 수 있다. 미술치료는 커뮤니케이션의 기법으로 이 기법을 반복함에 따라 언어적 이미지와 시각적 이미지를 통해 지금까지 자기상실, 왜곡, 방어, 억제 등의 상황에서 보다 명확한 자기동일시, 자기실현을 이루게 된다. 특히나 아동상담에서 미술치료는 아동의 무의식을 의식화하는 데 매우 유용하다.

① 미술치료실 환경 구성

미술치료실은 집단치료가 가능한 시설이어야 하며, 작품을 보관할 수 있는 공간, 준비시설, 관찰시설이 있어야 한다. 치료시간은 주 1~2회 정도가 적당하다. 미술치료는 다양한 매체를 활용하는 것이 중요하다. 미술과제는 자유연상이나 가족 혹은 집단 의사소통의 매개체이며, 파스텔이나 크레용, 물감과 붓 등의 비교적 간단한 매체가 적당하다. 미술매체 선택 시에 고려해야 할 두 가지는 촉진과 통제이다. 집단원의 자발적인 통제를 촉진하기 위해서는 충분한 작업공간과 아울러 다양한 색상과 충분한 크기의 종이와 점토 등이 제공되어야 한다.

② 미술치료의 기법

미술활동을 통해 집단원의 심리 상태를 진단하는 방법으로 투사법을 활용해 인물화에 의한 지능검사, 가족화에 의한 성격검사 등과 함께 자유화, 과제화법, 상상화 그리기, 나무 그리기, 집-나무-사람검사, 인물화검사, 가족화와 동적 가족화, 가족체계 진단법, 학교생활화, 출발용지법, 협동화법, 난화 게임법, 테두리법, 콜라주법, 만다라 그리기 등이 자주 쓰인다.

③ 집단 미술치료

집단 미술치료는 집단 심리치료에 미술을 도입한 것이다. 그림은 내면세계에 간직된 인간 감정을 자유롭게 꺼내는 것과 동시에 언어로서 서로 부딪치는 감정의 완충제가 된다. 집단 미술치료를 하는 목적은 집단의 한 일원으로서의 개인적 체험이며, 상호 간의 교류 가운데서 자기통찰이고, 나아가 자신의 이미지를 시각화하는 것이다. 집단 미술치료는 집단원의 자발성을 향상시키거나 사회참여의 능력을 높일 때, 집단을 가족으로 한정할 때, 집단원의 자기통찰, 왜곡된 인간관계의 교정을 목적으로 할 때 주로 사용한다.

(3) 독서치료

아동상담과정 중에 독서치료는 문학의 교시적 기능과 쾌락적 기능을 활용한 것이다. 문학작품 속에는 많은 정보와 지식이 내포되어 있다. 독서치료의 목적은 집단원이 문제를 안고 있는 유일한 사람이 아니라는 사실과 그가 안고 있는 문제에 대한 해결 방법이 있을 뿐 아니라 여러 가지 해결 방법이 있을 수 있다는 사실, 다른 사람은 어쩌다 그가 처해 있는 상황과 같은 상황에 처하게 되었는지, 이런 경험은 돈 주고도 못 살 값진 교훈이라는 점, 그 문제를 해결하기 위해 진정으로 계획하고 실천할 동기를 얻게 한다.

① 독서치료과정

독서치료의 과정은 읽기 전, 읽기, 읽기 후 세 단계로 나누어 진행한다. 주로 세 번째 읽기 후의 단계에서 상담자와 집단원 간의 치료적 상호작용과 치료적 활동이 구체적으로 시행된다.

읽기 전 단계에서는 책을 선택하고 책을 효과적으로 읽기 위한 준비단계이다. 상담자에 의해 도서는 신중하게 선택되어야 한다. 아동을 대상으로 하는 독서치료에서는 아동의 발달 정도, 나이, 성별, 문제상황, 독서 능력, 독서취향과 같은 요인을 파악하는 것이 중요하다. 이 단계에서 책의 선정은 아동이 스스로 자기가 읽을 책을 선정하는 것이 바람직하며, 상담자는 아동의 요구를 알고 이에 적절한 도서를 선정하여 최대의 치료효과를 얻도록 해야 할 책임이 있다. 읽기단계는 다른 과정에 비해 짧은 시간 안에 이루어진다. 이 단계에서는 문학작품을 통해 동일시의 과정을 경험하게 된다. 아동은 자신이 처한 환경이 자신만이 아니라는 것을 인식하는 효과와 인물과 동일시를 통한 카타르시스를 통한 치료효과를 얻게 된다.

읽기 후 단계에서는 상담자가 아동에게 의미 있는 피드백을 주게 된다. 이 단계에서는 3단계로 나누어 개입을 할 수 있다. 첫 번째 단계에서는 문학작품에 대한 반응으로 아동이 최대한 동일시하고, 투사할 수 있게 한다. 두 번째 단계에서는 아동이 자신의 문제를 다루게 한다. 자신의 문제를 인식해야 하고, 상담자는 자신의 경험을 토대로 아동을 격려시킨다. 세 번째 단계에서는 아동의 노력과 진전을 강화하는 평가를 통해 상담자의 이해와 도움을 받게 한다.

② 독서치료 기법

독서치료의 대표적인 기법은 치료적 은유 이야기 만들기 기법, 상호 이야기 기법, 실생활을 이용한 이야기 만들기 기법, 가상적 이야기 만들기 기법, 집단 동화쓰기 활동 등이 많이 쓰인다.

참고문헌

강승아(2002). 미술치료. 아동상담사 워크숍 자료집.

구은미, 박성혜, 이영미, 이혜경(2014). 아동상담. 경기: 양서원.

김광웅, 유미숙, 유재령(2004). 놀이치료학. 서울: 학지사.

김춘경, 박정순, 최윤정, 김성혜, 이정은, 고경남, 정은해, 김기영, 박안나, 장은영, 권혜영, 전미희(2004). 아동 집단상담 프로그램. 서울: 학지사.

김현희, 서정숙, 김세희, 김재숙, 강은주, 임영심, 박상희, 강미정, 김소연, 정은미, 전방실, 최경(2001). 독서치료. 서울: 학지사.

안영진(2015). 이론과 실제 아동상담. 서울: 동문사.

염숙경(2002). 아동상담과 놀이치료. 서울: 상조사.

이이서, 명재명, 조연숙(2004). 아동상담과 치료. 경기: 양서원.

장미경, 이상희, 정민정, 손금옥, 조은혜, 유미성(2009). 아동상담의 이론과 실제. 서울: 태영 출판사.

정문자, 제경숙, 이혜란, 신숙재, 박진아(2011). 아동심리상담. 경기: 양서원.

정문자, 제경숙, 이혜란, 신숙재, 박진아(2016). 아동상담의 이해. 서울: 학지사.

정여주(2003). 미술치료의 이해. 서울: 학지사.

차영희(2014). 유·아동을 위한 상담의 기초. 서울: 창지사.

천성문, 함경애, 박명숙, 김미옥(2017). 집단상담의 이론과 실제. 서울: 학지사.

하승민, 서지영, 강현아, 마주리, 서혜전, 장정백(2008). 아동상담. 경기: 공동체.

홍은주, 한미현, 이향숙(2010). 놀이치료-기법과 실제. 서울: 창지사.

황성원, 김경희, 오승아, 조현주, 권정임(2010). 아동심리와 상담. 서울: 창지사.

Corey, M. S., Gerald Corey, G., & Corey, C. (2013). 집단상담 과정과 실제. (김진숙, 김창 대, 박애선, 유동수, 전종국, 천성문 공역). 서울: 센게이지러닝.

Geldard, K., & Geldard, D. (2017). 아동상담-실제적 접근-. (이희영, 이지경 공역). 서울: 시그마프레스.

Jacobs, Ed. E., Schimmel, C. J., Masson, R. L., & Harvill, R. L. (2016). 집단상담 전략과

기술. (김춘경 역). 서울: 센게이지러닝.

Thompson, R. A. (2007). 상담기법. (김춘경 역). 서울: 학지사.

제**10**장

청소년을 위한 집단상담

청소년기는 사회적·심리적·신체적으로 급격한 변화를 보이는 발달단계이며, 이 기간 동안 개인은 급격히 성장한다. 청소년들은 소집단으로 어울려 다니기를 좋아하고 학교 선후배와의 관계나 또래친구와의 관계에서 더 많은 시간을 보내는 것을 중요하게 여기는 시기이다. 그러므로 국가와 사회는 청소년들이 건강한 육체, 건강한 정신을 갖추도록 배움터와 일터를 제공하고, 사랑을 베풀며, 청소년 개개인을 각별히 보호하여 적응하고 자립하도록 이끌어 주어야 한다. 이처럼 청소년이 올바르게 성장하고 건전한 정신을 갖추기 위해서는 혼자 자신의 이야기를 하는 개인상담은 물론, 집단상담을 통해 다른 사람들을 이해하고 새로운 관점으로 자신과 타인을 이해하며 일상생활의 문제해결과 의사결정에 도움이 되는 가치체계를 발견하는 것이다.

이 장에서는 청소년 집단상담의 필요성, 집단상담의 목표, 집단상담의 운영, 효과적인 집단상담의 전략 및 프로그램에 대해서 살펴보고자 한다.

1. 청소년의 개념

청소년은 의존적인 아동기와 자립적인 성인기의 심리적인 특성을 함께 공유하여 아동기와 성인기의 소속이 아닌 양 집단 사이에 구성되어 있는 주변인(marginal person)으로서 어른과 어린이의 중간 시기에 있다. 청소년에 대한 연령 규정은 법규마다 다르다.

「청소년 기본법」에서는 9세에서 24세 사이의 사람으로 규정되어 있으며, 「민법」에서는 만 20세를 성년으로 보고, 「청소년 보호법」에서는 19세 미만의 자, 「근로기준법」에서는 18세 미만자, 아동ㆍ청소년 복지법에서는 19세 미만으로 규정되어 있다. 보편적으로 사람들은 흔히 청소년이라 하면 만 13세에서 만 18세 사이의 중학교 1학년 학생부터 고등학교 3학년 학생까지를 칭하며 이러한 경우에는 학생이라는 말로 대신하기도 한다. 한편 학자들의 의견에 따르면 사춘기를 겪고 있는 사람을 칭하기도 하고 미래사회의 구성원, 질풍노도의 시기, 성난 젊은 세대, 청춘기, 젊은이, 소년, 미성년자, 미성숙, 보호해야 할 존재 등의 주변인으로 불리기도 한다. 또한 청소년은 성인에게 기대고 의지하던 태도를 버리고 이로부터 벗어나려고 하는 경향이 있다. 이러한 측면에서 청소년을 단지 미성숙한 존재 또는 보호해야만 하는 존재로 여기기보다는 부족한 부분은 채워 주고, 참되고 알차게 배우며, 서로 도와 나날이 나아지는 주체로 성장할 수 있게 이끌어야 할 사회구성원으로 보아야 된다.

집단상담자는 청소년이 현재 사회구성원의 한 사람으로서 주체적인 삶을 영위할 수 있도록, 신체적ㆍ정서적ㆍ심리적 건강을 위한 바람직한 욕구들을 지지하고 지원해야 한다. 더 나아가 개인의 능력 향상 및 회복을 위해 개인, 가족, 학교, 지역사회 모두가 청소년의 행복한 삶을 위해 바람직한 성장을 돕고 미래사회가 요구하는 6대 핵심 가치의 역량인 '자기관리 역량' '의사소통 역량' '심미적 감성 역량' '지식정보처리 역량' '창의적 사고 역량' '공동체 역량'을 향상시켜야 한다. 그리고 그것을 위한 사고, 행동 및 감수성의 발달뿐만 아니라 인간적 성장을 위해 직ㆍ간접적으로 제공되는 다양한 사회정책과 관련 제도, 그리고 신체적 건강, 정신적 건강, 지적 건강, 환경적 건강, 사회적 건강 가치를 추구할 수 있도록 스스로 개인의 삶을 아름답고 풍요롭게 영위하자는 Wellness(웰니스) 개념에 의미를 담은 새로운 라이프스타일의 신념을 갖추도록 전문적이고 총체적인 지원을 통해 청소년들의 사고와 행동이 틀림이 아닌 다름임을 인정하고, 아름다운 소통을 위한 배려와 사랑으로 함께 성장하는 행복한 배움의 활동을 지원하고 지지해야 한다.

2. 청소년의 발달특성

1) 신체발달

청소년기에는 다른 시기에 비해 신체발달이 급격하게 이루어진다. 청소년 시기의 신체발달은 두뇌, 신장 및 체중, 운동의 발달 등과 관련하여 몇 가지 확연한 특징을 보인다.

이 시기는 신체변화 및 발달의 개인차가 두드러지게 나타나는 특징이 있기 때문에 자신의 신체에 대해 어떠한 이미지를 갖느냐가 중요한 심리적 문제로 대두된다.

또한 청소년기에는 아동기 때와는 달리 자신의 신체와 감정적 변화, 그리고 생각이 많아지고 사회적 책임을 인식하게 되며, 또래관계의 영향력과 환경 속의 상황에 민감하게 반응하는 감수성이 높은 시기이기도 하다. 이 시기는 스스로 결정하려는 경우가 많아지고, 갑작스럽게 변화되는 신체적인 변화로 얼굴에 여드름이 생기고 수염이 생기며 골격이 확장되고 어깨가 넓어진다. 근육발달은 물론 겨드랑이와 생식기, 팔, 다리에 체모가 생기기도 하고. 변성기로 인해 목소리가 변하고 키와 몸무게가 증가한다. 청소년기에 있는 소녀 역시 허리가 가늘어지고 곡선미가 생긴다. 골반이 확장되어 엉덩이가 커지고 유방이 발달하며 초경을 시작하게 된다. 이러한 생식기에 해당하는 청소년은 신체적 변화에 당황스러워하고 자기 자신을 이해하기 어려운 때도 있어서 정서적 불안과 불만을 갖기도 한다. 또한 독립적인 한 개인으로 인정받으려는 욕구와 의지가 강해지며 가족 구성원들과 심리적 갈등이 나타나기도 한다.

2) 인지발달

기억이나 사고에서 가장 기초적인 과정은 인지이다. 인지란 시야에 들어온 것이 무엇인지를 알거나 식별하는 것이다. 이것은 인지행동에 있어서 나타나는 개인차를 말하는데, 인지적 과제에 대한 자극상황이나 내적 상태를 초월하여 개인이 일관적으로 나타나는 반응양식을 말한다. 그 차이에 의해 기억이나 사고의 양식도 달라진다. 청소년기는 신체적 발달과 더불어 인지적 능력, 즉 사고와 판단 능력이 확대된다. 청소년기는 피아제(Piaget)의 형식적 조작기로 가설을 통한 연역적 사고를 할 수 있다. 이는 여러 가지 가능성을 놓고 논리적 추론이 가능하며 자신의 감정을 과대평가하기도 하고 기성세대와의 소통을 미리 차단하기도 한다. 청소년의 독특한 행동 패턴을 이해하기 위해서는 이러한 청소년의 인지적 특성을 제대로 파악할 필요가 있다.

3) 정서발달

청소년기에는 자신과 직접적인 가정생활, 학교생활, 사회생활에 반영되는 것이 품성과 학업성적이다. 학업성적이 떨어지는 관계로 인해 주변인들로부터 간헐적으로 스트레스를 받게 된다. 예를 들면, 부모, 교사, 또래친구, 친척, 이웃, 자신의 생활 태도 반경에 따라 주변인들로부터 상급학교 진학을 예견하여 앞서 진로를 염려한다. 이때 청소년들은 확장된 환경 속에서 끊임없이 욕구를 추구하고 그 과정에서 좌절 및 갈등을 경험하며 자신과 현실 간의 대립상황으로 인해 자신을 일관성 없고 불안정한 존재로 느끼기 쉽다.

또한, 청소년기에는 진로선택이라는 이전의 아동기 발달단계에서 요구되지 않았던 새롭고 힘든 사회적 적응 문제에 당면하면서 흔히 정서적 긴장을 경험하게 된다. 감정 기복이 심하고 비현실적인 희망에 쉽게 기분이 들뜨다가도 수줍음이 크게 나타나고 이성친구와의 이별과 가족과의 갈등, 또래친구뿐 아니라 선후배와의 갈등, 선생님과의 갈등 등으로 쉽게 흥분하고 현실감을 잃거나, 곧잘 열중해서 사이버게임, 스포츠, 블로그, 페이스북, 인스타그램, 트위터, 톡(talk)으로 소통하는 온라인 친구

등 특정한 것에 열정적이다. 이성적이고 실제적 능력을 갖추지 못한 상태에서의 다양한 디지털 효과, 현실성 없는 공상이나 지나친 기대 때문에 불안을 경험하거나 우울해하고 실망하게 된다. 또한 타인의 사소한 언행에도 민감하게 반응하고 비판이나 조언, 훈화에도 지나치게 예민하며 사소한 비난에도 강한 분노와 반항을 보인다. 우울, 공포와 불안, 죄책감과 수치심, 분노, 심할 경우 가출이나 자살행동 등 극한 행동을 보이기도 한다. 청소년기에는 이전 발달단계인 아동기를 어려움 없이 보낸 청소년도 사춘기에 접어들면 자신과 관련된 다양한 행동과 관련하여 다른 어떤 시기보다 감정적 기복이 심하고, 불안정한 정서적 변화를 경험하게 된다. 이는 생리적·신체적 변화와 심리적 혼동, 그리고 사회적 역할의 변화와 가치체계의 변화 등이 청소년의 정서에 큰 영향을 미치기 때문이다.

4) 청소년의 정체감 발달

청소년기는 미래의 직업 선택을 준비하고 인생에 대한 확실한 가치관을 세우기 위해 자아정체감을 탐색하고 이를 정착시키려는 노력이 이루어지는 과정에 있다. 이전 성장·발달과정에서 내재된 자화상과, 외현화된 자화상의 경험이 융합되어 습관이 되고 일상생활 속에 나타난다. 또한 청소년 시기에 다양한 경험과 사례를 에릭슨(Erikson, 1968)은 정체감 위기라고 명명하고 있다. 예를 들면, 정체감의 발달은 아동기 동안에 발달되어 온 다양한 주변 인물로 인해 점차적으로 발달하게 된다. 아동의 가치관과 도덕기준은 주로 부모의 가치관과 도덕기준을 동일시하는 것으로 볼 수 있다. 이러한 정체감 형성의 발달은 영아기, 유아기, 아동학령기 이후 청소년기 후반을 거쳐 성인기까지 지속적으로 진행된다. 무엇보다 청소년기에는 안정된 정체감 형성을 위해 신체적 발달, 감수성, 추상적 사고 그리고 정서적 안녕이 필요하다. 또한 부모 및 또래의 영향권에서 점점 자기결정권에 힘을 더하면서 정체감을 갖추어져 간다. 이러한 정체감 형성에는 다음과 같은 네 가지의 수준이 있다. 첫째, 정체성 위기를 경험하거나 어떠한 액션을 취하지 않은 상태에서의 정체성 혼란, 둘째, 극심한 위기를 경험하고 있으면서 아직 아무런 결정을 내리지 못하고 막연하게 방향을 찾기 시작한 상태인 정체감 유예, 셋째, 위기를 경험하지 않은 채 결정을 내린 상태인 정체성 폐쇄, 넷째, 위기를 겪고 결정에 도달하는 수준을 의미하는 정체성 성취가 있다. 그러나 아직은 정보가 부족하고 경험이 부족하여 확실한 자아상을 세우지 못하는 이 시기를 정체감 혼란의 시기로 본다.

3. 청소년 집단상담의 이론과 실제

1) 청소년 집단상담의 정의

사람은 태어나면서부터 인간관계를 맺고 일상생활의 다양한 삶 속에서 살아가고 있다. 청소년에게도 생애주기에 따른 발달단계마다 해결해야 할 중요한 과제가 있듯이 함께 살아가야 할 여러 사람과 불필요한 갈등 없이 과업을 달성해야 한다. 뿐만 아니라 집단생활에서의 협력은 물론 서로 상생하는 인간관계를 형성함으로써 청소년의 삶을 안정되고 행복하게 만들어 나가는 것이다.

청소년은 질풍노도의 시기로 다양한 경험과 사건 사례로부터 사회적으로 자유로울 수 없다. 심적 변화로 인해 청소년기에는 혼란과 갈등 문제를 해결하는 유용한 도구로 집단상담이 적합할 수 있다. 부모, 형제, 자매, 학교, 지역사회(학원, PC방), 사이버공간 등 청소년이 자주 찾는 기관에서 자신과 다른 성향의 청소년들을 자주 마주할 수 있다. 사람들 속에서 시시각각 사건과 사고가 발생되어 문제행동을 유발하게 되는데, 이때 문제를 접하게 되는 여러 상황의 개입에서 다른 유관기관 관계자 및 선생님들로부터 구조화된 대면상담이 이루어진다. 예를 들면, 학교 밖 문제로 발생된 사례는 기관에 따라, 대상에 따라 개인상담과 집단상담으로 나누어 생각해 볼 수 있다. 상담의 정의는 학자마다 다양하다. 상담자와 안전한 관계에서 내담자가 과거에 부정했던 경험들을 다시 통합하여 새로운 자기로 변화하는 과정(Rogers, 1952), 개인적 발달의 방향으로 현명한 선택이 이루어지도록 촉진하는 것(Tyler, 1969) 등이다.

개인상담은 1:1 대면상담으로 상담자와 내담자로 세팅된다. 포근하고 부드러운 분위기 조성과 함께 내담자의 마음을 열 수 있는 구조화된 환경이 필요하다. 집단상담은 두 명 이상의 집단원으로 구조화된 상태에서 상호작용이 일어나고 새로운 관계를 경험하게 된다. 이를 통해 자신을 되돌아보고 더 나은 삶을 향해 노력하는 상담의 형태이다. 이때 집단원은 사회생활에 쉽사리 경험하지 못하는 무조건적인 수용과 공감, 지지, 격려를 경험하게 되고 자신과 타인을 인정하는 연습도 하게 된다. 집단상담은 집단의 성격과 목적에 따라 조금씩 다른 방법으로 회기가 진행되어 다음 회기에 대한 궁금증과 흥미를 유발할 수 있는 것이 또한 집단상담의 매력이다.

집단상담에서의 역동은 동료 집단원들의 피드백이 자신을 이해하고 변화시키며 성장하는 데 영향을 미친다. 집단상담은 상담자와 여러 명의 동질성을 가진 집단원이 일상생활에 부딪히는 문제에 대한 해결책을 모색하고 그들의 잘못된 행동과 태도를 점검하여 변화시키기 위한 목적을 가지고 있다. 집단상담 장소에서 첫 대면한 집단원은 자기개방과 현실에 대한 동질성, 방향 점검, 감정정화, 상호작용의 변화, 상호신뢰, 관심, 허용, 이해와 수용, 격려와 지지, 경청과 공감, 반영 등 집단과정의 촉진을 통해 역동이 일어난다. 이와 같은 치료적 기능을 포함한 의식적 사고와 행동에 초점을 둔 친밀감 형성이 상호호의적 인간관계의 과정에서 변화되는 것은 집단상담만의 매력이라 할 수 있다.

2) 청소년 집단상담의 필요성

청소년이 자신의 의지로 상담을 의뢰하는 경우는 매우 드물다. 청소년 상담의 경우 문제를 가진 청소년이 대상이 되는 경우가 많고 대부분 부모, 교사, 또래친구, 결찰관, 보호관찰소, 쉼터, 보육원, 자립지원전담요원, 사회복지사 등에 의해 상담이 의뢰된다. 따라서 이러한 청소년들은 상담 동기가 부족하다. 상담 동기의 부족과 상담을 의뢰하는 사람과의 관계로 인해 상담자에 대한 오해가 있을 수 있다. 상담을 의뢰한 사람과 상담자를 같은 편으로 인식하는 경우가 많아서 상담 초기에는 상담의뢰자와 상담자가 같지 않음을 보여 주는 것이 필요하다. 경우에 따라서는 부모, 교사,

친구, 상담의뢰자를 의도적으로 상담에서 배제하는 것도 필요하다. 성인에 비해 주의집중력이 낮고 즐겁지도 않은 주제를 오래 다루는 것은 쉽지 않은 일이다. 따라서 청소년에게는 상담에 참여한다는 자체가 대단한 일임을 격려하는 것이 필요하다. 상담은 보이지도 않고 만질 수도 없는 추상적인 마음의 문제를 다루는 작업이기 때문에, 상담자는 청소년을 이해하기 위한 종합적인 틀을 갖추어야 한다. 청소년은 신체적으로는 성숙되고 자유로운 반면, 정신적으로는 소외감, 긴장, 불만과 불안, 낮은 자존감, 위축 등이 점차 증가하고 있는 것이 사실이다. 또한 초등학교에서의 전통적 교육, 고등교육기관 및 학교에서의 인간적 대화 결핍, 세대 간의 가치관 갈등, 방과후 여가활동 방법의 미숙, 풍부한 경험을 가진 성인에 비해 실패와 성공의 경험 모두 떨어질 뿐만 아니라, 이로 인해 미래의 진로 예측도 떨어진다. 이처럼 다양한 미성숙 단계인 청소년 집단은 학업 문제나, 학교폭력, 교우관계, 가정 문제, 우울과 자살 문제, 인터넷 중독, 성추행, 폭행, 사이버폭력, 흡연 등 위기개입이 필요한 상황에도 또래친구들과 함께하는 것을 선호한다. 이러한 측면은 청소년 집단상담이 필요한 이유이다.

청소년기는 건강한 집단지성을 향한 상담의 필요성과 중요성을 아무리 강조해도 부족한 시기이다. 집단상담에는 다양한 방법이 있지만 집단인 친구들의 영향을 많이 받는 청소년기의 특성을 통해 집단상담에 대한 건전한 인식이 이루어져야 한다. 청소년이 집단을 통해서 자신과 타인의 행동을 객관적으로 관찰할 수 있어야 한다. 이때 자신의 모습을 발견하고 자신을 조절할 수 있는 힘을 키우기 위해, 그리고 자신과 타인을 이해하기 위해 집단상담이 효과적이라고 할 수 있다. 청소년에게 적합한 집단상담의 특징은 그들만의 독특성과 사회적인 관심과 이슈, 당면한 문제에 대한 감정을 표현하고, 자신의 내면을 탐색할 수 있는 기회를 줄 수 있다는 것이다. 또한 집단상담은 청소년으로 하여금 자신의 성장을 위해 변화시킬 필요가 있는 가치를 수정하고, 결정된 가치에 대해 개방적인 질문을 해 보며, 또래와 의사소통하는 것을 학습할 수 있다. 여기서 집단원들과 서로 탐색하고자 하는 문제를 가지고 모델링함으로써 안전하게 현실을 실험하고, 경험하여 자신의 한계를 검증해 보는 방법을 배운다. 청소년을 위한 집단상담의 또 다른 가치는 이러한 집단상담이 자신을 표현하고 또래

와의 상호작용을 통해 서로의 성장에 도움을 준다는 것이다. 이처럼 집단상담으로
인해 청소년 시기에 당면하는 문제, 즉 부모와의 문제, 친구문제, 이성 문제, 자아정
체성의 문제 그리고 학교와 지역사회에서 발생하는 문제뿐 아니라 청소년 발달 시기
에 경험하게 되는 지위와 힘, 신체적 · 심리적 · 정서적 건강 등의 문제에 대한 바람
직한 해결에 도움을 줄 수 있다.

3) 청소년 집단상담의 목표

청소년기는 개인의 삶에 영향을 줄 수 있는 중요한 결정을 내리는 시기이며 성인
으로서의 독립적인 역할과 자아정체성을 추구하여 나가는 중요한 시기이다. 이 시기
의 청소년은 미래의 삶에 대한 성공적 수행을 위한 압력을 받고 있으며 이러한 기대
를 충족시키려는 과정에서 심한 스트레스를 경험하게 된다. 이 같은 경험에 대해 또
래로부터 지지를 받기도 하지만, 때로는 상처를 받기도 한다.

또한 〈표 10-1〉에서 제시한 학교폭력의 유형과 같이 신체폭력, 언어폭력, 사이버
폭력, 금품갈취, 강요, 강제적 심부름, 성폭력 등 다양한 심리적 · 사회적 문제를 겪
거나, 학업성적이 저조하거나, 교칙을 위반하여 학교생활에 어려움을 겪기도 한다.
이처럼 청소년기에 흔히 나타나는 문제들을 해결하기 위해 도움을 주는 유용한 도구
중의 하나가 집단상담이다.

〈표 10-1〉 학교폭력의 유형

※ 사소한 괴롭힘이나 장난이라도 학교폭력이 될 수 있음

유형	예 시 상 황
신체폭력	① 상해 폭행 ⇨ 신체를 손, 발로 때리는 등 고통을 가하는 행위 ② 감금 ⇨ 일정한 장소에서 쉽게 나오지 못하도록 하는 행위 ③ 유인 ⇨ 상대방을 속이거나 유혹해서 일정한 장소로 데리고 가는 행위 ④ 약취 ⇨ 강제(폭행, 협박) 등으로 훔치거나 빼앗는 행위 ⑤ 장난을 빙자한 꼬집기, 때리기, 힘껏 밀치기 등 상대 학생이 폭력으로 인식하는 행위

언어폭력	① 명예훼손 ⇨ 여러 사람 앞에서 상대방의 명예를 훼손하는 구체적인 말(성격, 능력, 배경) 등을 하거나 그런 내용의 글을 인터넷, SNS 등으로 퍼뜨리는 행위 ※ 내용이 진실이라고 하더라도 범죄이고, 허위인 경우에는 형법상 가중처벌 대상이 됨 ② 모욕 ⇨ 여러 사람 앞에서 모욕적인 용어(생김새에 대한 놀림, 병신, 바보 등 상대방을 비하하는 내용)를 지속적으로 말하거나 그런 내용의 글을 SNS 등으로 퍼뜨리는 행위 ③ 협박 ⇨ 신체 등에 해를 끼칠 듯한 언행('죽을래' 등)과 문자 메시지 등으로 겁을 주는 행위
금품갈취	① 돌려줄 생각이 없으면서 돈을 요구하는 행위 ② 옷, 문구류 등을 빌리고 돌려주지 않는 행위 ③ 일부러 물품을 망가뜨리는 행위 ④ 돈을 걷어 오라고 하는 행위
강요	① (강제적 심부름)속칭 빵 셔틀, 와이파이 셔틀, 과제 대행, 게임 대행, 심부름 강요 등 본인의 의사에 반하는 행동을 강요하는 행위 ② (강요)폭행 또는 협박으로 상대방의 권리행사를 방해하거나 해야 할 의무가 없는 일을 하게 하는 행위
따돌림	① 집단적으로 상대방을 의도적이고 반복적으로 피하는 행위 ② 지속적으로 싫어하는 말로 바보 취급하는 등 놀리기, 빈정거림, 골탕 먹이기, 비웃기, 면박 주기, 겁주는 행동. ③ 다른 학생들과 어울리지 못하도록 막는 행위
성폭력	① 폭행, 협박을 하여 성행위를 강제하거나 유사 행위, 성기에 이물질을 삽입하는 등의 행위 ② 상대방에게 폭행과 협박을 하면서 성적 모멸감을 느끼도록 신체적 접촉을 하는 행위 ③ 성적인 말과 행동을 함으로써 상대방이 성적 굴욕감, 수치감을 느끼도록 하는 행위
사이버폭력	① 속칭 사이버모욕, 사이버명예훼손, 사이버성희롱, 사이버스토킹, 사이버음란물유통, 대화명 테러, 인증놀이, 게임부주 등 정보통신기기를 이용하여 괴롭히는 행위 ② 특정인에 대해 모욕적 언사나 욕설, 특정인에 대한 '저격 글' 등을 인터넷 게시판, 채팅, 카페 등에 올리는 행위 ③ 특정인에 대한 허위 글이나 개인의 사생활에 관한 사실을 인터넷 SNS 등을

통해 불특정다수에게 공개하는 행위
④ 성적 수치심을 주거나, 위협하는 내용, 조롱하는 글, 그림, 동영상 등을 정보통신망을 통해 유포하는 행위
⑤ 공포심이나 유발하는 문자, 음향, 영상 등을 휴대폰 등 정보통신망을 통해 반복적으로 보내는 행위

※ 출처: 부산광역시교육청(2018c).

그러므로 집단상담은 청소년이 발달과업을 이루어 가는 과정에서 겪게 되는 여러 가지 문제에 대하여, 수용적이고 안전한 분위기에서 공통 관심사를 나누는 법을 배우고 청소년의 관심과 흥미를 유발하여 개인 상호 간의 역동을 활용할 수 있는 중요한 도구로서 유용하다. 이는 한 명의 상담자와 여러 명의 청소년이 함께 모여 일정 기간 동안 정기적으로 만나면서, 생활과정에서 직면하는 문제나 사건 등 그들의 관심사에 대하여 대화하고 각자의 느낌, 반응행동, 생각들을 서로 교환하는 가운데, 허용적 · 현실적 · 감정정화적 · 상호신뢰적 · 지원적인 집단의 응집력과 치료적 분위기를 통해 상호이해를 촉진함으로써 긍정적 변화를 모색하는 집단활동이라고 할 수 있다. 이러한 집단의 목적에 맞게 일반적으로 말할 수 있는 집단상담의 목표는 다음과 같다.

첫째, 청소년이 성장 · 발달하고 변화하도록 돕는다.

둘째, 청소년이 각자의 환경을 수용하고 이에 적응하도록 돕는다.

셋째, 청소년이 그들의 발달과정에서 발생하는 다양한 욕구를 충족시키고 느낌과 태도를 점검하는 것을 배우고, 행동동기의 측면에서 이해하며, 자신의 능력에 자신감을 갖도록 돕는다.

넷째, 청소년이 집단 상호교류관계를 통하여 다른 사람들을 이해함으로써 새로운 관점으로 자신과 타인을 보며, 일상생활의 문제해결과 의사결정에 도움이 되는 가치체계를 발견하도록 돕는다.

다섯째, 청소년이 자신에게 관심 있는 문제를 해결하는 과정에서 새로운 관점을 발달시킨다. 이때 개성 있고 독특한 청소년만의 색깔을 가진 긍정성을 배양하도록 돕는다.

여섯째, 청소년에 대한 스트레스 관리와 자신을 보호하는 방법, 집단상담을 통한 마음 키우기, 즉 내면의 힘을 기르도록 돕는다.

집단상담은 청소년의 고민을 해결하고 성장과 발달이 이루어지는 사회적 존재이므로, 딩크마이어(Dinkmeyer, 1966)는 학교현장에서의 집단상담의 필요성을 강력하게 주장하기도 하였다. 이와 같이 청소년 특유의 발달과업을 성취해 가는 과정에서 집단상담을 통해 형성되는 소속감은 청소년 개개인의 대인관계 기술의 향상뿐만 아니라 자신감과 자존감을 향상시키는 데 많은 도움이 된다. 또한 집단원의 자발성을 촉진하고 개별상담과의 연계가 가능하다. 집단의 응집력과 생산성을 실제로 경험할 수 있는 것이 집단상담의 큰 장점이다.

4) 집단의 유형

청소년은 대부분의 시간을 학교에서 보낸다. 학교는 그 안에서 이루어지는 사회화 과정을 통해 청소년의 자아개념, 사회관 및 그들만의 지위를 형성하는 데 중요한 역할을 한다. 학교생활을 통한 또래관계, 시험이나 상급학교 진로 진학, 입시와 같은 스트레스, 경쟁으로 인한 좌절감, 학교나 교사에 대한 반항심 등은 청소년을 고민이나 문제행동에 빠져들게 한다. 특히 애정결핍, 금품갈취, 흡연, 강요, 따돌림, 상황 속 환경에서 오는 다양한 요인과 충족되지 않은 욕구들로부터 모든 문제가 시작된다. 청소년들은 자신들이 자라 온 가정환경에서의 불만이 학교생활에 밀접한 영향을 미친다. 학교에서 정상적으로 적응하지 못하고 부적응 행동을 유발한다. 이들에게 있어 문제행동은 자신의 현실을 잊고 이러한 상황에서 벗어나고자 하는 시도로 볼 수 있다. 집단의 유형은 다음과 같다.

(1) 집단상담

집단상담의 주목적은 타인과의 관계를 통하여 행동을 바람직하게 변화시키는 데 있다. 상담자는 같은 범주에 속하는 사람들로 구성된 집단에서 집단원들의 자기이해, 자기수용, 건강한 발달적 문제를 다루며, 집단원 개개인의 실제적 행동 변화에 관심을 갖는다. 또한 자기탐색을 위한 환경을 제공하고, 문제해결과 대안적 행동의 결과에 쉽게 접근할 수 있도록 상담자의 정서적 지지가 필요하다.

(2) 집단지도

집단지도에서는 토론의 내용이 정의적이고 집단원들이 알아야 할 공통적인 정보(교육적 진로, 직업적 · 개인적 · 사회적 MAKER 교육 등)를 제공하는 데 목적이 있으며, 감정적인 면보다 인지적 · 환경적인 면이 강조된다. 비교적 구조적이고 논의할 주제를 상담자가 선정하여 제공하며 심리적 장애를 치료하는 것보다 문제의 발생을 예방하고자 한다. 의사결정을 돕기 위한 계획에서는 인지적 · 환경적 · 개인적 영향에 대한 심신의 안녕과 안전, 그리고 지식의 증가를 목표로 한다.

(3) 집단치료

집단치료는 한 사람의 상담자가 동시에 2명 이상의 집단원을 상대로 심리적 갈등을 다루고 문제행동을 수정해 가는 일련의 집단면접을 말한다. 또한 정서적인 관여 정도가 가장 깊고, 집단 내외에서의 부적응 행동은 집단원의 심리적 일탈행동을 대상으로 의학적 환경과 깊게 관련되며 장기간의 치료를 행하는 성격 또는 이상 행동의 수정을 통하여 인생의 변화를 꾀하는 것이다. 따라서 이는 어느 집단보다 심한 장애를 가진 사람들을 대상으로 하며, 집단상담자에게는 고도의 전문적인 기술이 요구되고 있다.

(4) 참만남 집단

참만남 집단은 경험과정을 통해서 개인의 심리적 성장, 개인과 개인 사이의 의사소통 및 대인관계 상황에서 인간관계에 대한 재고 및 발전과 개선을 촉진할 것을 강조하는 집단이다(Corey & Corey, 2006). 이러한 집단은 집단원들에게 주로 같은 시간에 많은 정보가 집약되어 나타날 수 있고 집단의 응집력 형성에 도움이 된다. 신뢰, 개방, 공유, 모험적인 행동으로 길러지는 집중적이고 개인적이며 친밀한 경험을 제공한다. 신체접촉이나 감각, 지각, 다양한 경험적 행동 같은 비언어적인 활동이 친밀감을 촉진하기 위해서 사용된다.

5) 청소년 집단상담의 강점과 한계점

청소년기는 다른 세대보다도 주변 환경에 민감한 반응을 보이고, 특히 성인보다 또래와의 상호작용이 증가하고 또래의 영향력을 더 많이 받으며 성장한다. 그중에서도 청소년은 사회적 관계를 끊임없이 맺어 가고, 다른 이들과 상호작용이 지속적으로 이루어지는 인간의 삶을 볼 때 집단상담의 가치가 더 빛난다고 볼 수 있다.

(1) 청소년 집단상담의 강점
청소년을 대상으로 하는 집단상담이 개인상담으로 진행하는 것보다 더 나은 점은 다음과 같이 정리할 수 있다.

첫째, 집단상담은 청소년에게 독립성을 길러 주며, 상담자 간의 불화를 최소화한다. 청소년은 성인을 신뢰하지 못하는 경향이 있다. 이에 집단상담에서 청소년들은 집단상담자와 함께 마련된 공간에서 독립적인 행동을 실천할 수 있다. 서로를 알고 이해하는 시간을 가짐으로써 상담자와의 불화를 최소화할 수 있으며 독립성도 경험해 볼 수 있다.

둘째, 집단상담은 개인상담과 달리 성인과의 관계에서 불편함을 완화시켜 준다. 내담자와 상담자라는 일대일 관계는 청소년들에게 편안한 분위기가 되지 못하며 청소년들의 눈높이에 성인은 적(敵)으로 비칠 수 있기 때문에 성인과 좋은 관계를 맺지 못하는 청소년에게는 위협적이기까지 하다. 하지만 집단이 주는 힘의 균형은 개인상담에서 나타날 수 있는 불신과 불안을 완화해 준다(김춘경 외, 2015).

셋째, 집단상담은 청소년들이 사회적응 능력을 연습할 수 있는 장소를 마련해 준다. 집단상담은 청소년에게 사회 적응력을 배우는 교실이면서 연습 장소이다. 집단상담에서는 집단원들이 자신의 경험을 표현함으로써 이루어진다. 이러한 상호작용이 일어날 때 집단상담자는 집단원들을 관찰하고 즉시 개입할 수 있다. 또한 집단상담과정을 통해 청소년은 분노, 지루함, 슬픔 등과 같은 감정을 다루는 방법을 연습할 수 있으며, 상호작용하는 규칙도 학습할 수 있다. 이와 같이 집단상담은 사회적응 능력을 키우고 배우는 공간을 마련해 준다.

넷째, 집단상담과정은 청소년의 자기중심적 문제해결에 도움이 될 수 있다. 청소년기에는 자신 외의 것에는 관심이 적으며, 타인에 대한 배려가 적고 자기중심적이다. 그러나 집단상담의 과정으로 청소년의 이 같은 자기중심적 태도를 완화할 수 있다. 집단상담에서는 자신만의 문제를 오래 다루지 못하며, 다른 집단원들은 자기중심적인 청소년에게 무관심하거나 때로는 경멸하기도 한다. 이러한 상황은 자기중심적인 청소년의 행동을 변화시킨다.

다섯째, 집단상담을 통해 자신만의 피해의식을 완화할 수 있다. 청소년이 가끔씩 자신이 처한 상태에서 느끼는 감정을 다른 친구들은 알지 못한다. 자신의 경험과 자신의 문제나 느낀 감정이 독특하고 유일한 것이라고 생각하는 경향이 있다. 그러나 다른 친구들도 나와 비슷한 경험과 생각을 갖고 있다는 것을 알려 주면 청소년은 다시 용기를 얻을 수 있다.

(2) 청소년 집단상담의 한계점

개인상담에 비해 청소년을 대상으로 하는 집단상담의 한계점은 다음과 같이 정리할 수 있다.

첫째, 특수한 성격을 가진 대상이나 극단적인 공격성, 정신적 장애자, 부모와의 심한 갈등 등의 문제행동을 가진 대상에게는 집단상담이 적합하지 않다.

둘째, 상담자의 개인적 관심과 수용이 더 많이 요구되며 치료적 기능을 요하는 대상자에게는 효과가 적다.

셋째, 집단에서 논의되는 문제나 제기되는 문제가 간혹 개인의 가치에 어긋나고 또래와의 관계나 상담자와의 관계를 해치는 경우도 있다.

넷째, 비밀 보장은 집단상담에서도 꼭 필요하나 지켜지기 어려운 때가 있다.

다섯째, 상담과정에서 바람직하지 못한 집단원의 행동을 모방할 수도 있는데 그것을 방지하는 데 어려움이 있다.

여섯째, 적절한 집단원으로 결합하고, 융통성 있는 계획 수립의 과정이 어렵다.

일곱째, 집단을 잘 이끌 수 있는 유능한 상담자를 확보하기가 어렵다.

여덟째, 집단경험을 통하여 생활양식 및 가치관이 변화되므로 개인의 안정감을 상실할 가능성이 있다.

아홉째, 바람직한 행동을 학습하는 장으로 인식하는 대신 집단경험 그 자체에만 도취되어 계속 집단을 옮겨 다니는 경우가 있다.

6) 청소년 대상 집단상담의 효과

청소년을 대상으로 하는 집단상담에서 서로의 경험과 감정을 나눔으로써 청소년은 자신이 직면한 발달과정상의 어려움을 자신만 겪는 것이 아니라는 것을 발견하고, 집단의 치료적 요인도 경험하게 된다. 또한 또래와의 상호작용을 통해 의사소통과 대인관계 능력 향상에 도움을 줄 뿐만 아니라, 집단원 간의 친밀감 형성은 자신의 가치관 탐색을 통해 가치관을 명료화하고 서로 간의 성장에도 도움을 준다. 이러한 측면에서 청소년 집단상담은 다음과 같은 효과를 가져온다.

첫째, 가치관 탐색 기회 제공 및 자아존중감이 향상된다. 자신의 가치관을 찾을 수 있는 기회가 된다.

둘째, 의사결정 기술, 효율적 의사소통 능력 향상을 가져온다.

셋째, 결정과 판단, 장애 및 트라우마 극복에도 도움이 된다.

넷째, 또래와의 대화를 통해 자신의 뜻을 분명하게 전달할 수 있다.

다섯째, 문제해결 능력이 향상된다. 청소년 개개인이 가지고 있는 문제라고 생각하는 사례는 집단원 각자의 경험을 다양하게 접하면서 자신의 문제를 인식하고 해결할 수 있는 능력이 향상된다.

여섯째, 대인관계 능력 향상에 도움을 준다. 친구뿐만 아니라 부모, 교사와의 관계 개선에도 도움이 된다.

일곱째, 활동 자체가 움직여서 일정한 자세를 만들고 주요한 타인이 되는 역할놀이(role play)의 성격을 가지므로 긴장을 풀면서 즐거운 활동이 될 수 있다. 다시 말해 모방을 통한 새로운 행동을 습득하게 된다.

이러한 집단상담의 효과는 학업성취에도 긍정적인 영향을 미칠 뿐만 아니라 정신적 건강, 신체적 건강, 사회적 건강뿐 아니라 청소년의 품성과 건전한 또래문화에도 마음의 근육이 생성되어 내면의 힘을 키우고 학교생활 적응력을 높이게 된다.

4. 청소년 집단상담의 운영

1) 청소년 집단상담 프로그램 운영 목표

배경숙(2001)은 청소년의 건전한 성장과 발달을 돕기 위한 다양한 프로그램이 개발·보급되면서 학급 단위의 활동이나 학교 행사를 통하여 청소년은 다음과 같이 여러 가지를 학습할 수 있다고 하였다.

첫째, 개인의 불필요한 가치관이나 비합리적 신념체계를 수정하여 바람직한 인지구조를 갖게 함으로써, 자신의 문제행동에 대한 통찰력과 인식을 높이고 문제해결 능력을 키워 준다.

둘째, 개인만이 아니라 또래들도 나와 비슷한 문제를 겪고 있다는 사실을 알게 된다.

셋째, 집단원이 자신을 인정하지 않아도 상담자 한 사람은 자신을 이해하고 수용해 준다는 사실을 알게 됨으로써 내담자는 자신감과 자아존중감을 높일 수 있다.

넷째, 진솔한 감정을 바탕으로 한 개인적 접촉을 통해 생기는 감정이입으로 타인을 신뢰하게 되고, 타인을 도울 수 있는 능력이 높아진다.

다섯째, 정서적 안정감을 체험함으로써 자기표현 능력을 향상시키고, 또래집단 간 상호 모델링되면서 대인관계 능력을 향상시킨다.

여섯째, 자기 자신과 타인에 관한 솔직한 느낌을 주고받음으로써, 자신과 타인을 더 이해하고 수용하게 되며 결과적으로 상호 간의 성장을 촉진하게 된다.

일곱째, 자신이 속한 중요한 환경, 가족, 학교, 지역사회, 사이버가상세계의 인간관계 등 교류를 바람직한 방향으로 재정립할 수 있도록 도와준다.

2) 청소년 집단상담 프로그램 운영 사전 준비

(1) 대상자 선정

집단상담에 참여하고자 하는 희망자는 면접을 통해 성격과 적응 수준, 동기 수준이나 집단에 대한 기대 및 집단의 특성과 목표에 부합하는지의 여부를 파악한다. 집단의 동질성은 집단의 응집력을 높이고 이러한 응집력은 청소년이 자기 삶의 위기에 대해 집중적이고 개방적으로 탐색하는 것을 가능하게 한다. 뿐만 아니라 청소년의 지적 수준, 성격적 차이, 현재 당면한 문제 등을 고려하여 동질적이어야 하는지, 이질적이어야 하는지를 결정한다.

(2) 집단상담 계획서 만들기

집단상담 프로그램 운영을 결정한 후에는 몇 회기로 할 것인지, 회기별 시간 및 프로그램 초기·중기·말기·종결단계 등 무엇을 어떻게 진행할 것인지를 집단상담 계획서에 세부적으로 기술하여야 한다.

(3) 부모·보호자의 승인 얻기

청소년이 집단상담에 참여하기 위해서는 부모나 법적 보호자의 문서화된 승인서를 작성한다.

(4) 프로그램 집단 규모

집단원이 역동적인 활동과 상호작용할 수 있는 공간(예: 교실 반 칸, 교실 한 칸)이 필요하다. 대부분의 집단상담 프로그램 구성원은 8~15명 내외가 적당하나 학교폭력 위험군의 집단원의 경우에는 6~8명 정도가 적당하고 프로그램의 효율성뿐 아니라 집단의 목적달성에도 효과적이다.

(5) 프로그램 운영 빈도

집단상담 프로그램은 주 1회 정도가 적당하다. 짧은 시간 자주 만나도록 하는 것이 청소년 집단원의 결속력과 주의력을 집중하기에 좋다. 10일 이상의 간격을 두는 것은 바람직하지 않다.

(6) 프로그램 운영 시간 및 기간

집단 프로그램 운영 시간은 각 학급과 학년 수업 시간에 따라 배정하는 것이 좋다. 초등학교 40분, 중학교 45분, 고등학교 50분이며 집단의 회기는 8~12차시 정도가 효과적이다. 청소년 집단폭력이나 흡연, 도벽, 자살, 인터넷 중독, 습관적 거짓말 등 고위험군 집단상담에는 10~15회기 프로그램을 기획하여 운영하는 것이 효과적이다. 또한 집단의 유형에 따라 지역사회의 유관기관을 연계한 집단상담에는 회기가 더 늘어날 수 있고 시간은 회기별 60분이 될 수도 있다. 이는 각 집단상담 프로그램 유형에 따라 유연하게 운영된다.

(7) 프로그램 운영 장소

청소년은 형식에 얽매이지 않는 자유로운 분위기를 좋아하므로 바닥에 앉거나 움직이면서 집단상담을 할 수 있도록 한다. 활동하기 적합한 공간으로 구성된 무용실이나, 시청각실, 강당 같은 장소에서 원형으로 둘러앉는 것이 효과적이다. 이는 집단상담자가 모든 집단원 한 명 한 명의 역동과 비언어적 메시지 또한 관찰할 수 있는 강점이 있다.

3) 청소년 집단상담 프로그램 운영 및 구성 원칙

청소년 집단은 집단의 색깔과 유형에 상관없이 일반적으로 3단계(시작단계, 작업 또는 중간단계, 종결 또는 평가단계)를 거치게 된다.

(1) 시작단계(1단계)

친밀감과 신뢰감 형성(오리엔테이션)이다. 청소년 집단상담관계에 있어서 필수적으로 요청되는 조건의 하나가 라포 형성이다. 상담자는 친절하고 따뜻하며 부드럽고 예의를 갖춘 태도를 가져야 한다. 집단원의 현실과 감정을 거부하지 않고 받아들이며 집단원으로 하여금 자유롭게 표현하고 행동할 수 있게 허용적인 분위기를 조성해야 한다. 1단계 집단상담관계에서 집단원 개인에 대해 표현하고 소개하는 시간을 통하여 집단원 간의 친숙한 분위기를 만든다.

첫째, 상담진행과정을 설명한다. 프로그램 목적과 목표, 프로그램 방법에 대한 이해를 돕고 핵심 내용과 방향, 규칙 정하기 및 상담자 소개, 집단원들과 친밀한 관계형성을 위한 시간을 마련해야 한다. "집단상담은 이렇게 참여합니다." 등 집단상담의 날짜와 시간, 요일, 장소 안내, 핸드폰 사용 등 불가피한 상황으로 인해 결석하는 경우에 사전연락하는 방법 등 기본적인 집단원의 규칙들을 소개한다.

둘째, 집단원 간 첫 느낌을 주고받는 인사나 집단원 간에 생각나는 별칭을 짓는다. 자신에게 중요한 사람이 되어 자기 소개하기, 같은 신발 사이즈, 같은 색깔의 옷을 입은 사람끼리 짝 지정하기, 또는 이름에 얽힌 에피소드를 발표하는 등 친숙한 분위기나 환경을 조성한다.

셋째, 개인의 발전과 타인에 대한 이해를 목적으로 하며 집단원에 대한 배려와 이해, 그리고 집단원을 존중하게 한다.

(2) 작업 또는 중간단계(2단계)

개인 간에 존재하는 역동과 에너지 느끼기, 멈추기, 생각하기, 행동하기, 감정카드 사용하기 등이 있다.

첫째, 상호작용을 통한 집단활동을 한다. 집단상담의 색깔과 역동에 따라 신체활동인 몸동작을 점화시키고 도구를 활용한 집단원의 욕구를 표현한다. 이때 현재의 감정을 그리거나 공동 작업을 통하여 융합된 생각을 작품으로 표현한다.

둘째, 변화의 주체가 '나'임을 자각한다. 개인의 생각이나 느낌을 표현한다. 걸림돌인 변화하고자 하는 문제요인을 분석한다. 변화하고자 하는 의지와 행동으로 실제 연습을 한다(예: 발표, 편지쓰기, 롤링페이퍼 작성 등).

집단원들의 생각을 판단하거나 평가, 조언하지 않는다.

(3) 종결 또는 평가단계(3단계)

집단상담 프로그램에 참여하면서 무엇을 생각하고 무엇을 느끼며 무엇을 얻고 변화되었는지 앞으로의 생각을 공유하는 단계이다. 정리하고 평가하는 활동단계에서는 집단원들의 부정적인 느낌, 긍정적인 느낌을 서로 나누고 집단원들과 피드백을 주고받는다. 집단상담 프로그램에 참여하면서 만든 결과물이나 기억에 나는 느낌을 주고받아도 좋다. 상대에 대한 느낌이나 생각을 발표하고 헤어져야 하는 시간이 다가오고 있음을 인지하게 한다. 이때 미래 5년, 10년, 15년, 20년 뒤 나는 어떤 사람이 되어있을지에 대하여 명함 만들기를 하며 자신의 미래 모습이자 직업인을 생각하게 한다.

집단상담에서 관찰된 주도권(리드)은 적절한 지지와 격려를 통하여 집단원들이 자발적인 발표를 할 수 있도록 촉진한다. 집단을 운영하면서 집단원들이 하고 싶은 말, 회기별 경험과 소감, 느낀 점을 정리하여 나눌 수 있도록 한다. 또한 목표달성 정도, 집단원 간의 변화 정도, 협력과 참여 정도, 성취감 등 프로그램에 대한 회기별 종결에 대한 시간을 가진다. 이때 집단상담 프로그램에서 좋은 점과 아쉬운 점 등 사후 평가 설문지를 작성하고 상담자는 집단의 전체적인 프로그램 운영과정을 정리하여 관찰된 느낌으로 마무리를 한다.

청소년 집단상담 프로그램 운영 시 상담자의 점검사항은 다음과 같다.

- 상담자는 청소년 집단원들의 문제가 무엇인지 정확하게 파악하고 있는가?
- 상담자는 청소년 집단상담 목표에 따른 회기와 장소 및 집단원들의 변화는 어떠한가?
- 상담자는 청소년 집단상담 프로그램에 소요되는 비용이 적절하였는가?
- 상담자는 청소년 집단상담 프로그램의 목표와 평가 방법에 부합하였는가?
- 상담자는 청소년 집단원들을 존경하고 수용적이며 일관성 있는 태도를 가졌는가?
- 상담자는 활동 속에 일어나는 집단원들의 역동이나 대인관계에 대한 이해가 있었는가?
- 상담자는 청소년 집단상담에서 일어날 수 있는 규칙을 정하고 사전정보를 제공하여 안전을 위해 적절하게 예방 대처하였는가?

5. 효과적인 청소년 집단상담의 전략

청소년을 대상으로 하는 집단상담자는 청소년을 사랑하는 마음으로 사명감이 있어야 한다. 청소년을 자기실현과 자기개발의 가능성을 가진 존재로 여기는 긍정적인 가치관을 가질 필요가 있다. 상담자는 청소년의 가치를 수용하고 존중하는 태도 또한 필요하며, 진실한 마음과 태도로 경청하거나 이해하려는 자세를 가져야 한다. 아울러 상담자 자신의 생각과 의도에 진정성이 표현될 때, 청소년 또한 상담자를 신뢰하게 되며 자신을 솔직하게 개방한다. 청소년을 대상으로 하는 집단상담에서의 유용한 전략을 살펴보면 다음과 같다.

첫째, 청소년 집단상담자는 청소년의 눈높이에 따른 재미와 흥미를 유발하여 진행하여야 한다. 청소년은 딱딱하고 지루한 것을 잘 견디지 못하는 특성이 있으므로 집단상담자는 온화하고 따뜻하며 유머감각이 필요하다. 또한 긍정성과 열정이 있어야 하고 다양한 매체나 도구를 사용하여 집단상담활동내용을 구성함으로써 청소년의 흥미를 끌어낼 수 있어야 한다. 특히 청소년 집단원의 상당수는 비자발적인 참여일 가능성이 높아 청소년의 부정적인 반응을 효과적으로 탐색하여 긍정적인 정서적 지원을 상황에 따라 할 수 있어야 한다.

둘째, 청소년 대상 집단상담자는 적극적인 자세로 집단원을 이끌어야 한다. 청소년은 치료적인 분위기가 조성되고 유지되는 데 있어서 상담자가 적극적인 역할을 담당해야 한다. 청소년은 모호한 상태를 견디어 내는 힘이 대학생이나 일반 성인에 비해 부족하다(천성문 외, 2017).

셋째, 청소년 집단상담은 적극적인 중재와 구조화하는 것이 필요하다. 청소년은 자신의 정서에 대한 통찰력, 자신의 생각을 적절하게 표현하는 능력, 집단에서 일어나는 역동을 활용하여 또래와 원활하게 관계하는 능력 등이 부족하다. 구조화는 집단역동을 유지하는 데 필요한 방향을 제시해 줄 수 있다. 이에 집단상담의 주제, 그에 따른 활동, 느낀 점 발표하기, 과제 부여하기 등을 구조화하여 집단상담활동이 사소한 잡담으로 진행되지 않도록 하여야 한다.

넷째, 청소년 집단상담자가 주도권(리드)을 가져야 한다. 청소년의 특징상 집단상담자가 리더로서의 주도권을 놓치면 집단원들에게 휘둘리기 쉬워, 결국 집단의 목적과 상관없이 집단원이 진행하게 될 가능성이 있으므로 주의해야 한다. 따라서 집단상담자는 청소년의 가치와 생각을 존중해 주는 범위 안에서 집단상담 프로그램 운영의 주도권을 가지고 집단을 운영해야 한다. 청소년 집단상담의 운영 프로그램은 청소년이 오래 머무는 학교생활에서의 규칙이나 달라진 그들의 문화 등 새롭게 변화된 정보를 수집하여 적절하게 적용하면 도움이 된다.

6. 청소년 집단상담 프로그램 운영

한 아이를 건강하고 바람직하게 키우기 위해서는 온 마을 사람들이 필요하듯, 아이에게는 태어나면서부터 원가족의 정성과 관심 및 애정이 무엇보다 필요하다. 현대 핵가족 및 다양한 가족의 변천과 함께 시대의 흐름은 사회구조적인 문제로 나타나고 있다. 부모님의 사회활동은 점점 늘어나고, 형제자매 간의 갈등과 가족 구성원과의 소통과 단절은 점점 늘어나고 있다. 또한 학교폭력의 유형에도 예전과 다른 양상을 보인다. 사이버폭력, 전자담배 소지, 흡연, 기물파손, 방임, 비탄, 상실감, 낮은 자존감, 등교거부, 수면장애, 폭행, 섭식장애, 적대적 · 반항적 장애, 불안장애, 애착장애 등 가족 구성원 간에 소통하고 공감하며 이해하는 인식의 겸손함이 부족하다. 이러한 다양한 사회구조적인 문제로 발생되는 책임과 의무로 인해 청소년의 성장이 가정에서만 이루어지는 것은 이제 보기 힘든 사회적 상황이 되었다. 특히 청소년은 또래와의 관계에서 거부, 분노에 대한 민감한 반응은 공격성과 같은 반응을 일으킬 가능성이 높고, 높은 거부불안 민감성은 사회적 불안과 위축, 회피, 자살, 우울과 같은 반응에 영향을 미치는데, 이는 주 양육자로부터의 애정결핍으로 인해 나타난다.

또한 청소년 집단상담 정서 프로그램을 통하여 충분한 공감과 경청, 그리고 무조건적 수용과 상황에 맞는 칭찬, 격려, 지지와 지원을 바탕으로 이루어져야 한다. 청소년의 안녕을 위해 긍정적인 인식에 대한 안정과 안전을 위한 대처 방법을 집단상담에서 교육할 수 있다. 집단상담을 통한 접근 방법과 치유 기법은 다양하다. 성격유형검사, 진로검사, 심리검사는 물론 집단상담은 신체적 · 인지적 · 심리적 · 정서적 현실치유, 이야기치유, 자기직면, 인지행동치유, 독서치유, 원예치유, 미술치유, 음악치유, 향기치유, 무용치유, 언어치유, 창의력 보드게임 치유, 놀이치유, 운동치유, 작업치유, 물리치유, 인형치유 등 다양한 치유 프로그램이 날이 갈수록 새롭게 개선되고 있다. 이와 같이 많은 치유 프로그램 중에서 현재 실시되고 있는 비자발적 청소년 집단상담에 적용하고 정서적 집단상담에 개입한 상담 프로그램의 예시를 소개하면 다음과 같다.

청소년 '피규어' 집단상담 실천 프로그램(예시)

1. 피규어 상징

1) 인간과 상징

인간과 상징은 불가분의 관계에 있다. 인류가 발견한 가장 오래된 벽화 속에는 그 시대 사람들의 다양한 삶의 모습과 함께 그들에게 친숙하고 의미 있는 동물들의 모습이 매우 자세하게 묘사되어 있다. 우리나라에서는 열두 가지 '쥐, 소, 뱀, 양, 호랑이, 원숭이, 용, 닭, 돼지, 말, 개, 토끼'를 통해 동물을 활용하여 인간의 띠를 나타내어 출생한 해의 특성에 따라 의미를 부여하고 있다. 이와 마찬가지로 사람이나 동물의 모습을 구체적으로 시각화한 인형 또한 상징적인 의미가 있다. 지구촌 대부분의 나라마다 전통인형이 있고 그 인형에는 나라의 독특한 문화와 이야기가 담겨 있다. 인형에는 지역에서 살아온 사람들의 기억이 담겨 있으며, 사람들은 인형을 통해 기억과 소통할 수 있다. 가장 보잘것없는 존재에도 상징이 가득하고, 가장 현실주의적인 인간일지라도 이미지로 살아간다. 이러한 측면에서 상징은 심리적 현상에서 결코 사라지지 않을 것이라고 할 수 있다.

2) 동물상징

우리 인간의 정신적 · 육체적 특성이 다각적인 동물의 상징을 통해서 표현될 수 있고 동물로 표현되는 상징은 내면의 심원에서 나오는 길들여지지 않은 잠재의식과 무의식의 표출이다. 동물의 상징은 말로 표현하지 못하는 수치심, 분노, 갈등, 죄책감, 미움, 내면의 슬픔 등을 보여 준다. 상징체계의 주요기능은 '보여 주는 것'이며, 동물인형은 실천현장 집단상담에서 내담자가 갖고 있는 내면의 내용을 분석하고 해석할 수 있는 도구가 될 수 있다(Jung, 2007). 사람들은 비둘기를 보면 평화를 떠올리고, 혀를 날름거리는 뱀을 보면서 교활함을 떠올린다.

3) 일상생활에서의 상징

생활 주변에서 사용되고 있는 언어를 귀담아 경청하고 관찰해 보더라도 '짐승 같은 놈' '짐승만도 못한 놈' '여우같이 약은 사람' '뱀같이 교활한 사람' '양같이 순한 사람' '곰같이 둔한 사람' 등 동물에 빗대어 그 사람의 특징을 묘사하는 경우가 많다. 우리는 너무나 자연스럽게 일상생활에서 상징을 생활화하고 있다.

2. 동물 피규어 '피규어의 특징'

- 내담자에게 친숙한 대상
- 강력한 상징성
- 무의식을 드러내는 수단

3. 심층심리학

1) 프로이트

• 인간의 의식은 빙산의 일각일 뿐이다. 개인의 행동, 감정, 느낌 등은 대부분 무의식에 의해 좌우된다. 의식의 검열과정이 느슨해지는 수면 상태에서 꿈이나 실언 등을 통해 무의식을 엿볼 수 있다.

2) 융

• 무의식은 개인의 경험에 근거한 개인무의식과 일련의 경험에 근거한 집단무의식으로 나누어 살펴볼 수 있다. 인종, 문화, 역사와 상관없이 인류가 공유하는 공통적 영역인 집단무의식의 핵심에 원형(archetype)이 존재한다. 이러한 원형은 아니마(남성 안의 여성성), 아니무스(여성 안의 남성성), 신, 악의 세력 등을 대표적으로 들 수 있다. 무의식은 상징적인 형태 또는 이미지로 드러날 수 있다.

• 만다라

① 소망의 만다라	② 가족 희생양 만다라
소망의 마음을 담은 만다라, 즉 소속감이 없다.	친구관계에서도 희생양이 될 가능성이 높다.

③ 숭배와 존경의 만다라	④ 이탈의 만다라
완전한 원이 아니라 비슷한 원을 그렸을 때 숭배와 존경을 뜻함	지금 네 마음이 어떠니? (질문하기)
⑤ 견제의 만다라	⑥ 대극의 만다라
뭔가 대립하고 있는 사이에 들어가 보호하고 맞서고 있는 상황, 내담자, 희생양이면서 母를 보호하고 있는 상황	지시어 ⇨ 사람의 모습은 다양하다. 나를 나타내는 네 가지를 골라 보렴 등

3) 인간 내면과 동물

- 아닐라 야페(Anila Yapě): 가장 대표적인 상징물은 돌과 동물이다.
- 폰타나(Fontana): 동물은 인간 내면의 심원에서 나오는 길들여지지 않은 잠재의식, 무의식의 원천이다. 동물은 말로 표현하지 못하는 내면의 슬픔, 분노, 수치심, 죄책감, 갈등, 미움 등을 보여 준다.

4) 상징의 재구조화 과정에서 유용한 질문 및 상징체계의 과정

- 상징: 이것은 무엇을 의미하나요?
- 인지와 지각: 이것을 어떻게 받아들이고 있나요?
- 감정: 어떤 기분이 드는가요?
- 기억: 관련된 무엇이 떠오르는가요?
- 감각: 몸에서 무엇이 어떻게 느껴지는가요?
- 상징체계의 과정

※ 상담에서 회기는 집단원에게 정보를 제공하며 다음과 같은 구체적인 설정을 하여야 한다.

▷ 구체적 ▷ 행동적 ▷ 실현가능 ▷ 시간제한 ▷ 평가

4. 청소년 '피규어' 집단상담의 실제

1) 피규어 집단상담의 궁극적인 목적·변화

2) 변화의 종류

- 양자적 변화(quantum change)
- 단계적 변화(gradual change)

3) 변화단계이론(Prochaska & Diclemente, 1918)

- 전 숙고단계(변화에 대한 고민 없음, 문제의식 없음)
- 숙고단계(변화에 대해 고민함, 양가적)
- 준비단계(마음은 정했으나 행동으로 옮기지 않음)
- 실행단계(행동에 옮김)
- 유지단계(실행이 계속됨)
- 재발단계(이전 단계로 돌아감, 어디로든 갈 수 있음)

5. 피규어 탐색

1) 자기탐색

(1) 현재의 '나' 탐색
- 목적: 자기이해, 자기수용
- 지시문: 현재의 나를 가장 잘 나타내 준다고 생각되는 동물 네 마리를 골라
보세요.
  - 여러 동물 피규어 중 이미지, 표정, 눈빛, 하고 있는 자세, 어딘지 모르게
끌리는 느낌 등을 따라서 고르세요.
  - 그 동물을 고른 이유를 나누어 보세요(사진을 찍어 두세요).

(2) 과거의 '나' 탐색
- 목적: 과거의 결핍 탐색, 내면아이 만나기

- 지시문
  - 과거의 나를 가장 잘 나타내 준다고 생각되는 동물 네 마리를 골라 주세요.
  - 여러 동물 피규어 중 이미지, 표정, 눈빛, 하고 있는 자세, 어딘지 모르게 끌리는 느낌 등을 따라서 고르세요.
  - 언제적 내 모습인가요?
  - 그때의 나에게 정말 필요했으나 채워지지 않았던 것은 무엇이었나요(사진을 찍어 두세요)?

(3) 미래의 '나' 탐색

- 목적: 희망 갖기, 변화를 위한 계획 세우기, 변화를 시도하기
- 지시문
  - 앞으로 내가 되고 싶은 모습을 나타내 준다고 생각되는 동물 네 마리만 고르세요.
  - 그 이유를 말해 보세요.
  - 현재 내 모습에서 되고 싶은 모습으로 나아가기 위해서 아주 작은 시도를 한다면 어떤 것을 해 볼 수 있을까요(사진을 찍어 두세요)?

2) 관계 탐색

(1) 학급에서의 교우관계, 학원에서의 교우관계, 가족에서의 관계 지역 사회에서의 또래관계 등 내담자가 살펴보기 원하는 '현재 어려움이 되는' 관계 영역을 정하기

(2) 지시문

- 나를 포함해서 해당되는 사람들에게 해당되는 동물을 한 마리씩만 고르

세요.

• 거리와 방향을 고려해서 세워 보세요.

• 누구에게 마음이 제일 많이 가나요?

• 무엇을 보고 있나요?

• 어떤 마음으로 보고 있나요?

• 지금-현재 당신의 마음은 어떤가요?

• 이 동물에게 필요한 것이 무엇인가요?

• 누가 누구와 가까운가요?

6. 청소년 집단상담 '실제' 사례

1) 사례 1

• 인적사항: 14세(남)

• 주 호소 문제:
  - 너무 외롭다.
  - 사람들에게 다가가고 싶은데, 그들이 날 싫어할 것 같다.

• 현재 문제
  - 학교뿐 아니라 어디에서든 마음을 털어놓을 수 있는 친구가 없다.
  - 학습 부진이 심하게 나타나고 있다.
  - 등교를 거부하고 있다.

7. 청소년 피규어 '활용' 상담

• 청소년 집단상담 '피규어' 실습

청소년 피규어 집단상담 ·······▶ 현재 가족을 피규어로 세워 보기

• 청소년 집단상담 '피규어' 실습

청소년 피규어 집단상담 ·······▶ 「원하는 가족 모습 세워 보기」

8. 피규어 상담의 변화과정과 변화내용

1) 내담자의 변화에 기여하는 피규어 상담의 요소

　피규어 집단상담을 시작하기 전 상담 도구 피규어는 내담자가 잘 보이는 곳에 배치하는 것이 필요하다. 이때 집단원의 수가 많을 경우 동물 피규어를 다양하게 구비하는 것이 바람직하고 잘 보이는 곳에 두어야 한다. 집단상담에는 조를 구성하여 상담자의 지시어(예: "나와 비슷하다고 생각하는 동물 중 앞에 있는 동물 피규어를 골라서 각자의 모둠으로 갑니다.") 등 사건이나 상황관계에 대한 이야기를 간략한 지시어로 해당되는 대상 피규어를 고르도록 한다. 이때 선택되는 대상이 자신이 될 수 있고 타인이 될 수도 있다. 특정한 장면에 있는 대상으로 떠올리기보다는 전반적인 느낌이나 이미지에 따라 동물을 선택하도록 한다. 또한 반복적인 왕따 경험으로 인해 자존감이 낮고 우울감과 불안감이 높아서 치료 장면에서 언어를 매개로 한 상담이 어려울 수 있는 내담자도 피규어에 대한 호기심과 관심을 나타내는 것을 볼 수 있다. 내담자에게 선택권을 주고 고르도록 할 때 내담자가 상담에 관심을 가지고 적극적으로 임하는 모습을 보인다.

상담자: 여기 있는 여러 동물인형 중 아빠 같은 느낌이 드는 것을 골라 보세요.
내담자: 디테일이 정말 살아 있어요. 진짜 같아요. 만져 봐도 돼요? ……(중략)…… 그냥 내 생각대로 아빠 같은 거 고르면 되죠?

2) 자율선택

　내담자는 자신이 타인에 대해 가지고 있었던 이미지를 떠올려 제일 부합된다고 생각되는 것을 자유롭게 선택한다. 또한 내담자는 특정 사건이 아닌 전체적인 자기표상과 대상표상 등을 투사하여 인형 피규어를 고르게 한다. 이제 인형은 투사를 통해 내담자가 방어 없이 자신의 내면 경험을 그대로 드러내게 한다는 것을 알 수 있다. 또한 그 인형을 고른 후 어떤 이유에서 바라보고 있는지를 알 수 있다.

상담자: 어떤 면에서 그 동물을 골랐나요?
내담자: 원숭이가 싸우려고 준비되어 있는 것이 꼭 교실에서 내 모습을 보는 것 같아요. 토끼가 눈이 빨간 게 울어서 그런 것 같아요. 작은 소리에도 깜짝 놀

라고 늘 주위를 살피며 발발 떠는 게 안쓰러워요. 날 떠나 버린 그 친구는 자기가 손해 볼 것 같다는 생각에 교묘하게, 조용히 빠져나갔거든요. 꼭 이 뱀 같아요.

3) 시각화

청소년 집단상담 '피규어' 공간 속에 피규어를 배치시킬 때보다 깊은 내면과 관계역동이 드러난다. 인형을 공간 속에 시각화시킬 때는 인형 간의 거리와 인형이 보고 있는 방향을 고려해서 세우는 것이 필요하다. 인형 간의 거리는 내담자가 인간관계에서 느끼는 심리적인 거리를 상징하며, 방향은 관계의 역동을 알 수 있다. 이러한 측면에서 인형을 시각화한 상태에서 내담자와 이야기를 나눌 때 내담자는 자신이 처한 심리적인 현실을 보다 객관적으로 이해하게 된다.

4) 현실 직면

내담자가 자율적으로 고른 피규어를 일정한 공간 속에 거리와 방향을 고려해서 세워 두면 내담자는 자신의 심리적인 현실이 그대로 드러난 인형을 보면서 현실을 회피하지 않고 있는 그대로 직면하게 된다.

5) 대상에게 직접 말하기

피규어 치유 장면에서 여러 대상 '내담자, 어머니, 왕따시킨 친구, 언니 등'이 등장한다. 상담자는 내담자에게 그 대상에 대해 이야기하는 것이 아니라 세워져 있는 그 대상을 보고 직접 대화하도록 하는 것이 중요하다. 왜냐하면, 내담자가 다루고자 하는 핵심적인 문제를 직접적으로 다룰 수 있고 단기 집단상담임에도 깊은 개입이 가능해지기 때문이다. 따라서 인형상담이 진행되고 있는 지금-여기에서 인형으로 표현된 대상에게 직접 자신의 메시지를 전달할 수 있게 해준다.

9. 피규어 상담의 변화내용

1) 변화를 말함

동기강화상담(motivational interviewing: MI)에서는 변화에 대한 욕망, 이유, 변화가능성, 변화에 대한 결심을 내담자가 스스로 말하는 것을 변화대화(self-motivational statement)라고 일컫는다(신성만, 2013).

2) 새로운 시도를 함

인형상담을 통해 이전에 시도해 보지 않았던 새로운 시도를 한다든지 이전에 했었던 바람직하지 못한 행동을 그치는 등 행동 변화가 나타난다.

3) 관점이 달라짐

문제가 되는 상황 자체가 변하지 않았더라도 그 상황을 바라보는 관점이 달라진다면 내담자의 심리적 부담감이 감소되고, 심리적 안정감이 증가할 수 있다.

4) 정서가 해소됨

인형상담을 통해 슬픔, 두려움, 분노의 감정들이 표현될 뿐 아니라 자기 자신과 타인에 대한 감사와 사랑의 정서도 표현됨으로써 정서의 카타르시스를 맛보게 된다(변은주, 2018).

(청소년 피규어 집단상담 실천 프로그램 예시는 부산광역시 교육청 2018학년도 교육복지우선지원사업 교육복지사 역량강화 직무연수「실천 기법을 활용한 피규어 학생사례 진단 및 개입」수정 · 보완사용)

참고문헌

강진령(2012). 학교 집단상담. 서울: 학지사.

강진령, 연문회(2009). 학교상담: 학생 생활지도(개정판). 경기: 양서원.

경기도교육청(2018). 회복적 생활교육 연수 교재자료집.

김정일(2016). 아동 · 청소년을 위한 집단상담 프로그램 실재. 경기: 양서원.

김청자, 정진선(2004). 상담의 이론과 실제. 서울: 동문사.

김춘경, 박지현, 손은희, 송현정, 안은민, 유지영, 이세나, 전은주, 조민규, 한은수(2015). 청
　　　소년 집단상담 프로그램. 서울: 학지사.

김형태(2001). 집단상담의 이론과 실제. 서울: 동문사.

배경숙(2001). 학급활동으로 이어가는 집단상담. 서울: 우리교육.

변은주(2018). 2018학년도 교육복지우선지원사업 교육복지사 역량강화 직무연수자료−실
　　　천기법 피규어를 활용한 학생사례 진단 및 개입「 A반 」.

변은주(2018). 왕따 피해청소년의 인형치료 사례연구−변화과정과 변화내용을 중심으로−,
　　　청소년시설환경학회지, 16(1), 177−185.

부산광역시교육청(2018a). 2018학년도 교육복지우선지원사업 교육복지사 역량강화 직무
　　　연수 자료집

부산광역시교육청(2018b). 2018학년도 교육복지우선지원사업 기본계획 연수 자료집.

부산광역시교육청(2018c). 2018학년도 학교폭력 예방 및 합리적인 사안대응을 위한 학교
　　　폭력 책임교사 역량강화 연수 자료집.

신성만, 김성재, 이동귀, 전영민(2013). 동기강화상담 기술훈련. 서울: 박학사.

신성만, 이상훈, 김성재, 박상규, 배다현(2017). 건강관리전문가를 위한 동기강화상담. 서울: 박
　　　학사.

이장호, 최승애(2015). 집단상담: 원리와 실제. 경기: 법문사.

이찬원(2007). 교회 청소년을 위한 집단상담 적용 연구. 고신대학교 대학원 석사학위논문.

장학표(2000). 집단상담의 이론적 접근. 서울: 중앙적성출판사.

정순례, 양미진, 손재환(2010). 청소년 상담 이론과 실제. 서울: 북카페.

차지영(2009). 한부모가정의 부모−자녀관계 증진을 위한 원예치료 집단상담 프로그램의

개발과 효과. 경성대학교 대학원 석사학위논문.

천성문, 김남희, 김정남, 박미선, 박원모, 배정우, 조정선, 한미경(2004). 중 · 고등학생을 위한 집단상담 프로그램. 서울: 학지사.

천성문, 함경애, 박명숙, 김미옥(2017). 집단상담 이론과 실제. 서울: 학지사.

천성문, 함경애, 차명정, 송부옥, 이형미, 최희숙, 노진숙, 김세일, 강경란, 윤영숙(2011). 행복한 학교를 위한 학교집단상담의 실제. 서울: 학지사.

하경애(2016). 대학생의 가정폭력 및 학교폭력 경험과 데이트폭력 가해와의 관계에서 젠더 감수성의 조절효과. 신라대학교 대학원 박사학위논문.

한국청소년개발원(2004). 청소년상담론. 서울: 교육과학사.

홍봉선(2017). 청소년복지론. 경기: 공동체.

Corey, G., & Corey, M. S. (2006). *Groups: Process and practice* (7th ed.). Pacific Grove, CA: Brooks/Cole.

Corey, M. S., & Corey, G. (2009). 집단상담: 과정과 실제. (7판, 김진숙, 김창대, 박애선, 유동수, 전종국, 천성문 역). 서울: 시그마프레스.

Dinkmeyer, D. (1966). Developmental counseling in the elementary school. *Personnel and Guidance Journal, 45*, 262–266.

Erikson, E. (1968). *Identity: youth and crisis.* New York: Norton.

Jacobs, Ed. E., Masson, R. L., & Harvill, R. L. (2006). 집단상담: 전략과 기술. (4판, 김춘경 역). 서울: 시그마프레스.

Jung, C. G. (2007). *Psychological aspects of the mother archetype.* Oxford, U.K.: Pantheon Books.

Prochaska, J. O., & DiClemente, C. C. (1918). *The transtheoretical approach.* Malabar, FL: Kreiger.

Rogers, C. R. (1952). *Client centered therapy.* Boston: Houghton Mifflin Company.

Tyler, M. (1969). *Advisory and Counselling Services for Young People.* DHSS Research Report no. 1. London: HMSO.

제11장

대학생을 위한 집단상담

최근 들어 우리나라에서는 20대 대학생들이 처해 있는 심리적 · 사회적 위기에 대한 관심이 증가하고 있다. 이 시기의 학생들은 정체감 확립, 부모로부터의 독립, 대학생활, 직업 선택 등 다양한 과업을 성취하여야 한다. 특히 청년들의 취업난은 교육과 사회, 경제 등의 전 분야에서 해결되어야 할 고질적인 문제로 지적되고 있다. 이러한 청년 실업의 문제는 대학생의 졸업 연령을 증가시키고 있으며, 이는 곧 사회적 · 경제적으로 독립하는 성인기로의 이행이 점차 지연되고 있음을 가리킨다.

이 장에서는 효과적인 상담집단을 이끌기 위해 다양한 사회적 관계와 기술이 필요한 대학생활에서 효율적이고 친밀한 대인관계를 통하여 학습과제의 성취도와 기술 향상으로 사회적 정체감 및 가치관 형성을 위한 인간관계 훈련으로서 졸업 후 사회에서 필요한 집단상담자로서 자질을 향상시키기 위함이다.

1. 대학생의 개념

대학이란 교수자와 수학자의 공동체로서 여러 가지 전문지식, 학문, 예술 부문에서 최고 수준의 고등교육과 연구를 담당하면서, 해당 분야의 각 과정을 수료한 자에게 여러 수준의 학위를 수여하는 기관이다. 대학은 사회에서 연구, 교육, 사회봉사 등 여러 가지 활동을 한다. 대학의 기능이란 시민으로서 필요한 지식 이상의 심화된 내용을 학습하는 장소이다. 대학은 여러 분야의 학문을 연구하며, 또한 지도자로서 자질을 향상시키는 핵심 교육기관이라고 할 수 있다. 학생의 개인적 흥미와 적성, 재능, 자질에 따라 전공을 선택하여, 그 안에서 자신의 역량을 개발하고 사회의 곳곳에서 요구하는 전문성 및 인성을 두루 갖춘 인격체로 성장할 수 있도록 도움을 주는 곳이며, 또한 대학생활의 과정을 통하여 사회에 진출하기 전 자신의 능력을 최종적으로 완성할 수 있는 곳이라고도 할 수 있다. 한편으로 대학생활 만족은 직무 만족과 동일한 맥락에서 개념화할 수 있다. 대학생활 만족도는 그 자체로서의 의의가 있을뿐더러, 학생들의 학업활동은 물론 학생회를 중심으로 제공되는 각종 문제에 대한 태도, 교수와 학교에 대한 신뢰, 자신의 장래 문제 등에도 영향을 미칠 것으로 판단된다. 또한 학생이 학교생활에 잘 적응하기 위해서는 학문적 환경과 효과적으로 상호작용을 해야 하며, 학문적 환경이 학생들의 욕구를 충족시키고 노력에 대한 보상을 제공해야 한다고 제시했다.

현대사회는 산업화, 기계화, 정보화, 세계화의 지식산업사회(Knowledge-based society)로, 현대사회를 살아가고 있는 학생들에게 장래에 대한 불확실성, 가치관의 혼란과 어떤 전공을 선택하느냐는 개인적 차원뿐만 아니라 사회적 · 국가적 차원에서도 매우 중요한 일이라 할 수 있다. 일반적으로 대학생활은 진리탐구 및 교양교육과 아울러 보다 좋은 직업을 위한 준비 기간이며, 사회적 지위를 얻기 위한 길이 되고 있다. 하지만 현실은 만만치가 않다. 대학생들이 느끼는 취업의 장벽이나 취업경쟁요인은 대학생들의 희망과 사회가 바라는 기대에 비례하면 오늘날의 우리 현실에서 대학생들은 많은 좌절을 겪고 있다. 왜냐하면, 대학을 졸업한다고 해서 사회가 직장을 보장해 주지 않을 뿐 아니라, 대학생활과정에서 진리탐구나 교양습득 등에 바람직한 성과를 거두지 못하는 경우가 많기 때문이다. 이 때문에 한국의 대다수 대학생은 여러모로 심란함을 겪고 있다. 취업만 보더라도 취업의 기준에서 다양한 개인의 가치관 및 사회의 환경과 대학생들이 지향하는 직업의식 및 직업의 가치관, 모델링 형성은 취업의 성취목적에 의해 달라진다. 자신의 경험의 선택에 의해서 자신의 인생도 달라지며, 자신의 삶을 주도해 나가는 흥미와 적성을 고려하여 스스로 선택하여야 하기 때문이다. 대학 4학년이 되면 휴학을 하거나 어학연수를 떠나며, 아니면 각종 자격증을 따거나 또는 공무원시험을 보기 위해 각종 학원에 다니기도 한다. 또한 대학 내에 상담센터나 취업지원센터를 찾는 학생들이 부쩍 늘어나고 있는 실정이다. 이와 같이 많은 학생이 취업난과 장래에 대한 불안으로 인해 좌절과 우울증 같은 많은 스트레스에 노출되어 정신적인 고통을 호소하고 있다. 대학생활의 즐거움과 낭만을 만끽해 보지도 못한 채 취업 걱정부터 해야 되는 처지이다.

2. 대학생의 특성

대학생이란 연령적으로 정체감이나, 사회적 가치관 및 인생관 등이 확립되는 청년기에 속하는 시기이다. 민주시민으로서 성취적이고 창조적인 일을 하는 시기는 장년이겠지만, 장년기의 활동은 청년기인 대학생 시절에서 겪은 사고(思考)나 자신의 정체감, 인생관 또는 가치관 등에 기반을 두고 있다. 형식적 조작기에 달한 청년은 자신의 생각뿐만 아니라 다른 사람의 사고 또한 체계화할 수 있게 된다. 그러나 청년기의 급격한 신체적·정서적 변화로 인해 자신의 외모와 행동에 너무 몰두해 있으므로 다른 사람들도 자기만큼 자신에게 관심이 있다고 생각하여 자신의 관심사와 타인의 관심사를 구별하지 못한다. 청년기의 자기중심적 사고를 반영하는 몇 가지 상황을 보면 청년은 상상적 청중을 만들어 내어 스스로 주인공이 되어 무대 위에 서 있는 것처럼 행동한다. 청소년들이 자의식이 강하고 대중 앞에서 유치한 행동을 하는 것 등이 모두 이상적 청중 때문이라고 한다. 청년기 자기중심성을 반영하는 또 다른 상황은 개인적 우화(personal fable)로서, 이것은 자신의 감정과 사고는 타인과 비교할 수 없는 독특한 것이라 다른 사람들이(특히 부모) 이해할 수 없다고 치부하는 것이다.

그러나 전 생애적 관점에서 대학생 시기는 청소년 후기에서 성인기로 진입하는 과도기이며, 다양한 심리적·사회적 발달을 이루어 내야 하는 중요한 의미를 가지는 시기이다. 대학생의 주요한 발달과업은 청소년기와 달리 복합적이고 다양화된 대인관계에 잘 적응하는 것이며, 대인관계 능력을 개발하여 성숙한 대인관계의 바탕을 구축하는 중요한 발달단계라고 한다. 에릭슨의 심리사회적 발달단계에 따르면, 대학생이 속하는 청년기에는 사회적 관계의 중요성이 부각되며 친밀성(intimacy)을 가지는 것이 중요하다. 다양한 사회적 관계와 기술이 필요한 대학생에게 효율적이고 친밀한 대인관계를 형성하는 것은 중요하다. 다양한 사회적 관계에서 사회적 경험이 본질을 결정해 주고 본질과 함께 지능도 발달되며 관계의 결정에 의해서 개념도 형성된다고 한다.

대학생 특징의 예를 들어 본다면, 첫째, 대학생은 시간이 없다는 불평을 많이 한다. 학생의 다수는 전공 공부를 하여 취업을 하여야 하므로 낭비할 시간이 없다고 말한다. 둘째, 대학생은 환경에 영향을 많이 받는다. 학교환경이 개방적이고 학생 중심적인 활동을 지향할 때, 학생의 자신감과 자기조절 능력이 향상된다. 또한, 이러한 환경에서는 개인 역량에 관계없이 학생의 창의성이 계발될 수 있다. 환경이란 교실의 분위기를 말한다. 함께 학습하는 또래집단이 얼마나 협조적이며 동시에 경쟁적이냐에 따라서 대학생의 학습결과가 달라진다. 셋째, 대학생은 교수자의 영향을 많이 받는다. 교수자가 학생들을 어떻게 대하느냐에 따라서 학습에 중대한 영향을 미칠 수가 있다.

하지만 대학생들도 변화의 소용돌이의 중심에서 비껴가지는 못하며 선택의 기로에 서 있다. 급속히 바뀌어 가는 세상 속에서 흔들림 없이 현실과 환경에 적응하고 자신을 지키며 꿈과 목표를 성취하기 위해서는 무엇보다 자신을 알고 이해하는 것, 그리고 타인을 알아가며 그들과 함께 나아가는 것이 필요하다. 그러나 대학생의 현실에서는 이것이 용이하지 않다. 대학 입학의 관문은 많이 넓어졌지만 잦은 입시제도의 변경과 경쟁화, 서열화를 과열시키는 교육제도 속에서 자신을 성찰하고 관조할 시간을 가지지 못한다. 진학한 후에도 캠퍼스에 몰아친 취업 한파의 영향으로 자신을 돌아볼 수 있는 기회를 가지기 쉽지 않다. 그러므로 여유와 안정보다는 퇴보와 부적응을 선택할 가능성이 있다. 올바른 선택을 하기 위해서 본연의 자기를 발견하고 자기성숙의 기회를 가짐으로 자기개념을 확립하고 타인이해 수준을 높이므로 대인관계의 증진이 필요하다.

집단상담은 '사회의 작은 축소판'으로 실제 생활과 근접하다는 특징이 있다. 예를 들어, 집단상담 안에서 나타나는 집단원과의 관계 및 태도, 사고방식 등은 자신의 실제 생활 속에서의 모습이 옮겨 와 그대로 드러나기도 한다. 그러므로 집단원은 상담자나 다른 집단원, 그리고 스스로가 집단 바깥에서의 모습과 유사한 나의 모습을 발견하기도 하고 사실적으로 평가하고 수정하는 것에 도움이 된다. 또한 집단상담은 새로운 행동, 즉 집단원이 평소에 하기 어려웠던 행동 등에 대하여 집단의 장 안에서 안전하게 연습해 볼 수 있는 장점이 있다. 집단 안에서의 수용 및 지지의 경험은 집단원이 집단의 장을 믿고 마음을 열고 다가서는 연습을 해 보도록 도울 수 있으며, 집단 안에서 다양한 집단원으로부터 상담에 대한 피드백을 받을 수 있기 때문에 집단상담을 통해 느껴지는 정서를 표현하고, 연습을 통해 표현의 정도를 습득할 수 있기에 집단상담이 정서적인 측면과 인지지능 향상에 도움이 된다.

대학에서의 집단상담은 중·고등학교에서 해결, 통합되지 못한 미숙한 상태로 대학에 입학한 학생들의 정서적이고 심리적인 문제나 사회적 적응 문제를 해소하거나 감소시키기 위한 심리치료적 집단, 대학에서의 학습과제의 성취도를 향상시키기 위한 학습향상 집단지도와 대인관계뿐만 아니라 사회적 정체감 및 가치관 형성을 위한 인간관계 훈련, 또는 집단에서의 가치관 형성과 졸업 후의 진로계획준비를 위한 진로 지도의 유형 등으로 그 성격을 대별하여 접근하여야 하는 과제를 안고 있다. 한편으로는 정치적·사회적 환경이 요구하는 바에도 부응한다는 관점에서 대학생의 집단상담 및 청년기 대학생의 발달과제와 해결과 통합이라는 교육적 맥락과도 상통한다. 이러한 접근을 통하여 대학생활에서 야기되는 정서적 문제를 최소화하면서, 대학사회에서의 다양한 정보와 대인관계를 통합하고, 민주적 사회인으로서의 지식과 태도를 갖추게 될 것이다.

대학생에게 있어 집단경험은 다른 대학생들과 교류하고 소속감을 향상시킬 수 있는 방법을 제공할 수 있다. 또한 대인관계에서 어려움을 제공하는 요소들을 탐색할 수 있다. 대학생이 가지고 있는 대부분의 문제는 취업, 대인관계, 진로 발달, 진로계획, 문제해결, 스트레스, 인종차별, 성희롱, 폭력, 성적 학대 등 다양하기 때문에 대상에 맞는 목표를 세워야 한다. 또한 대학생은 대부분 특정한 목표를 가지고 있고 시간의 제약을 가지고 있기 때문에 목표지향 집단이 적합하다.

3. 대학생 집단상담의 목표

집단이란 토론의 내용이 정의적이거나 심리적인 집단 토의 장면을 의미한다. 이러한 집단은 교육, 직업, 사회적 정보와 같은 학생의 개인적 요구나 관심사에 적절한 정보를 제공하는 데 사용한다. 상담에 관한 목표는 수년 동안 정립되어 왔다. 상담의 목표는 상담의 방향을 제시할 뿐 아니라 상담의 효과를 평가하는 기초로 수립되었다.

집단상담의 목표는 집단 속에서 스스로 자아를 발견하도록 하고, 자기이해를 심화하고, 자신을 긍정적으로 수용하며, 다양한 상황에서 다른 사람과 긍정적으로 상호작용하여야 한다. 그러므로 긍정적인 조직문화의 형성과 생산적 사회구성원으로서 요구되는 태도와 습관을 기를 수 있으며, 개인으로 하여금 자기이해와 대인관계의 능력을 향상시키고 생활환경에 보다 건전하고 적응할 수 있도록 하는 것이다.

얄롬(Yalom, 2005: 김성봉, 황혜리, 2016에서 재인용)은 사전집단 준비체계에서 집단치료의 협력적 속성을 강조하며, 그는 집단상담이 어떻게 집단원들의 대인관계를 향상시키도록 돕는지를 기술할 뿐 아니라 집단원들이 맞닥뜨리기 쉬운 장애물을 예상하는 것을 포함하여 좌절과 실망을 예견하도록 돕는다. 얄롬이 집단상담을 위해 집단원들을 준비시키는 데 관해 말한 내용에는 모든 것의 밑바탕에 치료과정을 탈신비화한다는 목표가 깔려 있다.

집단상담의 목표설정은 자신의 감정을 바람직한 표현으로 발산하도록 촉진하여야 하며, 자기 문제에의 직면, 해결의 권장과 집단생활에서의 자아개념의 강화 및 협동심의 향상과 대인관계기술의 향상 등이 있다. 상담자는 집단원들의 욕구를 파악하기 위해서 선별면담과 사전집단모임에서 충족될 수 있는 욕구와 충족될 수 없는 욕구가 무엇인지를 명료화하는 것이 중요하다. 예를 들어, 집단원의 역할에 충족할 수 있는 전문가로 보이지 않는다면, 예비 집단원들은 과연 이 집단이 그들이 바라는 집단인지를 판단할 수 있도록 평가하고 선택할 권리가 있다.

집단원들이 각자 집단에 참여하는 이유를 말로 표현하게 하고, 자신이 스스로 목표를 정할 수 있도록 하는 것도 하나의 방법이며, 가능한 뚜렷한 목적이 있을 때 집단에 초대하는 것이 중요하지만 집단원 스스로 목표를 정하기는 쉽지 않으므로 상담자는 첫 회기부터 이러한 기대를 적극적으로 탐색하여야 한다. 또한 집단원들이 집단의 목적과 목표에 대해 알리기도 하고 질문하도록 권장하며, 그들이 집단에서 가장 원하는 것이 무엇인지를 확인하고 그것에 대하여 말하여 개인적 목표를 설정하도록 권장하는 것이 바람직하다. 집단원들은 집단에 참여하는 목적과 목표가 일치하는 것이 바람직하며 집단원에게 사전모임의 참여에 대한 반응을 이야기할 수 있는 기회와 이들에게 힘을 북돋을 수 있는 방법을 생각해 보게 함으로써 불필요한 불안을 예방할 수 있는 효과를 가져올 수 있다.

1) 목표의 확인과 명료화

집단상담자가 초기단계에서 해야 할 중요한 과제 중 하나는 집단원 각자의 구체적인 목표를 확인하고 명료하게 설정하도록 돕는 일이다. 이는 집단원들의 참여 정도에 영향을 미치게 된다. 집단 전체의 목표나 각 집단원의 의미 있는 목표가 설정되지 않으면 집단이 불필요하게 헤매는 경우가 발생하며 기초부터 흔들릴 수 있다.

집단원 스스로가 왜 집단에 참여하는지, 자신의 목표를 성취하기 위하여 집단을 어떻게 최대한 활용할 수 있는지에 대해 분명히 알지 못하면 집단에서 진정한 성숙된 변화가 일어나지 않는다. 성공적인 집단상담 목표를 위해서는 자신에 대한 이해와 탐색은 물론 자기의 가치관, 능력, 성격, 적성, 흥미, 신체적 특징 등에 대하여 정확하고 긍정적인 자아개념과 효과적인 행동을 유지하는 능력을 길러야 한다. 목표를 설정하는 일은 새로운 집단의 초기나 집단이 발전해 나가고 각각의 목표가 성취되는 시점에서 중요한 요인으로 차지하기 때문에 집단 전체의 목표와 각각의 목표를 설정하는 것이 필요하다. 집단상담의 일반적인 목표에는 신뢰하고 수용할 수 있도록 하는 분위기 조성과 의미 있는 자기노출의 촉진 및 위험 감수를 격려하는 것 등이 포함된다. 이러한 목표는 집단의 초기부터 집단원들이 머뭇거림이 없이 명료하게 진술하고 이해하며 받아들이는 것이 필요하다. 테일러(Tyler, 1956: 김충기, 강봉규, 2006에서 재인용)는 상담의 목표는 개인의 장래 발달에 영향을 미치는 현명한 선택을 하도록 촉진하는 것이라고 한다. 그러므로 일반적인 목표가 설정되지 않으면 나중에 상당한 정도의 갈등과 혼란이 발생할 수 있다. 흔히 집단에서는 공통적인 목표와 일반적인 목표 및 특수한 집단에서 설정하는 목표가 있다. 일반적이고 공통적인 목표설정은 다음과 같다.

- 자신의 대인관계를 자각한다.
- 행동의 변화를 가져온다.
- 친밀한 관계를 방해하는 요소에 대한 자각을 증진한다.
- 자신과 타인을 신뢰하는 방법을 습득한다.
- 자신의 문화가 개인적인 선택과 결정에 어떻게 영향을 끼치는지 자각하게 된다.
- 자신에 대한 자각을 증진시키고, 그 결과로 선택과 결정의 폭을 넓힌다.
- 성장 초기(대부분은 아동기)에 했던 선택과 결정에 대해 도전하고 탐색하여 더 이상 그러한 것이 개인의 삶에 영향을 미치지 않도록 한다.
- 다른 사람도 유사한 문제를 가지고 있음을 깨닫는다.
- 자신이 가지고 있는 가치관을 명료화하고 그것을 수정할지에 대하여 고민하고, 수정한다면 어떻게 할지를 결정한다.
- 독립적이면서도 동시에 상호보완적인 협력을 할 수 있다.
- 더 나은 문제를 해결하는 방법을 발견한다.
- 자신이 선택한 몇몇 사람에게 자신의 마음을 열고 진솔해진다.
- 자신이 원하는 것을 다른 사람에게 요구하는 방법을 배운다.
- 지지와 도전 사이에 균형을 맞추는 방법을 배운다.
- 다른 사람의 욕구와 감정을 이해한다.

• 다른 사람에게 도움이 되는 피드백을 제공하는 능력이 생긴다.

　집단원들이 일반적인 목표를 정하면 상담자는 이러한 집단목표의 성취 정도를 관찰하는 책임이 있으며, 또한 특수집단의 경우 구체적인 목표를 설정하여야 하는데 집단의 형태가 어떻든 상관없이 집단원에게 방향을 보여 주는 구체적인 목표를 설정하도록 집단원을 돕는 일은 매우 중요하다.

　집단상담의 윤리지침인 집단상담전문가협회(Asociation for Specialists in Group Work: ASGW)의 지침에 의하면 집단원의 개인적인 목표를 협력적인 방식으로 설정하는 것은 상담자의 책임이다. 목표를 규정하고 구체화하는 것은 한 번에 끝날 수 있는 일이 아니라 지속적으로 이루어지는 일이며 집단과정 전체에 걸쳐 상담자는 집단원을 도와 그들의 개인적인 목표가 적절한지, 어느 정도 성취되고 있는지를 지속적으로 평가하도록 하고, 적절하다면 그 목표를 수정하고 목표를 달성할 수 있도록 도와야 한다. 집단원이 더 많은 경험을 하게 되면서 그들은 집단에서 개인적인 성장의 방향을 좀 더 잘 설정할 수 있게 된다. 그들은 다른 집단원의 작업에 함께 참여하고 그 작업과정을 보면서 그들이 집단경험에서 얻은 아이디어를 접목하여 개인의 성장뿐 아니라 집단에서도 많은 영향을 미치게 된다. 그리고 상담을 하기 위해서는 계약을 맺어야 하며, 목표를 세우고 도달하게 하는 데 매우 효과적인 방법이다. 다음 절에서는 집단상담의 다양한 상담목표를 살펴보도록 한다.

4. 집단상담의 목표유형 및 개념

1) 목표유형

(1) 개인심리학에 의한 집단상담 목표

　개인심리학에 따른 집단상담의 기본 목표는 인지구조 또는 생활양식과 모순이 되는 새로운 정보를 경험할 수 있도록 내담자를 돕는 것이다. 이 목적을 달성하기 위해서 인지적 · 행동적 · 경험적 기술이 사용되며 경청하기, 지지하기 그리고 감정 반영하기를 가장 기본적인 상담 기법으로 사용하고 상황에 따라 적합하고 다양한 상담 기법을 활용할 수 있다. 또한 내담자의 기본 전제와 인생목표에 도전하기, 사회적으로 유용한 목표를 갖도록 격려하고 잘못된 동기를 변화시키고 다른 사람과 동등한 감정을 갖도록 한다. 아들러에 의하면 아동의 성격은 대개 4~5세경까지 그 바탕이 형성된다고 한다(권향임, 2016). 곧 그 시기에 아동의 자아의식, 행동패턴, 생활양식 등의 기본틀이 형성되는데 여기서 발달의 중요한 요인이 되는 것은 부모의 관심과 사랑이다. 성장과정에서 불가피하게 열등감을 갖게 되는데, 아동은 이 열등감을 보상받기 위해 생활목표를 세우고 그 목표의 독특한 방법인 생활양식의 발달에 초점을 맞춘다.

(2) 행동치료에 의한 집단상담 목표

네 가지 주요 특성, 즉 과학적(scientific) 기반, 현재 중심(present focus), 내담자의 능동적 참여(active), 그리고 학습에 중점(learning focus)을 두고, 심리적인 문제에 영향을 미치는 행동과 인지를 수정하는 치료이며, 정신적인 것보다 신체적인 사건이 겉으로 드러난 행동을 통제할 수 있다는 사고에 기반을 둔 치료법이다. 그런 행동을 분석하고 난 후 선택된 행동을 통한 자극과 조건화, 학습 따위에 초점을 둔 특정 기법을 사용하여 수정하게 함으로써 건강과 기능을 증진시킨다. 행동 또는 변화에 대한 방해물을 직접 변화시키려는 치료절차와 개입전략, 이러한 요법에는 행동수정(behavior modification), 인지치료(cognitive therapy), 경험치료(experiential therapy) 등이 있다. '행동치료'와는 다른데, 정보치료는 집단원이 간접적으로 변화를 조장하는 자의식의 다른 형태와 통찰력을 얻을 수 있도록 하기 위한 것이다. 목표는 부적응을 제거하고 보다 효율적인 행동을 학습하게 하고 행동에 영향을 주는 요인을 발전시키고 문제행동에 대해 무엇을 할지 결정하는 데 초점을 맞춘다.

(3) 인간중심에 의한 집단상담 목표

인간중심의 궁극적인 목적은 기능하는 인간이 되도록 돕는 것이다. 상담의 목표는 각 개인으로 하여금 자기를 수용하고, 심리적 장애를 제거하려는 자기통찰을 통하여 전인적인 기능을 발휘하도록 하는 것이다. 집단원이 과거에 부정되고 왜곡된 자기의 측면을 경험하고 성장을 방해하는 요인을 인식하기 위해 자기탐색을 하며, 안전한 분위기를 제공하고, 자신을 개방하고 신뢰하고 발전하며 자발성과 생기를 갖도록 돕는다. 상담의 실제에 있어 구체적인 목표는 생활 가정상의 문제를 해결하고 성장의 길로 나아가도록 돕는 것이며 상담자는 상호신뢰적인 분위기를 조성하여 집단원이 거리낌 없이 자기를 공개하여 자신의 내면세계를 스스로 이해할 수 있도록 돕는다. 이런 상담관계 속에서 집단원은 자신의 환경에 대한 왜곡된 지각을 수정하고 현실적 경험과 자아개념 간의 조화를 이루며 자신의 능력과 개성을 최대한 발휘하여 자기실현을 촉진하게 된다.

(4) 게슈탈트 치료에 의한 집단상담 목표

게슈탈트 치료의 기본적인 목표는 집단원들로 하여금 자신이 그러한 인식에 대한 책임 능력을 어떻게 회피하고 있는지를 인식시키고 외적인 지지보다도 내적인 지지를 찾도록 격려하는 것이다. 자신의 경험을 인식하고 이러한 경험을 방해하는 장애물을 즉시 깨닫는 것이다. 이러한 인식을 통하여 집단원들은 단절되었던 자신의 부분을 인지하고 재통합한다. 게슈탈트 상담자들은 집단원들이 자신의 문제를 이해하는 것을 돕기 위해, 갈등을 역할극으로 구성하는 방법을 이용하기도 한다. 집단원들은 자신의 억압된 감정이나 욕구를 드러내 보이도록 유도되거나, 집단원과 갈등 관계에 있는 상대방의 역할을 연기하게 된다.

(5) 정신분석에 의한 집단상담 목표

정신분석은 비엔나 출신인 유대인 정신과 의사 프로이트(Freud)가 만든 이론이다. 그가 죽은 후 정신분석은 여러 이론으로 발전되었는데, 이를 후기 정신분석이라고 하며 대표적으로 대상관계이론, 자기심리학을 들 수 있다. 후기 정신분석과 구별하기 위해 프로이트의 이론을 고전적 정신분석으로 부르기도 한다.

정신분석상담의 목표는 자아의 기능을 강화하여 심리적 증상과 관련된 정신적 갈등을 해소하는 데 무의식적 갈등을 의식화시켜서 기본 성격을 재구성하여 집단원이 초기의 경험을 벗어나 억압된 갈등을 통해 인지적 자각을 얻도록 돕는다. 정신분석은 문제해결이나 새로운 학습에 있지 않고 자신의 과거사를 탐색함으로써 깊이 있는 자기이해와 통찰을 도모하여 심리적인 긴장 상태로 남아서 심한 경우 여러 가지 신체화 증상으로 나타나기도 한다. 정신분석은 언어를 매개로 하여 무의식적 갈등을 표면화시키면 긴장으로 묶였던 에너지가 자아(ego)의 원활한 기능에 활용되면서 개인의 의식 및 행동과정이 원활해진다. 억압된 내면 감정과 긴장이 발산됨으로써 통제 불능이었던 불안 및 갈등적 심리가 악화 또는 진정된다.

(6) 실존주의에 의한 집단상담 목표

실존주의적 상담에서는 집단원이 효과적이고 책임질 수 있는 방법으로 행동하여 자신의 욕구를 충족시킬 수 있도록 조력한다. 집단원이 자기 행동의 가치를 검토하고 판단하게 돕고, 행동 변화를 위한 계획을 세우도록 도와준다. 인간은 자신을 자각하고 자신에게 영향을 끼치는 사건은 물론, 과거와 현재, 미래를 하나의 연속성으로 의식할 수 있는 잠재력을 가지고 있음을 자각한다. 실존주의적 상담의 목표는 집단원이 자기 삶의 방향을 자유롭게 선택할 수 있음을 깨닫고 진정한 자기가 될 수 있는 용기와 다짐을 갖도록 도와주는 것이다.

(7) 교류분석에 의한 집단상담 목표

인간은 자신의 행동유형에서 벗어나 새로운 목표와 행동을 선택할 능력을 갖고 있다는 믿음에서 출발한다. 교류분석의 기본 목표는 집단원이 자신의 삶에 책임을 지고 스스로 현재 행동과 삶의 방향에 대해 새로운 결정을 할 수 있는 자율적 인간이 되도록 돕는 것이다. 상담의 목적은 자율성의 성취이며, 이는 곧 자아 상태를 바꾸어 필요에 따라 모든 자아를 적절하게 사용할 수 있는 능력을 가짐으로써 개인이 자신의 삶에 대해 책임지고 스스로 지도할 수 있는 자율성(autonomy)을 갖도록 하는 것이다. 자율성을 갖기 위해서는 각성(Awareness), 자발성(Spontaneity), 친밀성(Intimacy)이 대단히 중요하다고 본다. 현재의 행동과 삶의 방향에 대해 새롭게 결정하고 선택의 자유를 경험하여 이전의 결정론적 생활방식을 버리고 자신의 각본을 다시 씀으로써 각성, 자발성, 친밀성의 자발성 생애 유형으로 대치하는 것이다. 궁극적으로 집단원의 자율성 성취와 통합된 자아 확립을 목표로 한다.

(8) 현실치료에 의한 집단상담 목표

현실치료 상담의 목표는 집단원이 책임질 수 있고 만족하는 방법으로 자신이 심리적 욕구인 소속감, 힘, 자유, 흥미를 달성하도록 조력하는 것이다. 집단원의 기본 욕구를 바탕으로 그가 정말 원하는 것이 무엇인가를 파악하여 바람직한 방법으로 목표에 달성하도록 조력한다. 집단원이 정서적으로 강해지고 자신의 인생에서 개인적인 책임성을 충분히 받아들여 무엇을 하고 있는지, 또한 이런 행동이 제대로 작용하고 있는지를 스스로 평가한다. 개인의 자율성을 길러서 스스로 자신의 문제를 해결할 수 있는 능력을 기르고 자기결정을 할 수 있고, 인생의 목표설정을 하며 성공적인 정체감과 책임감을 가지게 되며, 자신의 욕구충족에 도움이 되도록 환경을 통제하고, 현재 자신의 행동이나 느낌, 생각, 신체적 활동을 현실적인 맥락에서 판단하여 자신의 욕구충족에 긍정적인지를 판단하는 각성 수준을 높일 수 있다.

2) 집단상담의 운영

상담활동이 효과적으로 이루어지려면 활동할 수 있는 편안한 공간이 있어야 한다. 상담이란 집단원과 상담자 사이에 이루어지는 하나의 학습과정이다. 상담은 문제를 해결해 주는 기술이나 방법이 아니라 문제해결의 과정을 통해서 학생들이 보다 잘 적응하고 성장하며 발달하여 문제해결을 학습해 나가는 과정이며 집단원과의 관계에서 어떤 문제를 놓고 대화하는 장소이기 때문에 효율적인 운영을 위하여 안정된 분위기를 마련하여야 한다.

대학상담센터에서는 흔히 시간이 정해진 집단에 대해서는 정해진 주제나 이야깃거리를 제공하는 경우가 많다. 자신의 적성, 흥미, 성격, 가치관, 장·단점 등 다양한 측면에서 자기에 대해 탐색하는 활동과 행동유형, 여가활동에 대해 주제를 다루어야 하지만 대학상담자들은 집단원과의 상담 시작과 종결에서, 개인성장집단에서, 구체적인 주제가 없는 집단에서 진행의 어려움을 겪는 경우가 빈번하다.

집단은 구체적인 문제를 가진 내담자 또는 이들의 요구에 의해 형성되는 경우가 많다. 어느 대학에서건 많은 학생의 보편적인 문제를 보면 취업, 성적, 미래에 대한 불안, 정체성, 가치관 및 폭력, 강간, 성희롱, 인종차별이나 일반적인 문제를 가지고 있다. 집단에서 나타나는 주제는 집단의 독특한 구성요소를 반영한다. 집단을 구성하기 좋은 방법으로는 사전집단모임을 마련하여 집단원들이 서로 알고 집단의 기본 규칙에 대한 오리엔테이션을 실시하고 성공적인 집단경험을 준비하는 것과, 대학 캠퍼스 내에서 학생들의 요구에 대한 설문조사를 실시하는 것도 하나의 방법이 될 수 있다. 또한 집단원들은 자기이해를 바탕으로 자신이 희망하는 활동을 선택할 수도 있다.

대학상담센터에서는 다양한 심리학습적 학습능력평가 방법과 주제지향적인 상담 집단은 가장 흔히 제공된다. 학습능력평가에서는 자신의 가치관이나 삶과 직업을 가지는 의미이며 직업의 가치적 의미를 탐색하는 활동과 진로의 개념을 이해하는 활동이다. 집단이 효과적으로 주제를 다루려면 제한된 시간 내에 집단원들이 배우는 과정을 통해 특별한 변화를 만들어 낼 수 있도록 디자인된 전략이 포함되어야 한다.

이러한 변화를 만들어 내기 위해서는, 첫째, 집단원 중 일부가 변화를 위한 준비가 되어 있는 단계를 다루어야 하고, 둘째, 집단주제의 해결에 적절한 치료적 환경을 만들어야 하며, 셋째, 집단의 단계 이동이 용이해야 하고, 넷째, 교육적인 구성요소를 다루어야 하며, 다섯째, 원하는 변화의 중요한 치료적 요소들을 활용할 수 있는 방법을 선택할 수 있어야 한다.

이러한 집단의 예로는 진로집단, 발달집단, 스트레스 관리집단, 진로계획집단, 심리학적 학습능력을 가진 집단, 걱정해결집단, 슬픔에 관한 집단, 문화적 동질성집단, 자부심과 관련된 집단, 폭력경험집단 그리고 개인적인 동질성 집단 등이 있다.

이러한 집단은 일반적으로 6~12주 사이의 짧은 회기로 구성되어 있으며 교육적인 구성요소와 치료에 초점을 맞추어 다양하고 특별한 요구를 충족시킬 수 있는 것을 목표로 하고 있다. 이런 구조화된 집단의 주제는 집단특성의 대중의 욕구와 상담자에 의한 창의적인 상담 접근 방법 등을 개발하여 집단을 촉진시킬 수 있는 노력으로 이루어져 있다. 대학에서 주제를 가지고 상담하는 집단이나 구조화된 집단은 대학생들의 다양한 요구를 충족시킴에 있어 비용 대비 높은 효율을 가지는 장점이 있다.

집단상담 프로그램을 활용할 때에는 읽을거리, 학습용 연습지 등 체계적인 활용으로 운영하여야 되며 심리극이나 취업정보, 휴학, 복학, 유학특강, 능률 향상 등 학생들의 관심사를 반영하는 집단상담 프로그램을 정기화하여 운영해 나가야 하며 집단상담지도 후 추후교육을 본격적으로 활용하여야 한다.

3) 대학생을 위한 다양한 집단상담

일반적으로 듣는 대학캠퍼스에서의 외로움을 느끼는 경우도 있으며, 학교가 지적인 발달과 성과 위주의 경쟁을 강조함으로써 대학생들은 상대적으로 자아발전의 성장을 하지 못하고 있다고 생각한다. 대부분의 대학생이 상담소를 찾는 이유로는 심각한 문제보다는 자신의 사고 능력이나 대인관계에 필요한 능력 개발을 위한 성격의 발달과 자기변화가 많은 비중을 차지하고 있다.

대학생들은 대인관계의 어려움을 느끼고 있더라도 표현하기를 꺼려하기도 한다. 집단상담은 감추어 왔던 자신의 영역을 탐색하고 자신의 능력을 충분히 활용하는 데 방해가 되는 내적 장애를 알아내어 자신을 자유롭게 하고 더 나은 미래를 가꾸어 나가도록 돕는다.

(1) 치료적 측면의 집단상담

치료적 측면의 집단상담은 상호작용과정에서 일어나는 집단원의 변화와 성장을 촉진하는 일련의 요소라고 할 수 있다. 치료적 집단상담의 효과에 영향을 미치는 공동요인으로써 집단상담의 효과를 높이기 위한 지표를 수립하고 있으며 효율적인 정보를 얻을 수 있다. 치료적 측면의 상담은 집단상담에 참여하는 집단원들이 스스로 자각하는 것으로써 집단상담의 복합적인 상호작용과정에서 일어나는 변화와 성장을 촉진한다.

상담의 목표가 인간의 성장을 저해하는 장애물을 제거하고 극복하여 인간자원의 최적 발달을 성취하도록 도와주는 것이라고 할 때, 치료적 측면의 집단상담의 기본적인 기능은 치유가 아닌 변화와 성장이라고 볼 수 있다. 특히 그 장애물이 신경적 행동이라고 본다면 심리치료적 측면과 또한 내담자의 부적응 문제의 해결을 위해 요구된다.

치료적 측면의 상담은 학생상담소 및 상담실을 찾는 학생들의 심리적 갈등과 정서적 문제점을 다루는 것으로써 학생들의 치료적 모형, 즉 심리상담적 집단이라고도 한다. 집단원들은 뚜렷한 고통과 기능의 장애, 또는 이 모든 문제를 보이는 급성 또는 만성의 정신적 · 정서적 장애를 가지고 있기 때문에 상담자들은 치료집단을 운영하기 위해서 다양한 방법을 사용하며 보통의 문제 영역을 이해하고 탐색하는 분위기를 만드는 데 관심을 가지고 있다. 집단상담에 참여하는 집단원들의 목표가 어떤 것이든 간에 이들의 정서 · 인지 · 행동적 상태를 긍정적으로 변화시키는 것이다.

치료적 집단은 대체로 개인상담과 집단상담 프로그램에 참여했던 학생들로 구성되는 것이 무난하며 편안하게 집단에 접근할 수가 있다. 객관적으로 보면 심리적 갈등과 내적 갈등 등 적응 문제를 처음부터 집단에서 말하고 도움을 구하는 대학생이 거의 없기 때문이다. 이것은 일대일이 아닌 공개석상에서 개인적 고민을 토론하기를 꺼리는 문화적 인습과 의식구조 때문에도 그렇고, 집단 장면에서는 개인적 문제를 충분히 표현하거나 심층적으로 탐색하고 정리하는 데 시간적 제한을 받는다는 집단상황의 속성에서 비롯된다고 볼 수 있다. 특히 심리치료집단을 전문으로 하는 집단상담자는 집단원이 살아가면서 겪는 심리적인 문제와 대인관계적인 문제를 치료하도록 돕는다.

상담에서 어느 정도 문제가 해결되었을 경우, 문제해결의 성과를 정착시키고 또 집단상담에서 다루어야 할 상호작용의 학습을 위해 자연스럽게 치료적 집단상담에 참여하도록 권유할 수 있다. 과거 경험에 뿌리를 둔 심리적 장애를 해결하는 과정은 종종 꿈을 탐색하고 저항을 해석하며 발생하는 전이를 처리하고 집단원들이 중요한 사람들과의 미해결된 문제를 새로운 시각으로 바라보도록 돕는 것을 포함하여 프로그램에서 충분히 다루지 못하는 개인적 문제해결을 위해 치료적 집단상담에 참여할 필요성을 느끼게 한다. 처음부터 치료적 집단상담에 참여하기에는 용기가 부족하였거나 자신의 문제를 의식하지 못했던 학생도 집단상담 프로그램에 참여하고 나면 보다 심층적인 자기발견과 자신의 성장을 위한 치료적 집단상담을 권유할 때 이를 부담 없이 받아들일 수 있다. 물론 처음부터 희망자들을 대상으로 하여 치료적 집단을 시작하는 것이 불가능하지는 않다. 어떤 사람이 집단상담 프로그램에 참여하여 과거보다 개인적 정체감을 명료하게 의식하거나 표현력과 이해력을 향상시키게 되면 상호교류적인 대인관계의 학습을 필요로 한다. 그러나 앞에서 말한 바와 같이 상담 및 심리상담학을 전공하는 대학원생의 경우를 제외하고는 치료적 목적으로 알려진 집단상담에 학생들이 접근하기에는 부담이 있으므로 대학상담에 처음부터 참여하려는 대학생은 거의 없다. 처음부터 치료적 집단상담을 하려면 이성교제, 진로계획 등의 대화모임을 표방하고 진행과정에서 치료적 집단상담으로 전환시키는 방안도 활용할 수 있다.

(2) 지원적 측면의 집단상담

대학의 지원적 상담 측면에서는 상담서비스에 대한 요구로서 그동안은 초 · 중 · 고등학교에서 이루어진 학교상담에 대한 요구가 거의 대부분을 차지한다. 그러나 초 · 중 · 고의 학교상담과 대학상담과는 정책적으로 다르기 때문에 기존의 학교상담에 대한 상담서비스 요구 연구는 대학생의 상담서비스 요구 연구와는 차이가 있을 수 있다. 이는 수동적인 교육환경에서 상담실이 아닌 교실 등에서 상담자가 아닌 담임교사에게 상담을 받고 있는 학교 내담자인 초 · 중 · 고등학생들의 상담서비스 요구와 자율적인 교육환경에 있는 대학생들의 상담서비스 요구가 다를 수 있기 때문이다. 따라서 대학생상담서비스 요구는 대학생상담서비스의 모든 것으로, 즉 상담활동, 상담환경, 상담자, 상담 방법, 상담내용 등 대학생들의 상담서비스 요구를 확인하는 역할을 한다.

대학상담이 대학생에게 실제적인 도움이 되기 위해서는 대학생의 개인특성에 따라 상담 준비도와 상담서비스 요구를 확인하여야 한다. 성별, 학년, 내외통제성, 스트레스 대처방식에 따라 대학생의 상담 준비도에 차이가 있으며, 상담서비스 요구

도 차이가 있다. 여자 대학생보다 남자 대학생이 학년이 올라갈수록 내적 통제성향
이며, 또한 적극적인 스트레스 대처방식을 사용하는 대학생들이 상담 준비도가 높은
것으로 나타나 있어 대학생의 특성에 따라 상담서비스 요구도를 다르게 준비하여야
한다.

지원적 집단상담은 대학의 상담자 또는 상담교수가 상담실 및 집단원이 아닌, 기
숙사생이나, 기숙사 사감, 조교, 학생회 및 서클리더, 학생지도 관련 교직원 등을 대
상으로 한 집단상담의 활동 형태이다. 이 형태의 집단상담은 대학생 지도의 생태체
제적 모형의 원리와 필요성을 반영하는 것이 된다. 또한 학생 문제를 접하는 대학 내
인적 자원을 훈련시키는 것이라는 점에서, 그리고 상담자의 주요 활동 영역이 되어
야 할 자문과 훈련기능을 수행한다는 점에서 그 의의가 지대하다. 기숙사 지도요원
인 사감이나 조교에 대해서는 가령 학생면담 기법을 교육시키거나, 학생들에게 실시
한 심리검사 결과를 자료로 하여 매 학기 또는 학년 초에 간담회 형식의 모임에서 집
단상담을 할 수 있다. 학생처 직원 및 서클 지도교수들을 위한 집단상담의 경우에도
연례적 연수회 세미나 또는 간담회의 주선을 통해 혹은 그들의 집회에 직접 참석하
여 자유토론식 대화를 함으로써 상담자로서의 전문적 기여를 할 수 있다. 기숙사 학
생들을 위해서는 사관과의 합의하에 매주 또는 특정 일시에 기숙사에 출장하여 소집
단 대화를 이끌어 갈 수가 있다.

지원적 상담은 심리학, 사회학, 교육학, 사회복지학 등 분야 수강생의 자기발견 및
대인관계를 볼 수가 있으며 또한 다양한 학습을 위해, 담당교수가 요청하거나 같이
합의하여 특별 집단지도 및 초청특강의 형태로 할 수도 있다.

동아리의 서클 리더 학생들과의 대화모임도 교육적 성격을 띨 수도 있지만, 그보
다는 지원적 상담의 영역에 포함시켜서 고려하는 것이 바람직한 것으로 생각된다.
왜냐하면 학생서클 리더와의 상담은 상담실에서 정기적으로 이루어지기보다는 학생
서클이 밀집되어 있는 공간이나 학생단체 회의실에서 비정기적으로 이루어지기 쉽
기 때문이다. 그리고 상담의 내용도 교육적이라기보다는 그들의 바람직한 활동과정
이나 활동계획 등을 경청하고 행동 방향의 바람직한 태도 및 문제해결의 형성을 촉
진하여 지원하는 성격이 될 가능성이 높다.

(3) 교육적 측면의 집단상담

교육적 상담은 일반적으로 인간의 행동을 바람직한 방향으로 변화시키는 작용이라고 정의된다. 내담자의 행동 방향을 변화시키기 위한 전문적인 조력과정으로 정의 되고 있다. 특히 상담을 학습과정이나 사회화 과정으로 보는 관점에서 교육적 기능이 더욱 강조된다. 교육지도 측면에서도 바람직한 진로를 위해서 상담을 활용하여 개인상담, 집단상담, 워크숍, 진로교과목 수업 등 다양한 방법이 사용된다. 이러한 방법은 모두 자신의 진로를 객관적이고 합리적인 경로를 통하여 정확하게 인식하도록 지도하고, 개인의 원만한 인격적 통합을 위해 내담자가 자신을 정확하게 파악하여 합리적 의사결정을 하도록 돕는다. 진로에 관한 계속적인 계획과 실천에 필요한 직업 세계에 관한 정보를 얻고 조정하여 적용하도록 도와주는 과정이므로, 주위 여건을 충분히 고려하면서 자신에게 적합한 진로를 계획하고 선택하여 개척해 나아갈 수 있는 방향을 모색한다. 대학생들이 요구하는 정보는 단순한 것부터 복잡한 것까지 다양하며, 상담 또한 심리, 진로, 학습 등 많은 부분에서 제공될 수 있다. 이를 위해서 상담 관련 기관의 연계 시스템이 필수적인 것이다. 연계 시스템으로 대학생이 원하는 상담을 받아 당면해 있는 문제를 극복할 수 있도록 도움을 줄 수 있다. 대학상담은 학교상담과는 다른 부분이 많지만, 대학생에게도 상담에 대한 사전 교육은 중요하다고 할 수 있다. 대학생은 상담기관의 홍보활동에 대한 요구를 높게 하여야 하며, 대학상담기관은 대학상담의 적극적인 홍보와 실질적인 상담활동이 활발히 이루어져 대학생들의 상담서비스 요구를 충족시켜야 할 것이다.

교육적 집단상담은 치료적 집단상담과 프로그램 중심의 집단지도의 중간 형태로 볼 수 있다. 즉, 교육적 집단상담에서는 개인적 문제보다 집단원들의 공통 관심사를 다룬다. 교육적 집단상담은 집단원 간의 상호교류 및 역학관계를 중시하는 집단과정식 접근이라는 점에서 집단지도와 다르다. 바꾸어 말하면 공동관심사 중심의 집단적 심리상담이며, 구조적 프로그램이 없는 비구조화된 형식의 집단지도라고 볼 수 있는 것이다. 구조화 집단상담은 비구조화 집단상담과는 달리 상담자가 지도의 방향과 내용을 정한 후 이끌어 가는 구조이다 보니 관계나 역동이 비구조화된 집단상담에 비해 다양하지 못하고 추출되는 것이 한정적이기도 하다.

교육적 집단은 집단원 간의 질의응답식의 분위기를 지양하여 집단원 간의 정서적 상호교류와 정보의 활용계획에 관한 발언 등을 권장할 수 있다. 상담자는 가능한 발언을 삼가거나 짧게 하면서 집단원들의 생각과 표현을 자유롭게 발표하게 하며 반응을 살펴야 한다. 교육적 집단상담을 위해서는 대학생 여론조사나 욕구조사, 설문조사가 선행되어 대학생 사회의 공통 관심사가 무엇인지 확인하는 것이 바람직할 것이다. 체계적인 자료가 당장 없는 경우, 학생생활연구소와 상담실의 활동경험에서 파악되는 대학생의 관심 영역을 교육적 집단상담의 주제로 삼을 수도 있다. 예컨대 학습능률의 향상, 자아성장, 생산적 대인관계, 졸업 후 취업계획, 유학계획 등과 같이 대학상담기관을 찾아오는 사람들의 공통 관심사를 주제로 다룰 수 있다. 결국 교육적 측면의 집단상담은 개인의 진로 문제뿐만 아니라 개인의 정서, 감정, 태도, 가치관, 학업 등 폭넓은 문제를 상담의 방법을 사용하여 도움을 주는 것이라고 할 수 있다.

(4) 집단상담 절차

신뢰감 형성
- 프로그램의 목적과 내용 이해
- 친밀감 형성
- 집단규칙 정하기
- 적극적인 집단원이 되도록 촉진하기

상담활동
- 집단원들의 내적 갈등을 수용하여 터놓고 이야기하는 분위기 조성
- 협력적인 분위기 속에서 감정 정화와 집단 응집력 강화
- 자기표출과 직면을 통해 진정한 자기이해 경험

마무리활동
- 목표달성 점검과 상담과정 반성
- 집단원들의 느낌 주고받기
- 자기발전을 위한 계획 세우기와 실생활에의 적용 다짐

5. 효과적인 집단상담의 전략

대학생들의 집단상담은 대학생들의 특성상 참여하기에 용의한 시간을 고려하여야 한다. 청년, 장년층을 대상으로 하는 집단상담의 한 회기가 1시간 30분 내지 2시간 동안 지속되기 마련이라면 대학생의 입장에서는 집단상담을 하기 전 앞뒤에 수업이 없거나, 적어도 약 3시간의 수업 공백이 있는 시간대에 진행되어야 참석하는 데 부담을 겪지 않는다. 따라서 오후이든 오전이든 수업이 없는 경우에 집단상담에 자유롭게 참여할 수 있을 것이다. 하지만 오전의 경우 긴장, 피로, 심리적 갈등, 직면 등으로 오후 수업태도에 영향을 줄 수 있기 때문에 오후시간을 활용하는 것이 바람직하며 효과적이다. 그러나 요즈음 대학생들의 수강신청 풍조로 보아서 결코 참여하기 쉬운 시간이 되지 못하는 경우가 허다하여 상담자가 학생들의 교육사정에 맞추어야 할 필요가 있다. 또한 가능하면 주말에는 피하는 것이 바람직한데, 왜냐하면 주말에는 주말 약속 등 주의분산 및 변수가 많이 생기기도 하여 바람직하지가 않다.

대학생들은 자신의 역할 과업에 가중되는 신체적 심리적 스트레스 상황에 대한 효율적인 대처방안에 대한 전략 수립이 필요하다. 이러한 측면에서 효율성과 경제성을 강조하는 해결중심 단기상담을 권하기도 한다(김미숙, 2016). 해결중심상담의 언어는 비교적 쉽고 구체적이며, 질문 내용에 '왜'라는 원인을 직접 사용하지 않기 때문에, 특히 자신의 실수나 행동에 대한 원인을 설명하기 어려운 학생 및 성인 집단원에게도 이처럼 해결의 구체성에 집중한 질문은 유효하다고 볼 수 있다. 빠른 시간 내에 변화를 경험하고 싶어 하는 대학생들이 가지고 있는 속성에 잘 부합하며 강점과 자원을 활용하여 대학생들의 문제를 좀 더 효과적으로 대처할 수 있고, 대학생활의 주어진 시간 안에서 비교적 단기간에 효과를 경험할 수 있다고 한다.

한편, 집단상담과정에서 예기치 않은 어려운 상황이 발생할 수 있다. 집단원 중에서는 혼자만 장황하게 많은 말을 하려는 집단원이 있을 경우가 있는데 집단원들을 2인 1조로 짝지어 이야기하게 하고 상담자는 그 집단원과 짝이 되어 이야기하면서 말하는 양을 조절해 줄 수 있다.

부정적인 집단원을 다룰 때 가장 흔한 실수는 집단원들 앞에서 그의 부정적인 특성을 정면으로 직면시키는 것이다. 이는 오히려 논란상황이 되어 다른 집단원들에게 피해를 줄 수 있다. 이런 상황에서는 일단은 초점을 다른 사람이나 다른 주제로 바꾸고 집단활동이 끝난 다음 집단 밖에서 그에게 협력과 도움을 요청하거나 그에게 적극적인 역할을 부여하는 방법이 있다.

어떤 집단원들은 집단활동의 효과에 대해 부정적인 기대를 하거나 전혀 도움이 되지 않는다고 생각하여 집단상담에 참여하려 하지 않고 저항을 한다. 이런 경우, 그 집단원이 자신의 감정을 표출할 수 있는 기회를 가짐으로써 저항을 조금씩 풀기 시작하기도 한다.

침묵은 생산적인 침묵과 비생산적인 침묵이 있다. 생산적인 침묵은 집단원들이 내적으로 무엇인가를 진행하고 있을 때 나타난다. 비생산적인 침묵은 혼란스럽거나 말하기를 두려워할 때 나타난다. 생산적인 침묵은 깨지 말고 기다려야 하지만, 비생산적인 침묵 시에는 새로운 질문을 하거나 생산적인 활동을 제안하는 것이 좋다.

1) 집단상담 장소 준비

집단상담은 집단 프로그램이나 간담회와의 성격이 분명히 다르다. 집단상담은 상담자의 주도에 의한 훈련이나 토론이 아니고, 소규모의 학생집단에서 이루어지는 집단과정 및 상호작용을 바탕으로 한다. 이런 성격상의 특징 때문에 집단상담의 장소도 가능하면 학생 간에 자유롭게 의사 및 감정소통이 이루어지고 행동 연습이 용이한 시설로 갖추어야 할 필요가 있다. 가능하면 녹화촬영기나 녹음시설이 있으면 좋다. 이러한 시설은 집단상담과정에 대한 관찰 및 사후검토와 집단 내의 생산적 행동 연습을 극대화할 수 있고, 아울러 상담자 자신에게도 상담 방법과 내용에 관한 연구 자료 등의 확보를 가능하게 해 준다. 대학마다 집단상담을 할 수 있는 환경이 갖추어진 대학이 있는가 하면 없는 곳도 많은 실정이라 시설이 갖추어지지 않은 곳에서의 집단상담이 이루어질 때는 소형 녹음기를 마련하는 것이 일반적이다.

2) 공동상담자의 역할

상담집단이 처음 시작할 때, 집단원들은 서먹함을 느끼고 어떻게 할 바를 모른다. 이때 상담자는 솔선하여 모범을 보이거나 느낌 표현을 장려하는 방법으로 집단원들이 상호작용을 시작하도록 이끌어 주어야 한다.

집단상담 프로그램을 운영하고 실시하다 보면 상담자의 지도활동에 관련된 연락이나 광고 및 평가 작업을 위해 조교 또는 행정 사무실 직원의 지원이 필요하다. 지도 프로그램이 실시되는 시간 중에 대체로 상담자가 단독적으로 이끌어 가는 과정으로 되어 있으나, 집단상담의 효과적인 준비와 원활한 진행을 위해서 지도 상담 중에 함께 참여하여 상담자 상담교수를 보좌하고 조수 역할을 할 수 있는 훈련된 요원을 활용할 필요가 있다. 집단상담자는 항상 집단원 간의 의사소통의 통로를 막고 있는 장애물을 찾아내도록 도와주어 원활한 상호관계를 이루게 한다. 또 의문을 제기하거나 문제를 명료화하기도 하며, 집단원이 가능한 한 모두 참여하도록 도와준다. 집단상담에 있어서도 상담자와 함께 집단과정 전에 공동상담자가 필요한데, 여기서 공동상담자로 참여하는 이유는 집단지도 프로그램의 경우처럼 상담자의 주도적인 역할을 옆에서 보조만 하는 조교의 수준을 넘어 집단원 간의 상호교류의 생산적 촉진적으로 직접 참여를 하는 역할이 바람직하기 때문이다.

상담자는 자신의 선택과 결정을 탐색함으로써 자신의 삶을 향상시키고 성장 가능성을 자각하도록 힘써야 한다. 이런 역할을 하는 공동상담자는 대학생 연령과 크게 차이가 나지 않으면서, 상담실 또는 상담자로부터 사전 훈련을 받아 집단과정에 대한 학습과 경험을 갖춘 사람으로 하는 것이 좋다. 대학생과 4~5년 이상, 10년 차를 갖는 공동상담자는 집단원들의 생활의식에 호흡을 쉽게 맞출 수가 있을 뿐 아니라, 집단원들의 동일시 대상이 됨으로서 상담 효과를 촉진시킬 수 있는 점이 있다. 또한 상담 중에 복잡한 상호작용을 파악하고 촉진적 참여에 대한 부담을 상담자와 분담해 줌으로써 상담자가 보다 충분한 능력을 발휘할 수 있도록 해 준다. 그리고 상담 회기 전후 준비 및 검토과정에서 훌륭한 협의대상이 되어 주며, 유능한 젊은 집단상담자의 훈련 양성이라는 측면에서도 기회가 크다고 하겠다. 집단상담 · 집단지도 프로그램 운영 면에서 첫 번째 집단지도 프로그램 실시 전이나 과정 후에 학생들의 합성용 연습치 및 읽을거리 개발과 체계적인 방법을 연구하여 접목을 하여야 한다. 또한 동료 상담자, 자원상담자의 훈련 및 집단상담지도과정에서의 활용도가 있어야 하며, 집단상담지도에서 추후 교육제회를 활용한다.

심리극이나 취업정보 유학특강, 휴학, 복학, 병역, 독서능률 향상 등 학생들의 관심사를 반영하는 집단지도 프로그램을 준비해야 한다. 대학생활 연구소 및 상담자 연구협의회 등 국내 상담 단체에서 대정부 건의, 교습과 각 대학 연구소 간의 전문 인력을 교류하여 지도활동함에 있어 상호지원을 하여야 한다. 사범대학 상담교사와 상담자들을 대상으로 한 집단상담 · 집단지도 프로그램의 실시에 관한 연수에서 워크숍을 개최하여 사례집 발간을 위한 협동적 노력을 하여야 한다. 통일 문제에 관한 대학생들의 관점과 의식에 관련된 지도 프로그램을 연구개발하여야 하며, 학생들의 사회의 관심과 이성, 정치, 문화 등 욕구조사의 실시 및 자료와 연구소 간의 상호작용이 되어야 하며 대학생 집단상담, 지도연구협의회 구성 등을 이루어야 한다.

3) 대학생 집단상담을 운영할 때 고려해야 할 점

대학생 집단상담 운영을 할 때 먼저 편안하고 안정감을 줄 수 있으며, 활동하기 적정한 장소를 확보한다. 집단원의 성숙도, 주의력, 타인에게 관심을 가질 수 있는 능력에 따라 결정하는 것이 좋으며, 목적에 따라 공개적이거나 혹은 폐쇄적으로 상담원을 구성할 것인가를 미리 정하는 것을 원칙으로 한다.

대학생 집단상담 프로그램을 하는 경우에는 보편적으로 단기에서 장기적으로 이루어지는 경우가 많다. 프로그램이 일주일 정도의 기간으로 끝나게 되는 경우도 있지만 집단상담은 최소 10~15회기를 주 1회 당 1시간 반~2시간으로 할 경우 한 학기 동안 지속되도록 계획하여 운영하는 것이 바람직하다. 가능한 한 방학 전에 끝내는 것이 좋으며, 방학 후에는 재회 모임을 가져 상담의 성과를 검토하면서 상호 간에 보강 효과를 기대하는 것이 바람직하다. 그리고 집단상담 구성에 있어서 남녀 신입생에서부터 현재의 대학원생에 이르는 이질적 구성을 하는 것이 이상적이며 대학원 내 시위 행사 등으로 중단되거나 방해받지 않도록 일정상의 주의가 필요하다.

참고문헌

권향임(2016). 인간행동과 사회환경. 서울: 창지사.

김미숙(2016). 대학생 생활 태도 경험에 대한 해결중심상담 적용. 연세대학교 대학원 박사
논문.

김성봉, 황혜리(2016). 상담 및 치료의 이론과 실제. 서울: 시그마프레스.

김점숙(2016). 대학생의 직업적 자기개념이 진로결정수준에 미치는 영향. 경기대학교 대학
원 석사학위논문.

김진숙(2012). 집단 상담과 실제(8판). 서울: 사회평론.

김진숙(2016). 집단 상담과 실제(9판). 서울: 사회평론.

김진숙 외(2012). 집단 상담과 실제. 서울: 센게이지러닝.

김충기, 강봉규(2006). 현대 상담이론과 실제. 경기: 교육과학사.

백가영(2015). 대학생의 학교환경 인식수준에 따른 자기효능감, 사고력, 창의성 간의 구조
관계 비교. 이화여자대학교 교육대학원 석사학위논문.

서정근(2009). 영어회화 학습 스타일에 관한 연구: 대학생의 특징을 중심으로. 국민대학교
대학원 박사학위논문.

손연아(2011). 대학생 내담자의 상담준비도와 상담서비스요구의 관계. 충남대학교 대학원
석사학위논문.

손영화(2010). 대학생의 성취동기가 진로결정 및 취업준비행동에 미치는 영향. 한국사회
학연구, dbpia.co.kr.

윤영란(2008). 대학생의 효과적인 진로지도 방안 연구, 진로교과목 수업과 진로집단 상담
중심으로. 상명대학교 대학원 박사학위논문.

윤소민(2015). 집단상담의 치료적 요인 탐색 및 척도개발. 경희대학교 대학원 박사학위논
문.

윤현섭(1993). 한국 대학생의 지능에 대한 사회적 개념. 이화여자대학교 대학원 박사학위
논문.

이상진(2006). 성격유형 탐색 집단 상담이 대학생의 자기개념 및 대인관계에 미치는 효과.
동아대학교 대학원 석사학위논문.

이장호, 최승애(2015). 집단상담: 원리와 실제. 경기: 법문사.

이종규(2006). 자기성장 집단 상담이 대학생의 자아정체감과 대인관계에 미치는 효과. 동
아대학교 대학원 석사학위논문.

이한샘(2014). 대학생이 인식하는 주요 발달과업과 대학생의 적응에 대한 연구 연세대학교
대학원 박사학위논문.

최익찬(2013). 대학생의 신체적 자기개념이 운동정서와 대학생활만족에 미치는 영향. 경희
대학교 대학원 석사학위논문.

제**12**장

직장인을 위한 집단상담

인간은 누구나 한 가정에 소속되어 있으며 직장을 가지고 일을 하며 일생동안 직장생활을 해 나간다. 가정이 정서적 안정과 휴식을 제공한다면 직장은 자기실현의 장인 동시에 경제적 터전을 마련해 주는 곳이라고 할 수 있다. 우리는 직업활동을 통해 성취를 이루는 과정에서 많은 사람과 교류하게 된다. 가족보다 더 많은 시간을 같이 보내는 동료들과 원만하고 협동적인 인간관계를 형성하는 것은 직업적인 성공과 연결되는 개인의 행복이다.

하지만 직장인은 직업에서 요구되는 직무 능력의 빠른 변화에 대처해야 하고 직장 내에서의 인간관계와 직장문화 적응과 고용불안 속에서 지속적인 경력개발과 치열한 경쟁 등의 과제로 인해 다양한 어려움을 경험할 수 있다(장진이, 이지연, 2014). 이를 통해, 직업선택은 물론 심리상담 영역을 포함하는 직업적응의 절심함을 볼 수 있다(김봉환 외, 2010). 따라서 직장인의 직업적 삶에 집중하여 특화된 상담전략과 프로그램이 필요하다 할 수 있다.

이러한 직장상담에서의 주체는 내담자인 직장인과 관리자로서의 기업, 그리고 상담자로 이루어진다. 내담자인 직장인이 원하는 상담의 목표로 직장에 대한 만족의 욕구가 잠재되어 있고(정상원, 송은지, 2017), 관리자로서의 기업은 기업상담을 통해 효과적인 인력관리를 도모하고자 한다(정연식, 1997). 따라서 직장상담자는 내담자의 만족욕구 이외에도 기업의 효과적인 인력관리 욕구를 동시에 고려하여야 한다.

이 장에서는 우리 삶에 매우 중요한 부분을 차지하는 직장에서의 인간관계, 즉 동료, 상사, 부하직원 간의 인간관계에서 무엇이 중요하며, 원활한 인간관계를 유지하기 위해서는 무엇이 필요하고 어떻게 해야 하는지 직장인을 대상으로 하는 집단상담에 대해 살펴보고자 한다.

1. 직업의 의미

직장인, 회사원, 봉급생활자는 급여를 받고 일하는 사람을 총칭하는 말이며, 일반적으로 화이트칼라 직무에 종사하고 있는 사람에게 사용된다. 고급관리부터 말단관리까지 포함하는 경우도 있어 명확한 경계는 없으며 변호사와 같은 전문직 임원을 제외한다. 영어식 표현으로는 오피스 워커(office worker)라고 하며 비즈니스맨(businessman)이나 비즈니스 퍼슨(business person)은 직장인을 뜻하기보다는 사업가를 뜻하는 경우가 많다. 일본식 영어표현으로는 남자는 샐러리맨(salaryman)이라고 하고 여자는 오피스 레이디(office lady)라고 한다. 직장인을 낮게 표현하는 월급쟁이라는 표현도 사용된다. 샐러던트(saladent)는 직장인이면서 동시에 학생인 사람을 뜻하는 신조어이다.

또 다른 측면에서 직업이란 생계를 유지하기 위하여 보수를 얻는 목적으로 어떠한 일에 계속적으로 종사하는 인간생활이라고 할 수 있다. 일반적으로 직업을 'occupation'이라고 하는데 이는 실체적이면서도 경제적 색채가 짙고 이에 반대되는 'vocation'은 '신의 부름'이라는 종교적 의미가 내포되어 있는 단어이다. 따라서 구체적으로 'occupation'은 생업적인 의미가 강하다고 한다면 'vocation'은 천직으로서의 직업이라고 할 수 있다. 인간은 사회생활을 영위하면서 사회적 역할분담을 해야 하지만 그렇다고 모든 사람이 역할분담을 하는 것은 아니다. 즉, 개인이 각자 지니고 있는 능력과 소질을 개발하고 자신의 적성에 맞는 일을 하는 것이 가장 바람직하다고 할 수 있다. 따라서, 직업은 생계유지와 사회적 역할분담 및 자아실현을 목표로 하는 지속되는 활동으로 정의할 수 있다(권석만, 2014; 손영화, 2016). 직업에 대한 기준을 살펴보면 다음과 같다.

첫째, 직업은 성인(成人)이 하는 일이다. 우리나라는 「근로기준법」에 의하여 만 13세 미만의 미성년자는 직업을 갖는 것을 제한하고 있다. 아역 탤런트나 소년소녀가장의 생계벌이를 직업활동으로 여기지 않는 이유가 여기에 있다. 법적으로 정해진 연령을 준수해야만 하는 것이다.

둘째, 직업은 경제적 보상을 받는 일이다. 사람들이 일을 가지고 있다 하더라도 경제적 보상을 받지 않는다면 직업이라 하지 않는다. 자원봉사자의 활동을 직업으로 보지 않는 이유가 여기에 있다. 즉, 일이란 생존에 필요한 기본적인 의식주를 해결할 수 있는 생산적인 활동인 것이다. 직장은 자신과 가족의 생계유지를 위한 경제적 소득을 보장해 주는 매우 중요한 곳이라 할 수 있다.

셋째, 직업은 계속적으로 수행하는 일상적인 활동이다. 반드시 매일이거나 정기적일 필요는 없지만 일정 기간 영속성(永續性)을 가져야 한다. 따라서 아르바이트하는 학생의 경우는 직업을 가졌다고 하지 않는다.

넷째, 직업은 사회적 효용성(效用性)이 있어야 한다. 사회적 윤리나 사회규범상 반사회적(反社會的)이라고 규정되는 일은 직업이라 말할 수 없다. 거지, 밀수, 사채업, 도박, 매춘, 폭력청부업 등을 직업이라 하지 않는 이유가 여기에 있다.

다섯째, 직업은 노력이 소요되는 일이어야 한다. 이자, 임대료, 주식배당, 사회보장 등에 의해 수입을 얻는 경우는 직업이라 하지 않는다. 노동을 전제로 하는 활동인 것이다.

여섯째, 직업은 자신의 의사에 따라 하는 일이다. 자신의 의사에 반하여 강제적으로 행해지는 일은 직업이 될 수 없다. 법률에 의한 명령에 따라 행해지는 사회봉사활동은 수입이 있다고 하더라도 직업으로 보지 않는다.

이렇듯, 직업과 직장은 내 삶의 대부분을 보내야 하는 곳으로 자신의 능력을 발휘하고 목표를 달성하며 자아실현을 할 수 있는 곳이다. 게다가 타인과의 인간관계를 맺는 곳으로 이러한 타인과의 인간관계는 자기 삶의 만족도에 많은 영향을 미칠 것이다.

1) 직업의 중요성

사람은 누구나 꿈을 이루며 행복하게 살기를 원한다. 대부분의 사람은 직업을 가지고 일을 하며, 자기계발을 하고 보람과 즐거움을 얻는다. 게다가 사회에 이바지하여 경제적인 안정을 이루는 것이다. 이처럼 일과 직업은 행복한 삶을 이루는 데 매우 중요한 역할을 한다. 가정에서는 집안의 필요한 일을 하고, 사회에서는 각자의 직업을 갖고 일을 하며, 봉사활동을 통하여 다양한 경험을 한다. 이와 같이 무언가를 얻기 위해서 몸을 움직이고 머리를 쓰는 활동을 일이라고 하며, 경제적 소득을 얻고 사회에 기여하기 위해 일정 기간 지속적으로 일을 하게 된다. 여기에서는 개인과 사회적 측면에서 직업의 중요성을 살펴보고자 한다(김종운, 박성실, 2013; 정철영, 2002).

(1) 개인적 중요성

개인에게 직업은 중요한 의미와 가치를 가진다고 볼 수 있으며 개인의 입장에서 직업의 중요성은 다음과 같다.

첫째, 개인에게 직업은 생계유지를 가능하게 한다. 개인이 직업을 가지고 일을 하면 수행한 대가로 경제적인 수입을 얻게 되고 가족의 생계를 유지할 수 있다.

둘째, 직업은 개인의 가치를 실현시켜 준다. 인간은 누구나 부, 명예, 권력 등의 다양한 가치를 추구하면서 살아간다. 직업은 개인이 바라는 다양한 가치를 실현해 주는 수단이 될 수 있다. 이러한 관점에서 볼 때, 개인이 추구하는 가치가 성공하느냐의 여부는 직업의 성공에서 결정된다고 할 수 있다.

셋째, 직업은 소속감을 준다. 소속감은 인간에게 심리적 안정을 주고, 소속되지 못하면 소외감과 심리적 불안정감을 느끼게 된다.

넷째, 직업은 개인의 사회적 접촉할 수 있는 인간관계의 범위를 넓혀 준다. 직업에 따라 접하는 사람의 범위는 다를 수 있다.

다섯째, 직업은 개인의 사회적 지위를 결정해 준다. 우리 사회의 다양한 직업 중에서 개인이 어떠한 직업에 종사하고 어떤 직책을 담당하며 어떠한 업무를 수행하는가에 따라 개인의 사회적 지위가 결정된다고 할 수 있다.

여섯째, 직업은 개인이 사는 곳을 결정한다. 사람은 누구나 자신이 종사하는 직장 인근에서 직업생활을 하게 된다.

(2) 사회적 중요성

현대사회에서 직업은 사회적 역할을 분담하고 있다. 과거의 사회에서는 사회적 신분에 따라 사회적 역할이 분담되었으나, 오늘날에는 직업에 따라 사회적 역할이 분담되고 있다. 오늘날 직업을 갖는다는 것은 현대사회의 조직적이고 유기적인 분업관계 속에서 분담된 기능 중 어느 하나를 맡아 사회적 분업 단위의 지분을 수행하는 것이라고 할 수 있다. 이러한 측면에서 사회는 각종 직업에 종사하는 개인과 각종 단체에 의해서 구성된다고 할 수 있다. 따라서, 사회구성원이 자신의 직업에 만족하지 못하고 능률적으로 자신의 일을 수행하지 못한다면 사회의 발전은 기대하기 어렵다.

직업은 사회적으로 유용한 것이어야 하며, 사회 발전 및 유지에 도움이 되어야 한다는 것이다. 사람은 누구나 직업을 통해 타인의 삶에 도움을 주기도 하고, 사회에 공헌하며 사회의 발전에 기여하게 된다. 직업의 원래 형태는 공동사회에서 개개인의 사회적 역할분담인 직분으로서 천직이 먼저 발생한 것이다. 그런데 오늘날 우리의 일반적인 상식으로는 직업은 무엇보다도 먼저 생계의 유지를 위해 종사하는 일이라 할 수 있다.

2) 직장인에서의 성공적인 인간관계의 요건

먼저, 성공적인 직장생활을 위해서는 직장이 개인에게 기대하는 바를 알아야 한다. 직장은 대체로 자신을 원만하고 적응력 있는 사람이라고 생각하는 사람을 필요로 한다. 어쩌면 성적보다 직장에서의 인간관계 기술이 더 중요시된다고 할 수 있다. 직장에서 성공적인 인간관계를 위한 필요 요건을 살펴보면 다음과 같다.

(1) 능력과 기술

능력과 기술은 직장인의 가장 필수적인 조건이다. 고용주는 피고용인이 자신에게 부여될 업무를 수행하는 데 필요한 기본적인 기술을 구비하기를 바란다. 따라서 신입사원들은 직무수행에 필요한 기본적인 기술과 주어진 시간 안에서 적합한 수준까지 숙달하는 능력을 갖추기를 바란다. 따라서 고용주 역시 직무에 적합한 기술수준을 요구하고 실수를 되풀이하지 않는 능력과 조직에서 필요한 특정기술을 요구한다. 직무수행에 요구되는 기술 수준을 구비하는 능력은 자신의 자격증에 반영되고 이는 직무성공에 초석이 되어 준다.

(2) 주도성

주도성은 직장인으로서의 강한 동기로, 스스로 자신의 일을 해내는 능력이다. 이러한 주도성은 솔선수범하는 사람에게서 보이는 자질이다. 현대사회와 같이 급변하는 사회에서는 정상적인 업무수행을 능가하는 능동적이고 창의적이며 적극적인 사람이 필요하다. 이러한 주도성은 직장에서 개인의 승진 가능성을 높이고, 상사로부터 인정받는 요인이 된다. 이때 중요한 점은 동료나 부하직원을 무시하는 출세가 아니라 자신의 일에 전념하고 직장을 도울 수 있는 개선방안이 필요하다는 것이다.

(3) 직장에 대한 충성심

직장에서의 직장인의 충성심은 경영자의 당연한 기대일 것이다. 직장에 대한 충성심이 낮을 경우 사기저하, 팀워크 붕괴, 소통 어려움 등을 유발하여 조직문화에 치명적인 해를 끼친다. 이러한 충성심은 직장의 안전 문제와 직결되며, 특히 직장에서 기밀을 요하는 자료를 취급하게 되면 더욱 더 충성심이 요구된다. 자기 자신에 대해 긍지를 느끼고 회사의 제품에 대한 자긍심을 높이는 충성심은 직장의 안정과 번영 발전을 위해 필요하며, 사명감을 가지고 충실히 수행하는 자세는 자신과 직장의 발전을 가져온다.

(4) 적절한 용모

직장인의 용모는 자신을 둘러싼 주변인에게 영향을 미친다는 사실을 인식해야 한다. 이는 직장의 분위기나 직장 안에서 고객이나 기타 손님에게 영향을 주는 환경이라는 것을 알아야 한다. 단정하고 깔끔한 용모는 기업 운영이나 손님 모두에게 회사에 대한 이미지에 영향을 주는 중요한 요인이 된다.

3) 직장에서의 갈등관리

갈등이란 서로 양립할 수 없는 뒤엉킨 상태를 의미하며, 의견이 맞서 서로 대립, 충돌하는 것을 말한다. 사람이 살아가는 과정에는 언제나 의견이 일치될 수는 없고 맞서는 경우가 많아 자연스럽게 직장은 물론 일상생활에도 갈등이 자리매김하고 있다. 전통적인 견해에 따라 갈등은 해소되거나 해결되어야 할 유익하지 못한 요인으로 생각해 왔지만 최근에는 상호작용주의적 견해로 갈등이 필수적이고 바람직한 요인으로, 일정한 한계 안에서 고무 내지 조장시켜야 한다는 의견이 제기되고 있다. 이처럼 갈등이 잘 관리된다면 문제해결을 위한 자극제가 될 가능성이 있으므로 최소한의 갈등은 유용하다고 볼 수 있다(윤경자 외, 2016).

(1) 분위기 조성

솔직하게 정보를 서로 공유할 수 있는 분위기 조성과 소통경로의 개방이 효과적인 갈등관리를 위해 절대적으로 중요하다. 동시에 상하수직적 직위 간 또는 부서 간에 정보의 흐름이 자유로워야만 한다.

(2) 화해

갈등이나 분쟁을 끝내기 위해서 조정하고 합의하는 것을 말한다. 화해전략으로는 갈등 당사자 모두가 가지는 불만을 해소해야 할 때, 업적달성의 목표보다는 인간관계를 더 중시할 때, 잠정적으로 갈등을 중지시키려 할 때, 직장에서의 서로 간 신뢰관계를 구축하려 할 때 사용한다.

(3) 경청

갈등을 완화시키거나 해결하기 위해 상대방의 말을 경청하는 것은 좋은 계기를 만들어 준다. 이는 상대에 대한 이해 없이는 갈등을 완화할 수 없기 때문에 타인을 이해하기 위한 경청은 갈등을 해결하기 위한 기본이다. 즉, 상대의 처한 입장을 이해하려는 마음으로 주의하여 듣고, 상대의 말이나 행동에 분노하지 말아야 갈등을 해결할 수 있다.

(4) 협상

협상은 갈등을 해소하는 방법 중에서 가장 많이 사용하는 방법으로 자신이 원하는 결과를 얻거나 자신이 선택한 방향으로만 움직이는 것이 아니며 상대방의 대응에 따라 결과가 달라진다. 이때, 협상은 요구가 아니라 대안을 제시하는 것으로 상대를 이해시켜 내가 얻고자 하는 것을 정당하게 받아 내는 일종의 예술이라고 할 수 있다.

(5) 타협

타협이란 서로가 얼마씩 양보하여 갈등을 해결하는 전략으로서 절충이라고도 한다. 갈등해결을 위해 서로가 이해득실을 가리는 과정에서 아무것도 가지지 않는 것보다는 반이라도 가지는 것이 낫다는 가정에 근거를 두고 갈등을 해결하려는 것이다. 타협은 당사자 모두에게 절반의 이익만 주는 방법으로, 당사자가 가진 힘이 거의 대등할 때 가능하다.

(6) 설명과 설득

대부분의 갈등은 진지한 설명과 설득으로 해결할 수 있다. 먼저 상대에게 충분하게 설명하고 논리적이고 합리적으로 설득해야 한다. 설명과 설득은 갈등해결에 가장 좋은 방법으로 알려져 있다.

(7) 회피와 철수

회피란 갈등을 일으킨 문제를 직접 해결하지 않고 뒤로 미루거나 연기하여 당사자 간의 감정을 진정시키고 시간을 벌기 위한 일시적인 방법이다. 즉, 당사자 간의 의견 차이보다는 공동의 이익을 강조하면서 갈등을 완화하고 해결한다. 간혹, 갈등으로 희망이 없어 보이거나 무익하다고 판단될 때에는 갈등으로 인해 긴장하고 싸우기보다는 차라리 갈등상황으로부터 자신을 물러나게 하는 철수 전략을 사용하는 것이 유익할 수 있다.

(8) 자원의 공평한 분배

직장에서는 자원이 공평하게 분배되지 않으면 갈등이 일어난다. 이때의 갈등은 파괴적이고, 당사자의 관계가 단절되는 등의 심각한 후유증을 남기는 경우가 많다. 따라서 자원을 소유하고 우월한 지위에 있는 사람이 자원을 공평하게 분배하거나 공유할 때 갈등이 해결된다.

(9) 공동의 적 설정

집단원 간에 갈등이 있을 경우, 이를 해결하기 위해서 많이 활용되는 방법이다. 이는 현재의 목표보다 상위의 목표를 제시하여 집단이 공동으로 수행해야 할 목표나 표적을 설정함으로써 집단원의 관심을 다른 곳으로 돌려 일체감을 가지게 하는 방법으로, 장기적이고 포괄적인 전략이다.

4) 스트레스 대처 및 관리

우리의 삶에서 스트레스는 너무나 보편적이고 일상적인 말로 사용하고 있다. 이는 현대의 생활이 스트레스의 영향을 많이 받으며 스트레스 속에서 살고 있음을 반영한다. 대부분의 사람은 스트레스를 부정적인 것으로 생각하고 스트레스로 인해 정신적·신체적 불편감이 생기거나 일상생활 및 대인관계에 문제의 원인으로 작용한다고 여긴다. 특히 많은 시간을 보내는 직장에서의 스트레스 관리는 건강한 직장생활과 직접적인 연관성이 높다. 2016년 영국의 데일리메일은 성인 남녀 2,000명을 대상으로 한 결과에서 스트레스의 가장 큰 원인으로 직장(34%)을 꼽았다(조선일보, 2013.

11. 23.). 이러한 스트레스의 대처 및 관리는 다양한 정의와 원인론에 근거를 두고 여러 가지 방법이 제시되고 있다. 일반적으로 스트레스에 대처하거나 관리하는 방법 중에는 비효과적인 방법과 효과적인 방법이 있다. 일반적으로 사용하는 대처방안을 살펴보면 다음과 같다(윤경자 외, 2016).

(1) 비효과적인 스트레스 대처방안

첫째, 스트레스 상황으로부터 도피한다. 스트레스 상황에 처한 직장인이 선택하는 방법은 장기결근이다. 많은 직장인이 선택하는 장기결근은 직장으로부터 피할 수 있는 기회를 제공해 과다한 긴장의 고통에서 회피하는 방법이 될 수 있지만, 문제의 근본적인 해결이 어렵고 비슷한 상황이 다시 발생할 수 있기에 효과적인 방법은 되지 못한다.

둘째, 스트레스의 존재를 부정한다. 일반적으로 스트레스로 인해 고통을 받는다는 것은 스스로 그 상황에 대처하지 못하는 무능한 인간으로 생각하기 때문에 자신이 스트레스를 받는다는 것을 인정하지 않으려고 한다. 흔히 야심적인 성격의 소유자가 이러한 방법으로 스트레스를 다루려는 경향이 있다. 이들은 과중한 스트레스의 결과로 자신의 업무수행력이 떨어질 때 이를 보상하기 위해 보다 더 심하게 일을 한다. 이러한 방법은 문제를 더욱 악화시키고 스트레스 관련 질병의 발병률을 높이는 결과를 가져오기도 한다.

셋째, 자신의 문제를 남의 문제로 본다(투사). 투사란 개인의 성향인 태도나 특성에 대하여 다른 사람에게 무의식적으로 그 원인을 돌리는 심리적 현상이다. 이러한 투사는 자신의 문제를 다른 사람에게 죄의식, 열등감, 공격성과 같은 감정으로 돌림으로써 자신의 감정을 부정하는 것이다. 즉, 남의 탓으로 돌리는 것을 말하며 투사를 사용하는 사람의 심리적 기제는 자신의 불편한 감정을 타인의 고통으로 치부하지만 자신의 상황을 개선하거나 해결시키지는 못한다.

넷째, 과민한 정서 상태가 된다. 스트레스에 처한 사람은 이에 대한 반응으로 신경질을 내거나 지나치게 걱정하고, 때로는 감정폭발로 상대를 공격하거나 짜증을 내는 경우가 많다. 이러한 감정 상태에 직면했을 때는 스스로 자신의 감정을 인지하고 스트레스 수준을 낮추는 방법을 선택해야 한다.

다섯째, 보다 일을 많이 한다. 스트레스가 엄습하면 보다 더 많은 일을 해야 한다는 충동에 사로잡힐 수가 있다. 이는 스트레스 상황에 대해 정면에서 싸우겠다는 시도이지만 결과적으로 지치고 에너지가 고갈되어 소진된다.

여섯째, 기계적인 일을 하는 데 강박적이 된다. 자신의 업무 가운데 어떠한 일이 스트레스가 될 경우, 이를 회피하기 위해서 특별히 중요하지 않거나 기계적이고 단순한 일을 강박적으로 하는 경향이 있다.

일곱째, 약물이나 알코올에 의존한다. 해결하지 못한 과중한 문제로부터 도피하기 위해서 신경안정제를 사용하거나 술을 마시고, 흡연에 의존하는 경향이 있다. 하지만 이러한 방법은 일시적으로 도움이 될지도 모르지만 근본적인 문제는 그대로 남아 있어 자신의 건강만을 해치는 부정적인 방법이다.

(2) 효과적인 스트레스 관리 방법

첫째, 정서적 긴장감을 표출한다. 감정은 참는다고 해서 사라지거나 해결되는 것이 아니라 억눌린 감정이 의식의 내면으로 들어가 정신건강을 해친다. 또한, 자신의 감정을 표현하지 못하면 불안해지고 의욕이 잃으며 고통을 초래한다. 따라서 자신의 감정을 억압하지 않고 표현하는 것은 스트레스가 쌓이지 않도록 하는 긍정적인 방법이다.

둘째, 정서적인 거리를 유지한다. 정서적인 장면에서 정서적으로 반응하여 또 다른 정서적인 문제로 악화시키기보다는 그 상황을 초월하여 객관적으로 행동할 수 있게 하는 방안이다. 즉, 정서적으로 일정한 거리를 유지하려고 한다면 상대의 정서적 압력으로 인해 자신이 오염되는 것을 방지하고 자신을 지켜 낼 수 있다.

셋째, 정서적 지지를 수용한다. 직장이나 가정에서 자신을 정서적으로 지지해 주는 사람이나 조직을 만들어 스트레스를 극복하는 방법이다. 자신을 인정하고 좋은 면을 부각시켜 주는 정서적 지지는 선의의 사람들로부터 나오는 것으로 일상에서도 긍정적인 에너지를 받을 수 있다. 집단 프로그램에 참여하는 것은 정서적인 지지를 얻을 수 있는 좋은 기회가 될 수 있다.

넷째, 정서통제를 한다. 정서통제는 자신의 감정을 통제하는 데 도움을 주는 방안으로, 생각이 자신의 감정에 앞선다는 가정을 전제로 한다. 즉, 스스로 자신의 생각을 바꿈으로서 괴로움과 같은 감정이 일어나는 것을 예방할 수 있다. 특히 이는 스트레스 상황에서 감정적으로 반응하는 사람에게 도움이 되는 방법이다.

다섯째, 효과적인 운동과 휴식을 취한다. 자신이 겪고 있는 스트레스 상황을 극복할 수 있도록 활기찬 에너지를 공급해 주는 음식이나 운동으로 스트레스를 극복해 주는 방안이다. 이러한 방법은 너무 바쁘게 사는 사람이나, 과거 자신의 건강에 관심을 기울이지 못했던 사람들에게 효과적이다.

여섯째, 긍정적인 태도를 유지한다. 자신의 삶에 대해 부정적인 태도를 취하는 사람은 그렇게 하는 것이 살아가는 데 더 안전할 것이라고 생각한다. 분명히 이러한 부정적인 자세를 취하면 실망이나 좌절을 덜 경험하고, 경쟁에서 실패해도 덜 실망하며 낮은 지위에 있어도 덜 불만스럽게 생각한다. 하지만 부정적인 입장은 마음속에 심한 불만을 갖게 된다. 방어기제로 시작한 부정적인 자세가 스트레스의 온상이 되어 자기 삶의 스타일이 되어 버릴 수도 있기에 주의가 필요하다. 따라서 긍정적인 자세를 갖는 것이 중요하고 이러한 태도는 자신에게 긍정적인 메시지를 주고 타인을 대하는 태도도 긍정적으로 인지하는 습관을 기를 수 있다.

일곱째, 이완법을 실행한다. 일상에서 긴장이나 스트레스 수준을 낮춤으로써 스트레스를 극복하는 방법이 된다. 이러한 이완법은 쉽게 긴장하고 불안해하는 사람에게 효과적이고 스트레스를 많이 받으며 살아가고 있는 사람에게도 적절하다고 할 수 있다. 일상에서 이완하는 시간을 가짐으로써 긴장을 회복하고 균형을 유지하는 데 많은 도움이 되는 방법 중 하나이다.

여덟째, 자기관리를 한다. 자기관리를 잘하는 사람들은 생활 속에서 일하는 시간과 여가시간을 잘 구분하여 일할 때와 휴식할 때를 잘 구분한다. 이러한 사람들은 삶을 균형 있게 살아가며 자신에게 주어진 시간을 매우 값진 것으로 인지하며 자신이 주인이 되어 시간을 자율적으로 사용할 수 있는 것이다. 자기관리를 잘하기 위해서는 목표를 분명히 하고 구체적인 실행계획을 세우며 일의 우선순위를 정하여 가장 효율적으로 시간을 활용하는 것이 필요하다고 볼 수 있다. 이러한 자기관리는 질서 있고 통제적인 삶을 영위하는 데 도움이 된다.

아홉째, 현실적인 기대감을 가진다. 삶을 살아가면서 자신의 직업과 주변 사람들에 대해 현실적인 기대감을 가질 필요가 있다. 현실적인 기대감은 스트레스나 욕망, 높은 기대감으로 현실과 불균형을 이룰 때 특히 유용하다. 이때 자신의 기대치나 욕구와 현실적인 상황의 불균형이 클수록 스트레스 수준이 증가한다. 적절한 불균형은 그 차이를 감소시키기 위한 자극으로 동기유발을 가져오지만 불균형이 너무 클 경우 좌절감과 분노, 궁핍감을 가져오기 때문이다.

2. 직장인 집단상담의 목표

평생직업과 고령화 사회에 접어들면서 직장인의 경력개발 방식은 조직보다는 개인을 우선시하는 방향으로 변화를 가져오고 있다. 이는 외부상황에 따라 자신을 유연하게 변화시킬 수 있는 '자기주도적 경력개발 역량'이 무엇보다 중요한 시대를 살고 있기 때문이다. 직장인을 위한 집단상담은 직장인의 감수성을 개발하고 자신의 직업과 경력에 필요한 역량과 동기, 가치에 대한 통찰의 기회가 될 것이다. 또한, 직장상사와 부하직원의 경력개발 유형을 유추할 수 있고, 조직에서의 관계지향적 역량 강화도 기대해 볼 수 있다. 직장인을 위한 집단상담은 개인의 특성에 맞는 진로를 찾고자 하거나, 취업준비생, 직장 초년생이나 자신의 특성에 맞는 직장과 직무를 찾고자 하는 직장인, 이직 탐구자, 구직자가 대상이 될 수 있다. 또한 대인관계나 직장 내에서의 갈등 문제를 해결하는 데 도움을 받을 수 있다. 직장인을 위한 집단상담의 목표를 정리해 보면 다음과 같다.

첫째, 자신의 미래경력 목표(Goal)수립을 위해 가장 먼저 살펴보아야 할 것은 자신의 '진정한 내면탐구'이다. 이를 통해 자신의 내면에 깊게 자리한 경력개발 유형을 알아차릴 수 있을 것이다.

둘째, 직장생활 속에서 타인과의 인간관계를 협동적이며 생산적으로 발전시킬 수 있다. 현대사회의 복잡한 관계 속에서 사람들은 대인관계 및 사회적응에 어려움을 겪고 있다. 집단상담을 통해 개인이 겪고 있는 대인관계나 직장 내에서의 갈등을 해결할 수 있는 방법을 찾을 수 있을 것이다.

셋째, 자신의 잠재력을 개발하여 직장인으로서의 능력과 경험을 확대하여 다양하게 생활에서 적응할 수 있는 유연성을 기를 수 있다.

3. 직장인 집단상담의 운영

집단상담은 개인상담과 달리 집단 속에서는 그 집단에 소속된 개인 사이에 끊임없는 역동적 상호작용이 일어난다. 이를 통해 각자의 대인관계적인 감정과 반응양식이 집중적으로 탐색 · 명료화 · 수정되고, 그 결과가 확인되는 계속적인 과정으로 진행된다. 이러한 집단역동을 통해 집단상담의 효과가 결정된다는 점은 집단상담과 개인상담의 큰 차이점이 되는 것이다. 집단상담은 주로 집단원이 자의로 문제를 제기하고 다루며 집단상담자는 이러한 분위기와 과정을 촉진하는 역할을 담당하면서 상담자에 의한 지도나 해석은 최대한으로 줄이는 것이 필요하다. 이러한 집단상담의 강조점은 치료보다는 성장과 적응에 주어지므로 이를 촉진하기 위해서는 상담집단의 분위기는 신뢰할 수 있고 수용적이어야 한다.

직장인의 성장과 긍정적인 대인관계를 목적으로 하는 집단상담의 운영 절차를 살펴보면 다음과 같다(이현림, 김순미, 천미숙, 2015).

1) 배회 또는 모색

간단한 집단의 소개를 시작으로 편안한 마음을 만들기 위해 몸 풀기 체조나 게임으로 분위기를 전환한다. 이 과정에서는 집단참여의 의미를 모색하고 집단원의 특징을 파악한다. 이는 어색한 침묵의 해소와 예의바르고 피상적인 교류를 돕는다. 또한 발언의 순서 및 진행 방식에 대한 관심을 표명한다. 집단참여의 의미를 모색하거나 집단참여를 후회하기도 한다. 집단상담은 집단원들이 서로의 마음을 여는 것으로 시작된다.

2) 개인적 표현 및 탐색에 대한 저항

사적인 경험이나 개인적인 내면세계를 노출하기 시작하는 단계이다. 집단에 대한 신뢰가 부족할 수도 있으며, 듣는 사람도 발언자의 발언 의도를 순수하게 있는 그대로 받아들이지 못할 수 있다.

3) 과거의 부정적 감정의 표명

집단원에게 '지금-여기'에서의 느낌과 감정을 주로 표현하도록 권유한다. 상담자는 초반부에는 말하기 쉬운 자신의 과거 경험을 이야기하도록 유도한다. 이는 부정적인 느낌을 먼저 말하기 쉬우며 이 단계에서는 의미나 표현 방법에 서툴기 때문에 과거사나 부정적인 감정 표현에 치우치게 된다. 개인의 사적인 경험이나 내면세계 노출을 시도하지만 집단에 대한 신뢰가 부족하고 듣는 사람도 발표자의 의도를 받아들이기에는 미흡한 단계이다.

4) 의미 있는 개인의 감정사의 표현

서서히 개인적인 깊은 이야기가 나오기 시작하는 단계라고 볼 수 있다. 집단원들은 집단에 대한 가치를 느끼기 시작하고 자신의 관심사나 개인적인 문제에 대한 이야기를 하기 시작한다. 집단에 대한 적응이 시작된 단계라고 볼 수 있다.

5) 집단원에 대한 감정의 표현

집단원에 대한 긍정적이거나 부정적인 느낌을 표현하기 시작하는 단계이다. 집단원 사이에서 상담에 대한 상호신뢰 분위기가 시작된다. 집단원들은 감정이 개입된 의견을 이야기하며, 이와 관련된 자신의 감정을 표현하기 시작한다.

6) 일상적인 방어적 태도의 분해

집단원 사이에서 타인에 대한 자신의 느낌을 표현하기 시작하며 집단원끼리 이해하고 지지하는 분위기를 형성하게 된다. 집단원 간에 일상적인 가면에 대한 집중적인 지적이 이루어진다. 집단 초기에 당연하고 예의 있는 행동이라고 생각한 태도나 행동, 침묵 등이 비판의 대상이 되기도 한다. 이 단계에서는 집단원 간의 긴장과 갈등은 적당한 선에서 융해된다.

7) 기본적인 만남 및 친밀감의 형성

솔직한 자기공개와 충격 받은 집단원을 노우려는 분위기가 뚜렷해진다. 타인에 대한 부정적인 느낌이 점차 진정한 이해와 수용, 애정으로 바뀐다. 상대와 같은 느낌을 공유하고 부분적으로 감정의 동일시를 경험하기도 한다. 이때 상대에 대해 느꼈던 부정적인 느낌이 진정한 이해와 사랑으로 바뀌는 변화를 경험한다.

8) 집단 내에서 행동의 변화

집단원 간에 온정과 신뢰감이 형성된다. 집단의 분위기는 개방적이고 자율적으로 변화한다. 이때 대인관계에 자신감을 가지거나 우울감이 감소하는 것 같다는 집단원도 있다.

4. 직장인 집단상담의 실제

실제로 기업에서 이루어지는 집단상담은 집단의 특성상 동일한 집단원이 동일한 시간, 동일한 장소에 모이는 것이 현실적으로 매우 어렵기 때문에 집단의 횟수가 제한적이다. 따라서 기업에서 이루어지는 집단상담의 표준은 단기상담이라 할 수 있으며 기업마다 업무적인 특성과 시간적인 제한 때문에도 단기간을 요구하는 경우가 많다(강대선, 2002; 구혜진, 2002; 김진숙 외 2014).

1) 집단상담의 목표

직장인을 위한 집단상담의 목표는 직장 속에서 타인과의 인간관계를 협동적이고 생산적으로 발전시키는 것이다. 집단원의 잠재력을 개발하여 직장인으로서의 능력과 경험을 확대하고 다양한 상황에 적응할 수 있는 유연성을 기른다.

2) 프로그램의 구성

모임 차수	집단 내용
1회	친밀감 형성, 스트레스에 대해 알아보기
2회	올바른 직업관 탐색
3회	절정경험 회상하고 나누기
4회	자신의 가치관 인식
5회	경청과 자기표현
6회	갈등해결 방법 알아보기
7회	가치관 대립 해결하기

(1) 1회기
프로그램의 특성과 목적에 관한 간단한 안내를 한다. 집단원이 적극적으로 참여하고 솔직하게 스스로를 생각하고 표현할 수 있는 기회를 가질 수 있도록 한다. 집단원의 질문과 궁금한 점은 간단하게 다루어 준다. 인사하고 집단원에 대한 기대를 나누며 집단의 규칙을 정하고 별칭짓기를 한다. 마음챙김을 기반으로 하는 명상을 하며 집단원들의 스트레스에 대해 이야기를 나눈다. 스트레스가 직장에서 어떤 상황이나 어떤 대상에게서 일어나는지 알아보는 워크북 일지를 작성하는 과제를 수행할 수 있도록 한다. 소감을 나누며 다음 회기에 대한 안내를 한다.

(2) 2회기

집단원의 행동적인 면에 중점을 둔다. 집단원들은 자발성과 자기결정, 자기동기를 증가시킬 수 있다. 개인이 자신의 직업에 대해 가지고 있는 생각, 직업관에 따라 직업을 수행하는 태도가 달라질 수 있다. 또한, 자신이 삶의 주최자가 될 수 있다는 확신을 갖게 하는 것이 목표이다. 이완 훈련으로 지금 이 순간 알아차리기를 하며 자동적 사고, 올바른 직업관에 대해 탐색한다.

(3) 3회기

집단원들에게 가장 좋았던 경험, 즉 절정경험을 이야기하고 나눈다. 상대의 입장에서 수용하고 이해하며 듣는다. 상세히 기억되는 과거의 일을 연대별로 회상해 보도록 유도하고 그 일이 집단원에게 가지는 의미를 들어 본다. 현재 자신을 긍정적으로 볼 수 있는 방법에는 어떠한 것이 있는지 정리하여 자신의 강점이나 장점을 탐색해 본다. 집단원이 만족하고 성공했던 경험을 분석하고 공유해 본다.

- 나는 내가 하는 일이 중요하다고 느꼈다.
- 나는 새로운 경험을 시도하고 싶었다.
- 나는 그 일을 즐겼다.
- 나는 그 일을 하는 데 정열과 애정을 투자했다.
- 나는 그 일을 하면서 기술과 방법을 알았다.
- 나는 무엇을 하고 어떻게 할 것인가를 스스로 결정했다.
- 나는 다른 사람의 행동에 영향을 주었다.
- 나는 새로운 것을 배웠다.
- 나는 도전을 받고 싶었다.
- 나는 창조적이었다.
- 나는 내가 한 일에 대해서 다른 사람으로부터 존경과 인정을 받았다.

(4) 4회기

집단원이 가장 중요하게 생각하고 있는 가치관 다섯 가지를 선정하고 순위별로 그 중요성을 명료하게 정리해 본다. 이때 집단상담자는 집단원들로 하여금 자신의 가치관을 명료하게 해 주는 절차가 필요하다. 집단원이 가장 중요하다고 느끼는 것을 경매 놀이를 통해 객관적으로 확인해 보도록 하는 것이 목적이다. 집단원마다 똑같은 양의 돈을 가상으로 가지도록 하고, 자기가 갖고 싶은 물건을 사기 위해 예산을 짜 보게 한다. 상담자는 경매에 붙은 가치관을 사들이는 과정을 통해 각자의 가치관이 재미있고 특징적으로 드러날 수 있도록 한다.

(5) 5회기

상대방의 이야기를 정확히 잘 듣고 자신의 이야기를 잘 전하려는 의사소통 훈련을 통해 상대의 이야기를 잘 들어 주는 일의 소중함을 알고, 바르게 자기를 표현하는 방법을 익힌다. 경청과 자기표현에 대해 안내하며 효과적인 경청기술을 설명한다. 반영적인 경청을 실습한다. 나-전달법(I-message법)을 설명하고 연습해 본다. 상황극에서 집단원의 상관이 자주 동료 앞에서 야단을 치도록 한 뒤 행동에 대한 감정을 표현해 보고 이것이 집단원에게 미치는 영향을 알아본다.

(6) 6회기

직장에서 사람과의 갈등상황에 처했을 때 대처하는 방법을 회상해 봄으로써 보다 좋은 해결 방법을 익힌다. 5~6명이 한 조를 이루어 최근 지난 몇 주 동안에 겪었던 직장에서의 갈등을 회상해 보고 가장 심각했던 갈등을 세 가지 순서대로 적어 본다. 갈등을 해결한 방법의 결과에 대해 지금 어떻게 생각하고 느끼는지를 기록한다. 갈등해결의 방법에 대해 토의하며 민주적인 갈등해결의 6단계에 맞게 갈등상황을 정리하여 발표하는 시간을 가진다. 민주적인 갈등해결의 6단계는 다음과 같다.

- 상대방과 나의 욕구를 확인한다.
- 해결 방법 찾기

- 해결 방법 평가하기
- 해결책 결정하기
- 실행하기
- 평가하기

(7) 7회기

직장에서 발생하는 문제에서 서로의 생각이나 행동이 다르고 문제해결 방법이 다를 때 불편함을 느낄 수 있다. 이처럼 서로의 가치관이 달라서 발생하는 문제에 대해 생각해 보고 건전하게 대처할 수 있는 방법을 익힌다. 먼저 가치관 대립에 대한 안내를 하여 자신의 가치관을 인식한다. 평소에 자신이 가장 가치를 두고 있는 것이 무엇인지를 알게 되면, 가치관 예시문을 나누어 주고 자신이 가장 가치 있다고 생각하는 것을 5개 선택한 후 중요한 순서대로 번호를 매기고 그 이유를 적어 본다. 조별로 직장에서의 가치관 대립을 회상해 보고 해결 방법과 결과에 대해 어떻게 생각하는지를 기록하여 발표해 본다.

가치관의 차이를 인정하고 서로 다른 생각을 가지고도 조화롭게 생활할 수 있는 경우를 생각해 본다. 자기의 생각 바꾸기, 상대방의 생각을 변화시키기, 의논의 상대가 되어 주기 등의 활동으로 자신과 상대방이 다르다는 것을 인지하고 상대의 입장을 이해할 수 있다(김진숙 외, 2014).

〈가치관 예시문〉

가치관 예시문	나의 선택	중요 순서	선택 이유
1. 질병과 궁핍을 떨쳐 버리는 세상			
2. 국제적 명성과 인기			
3. 진정한 사랑의 관계			
4. 선택한 직업에서의 성공			
5. 경제적 안정과 편안한 생활			
6. 진취적이고 활동적인 신나는 생활			
7. 자신이 한 일에 보람을 느끼며 사는 생활			
8. 자연과 예술의 아름다움을 감상하는 생활			
9. 모든 사람이 공평한 기회를 갖는 것			
10. 행복한 가족관계			
11. 남에게 의지하지 않는 자주적인 삶			
12. 걱정이나 고민이 없는 편안한 생활			
13. 이성과의 완전한 사랑			
14. 외부의 침입으로부터 나라를 지키는 것			
15. 종교를 통한 영원한 삶			
16. 자기존중(자기를 훌륭한 사람으로 생각하는 것)			
17. 남들로부터 존중과 인정을 받는 것			
18. 진실과 우정			
19. 지혜(슬기)			
20. 건강하고 행복한 삶			
1~20 이외에 본인이 생각하는 가치관 기술			

참고문헌

강대선(2002). 한국기업의 조직문화가 조직 커뮤니케이션에 미치는 영향연구. 서강대학교
　　대학원 석사학위논문.

구혜진(2002). 맞벌이 부부의 역할갈등과 부부의사소통이 직무성과에 미치는 영향에 관한
　　연구. 연세대학교 대학원 석사학위논문.

권석만(2014). 젊은이를 위한 인간관계 심리학(2판). 서울: 학지사.

김봉환, 이제경, 유현실, 황매향, 공윤정, 손진희, 손은령(2010). 진로상담이론. 서울: 학지사.

김종운, 박성실(2013). 전문대학생의 진로장벽이 진로준비행동에 미치는 영향에 있어서 진
　　로결정 자기효능감의 매개효과. 진로교육연구, 26(3), 123-141.

김진숙, 김지은, 연미희, 이인수(2014). 인간관계와 의사소통. 서울: 창지사.

손영화(2016). 인간관계 심리학. 서울: 학지사.

윤경자, 김정옥, 현은민, 전영자, 유계숙, 김은경(2016). 건강가정론(개정판). 경기: 공동체.

이현림, 김순미, 천미숙(2015). 집단상담의 이론과 실제(개정판). 경기: 양서원.

장진이, 이지연(2014). 성인 직장인의 소명의식이 삶의 만족에 미치는 영향: 소명수행 의
　　식, 삶의 의미, 일의 의미, 직업 만족의 매개효과. 상담학연구, 15(1), 259-278.

정상원, 송은지(2017). 직무스트레스 원천이 맥락적성과에 미치는 영향. 한국사회복지행정
　　학, 19(2), 243-270.

정연식(1997). 기업내 심리상담: 상담 주제와 상담자 능력의 탐색. 가톨릭대학교 대학원 석
　　사학위논문.

정철영(2002). 진로교육 및 진로지도 운영 체제의 실태 및 개선방안. 진로교육연구, 15(1),
　　1-28.

조선일보(2013. 11. 25.). 직장인 10명 중 3명 '정신건강' 고민.

제**13**장

노인을 위한 집단상담

노인은 60세 이상의 성인을 말한다. 노인이 되기 전에는 사회와 가족 안에서의 역할, 권리와 의무가 있었으나, 노인이 되면서 개인적·사회적으로 힘과 영향력이 줄어들고 이로 인해 자아존중감이 낮아지며 소외감, 고립감, 우울 등 부정적 정서를 경험할 가능성이 높아진다. 노인상담의 중요성은 현대사회에서 정서적 유대감이 약해지면서 노인의 정신적 건강, 육체적 안녕 그리고 사회활동을 도울 수 있는 전문적인 지식과 기술이 강조되고 있다. 최근 우리나라에 이러한 요건을 충족시키는 일련의 과정이 나타나고 있음을 알 수 있다. 이를 해결하기 위해 노인복지 정보제공과 관련 문제를 전문직으로 상담하는 기관들이 늘어나고 자체적으로 전문상담 봉사자를 양성하는 경향도 두드러지고 있다.

이 장에서는 노인의 개념, 노인의 발달특성, 노인 집단상담의 이론과 실제, 노인 집단상담의 운영, 효과적인 집단상담의 전략, 프로그램 운영에 대해 살펴보고자 한다.

1. 노인의 개념

노인의 개념을 명확하게 한마디로 정의하기란 쉽지 않다. 노인에 대한 개념은 국가나 사회적·경제적·문화적 배경과 사회의 관습, 규범 또는 그 사회의 전통과 역사에 따라서 다를 수 있기 때문이다. 일반적으로 60세 이상 혹은 65세 이상 인구를 말하는데, 우리나라의 「노인복지법」에는 국민연금의 수혜 시기인 65세를 노인이 되는 시기로 규정하고 있다. 우리나라는 고령화 사회를 넘어 이미 고령사회에 이르렀다. 노인의 사전적 의미는 '늙은 사람'이다. 그러나 사전적 정의만으로 노인을 이해할 수는 없다. 노년기에 이르면 신체 각 기관의 기능이 저하되며, 정신적 제반 능력도 점차 감퇴한다. 노인이 되기 전에는 사회와 가족 안에서의 역할, 권리와 의무가 있었으나 노인이 되면서 개인적·사회적으로 힘과 영향력이 줄어들고 이로 인해 자아존중감이 낮아져 소외감, 고립감, 우울 등 부정적 정서를 경험할 가능성이 높아진다. 노인 개인의 신체적·심리적·정신적·정서적·사회적·문화적 요인에 따른 차이와 특성 역시 노인의 정의를 위해서는 반드시 고려해야 할 부분이다.

노인이란 노화, 즉 늙어 감이 상당히 진행된 사람이란 뜻으로 이해할 수 있다. 그렇지만 늙어 간다는 말은 반드시 쇠퇴해 간다는 뜻은 아니며, 오히려 성숙해 간다는 뜻으로 받아들일 수도 있다.

2. 노인의 발달특성

1) 신체발달: 외형의 변화

노인의 피부는 멜라닌 색소의 불규칙한 감소로 인해 전체적인 피부색이 동일하게 유지되지 않으며, 얼굴은 창백해지고 얼룩반점이 생기며 건성화된다. 노출된 피부는 표피 증식이 감소하여 얇아지고, 피하지방의 감소로 주름살이 생기며, 피부 탄력성이 현저하게 줄어든다. 온도조절 기능과 감염반응이 약해지며, 촉감이 감퇴되고, 통증감지 기능이 약화된다. 혈관분포와 탄력성의 상실로 노인은 피부파열 위험이 높아지며 상처 치유 시간이 오래 걸린다. 노화와 함께 사지에서 피하지방 조직이 감소하여 팔과 다리가 가늘어진다. 표피가 얇아지면서 수분이 쉽게 증발하여 기존의 피부질환이 악화될 수 있다.

생물학적 노화의 결과로 나타나는 신체외형의 변화를 살펴보면, 먼저 제중은 60세부터 점차 감소하며, 연골조직의 퇴화로 인하여 신장도 30세에 비해 90대에는 2% 정도 줄어든다. 그리고 치아는 60대에 14개, 70대에 11개, 80대에는 6개 정도로 줄어든다. 머리카락은 멜라닌 세포의 감소로 인하여 은빛(silver)으로 변하는데, 이러한 머리색에 비유해 노인을 실버세대라고 부르고 있다. 여성에게 있어서는 폐경기 이후의 성호르몬 분비가 감소하고 신체적 활동이 줄어듦에 따라 남성에 비해 골밀도의 손실이 더욱 증가한다. 또한 팔, 다리 및 골격 일부가 붙어 있는 수의근의 근육 용적이 감소되고 수축력이 약화되어 운동 능력이 감퇴된다. 이마 앞부분의 헤어라인이 뒤로 물러나는 것은 거의 모든 남성노인과 80%의 여성노인에게 발생한다. 남성의 경우 귀와 코뿐만 아니라 눈썹 부위에 거칠고 길다란 털이 자라고 여성이 경우 입술 윗부분과 턱에 털이 나타나기도 한다.

2) 감각발달

노인은 신체 내부, 외부의 상태 변화에 대한 정보를 수집하고 뇌에 전달하는 감각 기관의 기능이 저하된다. 특히 청력과 시력이 빠르게 쇠퇴하는데, 시력은 40대부터 약화되기 시작하여 70세에 이르면 안경 없이는 보기가 어려워진다. 이러한 시력의 감퇴는 눈의 수정체 조절 능력이 약해지면서 글자를 잘 볼 수 없게 되는 노안이 오고, 어두운 곳에 대한 적응 능력이 감소하며, 색채 지각 능력 역시 떨어지게 된다. 또한 눈물 생성이 줄어 결막이 쉽게 건조해지고, 수정체가 황색으로 변하거나 불투명해진다. 노인의 시각 능력 감퇴와 어두운 곳에 대한 적응력 쇠퇴로 시력 교정 장치가 필요하다.

대부분 50대 이후부터는 고음 영역의 소리를 듣는 능력의 감퇴가 일어나기 시작하고 이후 저음 영역으로 점진적으로 확대된다. 이에 노인은 소리의 높고 낮음을 감지하기 어려워지고, 목소리를 구별하는 감수성, 청각 자극, 균형 유지 능력이 감퇴하게 된다. 이렇게 나이가 들어감에 따라 나타나는 청각 이상 증상을 '노인성 난청'이라 통칭하며, 이 때문에 노인과의 대화 시 소리를 크게 하여 의사소통을 진행해야 한다.

후각과 미각 역시 노화에 따라 상실되어 가는데, 미각의 감소는 신경절, 유두, 미뢰들이 감소함에 따라 미각의 역치가 높아지게 된다. 그러나 노인의 미각 기능 변화는 쇠퇴라기보다는 세대 간 맛의 차이에 따른 경험에 기인한다는 연구 결과도 존재한다. 코의 감각기관 위축으로 후각 기능의 변화가 생기며, 구강 상부의 후각 수용기가 퇴화하면서 후각의 민감성이 감소한다. 이에 냄새를 구별하는 감지력이 떨어진다.

노년기에는 감각기관이 수집한 정보를 처리하고 평가하는 지각 기능의 반응속도가 전체적으로 떨어진다. 즉, 노년기에는 뇌의 신경자극 전달 세포가 감소함에 따라 운동반응, 반응시간, 문제해결 및 기억력, 정보처리 속도 등이 저하되게 된다. 이에 노인은 변화하는 환경에 즉각적으로 대응할 수 없게 되며, 안전사고에 더욱 유의해야 한다.

3) 인지발달

노년기의 지능, 기억력, 사고, 문제해결 능력의 변화에 대한 연구에 대해서는 아직 일치된 의견이 없으나, 리겔 등의 연구(Riegel et al., 1976)에 의하면 지적 능력의 감퇴는 사망 5년 전부터 확실히 일어나고 있다고 보고 있다. 일반적으로 노년기에는 지능이 쇠퇴한다고 보나, 연령이 증가함에 따라 선천적인 감각, 정확성, 기억 능력, 반응속도 등은 70세 이후부터 감퇴하는 반면, 경험을 통해 얻어진 후천적 추론 능력, 어휘력 등은 60세까지 꾸준히 증가하는 것으로 나타나고 있다.

경험을 통하여 지식이나 기술을 습득하는 학습능력은 나이가 증가할수록 일반적으로 저하하며, 노인은 가설적인 방법으로 문제해결을 위해 접근하기보다는 평범한 방법을 선택하는 경향이 있다. 논리적으로 추론을 하거나 분석, 종합하는 것에 어려움을 겪으며, 일반적으로 단기기억과 최근 기억의 능력이 약화된다. 이에 노인의 학습능력을 증진시키기 위해서는 충분하게 시간을 주어야 하고, 분명하고 구체적인 과제를 부과, 결과에 대한 즉각적인 피드백을 제공하는 편이 좋다.

노인의 인지증진을 위한 인지자극활동의 예를 몇 가지 들자면, 지남력 활동으로는 첫째로 교정적 접근 방법이 있다. 시간, 장소(공간), 사람 지남력 중에 노인에게 저하된 부분이 어느 영역인지 확인하고 일관된 방식으로 질문하고 연습하게 한다. 또한 오늘의 날짜나 계절, 장소 등을 지속적으로 확인할 수 있도록 반복해서 질문한다. 둘째로 적응적 접근 방법이 있는데, 노인이 시간이나 날짜를 확인할 수 있도록 자주 시나다니고 잘 보이는 벽에 시계, 큰 달력 등을 걸어 두고, 노인이 좋아하는 물건이나 익숙한 라디오와 같은 물건들을 놓는 방법이다. 더불어 노인의 가족이나 가까운 친구, 애완동물 등의 사진에 이름표를 붙여 주위 사람들에 대해 정확하게 인식할 수 있도록 보조 수단을 제공할 수 있다.

4) 심리-성격발달

노인의 심리적 변화에 대해 나이가 들면서 감각이나 지각 기능의 변화와 정신 능력의 쇠퇴, 성격 변화가 나타난다는 견해와 정신 능력이나 성격은 연령과 무관하다는 견해가 있다. 노년기는 다가오는 죽음과 은퇴, 수입 감소나 배우자의 죽음 등을 겪게 되는 시기이며 신체 능력 등의 상실을 겪는 시기이다. 이에 에릭슨(Erikson, 1963)은 이 시기의 발달과업은 자아통합감과 절망감의 위기를 극복하는 것이라고 하였다. 노인은 다가오는 죽음에 직면하여 자신이 살아온 삶을 돌아보게 되고, 삶을 다시 살 수 없다는 무력감, 좌절감에 빠지기보다는 자신의 삶에 대한 일관성이나 전체성 등을 느끼려고 노력한다.

노년기에 나타나는 특징적인 성격 변화를 윤진(1996)은 다음과 같이 제시하고 있다. 첫째, 내향성 및 수동성이 증가한다. 자신의 사고나 감정에 따라 사물을 판단하고 능동적으로 문제를 해결하기보다는 타인에 대한 의존성이 증가한다. 둘째, 자신에게 익숙한 습관적 태도, 방법을 고수하는 경직성이 증가한다. 셋째, 정확성을 중시하고, 감각 능력의 쇠퇴, 결정에 대한 자신감 결여로 확실한 것을 추구하는 조심성의 경향이 증가한다. 넷째, 신체적 질병이나 배우자의 사망, 경제 사정 악화, 사회 고립

등으로 우울한 성향이 증가하고 이에 따라 불면이나, 강박관념, 체중 감소, 증오감 등의 현상이 나타나기도 한다. 다섯째, 과거의 인생을 회상하며 남은 시간에 지금껏 해결하지 못한 것을 찾아 해결하려는 시도를 하고 새로운 인생의 의미를 발견하려 한다. 여섯째, 노화가 진행함에 따라 경제적 · 신체적 · 정서적 · 사회적 의존이 전반 적으로 증가한다. 이 외에도 친근한 사물에 대한 애착이 증가하며, 유산을 남기려는 경향이 강해진다.

3. 노인 집단상담의 이론과 실제

1) 노인 집단상담의 정의

상담은 기본적으로 서로 상호작용에 기초한 '협력관계'이며, 내담자의 문제를 해결 하기 위한 '목적지향적 과정'이며, 내담자의 욕구와 관점이 존중되는 '내담자 중심'의 활동이다. 이런 기본 원칙에 기초하여 노인상담은 도움을 필요로 하는 노인이나 가 족이 전문적인 훈련을 받은 사회복지사와의 관계에서 일상생활에서 경험할 수 있는 문제를 보다 효과적으로 해결하는 과정으로 정의할 수 있다.

집단상담의 경우 학자마다 정의하는 인원수가 다르지만 일반적으로 5~15명 사이 의 집단원을 대상으로, 공통된 주제와 관심사를 두고 대인관계, 행동양식의 변화를 초점에 둔 교육적이고 지지적인 활동이다(고명석, 이정숙, 김기태, 2018).

이에 노인 집단상담은 노인의 정서적 지지, 심리적 의존성의 욕구를 해결할 수 있 도록 도와주는 상담적 개입으로, 8~12명의 집단원이 모여 미리 계획된 일련의 프로 그램을 따라 집단원들의 행동과 경험을 나누고 자신의 잠재력과 능력을 개발함으로 자기 자신에 대한 성장을 그 목표로 한다(백유미, 2009).

2) 노인 집단상담의 필요성

　노인은 자립적인 일상생활 능력의 감퇴와 가족 기능의 약화로 인한 정서적·심리적 유대감 약화 등의 다양한 위기 문제에 직면하게 된다. 노년기에 겪게 되는 다양한 문제에 대한 예방과 치료, 해결을 위해 노인을 위한 전문상담이 더욱 필요하게 되었다.

　노인 집단상담의 역할은 노년기 당면한 신체적·심리적·사회적 갈등과 어려움에 대한 해결의 출발선이자, 그들의 욕구와 문제를 보다 정확하게 파악하고 적절한 사회복지적 개입을 가능하게 하는 매개적 역할을 가지고 있다. 또한 노인 집단상담은 집단원 간의 상호작용적 교류를 통해 공통적으로 경험하는 어려움과 갈등에 대한 생각과 정보를 나누고 지지하는 집단역학적 강점을 가지고 있는 상담의 한 영역이다(Ohlsen, 1977). 하지만 이와 같은 노인 집단상담 프로그램의 개입은 여전히 잘 이루어지지 않고 있는 것이 사실이다. 2017년 보건복지부 노인실태 자료에 의하면 노인 5명 중 1명은 우울증을 앓고 있으며, 그 가운데 67%는 자살을 생각해 본 적이 있으며, 13.2%는 이미 자살을 시도한 경험이 있는 것으로 나타났다. 하지만 이러한 노년기의 고통은 쉽게 해결되지 않을 뿐더러, 증가하는 기대수명으로 인해 장기화되는 치명적인 문제로 부각되고 있다. 현재 대한민국 남성의 기대수명(life expectancy at birth)은 79.3세, 여성의 경우 85.4세(통계청, 2016)로 꾸준히 증가하고 있으며, 이는 73세의 건강수명(disability adjusted life expectancy)과 짧게는 6년, 길게는 12년 이상의 차이를 만들어 건강하지 않은 노년의 삶이 점차 증가하였고, 이러한 신체적 어려움은 그들의 심리적·사회적 모든 영역에 부정적인 영향을 미치고 있다. 위기의 시기가 되어 버린 노년기 가운데 그들의 현실적인 어려움을 파악하고 개입의 단초를 제공하는 집단상담의 개입은 그 무엇보다 절실하다는 것을 확인할 수 있다.

　하지만 상담에 대한 노인들의 접근은 여전히 어려운 문제이며, 이러한 이유에 대해 권중돈(2016)은 다음과 같은 네 가지 이유를 들어 설명한다. 첫째, 노인은 가족주의 의식이 강하고 체통을 중시하는 경향이 있어, 문제에 직면했을 때 외부의 도움을 요청하기보다는 감추려는 성향이 강하고, 상담을 받음으로 자녀에게 폐가 될 것이라는 염려 때문에 상담을 기피하는 경향이 있다. 둘째, 노인은 상담에 대한 정보가 제한되어 있으며, 노화로 인한 기능 저하로 상담기관에 실제적 방문이 어려워 접근성이 떨어지는 문제가 있다. 셋째, 노년기에 경험하는 우울증과 같은 치료가 필요한 문제를 노화에 의한 당연한 반응으로 잘못 인식함으로 상담의 필요성을 올바르게 인지하지 못하는 문제가 존재한다. 넷째, 여전히 노인상담과 노인 집단상담에 대한 학문적 관심과 연구가 부족하며, 노인상담체계에 대한 미성숙이 노인의 상담에 대한 접근을 저해하는 요소로 작용한다. 따라서 노인 집단상담에 대한 관심과 연구가 필요하며, 노인이 상담에 쉽게 접근할 수 있는 제도적 지원체계 및 실천현장의 적극적인 지원이 필요할 것이다.

3) 노인 집단상담의 목표

노인 집단은 신체, 정신, 정서 등 다양한 측면에서 독특성을 가지고 있다. 노인 집단의 경우 집단에 소속된 집단원이 가진 질문에 답을 얻도록 도울 수 있어야 한다. 질문의 예를 보면 '늙어 가고 있는 나는 누구인가' '나는 왜 무엇인가를 점차 잃어 가야만 하나' '인생은 무엇 때문에 가치가 있는 것인가' '가족과 배우자는 나에게 무엇인가' '나는 또래들과 어떻게 유사하고 또 어떻게 다르며, 왜 다른가' 등을 들 수 있다. 코리 등(Corey et al., 1992)은 집단상담의 목표를 다음과 같이 제시하였다.

- 자존감을 향상시키고, 자신의 한계 수용하기
- 친밀성을 저해하는 행동 줄이기
- 자신과 타인을 신뢰하는 방법 익히기
- 외적인 '압력'과 '부담'으로부터 자유로워지기
- 자기인식 능력을 향상시켜서 선택과 행동의 가능성을 증가시키기
- 느끼는 것과 느끼는 대로 행동하는 것 간의 차이 알기
- 자신의 소망을 이루지 못하게끔 하는 부적절한 초기 결정에서 벗어나기
- 다른 사람들도 치열하게 살고 있다는 것을 알기
- 자신의 가치를 명료하게 하고 그 가치를 수정할 것인지, 그리고 수정한다면 어떻

　　게 수정할 것인지를 결정하기
- 불확실한 세상에서 선택하는 방법을 배우기
- 개인적인 문제를 해결할 방법을 찾기
- 다른 사람을 배려하는 능력을 향상시키기
- 보다 개방적이고 정직해지기
- 지금-여기의 집단상황에서 다른 집단원들을 직면하기
- 다른 사람들을 지지하고 다른 사람들에게 도전해 보기
- 배려 깊고 신중하게 다른 사람들과 대면하기
- 자신이 원하는 것을 요청하는 방법을 알기
- 다른 사람들의 욕구와 느낌에 대해 민감해지기
- 다른 사람들에게 유용한 피드백을 제공하기

　　이와 같은 큰 틀에서 바라본 노인상담 개입의 초점은 상담의 유형에 따라 그 접근이 달라진다. 일반적으로 개인상담의 경우 한 명의 내담자와 훈련받은 상담자 간의 일대일 형태로 진행되는 상담과정으로 개인의 문제가 집중적으로 다루어지는 반면, 가족상담은 노인이 소속된 한 가정을 대상으로 가족 간의 갈등해결 및 관계 개선과 같은 즉각적인 해결책을 그 목적으로 한다(고명석, 이정숙, 김기태, 2018). 또한 전화상담의 경우 전화를 활용한 신속한 위기 개입이 그 강점으로 내담자가 처해 있는 현재의 어려움에 집중한다. 인터넷상담의 경우 컴퓨터를 통해 상담자와 내담자가 소통하는 방식으로 내담자는 자신의 문제를 글로서 표현하는 과정을 통해 자신의 문제를 정리하며 상담자의 답변이 오기를 기다리며 문제의 대안을 탐색할 수 있는 강점을 가지고 있다(임정문, 나직균, 안인철, 2017).

4) 노인 집단상담의 형태

(1) 지도집단
노인의 지도집단은 교육적 · 직업적 · 사회적 · 지적 정보와 같은 노인의 개인적 요

구나 관심사에 반응하여 적절한 정보를 제공하고자 할 때 사용한다. 특정 지도집단
이 정해져 있거나, 진단의 일부가 그 대상이 된다.

(2) 노인 집단상담

전달보다는 개인적 문제에 더 집중하는 노인 집단상담은 앞서 말한 노인 지도집단
보다는 덜 구조화되어 있고 다루는 내용 역시 개인적인 주제들이다. 대개 노인 집단
상담은 낯선 상담자의 지도로 진행되는 경우가 많기 때문에 라포 형성에 각별히 신
경을 써야 한다.

(3) 노인 집단치료

노인 집단치료는 말 그대로 치료, 즉 노년기에 발생하는 다양한 정신적 문제의 치
료를 주된 목적으로 한다. 이와 같은 정신적 문제는 본래 개인치료로 적용되어야 할
부분이지만 노인이라는 특성과 전문가의 부족이라는 현실적인 문제로 집단치료로
적용되어야 한다. 정상적으로 기능할 수 없는 집단원을 대상으로 하므로 일반 집단
상담보다 장기간을 요하며 상담자도 더욱 높은 수준의 훈련을 받고 전문적인 기술을
갖추어야 한다. 초기 치매 환자들에게 주로 사용된다.

(4) 노인감수성집단

노인감수성집단은 신체적으로나 정신적으로 건강하고, 정상적으로 기능하는 노인
집단을 대상으로 한다. 이 집단은 매슬로(Maslow, 1970)의 자아실현의 욕구를 노년
기에 실현할 수 있도록 돕는다. 이를 위해서 이 집단은 개인의 자아인식을 발달시키
고 개인의 잠재력을 발굴하는 데 초점을 둔다. 즉, 건강하고 잘 기능하고 있는 노인
들에게 자기인식과 대인관계에 있어서 자신의 잠재력을 탐색하고 실험할 기회를 제
공한다.

5) 노인 집단상담의 강점과 한계점

(1) 노인 집단상담의 강점

- 상담자는 집단상담을 통해 다양한 내담자와 접촉할 수 있다.
- 집단상담의 경험은 개인상담에 대한 두려움을 줄여 개인상담 참여를 촉진시킨다.
- 집단상담 참여를 통해 노인은 자신과 유사한 경험을 한 타인과 상호교류를 할 수 있는 능력을 개발하게 된다.
- 집단상담은 나와 유사한 경험을 하는 사람들을 통한 대리학습과정을 경험하게 하며 이를 통해 현실적이고 실제생활에 적용할 수 있는 실질적 정보를 제공한다.
- 집단원들은 같은 문제를 가진 동료의 집단적인 공통의견에 대해 저항이 적고 수용적이다.
- 집단상담에서 참여자는 문제를 해결할 뿐 아니라, 문제를 발견하는 역할을 한다.
- 집단상담에서는 상호 간의 깊은 사회적 교류경험을 통해 상담치료가 끝난 후에도 자조집단을 형성하여 치료 기간 후 상호협력 대상을 가질 수 있다.

집단상담에서는 학습을 통한 교육 효과를 제공한다.

이처럼 집단상담의 장점은 관계를 촉진시키고, 사회화를 강화하는 경험을 제공하는 등 다양하다. 특히 현재 노인상담 분야에서는 집단상담이 개인상담 못지않게 많이 진행되고 있다. 개인상담에 대한 부담을 최소화하면서 문제해결에 접근하고, 나아가 자조집단을 형성하는 데까지 이를 수 있는 등 집단상담의 이점이 크다.

(2) 노인 집단상담의 한계점

한편, 코리 등(Corey & Corey, 2001)은 집단상담의 제한점을 다음과 같이 설명하고 있다.

- 어떤 상담자와 집단원은 집단경험에 너무나 큰 기대를 걸고 있어 집단상담을 만병통치약으로 생각한다.

- 집단규범을 따라야 한다는 압력 때문에 집단원이 자신의 규범을 집단의 규범으로 부적절하게 대처하는 경우가 있다.
- 어떤 집단원에게는 집단경험 그 자체가 목적이 되는 경우가 있다.
- 어떤 집단원은 집단경험의 이해와 수용을 잘못 사용하는 경우가 있다.
- 집단경험을 해 본 것 이외에는 훈련을 받아 본 적이 없는 사람이 집단을 구성해서 상담을 하려고 할 때에는 부적절한 지도성 때문에 위험이 뒤따르게 된다.
- 집단으로 인한 심리적 피해의 가능성은 심리적 성장의 가능성만큼이나 크다.

6) 노인 문제

(1) 노인학대

최근 노인 인구가 증가하면서 노인학대가 늘고 있다. 노인학대에 대한 학문적 인식이 대두된 것은 1990년대이며, 사회 문제로 인식되어 제도화 단계에 들어선 것은 2000년대 이후부터라고 할 수 있다. 「노인복지법」 제1조의2에는, "노인학대라 함은 노인에 대하여 신체적 · 정신적 · 정서적 · 성적 폭력 및 경제적 착취 또는 가혹행위를 하거나 유기 또는 방임을 하는 것을 말한다."라고 정의하고 있다. 이처럼 노인 학대의 유형은 여섯 가지를 말한다. 노인학대에 대해 한동의(1996)는 '자녀에 의존하고 있는 노인과 자녀 사이에서 일어나는 언어, 정서적 혹은 심리적 상해와 인간의 신체적 · 정서적 복지를 무시하는 행위'로 정의하였으며, 권중돈(2004)은 '노인 자신, 노인의 가정이나 전문노인시설의 모든 관계에서 발생되는 노인에게 해가 되거나 장애를 일으킬 수 있는 1회성이거나 반복적 행동 또는 적절한 행동의 부족'으로 정의하였다. 중앙노인보호전문기관의 보고서(2016)에 의하면 노인학대의 여러 유형의 건수는 2015년 6,144건으로 그중에서 정서적 학대는 2,330건(37.9%), 신체적 학대 1,591건(25.9%), 방임 919건(14.9%), 경제적 학대와 방임의 순으로 나타났다. 이처럼 노인들의 유형별 학대 중 정서적 학대가 가장 많은 것을 알 수 있다. 노인학대 유형을 〈표 13-1〉에서 살펴볼 수 있다.

〈표 13-1〉　학대 유형별 학대 행동

유형	정의
신체적 학대	물리적으로 또는 도구를 이용하여 노인에게 신체적 혹은 정신적 손상, 고통, 장애 등을 유발시키는 행위
정서적 학대	비난, 모욕, 위협 등의 언어 및 비언어적 행위를 통하여 노인에게 정서적 고통을 유발시키는 행위
성적 학대	성적 수치심 유발행위 및 성폭력(성희롱, 성추행, 강간) 등 노인의 의사에 반하여 강제적으로 행하는 모든 성적 행위
재정적 학대 (착취)	노인의 의사에 반하여 노인으로부터 재산 또는 권력을 빼앗는 행위로서 경제적 착취, 노인재산에 관한 법률관리 위반, 경제적 권리와 관련된 의사결정에서의 통제 등을 하는 행위
방임	부양의무자로서의 책임이나 의무를 거부, 불이행 혹은 포기하여 노인의 의식주 및 의료를 적절하게 제공하지 않는 행위(필요한 생활비, 병원비 및 치료, 의식주를 제공하지 않는 행위)
	자기방임: 노인 스스로가 의식주 제공 및 의료 처치 등 최소한의 자기보호 관련 행위를 의도적으로 포기 또는 비의도적으로 관리하지 않아 심신이 위험한 상황이나 사망에 이르게 하는 행위
유기	보호자 또는 부양의무자가 의존적 상태의 노인을 버리는 행위

※ 출처: 중앙노인보호전문기관(2016).

이와 같이 노인학대 유형을 살펴보았다. 무엇보다 중요한 것은 학대받은 노인들을 위해 충분히 지지하고 격려하며, 노인들이 학대상황을 설명하고 자신들의 문제를 표현할 수 있도록 심리적 · 정서적 지지를 지속해야 하는 것이다. 또한 노인의 경우, 학대받은 경험이 있는 다른 노인들을 대상으로 한 집단상담을 실시할 필요가 있다.

(2) 노인 우울

한국노인의 우울요인으로는 신체적 건강 문제, 자녀와의 문제, 경제적 어려움이 가장 중요한 요인으로 보고되었으며(김형수, 2000), 개인의 복지를 위협하는 문제 중의 하나인 우울은 기분장애로 분류하고 있다. 우울은 정도의 차이는 있으나, 누구나 경험하는 일반적인 정서라고 할 수 있다(이민숙, 2005). 이수애와 이경미(2002)는 일반적 특성으로 노인의 우울감에 영향을 미치는 요인 중에서 성별에서는 여성이 남성에 비해 우울 수준이 상대적으로 높은 것으로 나타났다고 하였다. 노인의 우울감은 빈곤감과 건강 상태, 사회적 관계, 주거지로부터 소외 등 노인 우울감에 영향을 미치는 요인이라고 말할 수 있다. 노인의 우울감 극복을 위해서는 노인들이 왜곡된 생각을 중지하도록 하는 것이 중요하다. 또한 대개 인지행동치료에서는 집단원 자신의 생각과 행동을 말하거나 적거나 사진으로 촬영하도록 하여 직접 살피도록 하며, 우울로 인한 비관적인 자살위험이 높음을 알 수 있다. 상담 시 집단원의 우울증을 완화시키거나 예방할 수 있도록 상담자가 제시할 수 있는 방법은 다음과 같다.

- 오랜 기간 집에만 머물지 않도록 한다.
- 규칙적인 식사와 운동을 한다.
- 운동, 영화, 종교생활과 같은 사회활동을 한다.
- 다른 사람과 함께 지낸다.
- 갑자기 우울 증세가 좋아질 것이라고 생각하지 않는다.
- 말 없이 참지 않는다.
- 자신이 가지고 있는 부정적인 생각을 그대로 받아들이지 않는다.
- 스트레스를 줄인다.
- 잠이 오지 않는 경우 억지로 자려고 하지 말고 산책을 하거나 다른 일을 한다.
- 집 안에서만 있지 말고 밖으로 나와 햇볕을 많이 쬔다.
- 즐거운 생각을 한다.
- 자녀에 대한 기대감이나 실망감이 크게 흔들리지 않도록 한다.
- 취미생활을 즐긴다.
- 잔뜩 웅크린 자세를 피하고자 자세를 바로 갖는다.
- 커피와 같은 카페인이 많은 음식을 피하고 충분한 수분 섭취를 한다.

그 외 다른 치료로 우울증은 약물치료에만 의존할 것이 아니라 비(非)약물 요법으로 할 수 있는 상담 중재 프로그램을 적용할 필요가 있다.

(3) 노인자살

우리나라 노인 인구의 증가로 고령화 사회(ageing society)에서 고령사회(aged socity)로 빠르게 진입하고 있다. 한국에서는 노인자살 문제가 오랫동안 사회 문제로 지속되고 있으며, 통계청(2014)의 고령자 통계에 따르면 2013년 노인자살률은 인구 10만 명당 64.2명으로 65~69세(42.2명), 70~74세(59.5명), 80세 이상(94.7명)으로 연령이 높을수록 자살률도 높게 나타났다. 한국은 OECD 국가 중에서도 자살률 1위를 10년째 차지하고 있는데, 노인들이 자살을 선택하는 원인으로 나이, 성, 결혼상태, 건강 악화, 배우자 상실, 경제적인 불안정, 퇴직으로 인한 역할 상실 등을 알 수 있다(김보욱, 2010). 이처럼 노인자살률이 갈수록 높아지고 있어 노인의 자살생각과 관련된 요인들을 연구하는 데는 예방차원에서 큰 의미가 있다(서유영, 2015)고 할 수 있다. 또한 노인자살률을 줄이기 위해서는 사전에 노인상담을 하는 것이 중요하다.

상담적 개입으로, 첫째, 내담자가 자살의도를 갖고 있거나 자살에 대한 구체적인 생각을 하고 있는지 여부를 탐색한다. 둘째, 자살사고 가능성에 대해 정도를 직접적으로 질문한다. 셋째, 자살시도를 막도록 구체적 차원에서 합의하고 실천한다. 넷째, 술이나 약물에 의존하는 양상이 뚜렷한 보이는 경우, 우선적으로 이 문제에 개입한다. 다섯째, 감정 표현을 격려하여 내담자 스스로에 대한 이해를 돕는다. 여섯째, 자살과 관련된 자신의 사고를 인식하고 탐색하도록 돕는다. 일곱째, 집단원이 가지고 있는 개인적 장점과 자원을 활용한다.

따라서 노인의 죽음은 자살이 아닌 자연스러운 죽음으로 받아들이며, 긍정적으로 수용할 수 있도록 하는 것이 중요하다. 그러므로 자살을 예방할 수 있는 집단 프로그램을 통해 자신과 타인을 이해하고, 그 결과 노인의 고립감과 외로움, 무망감에서 벗어나 자신감을 가지게 되면서 죽음에 대한 불안을 감소시킬 수 있다.

4. 노인 집단상담의 운영 및 과정

1) 노인 집단상담 프로그램 운영 목표

이현주(2016)는 우울한 여성 독거노인을 대상으로 긍정심리 · 해결중심 집단 프로그램을 통한 행복 만들기 긍정 정서와 행복한 삶의 의미를 높이기 위한 활동 효과를 나타내고, 긍정심리와 해결중심 기법의 통합이 효과적인 프로그램으로 사용될 수 있음을 확인하였다.

첫째, 지적 영역에서 집단원들은 프로그램에 참여하기 전에는 불행이 자신에게만 있는 것으로 생각했는데 그렇지 않다는 사실을 알게 되었고, 그래서 자신감을 갖게 되고, 나를 소중하게 생각할 줄 알게 되면서 행복은 내가 생각을 스스로 노력해서 얻을 수 있는 것이라는 것을 깨달을 수 있었다.

둘째, 심리적 영역에서 집단원들은 부족함 속에서 만족을 찾았으며, 마음의 상처를 극복하고 여유 있는 세상의 시각으로 바라보게 되었다.

셋째, 사회적 영역으로 집안에만 있었던 집단원들이 외출하기 시작했고, 타인과 적극 소통하기도 하는 적극적인 삶의 태도로 변화하게 되었다.

해결중심에서 사용하는 칭찬 기법이 집단원의 긍정 정서를 유발하여 집단원이 스스로 이후의 변화를 만들어 내도록 지원할 수 있다는 연구(Fitzpatrick & stalikas, 2008)를 통해서도 칭찬 메시지 전달이 긍정 정서를 높이는 데 효과적인 역할을 했음을 유추할 수 있다. 전미숙(2106)은 자살예방 통합 프로그램이 노인의 자아존중감을 향상시키고 우울감과 자살생각을 감소시켰다고 하였다.

2) 노인 집단상담을 위한 준비

효과적인 집단상담 프로그램을 수행하기 위해 무엇보다 중요한 것은 바로 상담자의 사전 준비이다. 이러한 사전 준비를 온전하게 수행하지 않은 경우 집단상담과정과 종결에 있어 상담 실패에 이르는 문제를 야기할 수 있다. 상담 준비에 대한 세부 내용은 다음과 같다(대구교육청, 2012).

(1) 상담 구조화

집단상담의 주제, 회기 시간, 상담 기간을 정해야 한다. 집단상담의 주제설정 시에는 문제 중심적(예: 사회불안 집단)이기보다 변화중심적인 목표(예: 효과적 대인관계 형성 집단)가 집단원들의 저항을 줄일 수 있다. 한 회기 당 60~90분 전후로 하며 1주일에 2회 정도로 구성하여 한 달 정도의 기간으로 운영되는 것이 효율적이다. 보다 단기적 접근을 위해서는 시작부터 상담 기간을 정하는 것이 좋다(예: 6회기, 9회기, 12회기).

(2) 집단원의 특성 고려하여 인원 수 정하기

집단상담자가 1명이라고 가정할 때 일반적으로 6~9명 정도로 구성한다. 집단상담은 집단 내 역동과 상호관계과정 속에서 많은 효과가 일어날 수 있는데, 너무 많은 인원은 제한된 시간 내에 상호관계를 이루기 힘들 뿐 아니라 상담자가 집단 내의 심리적 역동을 파악하고 적절하게 조절하기 어려워져 결국 피상적인 집단활동으로 그칠 위험이 있다.

(3) 집단원의 모집

특정 집단원들을 목표로 해서 가장 효과적인 모집 방법을 고려해야 한다. 집단상담의 목표에 따라 공통의 관심사를 가진 대상자를 모집하는 과정이 필수적이다. 이때 주의할 점은 반드시 집단원들을 사전면담하고 집단상담에 적합한지의 여부를 판단하여 선별해야 한다. 병리적이거나 심리적 강도가 매우 낮은 내담자의 경우 집단상담보다 개인상담에 더 적절하다.

(4) 상담 장소

집단상담의 내용이 외부에 들리거나 보이지 않는 장소가 적절하다. 하지만 너무 조용한 상담실의 경우 집단원들이 오히려 불편하게 느끼거나 주의가 산만해질 수 있다. 집단상담에서 사용하는 도구들은 미리 상담 장소에 가져다 놓는다.

(5) 집단상담 시 지켜야 할 약속

집단상담 중 있을 수 있는 위험요소를 미리 고려하여 이에 대한 안전장치를 마련하는 것이 필요하다. 또한 집단원 간의 긍정적 상호작용을 끌어내기 위해 필요한 집단 규칙에 대해서도 미리 정하는 것이 좋다(예: 비밀보장, 신체적 · 언어적 공격 금지 등).

3) 노인 집단상담의 과정

(1) 사정의 단계

사정이란 노인의 처한 상황에서 노인의 강점과 취약점을 평가하여 적절한 서비스를 제공하는 데 필요한 계획을 세우는 과정을 말한다.

사정의 단계에서 내담자가 되는 노인의 문제가 무엇인지 충분히 파악하고 정의 내리는 것이 무엇보다 중요하며, 이러한 사정의 단계에 있어 노인의 신체적 · 심리적 · 사회적 기능을 포괄적으로 파악해야 한다.

첫째, 신체적 기능은 건강 상태와 일상생활 수행 능력(ADL), 수단적 일상생활 수행 능력(IADL), 주관적 건강 상태 등 노년기의 노화과정을 고려한 전반적인 기능 저하에 대해 살펴보아야 한다.

둘째, 심리적 기능을 확인하는 과정에서는 노인의 성격, 인지, 정서 등의 측면을 사정하게 되며, 스트레스 대처방식, 성격장애(MMPI, DSM-5), 치매를 포함한 인지장애, 대인관계장애 등 노인의 정서적 안정 정도와 감정 표현의 적절성 파악을 통한 우울증(GDS, SGDS, CES-D) 정도를 확인한다.

셋째, 사회적 기능을 확인하는 과정에서는 노인의 사회적 지원을 제공하는 가족, 친척, 친구, 이웃 등 사적 체계와 정부기관이나 사회복지기관과 같은 공적 지원에 대한 사회적 관계망을 파악하는 데 주 초점을 둔다.

(2) 개입의 단계

버링검(Burlingame, 1995)에 의하면 개입 방법을 선택하는 데 고려해야 할 지침은 다음과 같다. 첫째, 노인의 능력보다 가정이나 이웃 등과 같은 환경의 사회적 물리적 요구가 다소 높도록 한다. 둘째, 개입을 최소로 하며, 의료적 처치에서와 마찬가지로 개입은 낮은 수준에서 천천히 이루어져야 한다. 셋째, 노인의 도덕, 종교, 문화, 계층 규범, 전반적인 태도 등에 기초하여 개입 방법을 선택해야 한다. 넷째, 노인의 상황에 따라 방어기제를 다루며, 노인의 정서적인 고통이 클 경우에는 방어기제를 사용하더라도 정면으로 도전하지 않는 것이 중요하다. 다섯째, 체계적 관점(순환적 · 전체적 · 상호작용적 접근)에서 노인과 그 가족에게 개입해야 하며, 이때 다른 사람에 비해 문제를 해결하려는 동기가 강하거나 강점이 있는 사람에게 먼저 개입해야 한다.

① 상담관계

많은 상담이 좋은 의도를 가지고 진행되지만 결국 만족스러운 상담관계(rapport)를 맺지 못하기 때문에 실패한다. 상담에서는 매우 독특한 관계를 형성한다. 이는 부모와 자식 사이의 관계와 같은 한쪽이 의존적이고 다른 쪽은 권위적으로 책임을 지는 관계가 아니고, 친구 사이의 관계도 아니며, 교사와 학생의 관계도 아니면서 의사와 환자의 관계도 아니고, 지도자와 추종자의 관계도 아니다(Rogers, 1942). 즉, 상담에서 이루어지는 관계는 지금까지 어디에서도 경험해 보지 못한 특징을 가진 사회적 유대관계이며, 내담자인 노인과 라포(rapport)를 가능하게 하는 따듯함(warmth)과 반응성(responsiveness), 허용성(permissiveness), 해방성(freedom)이 기반이 된 유대관계로 상담이 진행되어야 한다.

② 지시적 상담과 비지시적 상담

지시적 상담은 집단원이 표현하는 문제 자체를 해결하기 위해 모든 노력을 집중시킨다. 이로 인해 상담자가 집단원의 문제를 결정하고, 상담과정의 초점이 문제의 원인과 치료에만 있을 뿐 실제 집단원이 원하는 것이 무엇인지 알지 못하며, 이로 인해 집단원은 상담자에게 더욱 의존적이 되고 새로운 문제를 해결하는 능력이 저하된다.

반면, 비지시적 상담은 집단원 스스로 자신의 문제를 합리적으로 적절하게 해결할 수 있는 능력을 키우는 데 그 초점을 맞추어 집단원 스스로 자신의 문제에 대해 더 많은 통찰을 얻고, 문제를 자주적으로 해결하는 경험을 얻게 함으로 장래에 일어날 갈등과 위기상황에 대한 적극적 노력을 가능하게 한다(Rogers, 1942). 따라서 노인 집단상담을 통해 상담자가 개입할 여지는 집단원의 방향성의 제시이며, 집단원 간의 상호작용과 역동에서 스스로 답을 얻을 수 있도록 도와주는 협력자로서의 역할임을 명확하게 해야 한다.

③ 노인상담을 위한 환경의 준비

노인과 그 가족, 그리고 노인으로 이루어진 집단원이 편안한 분위기 가운데 상담이 진행될 수 있도록 준비된 환경이 마련되어야 한다.

첫째, 상담실은 집단원의 접근성이 용이한 장소에 채광, 통풍, 방음이 적절히 이루어지며, 심리적으로 안정감을 느낄 수 있는 환경을 설정하여야 한다.

둘째, 대기실은 상담실에 방문하기 전 편안하게 기다릴 수 있는 쉼터의 공간으로 구성하여, 상담 전 노인의 긴장을 완화해 줄 수 있는 분위기를 조성하여야 한다.

셋째, 관찰실의 경우 여러 명의 훈련받은 상담자의 참여가 이루어질 때 상담을 관찰하고 기록할 수 있는 장비가 준비되어야 하며, 이로 인해 집단원의 시선이 분산되는 것을 막아야 한다(임정문, 나직균, 안인철, 2017).

④ 비밀보장의 원칙

집단상담은 여러 명의 집단원이 함께 소통하며 집단의 역동과 상호작용을 그 바탕으로 하기 때문에, 무엇보다 상담과정에서 나누었던 진솔한 대화에 대한 비밀보장이 우선되어야 하며, 이 점에 대해 집단상담 전에 명확하게 전달해야 한다(Scogin, 2008). 또한 집단상담 기간 동안 집단원 간 사적인 만남을 제한하는 약속을 통해, 서로 간의 비밀에 대한 한계를 명확하게 하며, 서로 간의 신뢰를 바탕으로 한 집단상담 프로그램을 약속해야 한다.

(3) 종결의 단계

종결단계의 가장 중요한 핵심은 평가와 종결이다. 평가는 개입과정이 이루어진 활동의 결과를 판단하고 측정하는 것이며, 종결은 집단원의 통찰과 자기이해가 발전하며, 자신의 삶의 방향을 이끌어 줄 새로운 목표를 설정함에 따라 상담의 종결을 이루게 된다(고명석, 이정숙, 김기태, 2018).

실패한 상담의 종결에 대해 대다수의 상담 이론서에서는 다루지 않고 넘어가지만, 로저스(1998)는 이 부분이 상담자로서 가장 중요하게 짚고 넘어가야 할 부분이라 강조한다. 일반적으로 상담에서의 실패는 실질적으로 해(害)가 되는 경우도 존재하고, 추가적인 상담의 연장으로 취급될 수 있다. 실패한 상담의 유형에는 집단원과 상담자의 대립으로 인한 적대적 태도, 내담자의 의존성의 강화로 인한 일방적인 관계 형성 등 다양한 결과의 형태를 확인할 수 있으며, 이러한 상담종결의 가장 큰 원인을 상담자의 부족한 전문성이라고 로저스는 언급하고 있다. 특별히 집단상담의 과정은 다수의 집단원 간의 역동성을 기반으로 하기 때문에 상담자의 개입과 집단원 간의 상호작용이 이루어지는 진행 가운데 더욱 섬세하게 접근해야 할 것이다.

노인상담의 역할은 그들이 가진 욕구와 문제를 탐색하고 지원하며, 노후생활에 필요한 정보와 지지를 제공하는 것이다(최해경, 2016). 이와 같은 노인상담은 크게 사정단계, 개입단계, 종결단계의 3단계의 과정으로 구성되며, 무엇보다 전문적으로 훈련받은 상담자의 역량과 사전 준비가 중요하다는 것을 확인하였다. 따라서 상담자와 집단원인 노인의 원만한 관계 형성과, 집단원이 중심이 되는 비지시적 상담이 바탕이 되어 집단상담을 수행해야 한다.

5. 효과적인 집단상담 전략

1) 자서전 방법

집단원이 자신의 삶을 정리, 기술하는 기법으로 자서전에 기술되는 주요 사건, 과거 경험, 연관된 사람들이 중요하다. 또한 여기에 기술되지 '않은 것'에 대해서도 주의를 기울이는 것이 필요하다.

2) 생애 여행

태어나서 아동기, 청년기, 성년기를 보낸 곳으로 여행을 떠남으로써 자신의 과거와 만날 수 있으며, 방문하는 곳마다 사진을 찍고 기록을 하는 것이 좋다. 각 시기별로 나누어 지난 행로를 기억해 보고 이 시절로 돌아가 봄으로써 해결하지 못했던 과거의 감정과 화해하고, 인생의 기억 속에 남아 있던 인물들과 만남으로써 과거 시기의 공백을 채울 수 있다.

3) 조상 찾기

부모, 친척의 묘지 방문을 통해 관련된 기록을 찾아보고 누구든 나이가 들면 세상을 떠날 수 있음을 받아들이며 나의 인생도 되돌아볼 수 있다.

4) 중요 인물과의 만남

초 · 중 · 고교, 대학 동창이나 가족, 종교단체나 시민단체의 모임에서 친구들이나 인생에서 중요한 사람들을 보면서 자신을 돌아볼 수 있는 기회를 갖는다. 과거 희망을 얻었거나, 상처를 주고받았던 사람들과의 재회를 통해 자신의 가치를 느끼고 삶의 의미를 얻도록 시도하는 데 도움이 된다.

5) 사진, 일기, 추억의 자료

사람들이 보관해 온 물건은 보통 자신의 인생에서 특별하고 즐거운 기억을 담고 있는데, 옛 자료를 보고 이와 관련된 기억을 특별한 방식으로 재구성하고, 재경험할 수 있다. 노인들이 오랫동안 잊고 있었던 사건들을 기억하며 지난 과거를 정서적으로 재경험하면, 잊고 있던 친구와 친지에 대한 관심을 갖게 된다.

6) 일생의 업적 정리

노인들은 세상에 기여했다고 여겨지는 일을 정리하는 것 자체로 통합감을 느끼는 계기를 가진다. 지난 시절에 자신이 이룬 각 분야에서의 업적을 구체적으로 나누어 적어 봄으로써 자신이 세상과 다음 세대에 의미 있는 기여를 했다는 성취감을 갖게 된다.

7) 경험을 통해 얻은 정체감 관심

노인들은 자신이 겪은 역사적 경험을 통해 획득한 정체감을 확인하고, 이를 다음 세대에 전달할 수 있다. 전쟁의 경험, 가난의 경험, 성공의 경험, 정치적 변화의 경험, 가문의 전통, 세계 속의 한국인으로서의 자부심 등 자신들이 물려받고 경험했던 전통과 교훈을 기억하고 이를 자라나는 세대에게 전수할 수 있다.

8) 역할 기법

역할 기법(role playing)이란 노인이나 상담에 참여하는 노인의 가족, 혹은 다른 집단원 역할을 맡아 노인의 문제와 관련된 일련의 상황을 연극 형식으로 표현하는 것을 말한다. 여기서 특별히 정해진 대본 없이 집단원들이 자신들의 이야기를 가지고 역할을 맡아 표현하며, 역할극은 집단원의 심층적인 문제들보다는 집단의 현 문제나 개인의 당면 문제를 집단원들이 미리 연습한 내용을 통해 다루고 보여 준다. 역할 기법은 집단원들이 자신들의 이야기를 가지고 대본을 만들거나 연습을 해서 집단원 스스로 역할을 맡아 보여 준다. 이를 통해 개인이나 집단의 문제가 재연되고 재연된 문제를 가지고 전에는 해 보지 않았던 것을 해 보게 하고, 토론을 통해 새로운 대안을 찾아가며 이 과정에서 노인은 문제가 해결되는 것을 경험한다.

9) 요약 · 반복 기법

요약 · 반복 기법(recapitulating via summary)은 노인들은 일반적으로 이야기를 길고 반복적으로 하는데, 이로 인해 상담상황에서는 상담목표가 흐려지거나 초점이 흐트러지기 쉽다. 이는 노인 스스로 인정받고 자신에게 관심을 집중시키려는 의도와 더불어 자신의 문제가 드러나는 것에 대한 불안감이 반영된 결과이다. 즉, 이야기를 반복적으로 길게 늘어서 상담자의 주의집중을 흐리게 하고, 자신에 대한 파악을 방해하며, 상담자와의 거리를 두고자 하는 목적이 이면에 깔려 있는데 이때 필요한 것이 요약 · 반복 기법이다. 상담자는 노인이 하는 이야기의 요점을 반복하여 이야기해 줌으로써 노인 스스로 자신의 생각을 정리하며, 이야기의 초점을 잡을 수 있게 된다.

10) 질문 기법

노인상담과정에서 질문을 할 때 지켜야 할 원칙은 일반상담과 동일하다. 노인상담에서 활용할 수 있는 해결중심 단기치료의 다양한 질문 기법으로는 초점질문, 해결중심질문, 순환질문, 기적질문, 대처질문 등이 있다(권중돈, 윤경아, 배숙경, 2002). 초점질문은 구체적 사항을 물어봄으로써 집단원을 특정 사항에 집중하게 하는 기법으로, "문제가 무엇입니까?" "문제가 생긴 지 얼마나 오래되었습니까?" 등과 같은 질문을 예로 들 수 있다. 해결중심질문은 해결에 초점을 두어 집단원의 생각이 문제보다는 해결방안 쪽으로 변화될 수 있게 하는 질문으로, "문제가 다소 좋아지는 때가 언제입니까?" "이러한 예외적인 일이 좀 더 일어나기 위해 어르신께 필요한 것은 무엇입니까?" 등의 질문을 예로 들 수 있다. 순환질문은 집단원으로 하여금 문제나 문제해결과 관련된 부분들의 상호연관성을 파악하게 하는 질문으로, "친구분이 그렇게 할 때, 어르신께서는 무얼 하셨습니까?" 등의 질문을 예로 들 수 있다. 기적질문은 집단원으로 하여금 미래지향적 사고를 갖게 할 목적으로 사용하는데, "기적처럼 어르신의 문제가 해결되었다면, 무엇이 달라지겠습니까?"와 같이 질문할 수 있다. 대처질문은 고통스러운 상황에서 생존하기 위해 집단원이 하고 있는 일에 초점을 맞추기 위한 것으로, "지금까지 힘들었을 때 가장 도움이 되었던 것은 무엇입니까?"와 같은 질문을 할 수 있다.

11) 인지적 행동수정 기법

지나친 일반화, 자기비하, 타인에 대한 비현실적인 요구, 자신에 대한 비현실적인 기대, 자신의 중요성에 대한 과장 등과 같은 노인의 비합리적이고 왜곡된 인지과정은 노인의 부정적 감정과 행동을 유발할 수 있다. 이러한 비합리적 인지를 재구조화하는 기법으로는 인지적 재구조화 기법, 인지적 자기지시 기법, 인지적 심상 기법 등이 있으며 체계적 둔감화, 사고중단, 이완 기법 등과 함께 사용된다. 인지적 재구조화 기법은 마호니(Mahoney, 1974)가 개발한 기법으로 내담자의 사고에 내포되어 있는 잘못된 논리를 표현하게 하고, 불합리한 사고과정을 논리적이고 합리적인 사고유형으로 대치하는 기법이다. 이러한 인지적 재구조화 기법은 먼저 집단원의 사고나 신념의 근거가 되는 비합리적 가정을 조사하고, 대안적 가정을 만들게 하며, 현실상황에서 대안적 가정을 검증할 수 있는 행동을 하게 하고, 이러한 논리에 대해 환류를 제공함으로써 부적응적 행동의 원인이 되는 집단원의 잘못된 논리를 변화시키게 된다. 그리고 인지적 자기지시(cognitive self-instruction) 기법은 마이헨바움(Meichenbaum, 1977)이 개발한 기법으로 내적 대화(internal dialogues)와 겉으로 드러나지 않은 자기 진술을 하게 함으로써, 어려운 생활사건에 대처하고 행동 문제를 해결하게 하는 기법이다. 예를 들면, 불안하여 "나는 할 수 없어."라고 말하는 집단원에게 "나는 최선을 다해 그걸 해 볼 거야."라는 말을 마음속으로 반복하게 함으로써, 부적응적 행동의 원인이 되는 자기패배적 사고에서 벗어나게 하는 경우가 있을 수 있다. 인지적 심상 기법(cognitive imagery techniques)은 공포나 불안을 야기시키는 사건에 대한 비생산적 반응을 소거하기 위한 기법으로 홍수(flooding) 기법과 내파(implosion) 기법이 있다. 내파 기법은 두려운 사건이나 자극 중에서 가장 두려웠던 경우를 상상하게 함으로써, 실제 두려운 상황에 직면하였을 때 이를 극복할 수 있도록 원조하는 기법이다. 홍수 기법은 집단원에게 일어났던 사건 중에서 가장 두려웠던 순간을 상상하게 하는 것이 아니라, 실제로 두려움을 느끼는 상황을 상상하게 한다는 점에서 내파 기법과 다르다. 그리고 라자루스(Lazarus, 1971)의 합리적 심상(rational imagery) 기법은 불안이나 두려움을 느끼는 상황에서 즐겁고 유쾌한 상황이나 사건을 상상하게 하는 기법으로 불합리한 신념이나 가정에 도전할 수 있게 하고 불안을 야기시키는 상황에 효과적으로 대처할 수 있게 해 준다.

6. 노인 집단상담 프로그램

1) 노인 집단상담 프로그램

기존 학자들은 프로그램은 정책이나 조직의 목적달성을 위한 활동체계로서 계획적이고 조직적인 활동이며, 자원과 기술을 투입하여 뒷받침해야 한다고 이야기한다. 즉, 노인복지 프로그램은 '노인복지정책과 노인복지조직의 특정한 목적달성을 위하여 자원과 기술을 투입하여 수행하는 계획적이고 조직적인 활동체계'라고 정의할 수 있다.

노인 집단상담 프로그램의 실행을 위해서는 기술과 자원이 반드시 필요하다. 프로그램의 개발과 유지, 실행을 위해서는 적절한 인적·물적 자원의 투입, 전문적 기술 자원이 뒷받침되어야 한다. 또한 프로그램은 계획적이고 조직적인 활동이어야 하며, 무작위 활동이 되어서는 안 된다. 노인복지 프로그램이 집단원의 변화와 사회문제의 해결이라는 목적을 위해 순차적으로 계획된 서비스와 상담, 치료, 보호 등의 도움과 서비스의 연계 등이 조직적이고 체계적으로 진행되어야 한다.

2) 상담 예시 1

(1) 주제
경증치매노인의 행복감과 인지기능에 대한 긍정심리 집단 프로그램 개발 및 효과

(2) 목적
치매는 다른 질병과 달리 발병 후 치료를 통해 회복될 수 있는 질병이 아니기 때문에, 긍정심리 치료 프로그램은 뇌 기능의 유지, 병 진행의 완화 또는 지연시키기 위함이다. 이를 통해 행복감과 인지기능 향상에 도움을 주고, 치매노인의 정신건강과 삶의 질 향상에 도움을 주는 데 목적이 있다.

(3) 프로그램 구성
- 프로그램의 전체 단계 구조는 의미 영역에 따라 '긍정적 관계 및 공감 · 관심, 자아수용, 환경통제, 스트레스 관리, 의지, 삶의 목표, 긍정적 미래전망, 감사의 8단계로 구분하였다.
- 긍정심리치료는 긍정적인 것에 주의를 기울이고, 긍정적인 사건을 보다 잘 기억할 수 있도록, 그럼으로써 부정적인 기억에서 벗어날 수 있도록 한다. 예를 들어, 행복 일기와 감사 일기를 통해 하루 중 좋았던 일과 감사한 일을 적어 봄으로써, 긍정적인 경험에 주의를 기울이고 이를 기억하는 기회를 가질 수 있다.
- '감사 편지 쓰기'를 통해 자신의 주변 사람들에 대한 사랑을 다시 확인하도록 한다. 긍정심리치료에서 행하는 다양한 기법은 집단원들에게 중요한 대처 방법을 가르쳐 주며, 긍정적 인간관계에 영향을 주는 유용한 사회적 기술이 될 수 있다.
- 낙관적인 사고 방법을 알려 주고, 긍정 대화법을 사용하는 것은 중요한 예가 된다.
- 긍정심리치료를 통해 집단원들은 자기 안에 강점을 부각시키도록 격려를 받는다. 예를 들어, 행복증진 활동을 살펴보면 집단원은 이미 두세 가지를 진행하고

있는 경우가 많으며, 치료과정에서 다른 사람에게 공감을 하거나 조언을 해 주면서 자신은 이미 많은 어려움을 몸소 해결했으며 조언을 해 줄 만한 지혜를 이미 갖고 있음을 깨닫게 된다.

- 행복이라는 것이 어떤 조건이 아니라, 주어진 상황을 있는 그대로 수용하고 감사하는 것임을 깨닫게 된다.

(4) 프로그램의 효과

경증치매노인의 특성인 인지기능, 즉 지남력, 주의집중력, 실행 능력, 문제해결 능력은 문제행동 증상으로 나타났으나, 긍정심리 집단 프로그램 시행 후 안정적이고 집중적인 태도로 변화되어 인지기능이 향상되었다. 또한 집단 프로그램 중 다른 노인들과의 상호작용을 통해 활발해지고 의사소통으로 지나간 시절을 회상하기도 하고, 분위기가 동화되면서 웃기도 하며, 행복감이 높아져서 치매노인의 사회정서적 능력에 효과를 보이고 행복감이 높아졌다.

〈표 13-2〉 긍정심리 집단 프로그램

주차	회기	워밍업	상담활동	센터링	심리적 의미 영역 단계
1	1	- 신체인사	• 애칭 짓기, 파트너 인터뷰	명상, 느낀 점 이야기하기	긍정적 관계, 공감 · 관심
	2	- 행복 나누기	• 최상의 행복한 삶 이야기하기		
	3	- 건강박수	• 자아와 행복에 대한 구연동화 듣기	명상, 느낀 점 이야기하기	자아수용
2	4	- 내가 보는 나, 남이 보는 나	• 미래의 모습 자화상 그리기		
	5	- 좋아하는 음악을 이야기하기	• 긍정 정서 음악 같이 듣기	명상, 느낀 점 이야기하기	환경통제
	6	- 소연극 소개 · 준비	• 자아와 행복에 대한 소연극 하기		

3	7	– 춤을 통한 스트레스 탈출	• 즐겁게 타악기를 연주하며 노래 부르기	명상, 느낀 점 이야기하기	스트레스 관리
	8	– 어르신에 맞는 시대상 이야기하기	• 행복을 담은 영화 보기		
4	9	– 자신의 종교나 신념에 대해 이야기 나누기	• 선택한 종교적 상징물 만다라 표현	명상, 느낀 점 이야기하기	의지
	10	– 가족사진 이야기 나누기	• 행복했던 가족사진 이용하여 달력 만들기		
	11	– 인생에서 가장 특별했던 순간 이야기하기	• 나에게 쓰는 행복편지 쓰기	명상, 느낀 점 이야기하기	삶의 목표
	12	– 나는 쓸모없지 않아!	• 긍정 역량, 내가 할 수 있는 일 적어보기		
5	13	– 자신이 즐거운 경험 이야기하기	• 용서하며 긍정 낙관성 키우기	명상, 느낀 점 이야기하기	긍정적 미래 전망
	14	– 내가 바라는 나의 모습	• 행복한 소망나무 만들기		
	15	– 가족이나 가까운 사람에 대해 소개하기	• 감사하며 사랑하는 이에게 편지 쓰기	명상, 느낀 점 이야기하기	감사
6	16	– 그동안 활동했던 사진, 동영상 감상	• 자신과 서로에 대한 감사와 축복 기도하기, 프로그램 정리		

※ 출처: 전미숙(2015).

3) 상담 예시 2

(1) 주제
노인을 위한 의미 찾기 집단상담 프로그램

(2) 목적
노인을 대상으로 하는 의미치료 프로그램은 노인의 실존적 공허감을 해소하고 자기이해를 통한 삶의 의미를 발견하도록 하여 적극적이 긍정적인 삶의 태도를 갖게 함으로써 새로운 삶의 목적을 설정하도록 한다. 또한 노년기의 발달과업인 자아통합감을 향상시키고 우울을 감소시켜서 변화하는 환경에서 자아를 통합하고 심리적 문제가 감소되도록 하여, 성공적이고 건강한 노년기를 보내도록 돕는 데 목적이 있다.

(3) 프로그램 구성
- 노인의 전환기 특성에 맞추어 프로그램 내용을 구성하였다. 현재와 과거를 돌아보게 하여 현재의 자기 모습을 인식하게 하였으며, 만남과 절정경험, 자신이 좋아하고 잘하는 일을 탐색하여 자신의 미래에 대한 방향성을 찾게 함으로써 자아통합감을 높이고자 하였다.
- 노인은 육체적 · 심리적 기능의 노화뿐만 아니라 은퇴로 인한 사회적 역할의 상실 등으로 우울할 수 있음을 인식하도록 하였고, 가족관계 점검 및 자기 자신의 각성과 인식의 단계를 통하여 노령을 수용할 수 있도록 하였다.
- 노인이 자신의 경험을 재조명해 봄으로써 자신의 노령에 대한 인정과 현재 자신의 모습을 인정함으로써 우울을 낮추고자 하였다.
- 노화와 사회적 소외로 인한 허무감, 불안감, 상실감을 느끼며 무기력한 은퇴 노인이 기분을 전환할 수 있도록 몸을 움직이는 게임을 실시하였고, 이러한 활동은 집단원의 관심과 흥미를 유발하여 참여도를 높였으며, 시작 전 재미있는 이야기 또는 감동적인 이야기를 나누어 집단원이 상호 친밀감을 형성하도록 하였다. 또한 집단에서 자신을 탐색, 발견, 표현하면서 있는 그대로의 내가 수용됨을 경험하도

록 전 회기에 수용적인 분위기가 되도록 하였다.

- 노인이 지나온 생을 있는 그대로 수용하고 남아 있는 삶이 얼마나 귀중한가를 깨우치도록 하였으며 은퇴 노인이 자신의 재능을 잘 활용할 수 있도록 자신이 잘하는 일, 좋아하는 일이 무엇인지 찾아보고 생각해 봄으로써 삶의 의미를 찾아 나가도록 하였다.
- 노인이 새로운 삶의 의미를 찾을 수 있도록 고통을 대하는 태도에 따른 삶의 의미, 자신의 경험이나 자연 혹은 예술작품을 통해서 얻을 수 있는 삶의 의미에 대해 인식하게 하였으며, 사람들과의 만남을 통한 삶의 의미를 인식하도록 하였다.
- 노인이 죽음의 인식을 통하여 인간이 유한한 존재임을 깨닫도록 하였고, 자신의 삶의 방향을 점검하고 목표를 재설정할 수 있도록 하였다.

(4) 효과

노인을 위한 의미 찾기 집단상담 프로그램은 노인이 자신의 과거와 현재의 모습을 돌아보게 하고, 자신이 좋아하는 일과 잘하는 일을 발견하여 현재의 삶의 의미를 깨닫게 해 준다. 그리고 자신과 관계한 사람에 대한 소중함을 인식하고 지금-여기에 감사할 수 있도록 하며, 죽음의 의미에 대하여 고찰함으로써 내가 살아야 할 이유를 찾을 수 있을 것이다.

〈표 13-3〉 노인을 위한 의미 찾기 집단상담 프로그램

단계	회기	주제	목표	활동내용	시간
도입	1	우리의 만남	프로그램에 대해 이해하고, 집단원 간의 친밀감과 신뢰감을 형성한다.	• 프로그램 안내 • 서약서 작성하기 • 별칭 짓고 자기 소개하기 • 신체활동: 박수치기	90분
	2	현재의 삶	노인으로서 자신의 삶을 되돌아보고 현재의 삶의 의미를 깨닫는다.	• 신체활동: 실타래 풀기 • 음악감상: 생의 의미를 찾아서 • 노인으로서의 나의 삶 • 달라진 나의 삶	90분

전개	3	나의 삶	현재 하고 있는 일의 의미를 찾아서 현재 삶에 대해서 만족하도록 한다.	• 종이접기: 내가 좋아하는 것 • 시 개작: 유태주 〈삶〉 • 추억 이야기: 내가 살아온 삶 • 나에게 주는 의미	90분
	4	지나온 삶의 의미	자신에게 가장 가깝고 소중하고 책임 있는 관계를 맺고 있는 사람들이 자신에게 주는 의미를 알아보고 만남의 소중함을 인식한다.	• 신체활동: 따라 해 보세요 • 음악감상: 만남 • 내 삶에서 의미 있는 사람	90분
	5	고통 속에서 삶의 의미	자신의 삶 속에 힘들었던 순간을 탐색하고 자신의 노고를 수용한다.	• 신체활동: 당신의 이웃을 사랑하십니까 • 영화감상 〈죽음의 수용소에서〉 • 자신의 삶 속에서 힘들었던 순간 • 자신에게 주는 상장: 고생했어	90분
	6	삶과 죽음의 의미	죽음의 의미를 되새기고, 현재 삶의 소중함을 알고 내가 살아야 할 이유를 찾아본다.	• 노래 따라 부르기: 타타타 • 죽음의 의미 • 지금 내게 가장 소중한 것 • 소중했던 사람들에게 편지 쓰기	90분
	7	미래 삶의 의미	삶의 중요한 가치를 인식하고 새로운 내 삶의 목표를 세운다.	• 게임: 감정빙고 • 시 낭송: 내 나이 가을에서야 • 고생한 나에게 편지 쓰기 • 새로운 삶의 계획서 만들기 • 내가 만드는 내일!	90분
마무리	8	새롭게 인식하는 나의 모습	변화된 나의 모습을 깨닫고 용기를 가지고 새로운 인생에 도전한다.	• 칭찬 바구니 • 그동안 고마웠어요 • 프로그램에 대한 소감 나누기 • 프로그램 평가지 작성	90분

※ 출처: 천성문, 함경애, 박명숙, 김미옥(2017).

참고문헌

김동배, 권중돈(2005). 인간행동의 이론과 사회복지실천. 서울: 학지사.

김문영, 정현회(2003). 인지-행동적 집단상담이 노인의 우울과 고독감, 역기능적 태도에 미치는 효과. 상담 및 심리치료학회지, 15(3), 477-490.

김문영, 정현회(2004). 인지-행동적 집단상담과 지지적 집단상담이 노인의 우울과 고독감에 미치는 효과 비교. 한국심리학회지: 상담 및 심리치료, 16(3), 367-382.

김보욱(2010). 사회관계망이 노인의 자살생각에 미치는 영향에 관한 연구. 성균관대학교 대학원 석사학위논문.

김영혜, 박유경, 서지영, 손현미, 안민순, 오진아, 이영은, 이지원, 정향미(2017). 인간성장발달과 건강증진. 경기: 수문사.

김형수(2000). 노인과 자살. 노인복지연구, 10, 25-45.

권중돈(2016). 노인복지론. 서울: 학지사.

고명석, 이정숙, 김기태(2018). 노인복지론. 서울: 동문사.

박석돈, 박순미, 이경희(2018). 노인복지론(3판). 경기: 양성원.

박명화, 김현숙, 김병수, 김정란, 박경옥, 선한나, 송준아, 윤종률, 이석범, 이유진, 이정렬, 이찬녕, 이현숙, 임경춘, 홍귀령(2014). 프로그램 관리자 치매전문교육 기본교재. 보건복지부.

박현숙(1993). 집단인지요법이 노인의 우울, 자아존중감, 고독감에 미치는 효과. 경북대학교 대학원 박사학위논문.

배강대(2006). 회상을 활용한 지지적 집단상담이 노인의 자아통합감, 무력감, 죽음불안, 우울 및 자아존중감에 미치는 효과. 영남대학교 대학원 박사학위논문.

백유미(2009). 노인기 섹슈얼리티 증진을 위한 집단상담 프로그램 개발. 한남대학교 대학원 박사학위논문.

서석희, 박애선(2007). 현실요법 집단상담 프로그램이 노인의 죽음불안과 삶의 의미와 심리적 안녕감에 미치는 효과. 한국심리학회지: 상담 및 심리치료, 19(1), 107-130.

서유영(2015). 사회적 배제가 노인의 자살생각에 미치는 영향. 가톨릭대학교 대학원 석사학위논문.

성기월(1992). 정서적 지지간호를 병행한 집단 등 공예작업이 시설노인의 인지기능과 우울에 미치는 영향. 경북대학교 대학원 박사학위논문.

윤진(1996). 성인 · 노인심리학. 서울: 중앙적성출판사.

이민숙(2005). 노인의 우울과 자살에 대한 사회적 지지의 영향. 서울여자대학교 대학원 석사학위논문.

이수애, 이경미(2002). 농촌지역 노인의 우울증 결정요인에 관한 연구. 한국노년학, 22(1), 209-226.

이장호, 김영경(2006). 노인상담. 서울: 시그마프레스.

이진희(2017). 푸트아트테라피를 적용한 회상집단 상담이 독거노인의 정서적 안정에 미치는 영향. 순천향대학교 대학원 석사학위논문.

이현주(2016). 행복 만들기 집단 프로그램 효과에 대한 연구 - 질적 연구 접근-. 한국사회복지질적연구, 55-75.

이호선(2017). 노인상담. 서울: 학지사.

임정문, 나직균, 안인철(2017). 노인복지론. 서울: 동문사.

정상양(2012). 한국노인복지론. 서울: 학지사.

장성옥, 이숙자(1996). 안위(Comfort) 개념분석과 개발: 혼종모형(Hybrid Model) 방법 적용. 정신간호학회지, 5(2), 108-120.

전미숙(2015). 경중치매노인의 행복감과 인지기능에 대한 긍정심리 집단프로그램 개발 및 효과. 신라대학교 대학원 박사학위논문.

전미숙(2016). 자살예방 통합프로그램이 노인의 우울, 자아존중감 및 자살생각에 미치는 영향. 대구대학교 대학원 석사학위논문.

정은숙(1994). 노인의 심리사회문제 완화를 위한 지지집단 지도에 관한 연구. 서울대학교 대학원 석사학위논문.

중앙노인보호전문기관(2016). 2016 노인 하계 현황보고서.

최해경(2016). 노인복지론. 서울: 학지사.

천성문, 함경애, 박명숙, 김미옥(2017). 집단상담 이론과 실제. 서울: 학지사.

통계청(2014). 고령자통계.

하양숙(1990). 집단 회상이 노인의 심리적 안녕에 미치는 영향에 관한 연구. 서울대학교 대학원 박사학위논문.

한동의(1996). 노인학대에 관한 연구. 대구효성가톨릭대학교 대학원 박사학위논문.

Abler, R. M. (1990). Cognitive behavioral and relational interpersonal group counseling: Effects of an eight-week approach on affective status among independent-living elderly adults. *Dissertation Abstracts International, 51*(02), 969B. (UMI No. 9012431)

Burlingame, V. S. (1995). *Gerocounseling Elders and Their Families*. New York: Springer.

Corey, G., & Corey, M. (2001). 집단상담: 과정과 실제. (김명권 역). 서울: 시그마프레스.

DeHope, E. K. (1991). Cognitive therapy: Intervention with the depressed elderly. *Dissertation Abstracts International, 52*(04), 1475A. (UMI No. 9113875)

Erikson, E. H. (1963). *Childhood and Society* (2nd ed.). New York: Orton.

Fitzpatrick, R. M., & Stalikas, A. (2008). Positive emotions as generators of herapeutic change. *Journal of sychotherapy Integration 14*(2), 137-154.

Fry, P. (1984). Cognitive training and cognitive variables in the treatment of depression in the e1derly. *Clinicla Gerontologist, 3*, 25-45.

Glasser, W (1986). The reality Therapy. An explanation of reality therapy. In N. Glasser, *What are you doing? How people are helped through therapy*. New York: Harper & Row.

Ladish, C. (1994). Group treatment for depressed elderly: A comparise cognitive behavioral and supportive approaches. *Dissertation Abstracts International, 54*(12), 6464B. (UMI No. 9414786)

Lazarus, A. A. (1971). *Bebavior Therapy and Beyond*. New York: McGraw-Hill.

Mahoney, M. J. (1974). *Cognition and Behavior Modification*. Cambridge, MA: Ball-inger.

Maslow, A. (1970). *Motivation and personality* (2nd ed.). New York: Harper & Rom.

Meichenbaum, D. (1977). *Cognitive Bebavior Modification*. New York: Plenum.

Ohlsen, M. M. (1977). *Group counseling* (2nd ed.). New York, NY: Holt Rinehart and

Winston.

Riegel, K. F., Riegyl, R. M., & Meyer, G. (1976). A Study of the Dropout Rates in Logitudanal Research on Aging and the prediction of death. *Journal of Personality and Social Psychology, 5*, 342−348.

Rogers, C. (1998). 칼 로저스의 카운슬링의 이론과 실제. (한승호, 한성열 공역). 서울: 학지사.

Rogers, C. (1974). Remarks on the Future of Client−Centered Therapy. In D. A. Wexler and L. N. Rice, Innouations in client− centered therapy(7−13). New York: Wiley.

Rogers. C. (1942). Counseling and Psycho−therapy: Newer Concepts in Practice, Cambridge Houton Mifflin Co.

Rogers, C. R. (1974). Remarks on the Future of Client−Centered Therapy. In D. A. Wexler & L. N. Rice, *Innouations in client− centered therapy* (pp. 7−13). New York: Wiley.

Scogin, F. (2008). 노인상담의 첫걸음. (김영경 역). 서울: 시그마프레스.

Sheryl, H. M. (1998). Depression, anxiety, and stress among the elderly: A comparison of treatment outcome between two cognitive−behavioral interventions. *Dissertation Abstracts International, 58*(08), 4458B. (UMI No.9805037)

Wubbolding, R. E. (1990). *Using reality therapy*. New York: Harper & Row.

찾아보기

저자 소개

정원철(Jeong Woencheol)

대구대학교 사회복지학 석사, 박사

현 신라대학교 사회복지학과 교수

　　한국사회복지상담학회장

이명희(Lee Myeonghee)

신라대학교 사회복지학 석사

동아대학교 교육학 박사(교육상담 전공)

현 LH행복꿈터 해운대지역아동센터장

　　동아대학교 교육학과 겸임교수

박선희(Park Sunhee)

신라대학교 사회복지학 석사, 박사

신라대학교, 동명대학교 외래교수

현 동주대학교 사회복지학과 외래교수

전예숙(Jeon Yaesook)

경성대학교 석사, 교육학 박사

동주대학교 외래교수

현 영산대학교 아동학과 외래교수

　　동명대학교 사회복지학과 외래교수

고영희(Go Younghee)

신라대학교 사회복지학 석사

동아대학교 교육학 박사

현 부산디지털대학교 사회복지상담학부

　　겸임교수

　　경남정보대학, 동부산대학 평생교육원

　　외래교수

김하영(Kim Hayoung)

신라대학교 사회복지학 석사

부경대학교 교육학 박사

현 부경대학교 연구원

　　한국사회복지상담학회 이사

박소현(Park Sohyun)

신라대학교 사회복지학 석사, 박사

부산여자대학교 외래교수

현 신라대학교 평생교육원 외래교수

이혜영(Lee Heayoung)

신라대학교 사회복지학 석사, 박사

현 부산광역시 청소년성문화센터장

곽연희(Kwak Yeonhee)

신라대학교 사회복지학 석사, 박사

부산여자대학교 외래교수

신라대학교 외래교수

현 동평여자중학교 학교사회복지사

    한국진로상담연구원 진로상담강사

하나연(Ha Nayeon)

신라대학교 사회복지학 석사

경성대학교 교육학 박사

현 글로벌중앙평생교육센터 대표

    한국승강기대학교 공학과 겸임교수

전미숙(Joun Misook)

대구대학교 가정복지학 석사

신라대학교 사회복지학 박사

현 한국요양원 한국노인복지센터 대표
이사 겸 직원장

    제주한라대학교 사회복지학과 겸임
교수

이론과 대상별
알기 쉬운 집단상담
The Apprehensible Theory and Practice of Group Counseling

2019년 7월 15일 1판 1쇄 발행
2022년 1월 20일 1판 2쇄 발행

지은이 • 정원철·이명희·박선희·전예숙·고영희·김하영·
　　　　박소현·이혜영·곽연희·하나연·전미숙
펴낸이 • 김진환
펴낸곳 • (주) **학지사**
　　　　04031 서울특별시 마포구 양화로 15길 20 마인드월드빌딩
대표전화 • 02)330-5114　　　팩스 • 02)324-2345
등록번호 • 제313-2006-000265호

홈페이지 • http://www.hakjisa.co.kr
페이스북 • https://www.facebook.com/hakjisa

ISBN 978-89-997-1880-9　93370

정가 20,000원

이 도서의 국립중앙도서관 출판시도서목록(CIP)은 서지정보유통지
원시스템 홈페이지(http://seoji.nl.go.kr)와 국가자료공동목록시스템
(http://www.nl.go.kr/kolisnet)에서 이용하실 수 있습니다.
(CIP 제어번호: CIP2019024583)

출판 · 교육 · 미디어기업 **학지사**

간호보건의학출판 **학지사메디컬** www.hakjisamd.co.kr
심리검사연구소 **인싸이트** www.inpsyt.co.kr
학술논문서비스 **뉴논문** www.newnonmun.com
원격교육연수원 **카운피아** www.counpia.com